CW00516384

Audio files in MP3 format and electronic text in PDF format are available for free at

JACOBELIGOODSONS.COM

The files are in .zip folders for ease of transfer
Utilize the audio with the paper text and electronic text

FOREIGN SERVICE INSTITUTE

CONTEMPORARY CAMBODIAN

THE LAND AND THE ECONOMY

A Joint Project of the Foreign Service Institute
and the Defense Language Institute

FOREIGN · SERVICE · INSTITUTE · 1946 ·

DEPARTMENT OF STATE

CONTEMPORARY CAMBODIAN

THE LAND AND THE ECONOMY

This work was prepared and published with the support of the Defense Language Institute, Department of the Army, United States of America.

By

MADELINE E. EHRMAN

KEM SOS

LIM HAK KHEANG

FOREIGN SERVICE INSTITUTE

WASHINGTON, D.C.

1973

DEPARTMENT OF STATE

FOREIGN SERVICE INSTITUTE

BASIC COURSE SERIES

Edited by

AUGUSTUS A. KOSKI

For sale by the Superintendent of Documents, U.S. Government Printing Office
Washington, D.C. 20402–Price $3.70 domestic postpaid, or $3.25 GPO Bookstore
Stock Number 4400–01458

P R E F A C E

Contemporary Cambodian *is an array of materials which includes a short reference grammar, an introductory module of sixty lessons, four intermediate subject-matter-oriented modules (of which the present volume is one), and a Cambodian-English English-Cambodian glossary. The four intermediate modules are designed so that they can be studied in any order, depending on the student's interests and needs.*

The present volume was produced at FSI by Madeline Ehrman, supervising linguist, and Kem Sos and Lim Hak Kheang, instructors in Cambodian, working as a team. Mr. Kem and Mr. Kheang selected the articles taken from printed sources and wrote the dialogues, drills, additional reading passages and most of the other exercises that are in Cambodian. In addition, Mr. Kheang typed the glossary at the end of the book and Mr. Kem did the Cambodian calligraphy in the glossary. The Cambodian portion of the foreword was written by Mr. Kem and enscribed by Mr. Kheang.

Cambodian script other than that in the foreword and the glossary was supplied by Mr. Hou Savann; typing other than in the glossary was done by Mrs. Donna Gulley, Miss Jeanne Ronchetti and Miss Linda Birkner. Mr. Kem wrote the Cambodian portion of the foreword and Mr. Kheang did the scribal work on it.

Madeline Ehrman wrote the explanatory notes, most of the English translations and many of the exercises. She took responsibility for the vocabulary section of each lesson and for compiling the glossary at the end of the book. Her part in the production of this volume, however, goes far beyond the specific duties which she assigned to herself. She took the lead in planning the book and has foreseen what resources of people and of spirit would be needed to complete it.

FSI is grateful to the Defense Language Institute, especially Dr. Roy Fallis, for support of this project.

James R. Frith

James R. Frith, Dean
School of Language Studies

FOREWORD

Contemporary Cambodian, of which this volume is one part, is an array of materials consisting of the following:

1) A short reference grammar, called the Grammatical Sketch, which serves as a companion to the lessons.
2) The Introduction, which consists of sixty short lessons on general topics accompanied by reading passages and by taped drills, and comprehension passages.
3) Four intermediate modules on topics likely to be of interest or use to students of Cambodian. The present volume focusses on geographic and economic topics; other modules treat political topics, social structure, and everyday life and the arts. A student who has completed the Introduction can study the intermediate modules in any order. After the first intermediate module, each subsequent module will serve as partial review for what has come before. Each module will take less time than its predecessor because of overlapping structure and vocabulary.
4) A Cambodian-English, English-Cambodian glossary containing all the words used in Contemporary Cambodian.

This volume contains fifteen lessons, questions to accompany the listening comprehension passages (on tape), and a Cambodian-English glossary containing all the words in this book and in the Introduction. The lessons in this volume are considerably longer than those of the Introduction. If this is the first intermediate module studied by a class, each lesson can take three or four days in an intensive course (six hours of classroom time daily). A non-intensive course will require proportionally more time to complete each lesson.

Each lesson has its own topic, e.g., rice farming, about which students can expect to be able to read and talk by the end of the lesson. A typical lesson contains two or three reading passages, a dialogue, seven or eight drills, a vocabulary, and a section of special exercises called 'applications.' An effort has been made to give reading and speaking an equal emphasis in each lesson. In presenting the material neither should be neglected, since reading and speaking complement and reinforce each other.

The purposes of the reading passages are to increase reading fluency and to help supply conversation topics. At least one of the reading passages in each lesson (and often more) is an unedited text taken from a

Cambodian publication; other passages were written at FSI. Notes are supplied to clarify difficult places in the unedited passages. Another device to increase reading fluency is to supply a romanized transcription only for words whose pronunciation is not evident from the spelling (such words are usually Sanskrit and Pali loans). Everything else is in Cambodian script.

Reading passages are taken from books and periodicals most of which were published in 1970 or 1971 after the overthrow of Norodom Sihanouk. Although in a few years the names and issues may have changed, the language and the types of situations described in the selections will be much the same. Thus, while the reading articles may not be current, the language used in them, their cultural background, and the style of writing will still be typical of what the student will meet in more current publications.

The dialogue, drills, and applications are meant to prepare the student to discuss the kinds of topic suggested by the cultural elicitation questions at the end of each lesson and to understand conversations between Cambodians.

Discussions can take place both during study of the lesson and at its end. While certain exercises aim specifically at eliciting conversation, the teacher should be alert at all times for opportunities to encourage conversation. Anything in or related to the lesson, including reading passages, can be used as a starting point for conversation.

There are two types of exercise: drills and 'applications.' Drills aim primarily at improving fluency and pronunciation. Applications are meant to reinforce analogy formation and to give the student a chance to use new words and structures in different combinations and contexts.

Note that these lessons differ from those of the first volume in an important respect. The lessons of the Introduction are written in a neutral style which tells little about the relationship between the speakers. Conversations between Cambodians, on the other hand, are usually filled with indicators of various sorts that indicate rather precisely how the speakers relate by age, status, and kinship. These intermediate lessons show a range of style levels (containing many of these indicators) in the dialogues and drills. The range of styles goes from very familiar to quite formal, depending on who is addressing whom. For most of the people the student meets, intimate or very familiar style will be out of place or even offensive. However, the dialogues include conversations at these style levels because the student will hear Cambodians use these styles with each other. Although the student will not use items marked 'familiar' or 'intimate' in conversation,[1] it will be worthwhile for him to study them and the dialogues and drills in which they are used because he will be quicker to comprehend things that he has learned. Without some familiarity with the full range of style levels, furthermore, the student will be out of touch with large portions of Cambodian culture, both in dealing with people and in reading.

Cambodian Summary

The following is written for the use of Cambodian instructors. It is especially recommended that inexperienced teachers read it through. It is recommended that students using this book with a private instructor, especially in Cambodia, call this section to the instructor's attention.

អារម្ភកថា

ផ្នែកផ្សេងៗនៃសៀវភៅៈ នេះជាសៀវភៅបឋមទី២ ខេមរភាសា ១ ក្បាលក្នុង ៤ ក្បាល ។ សៀវភៅនេះមាន ១៥ មេរៀន និងសព្ទានុក្រមខ្មែរ-អង់គ្លេស ដែលនៅផ្នែកក្រោយគេបង្អស់ មាន ពាក្យទាំងពីសៀវភៅបឋមទី២ ខេមរភាសាមក ។

ឯមេរៀននីមួយៗនោះរួមនឹងចែកជាចំណែកដូចត ទៅនេះ ៖

១- អត្ថបទមេរៀន - នេះជាអត្ថបទអក្សរពុម្ពដែល បានប្រែកពិនិត្យសន្ទនាដែលដកស្រង់កាត់ពីទស្សនាវដ្ដី សៀវភៅ ព្រឹត្តិប័ត្រ និងការសរសេរនានាមករៀបរៀងតម្រូវនឹងការត្រូវការរបស់ សិស្ស ។ អត្ថបទនេះនៅដើមគេបង្អស់ ។

២- ការប្រាស្រ័យនឹងគ្នា - ផ្នែកនេះតែងរៀង ដោយរើសស្រង់ពាក្យភាគច្រើន និងវេយ្យាករណ៍សំខាន់ៗខ្លះ ពី អត្ថបទមេរៀននោះ ។ ផ្នែកនេះនៅបន្ទាប់អត្ថបទមេរៀន ។

៣- ការហាត់ - បន្ទាប់ពីការនិយាយគ្នានីមួយៗ មានចំនួនការហាត់យោលទៅតាមចំនួនវេយ្យាករណ៍ថ្មីៗនិងសំខាន់ៗ ដែលស្ថិតនៅក្នុងការប្រាស្រ័យនឹងគ្នានោះ ។

៤- អត្ថបទហាត់អាន - អត្ថបទសម្រាប់ហាត់ អាននេះភាគច្រើនតែងរៀងដោយរើសប្រមូលពាក្យភាគច្រើន និង

[1] With most people the student should avoid overfamiliarity. However, if the student gets to know Cambodians very well, a more familiar style may be not only permissible but even desirable.

វេយ្យាករណ៍ដែលធ្លាប់បានជួបប្រទះមកហើយ ។ ឯអត្ថបទនេះខ្លះជាអក្សរពុម្ពនោះវិញ ដែលរើសរើសយកជាអត្ថបទសម្រាប់អាននោះដែរ ក៏ដោយសារតែអត្ថបទនោះសម្បូណ៌ទៅដោយពាក្យភាគច្រើននិងវេយ្យាករណ៍ដែលធ្លាប់បានឃើញមកហើយនោះដែរ ។ អត្ថបទនេះនៅបន្ទាប់ផ្នែកការហាត់អាន

៥. អត្ថបទហាត់ស្តាប់ - អត្ថបទហាត់ស្តាប់នេះមាននៅថតក្នុងខ្សែអាត់ទេ ហើយរបៀបនិងវិធីនៃអត្ថបទនេះទៀតក៏ដូចគ្នានឹងរបៀបនៃការអានអត្ថបទសំរាប់អានដែរ ។ អត្ថបទនេះមានចំនួនសំនួរលោយាលទៅតាមសារៈសំខាន់នៃអត្ថបទនោះ ។ សំនួរនៃអត្ថបទហាត់ស្តាប់ ពីមេរៀនទីមួយទៅមេរៀនទី១៥ មាននៅមុនសព្ទានុក្រម ។

៦. បញ្ជីពាក្យថ្មី - នៅបញ្ជីខ្លះនៃមេរៀន គឺគេមិនដែលឃើញពាក្យច្រើនទេ ដែលពាក្យខ្លះដែលមានសញ្ញា * AC CC RC និង (H) មិនត្រូវឲ្យមានការសិក្សាជាចាំបាច់ទេ ។ ផ្នែកនេះស្ថិតនៅបន្ទាប់អត្ថបទហាត់អាន ។

៧. ផ្នែកអនុវត្ត - បន្ទាប់ពីផ្នែកបញ្ជីពាក្យថ្មី មានផ្នែកអនុវត្តនេះ ។

៨. រូបថត - នៅមេរៀននីមួយៗ មានរូបថតមួយឬពីរសន្លឹកដែលមានរូបភាពស្របទៅតាមសេចក្តីរឿងនៃមេរៀននោះ ។

៩. វេយ្យាករណ៍ - ពីមេរៀនមួយទៅមេរៀនមួយ ចំនួនចំណុចវេយ្យាករណ៍មានច្រើនមានតិច ។ ឯសេចក្តីពន្យល់នៃវេយ្យាករណ៍នៃចំណុចនីមួយៗស្ថិតនៅតាមកន្លែងដែលមានការអនុវត្តនៃចំណុចវេយ្យាករណ៍នីមួយនោះ ។

សាច់រឿងនៃសៀវភៅ: សៀវភៅមធ្យមវិជ្ជាខេមរភាសាថ្មីនេះ បានលើកយកវិស័យភូមិសាស្ត្រនិងសេដ្ឋកិច្ចដែលទាក់ទងនឹងប្រទេសកម្ពុជាមកចងក្រងសម្របសម្រួលទៅតាមការត្រូវការនៃសិស្ស ។

១. ភូមិសាស្ត្រ - ផ្នែកនេះនិយាយអំពីធាតុអាកាស ដី ព្រៃនិងទន្លេបឹងបួរជាដើម ។

២. សេដ្ឋកិច្ច - ផ្នែកនេះនិយាយអំពីកសិកម្ម ពាណិជ្ជកម្ម ការកាប់ឈើ និងនេសាទត្រីជាដើម ។

គោលបំណង: មុននឹងអាចប្រើសៀវភៅមធ្យមវិជ្ជាខេមរភាសានេះ សិស្សត្រូវទទួលការបង្ហាត់បង្រៀនពីសៀវភៅបឋមវិជ្ជាខេមរភាសារបស់លើងឃុន សិន ព្រោះពាក្យនិងវេយ្យាករណ៍ទាំងប៉ុន្មានដែលបានប្រើនៅសៀវភៅ

ហើយនោះ ដែលជាពាក្យនិងវេយ្យាករណ៍ដែលត្រូវបង្ហាញនិងពន្យល់ទៀតហើយ ។

សៀវភៅមធ្យមដ្ឋានរបស់ភាសានេះមិនត្រឹមតែមានចំណុចវេយ្យាករណ៍ថ្មីខ្លះនិងពាក្យថ្មីខ្លះពិបាកជាងអ្វីៗទាំងប៉ុន្មាននៅក្នុងសៀវភៅបឋមដ្ឋានរបស់ភាសានោះទេ ដែលទាំងមានរបៀបប្រើភាសាប្លែកដាច់ឆ្ងាយពីរបៀបប្រើនៅសៀវភៅមុននោះទៀតផង ។ តាមពិតចំណុចប្លែកនេះជាចំណុចមួយដែលស្របនឹងគោលបំណងរបស់យើង គឺថា យើងមានបំណងធ្វើឱ្យប្លែក ។

ដែលថារបៀបប្រើភាសាប្លែកនោះ គឺថានៅទីនេះមានការប្រាស្រ័យគ្នាស្ទើរតែគ្រប់ជាន់ថ្នាក់រវាងខ្មែរនិងខ្មែរសុទ្ធសាធ ដូច្នេះហើយក្នុងការប្រាស្រ័យគ្នានោះសុទ្ធតែប្រើប្រាស់តាមរបៀបរបស់ខ្មែរតាមជាន់ថ្នាក់និងវប្បធម៌ខ្មែរតាមកាលៈទេសៈទាំងអស់ ។ ត្រង់នេះយើងសូមពន្យល់លោកគ្រូអ្នកគ្រូដែលប្រើសៀវភៅនេះថា សុំលោកគ្រូ អ្នកគ្រូប្រកាន់នូវសុភ-វិនិច្ឆ័យឱ្យមែនទែន នៅពេលបង្ហាត់បង្រៀនសិស្សឱ្យប្រើភាសាទាំងនោះ ។ តាមគោលបំណងរបស់យើងពិតៗនោះ ត្រង់ផ្នែកខាងប្រាស្រ័យទាក់ទងគ្នានៃសៀវភៅនេះ យើងមានបំណងចង់ឱ្យសិស្សទម្លាប់ស្គាល់ខ្មែរនិងខ្មែរគ្រប់ជាន់ថ្នាក់ប្រាស្រ័យគ្នានៅតាមកាលៈទេសៈ គឺថាមិនមែនត្រូវតែចង់ឱ្យសិស្សរៀនប្រើពាក្យប្រទេចទ្រោះទោះល្អិតគំរោះគំរើយប្រទេចគោះ ទោះជាគក់គុគគិតសមនោះទេ ។

<u>របៀបប្រើសៀវភៅ</u>: សូមកុំភ្លេចថាសិស្សដែលអាចយកសៀវភៅនេះទៅប្រើក្នុងការសិក្សាសុទ្ធតែចេះភាសាខ្មែរបានគ្រាន់បើហើយ ដូច្នេះការប្រកាន់វិន័យក្នុងការប្រើភាសាខ្មែរសុទ្ធសាធសម្រាប់ពន្យល់បង្ហាត់បង្រៀនសិស្សជាផលប្រយោជន៍មួយដ៏ប្រសើរដែលញ៉ាំងឱ្យសិស្សពិតតែចេះភាសាប្រសើរទៅទៀត ។

<u>អត្ថបទមេរៀន</u>: តាមការពិសោធរបស់យើង យើងបង្រៀនមេរៀននីមួយៗដោយចាប់ផ្ដើមនូវអត្ថបទមេរៀននេះមុនគេបង្អស់ ។ ចំពោះរបៀបបង្រៀនអត្ថបទមេរៀននេះ ដំបូងគេយើងឱ្យសិស្សអានមុនបង្អស់ រួចហើយយើងចាប់ពន្យល់ពាក្យនិងវេយ្យាករណ៍ដែលត្រូវការពន្យល់ ។ កាលណាសិស្សបានយល់ពាក្យ វេយ្យាករណ៍ និងសេចក្ដីនៃអត្ថបទនេះសព្វគ្រប់ហើយ ទើបយើងបន្តការបង្ហាត់បង្រៀននូវផ្នែកប្រាស្រ័យគ្នានៃមេរៀនតទៅទៀត ។

ការប្រាស្រ័យនឹងគ្នា: កាលណាសិស្សបានចេះប្រយោគប្រាប់ នូវអត្ថបទទាំងនោះហើយ ទើបយើងបង្ហាត់សិស្សនៅវគ្គការប្រាស្រ័យនេះ ។ ក្រៅនេះយើងបានទុកពេលក្រុមក្រុមម្នាក់ម្នាក់ច្រើនហើយ នៅវគ្គ គោលបំណងនៃមេរៀននេះថា សុំប្រកាន់នូវសកម្មភាព ដែលគ្រូនេះ យើងសូមទុកម្តងទៀតថា វគ្គការប្រាស្រ័យនេះមានពាក្យសំខាន់ៗ ឬ ចំណុចខ្លះដែលនៅពេលពន្យល់ ពេលក្រុមក្រុមត្រូវតែតាមសារឃ្លា នៃសិស្សឲ្យមកជាប់នឹងការពន្យល់នោះឲ្យបានទាំងអស់ ព្រោះថា ក៏ឲ្យ មានការកាន់ប្រយ័ត្នក្នុងការប្រើភាសា ។

របៀបបង្រៀនវគ្គប្រាស្រ័យនេះ: មុននឹងបង្ហាត់ បើសិស្សមិនទាន់ដែលបាននិយាយប្រយោគនឹងវគ្គគន្លឹះនោះទេ យើងត្រូវតែ និយាយជូនយើងដោយបញ្ចេញពាក្យសំដីយោលទៅតាមវិធីនៃ ពាក្យ វគ្គ និងឃ្លា ដែលយើងសន្មត់ នៅក្នុងវគ្គប្រាស្រ័យនេះយ៉ាងតិច មួយចប់សិន ។

សូមទុកម្តងទៀតថា ពិតមែនតែយើងប្រាថ្នាចង់ឲ្យ សិស្សចេះស្តាប់ពាក្យប្រាប់គេរៀបរាប់ពេលនោះមែន តែសុំកុំភ្លេចថា ដើម្បី ឲ្យចំណេះនៃការស្តាប់នោះបានជុះជាប់ហើយ ការឲ្យសិស្សថាតាមយើង ឲ្យបានកក់មាត់នូវពាក្យទាំងនោះជារបៀបមួយដែលមានប្រសិទ្ធភាព បំផុត ។

កាលណាសិស្សបានស្តាប់យើងម្តងហើយ យើងចាប់ ធ្វើការពន្យល់នូវពាក្យនិងវេយ្យាករណ៍ថ្មី រួចបន្ទាប់ពីនេះ យើងឲ្យ សិស្សថាតាមយើងនូវពាក្យ វគ្គ និងឃ្លាទាល់តែរកមាត់និយាយ បានដូចទៀងនិយាយធម្មតា ដោយគ្មានប្រឹង ។

ការហាត់: ដូចយើងបានដឹងស្រាប់ហើយថា ការហាត់ មានសិស្សប្រយោជន៍យ៉ាងណាៗនោះ ដែលយើងនិយាយឲ្យខ្លី ការហាត់នេះ ជាគតិមួយសម្រាប់ពង្រឹងពង្រឹងចំណាំនៃពាក្យនិងវេយ្យាករណ៍ថ្មីៗ ។ ប្តូរចះ បើមានឃ្លាណាឲ្យមានការគិតតែគិតពិបាកយល់ សុំកុំចាប់ផ្សងយក្លៀម សុំគិតគេក មធ្យោបាយដោះស្រាយឲ្យបានច្រើនបន្តិចមុននឹងសម្រេចនឹង បញ្ចេញនូវលំហាត់នៃឃ្លានោះ ព្រោះថា ត្បិតពិបាកនោះមិនដែន មកពីយើងមានបំណងយ៉ាងនោះទេ គឺមកពីយើងមិនសម្រួលដោយ បន្ថែមពាក្យឬវេយ្យាករណ៍ថ្មីដែលជាហេតុធ្វើឲ្យពិបាកដល់សិស្ស សិក្សាដោយមានពាក្យនិងវេយ្យាករណ៍ច្រើនពេក ។

ចំពោះរបៀបបង្ហាត់ការហាត់នេះ គ្រូតែងមានការ ហាត់និមួយៗនោះ មួយចប់មុននឹងឲ្យសិស្សចាប់ប្រតិបត្តិតាម ។

យ៉ាងនេះនាំឲ្យសិស្សមានឱកាសបានស្តាប់បានយល់នូវគោលបំណងនៃការហាត់នោះ ។

<u>អត្ថបទហាត់អាន</u>: ដើម្បីឲ្យស្រួលយល់ដល់ការអាននៃអត្ថបទនេះ សិស្សគួរតែបានរៀបប្រែ សិក្សានូវអត្ថបទមុន ផ្នែកការប្រសាកា និងផ្នែកការហាត់ដែលស្ថិតនៅជាមួយគាត់ក្នុងមេរៀននីមួយៗសិន ព្រោះពាក្យភាគច្រើននឹងវេយ្យាករណ៍តែងតែដកស្រង់ពីផ្នែកទាំងនោះ ។

តាមគំនិតផ្នែកនេះជាកិច្ចការរបស់សិស្សសម្រាប់ធ្វើនៅផ្ទះ ព្រោះតាមកម្មវិធីរបស់យើង ផ្នែកនេះជាផ្នែកអនុវត្តមួយដែរ ។

សូមកំណត់ថាអត្ថបទនេះយើងតែង។ ដោយខ្លះការតែងនេះ យើងតែងតែគិតដល់ពីរការរឿងណាដែលញ៉ាំងឲ្យសិស្សចាប់អារម្មណ៍ ។ ដោយគួរសំដៅទៅការចាប់អារម្មណ៍នោះ យើងតែងតែរៀបប្រែនឹងឧបសគ្គមួយគឺ ការខ្វះពាក្យ ។ ត្រង់នេះមានន័យថា ពាក្យទាំងប៉ុន្មានដែលយើងមានពីមុនមក មិនអាចមានន័យឲ្យចំគ្រប់គ្រាន់តាមត្រូវការនោះ ។ ដូច្នេះជួនកាលយើងក៏បន្ថែមពាក្យថ្មីតាមការត្រូវការរបស់យើងនោះទៅ បើយើងឃើញថាមេរៀននោះមានចំនួនពាក្យមិនច្រើនពេកទេ តែជួនកាលបើយើងមិនអាចបន្ថែមពាក្យថ្មីនោះបានទេ យើងប្រើពាក្យផ្សេងៗដែលមានន័យប្រហៀងប្រហែលគ្នាដែលគួរឲ្យស្តាប់បាន ។ ដូច្នេះបើសិស្សប្រទះនឹងចំណុចខាងក្រោយនេះ សូមអ្នកនាំគ្រូប្រែប្រាប់សិស្សតាមន័យសេចក្តីនៃអត្ថបទនោះផង ។

បើបានដាក់អត្ថបទនេះឲ្យសិស្សរៀននៅផ្ទះហើយ ហើយដើម្បីឲ្យបានច្បាស់ថាសិស្សនោះយល់ឬមិនយល់អត្ថបទនេះ គ្រូត្រូវលើកចំណុចសំខាន់ៗខ្លះមកចោទជាសំណួរចំពោះសិស្សនោះ ។

<u>អត្ថបទហាត់ស្តាប់</u>: ផ្នែកនេះមានតែនៅក្នុងខ្សែអាត់ទេ ហើយជាផ្នែកសំរាប់សិស្សរៀនខ្លួនឯង នៅពេលដែលសន្មតថាសិស្សចេះពាក្យនិងវេយ្យាករណ៍ទាំងប៉ុន្មានក្នុងមេរៀនហើយ ។ តែបើស្តាប់ទៅគេចជាមានពាក្យចំឡែកមិនដែលប្រទះសោះនោះ អាចរកឃើញនៅក្រោយបញ្ជីពាក្យថ្មីនៃមេរៀននោះ ឬនៅក្រោយសំនួរចំពោះអត្ថបទនោះ ។

ដើម្បីឲ្យដឹងថាសិស្សបានយល់ច្បាស់នូវអត្ថបទនេះ គ្រូត្រូវធ្វើការបញ្ជាក់ពីអត្ថបទនេះជាមួយសិស្សនោះ ។

របៀបប្រើអត្ថបទនេះមានច្រើនយ៉ាង តែរបៀប

ដែលយើងឃើញថាបានការងារគេគឺយ៉ាងនេះ ÷ ក្រោយពេលដែលបាន
ស្ដាប់អត្ថបទនេះមួយចប់ហើយ គ្រូវិភាគឆ្លើយសំណួរទាំងអស់ បើ
មានសំណួរណាដែលសិស្សឆ្លើយថាមិនសូវប្រាកដប្រជាឆ្លើយមិនរួច គ្រូ
ធ្វើកំណត់ទុកឆ្លើយនៅពេលក្រោយបានស្ដាប់អត្ថបទនោះម្ដងទៀត
ហើយចេះតែធ្វើតៗយ៉ាងនោះទៅទៀតទាល់តែឆ្លើយសំណួរទាំងអស់
បានចប់សព្វគ្រប់ ។

<u>វិធីកម្មានុវត្ត</u>: អ្វីៗដែលយើងបានធ្វើពីមុនមកគ្រាន់តែ
ភាគច្រើនធ្វើឲ្យសិស្សស្ដាប់យល់នូវគំនិតទាំងដែលបទនៃការប្រើនិង
ន័យនៃពាក្យនិងវេយ្យាករណ៍ប៉ុណ្ណោះទេ ដែលនៅវិធីកម្មានុវត្តនេះយើងធ្វើ
ឲ្យសិស្សប្រើពាក្យនិងវេយ្យាករណ៍ទាំងនោះ ។ ដូច្នេះសូមលោកគ្រូអ្នក
គ្រូយកចិត្តទុកដាក់ចំពោះវិធីកនេះឲ្យមែនទែន ព្រោះថាសិស្សចេះប្រើ
ភាសាឬមិនចេះអាស្រ័យលើវិធីកម្មានុវត្តជាច្រើនណាស់ ។

យើងសូមស្នើថា បើនៅវិធីកម្មានុវត្តនេះមានការ
លើសខ្វះត្រង់កន្លែងឬចំណុចណាមួយ សូមលោកគ្រូអ្នកគ្រូបន្ថែម
បន្ថយតាមការត្រូវការរបស់សិស្ស ។

<u>សេចក្ដីស្នើចំពោះចំណុចខ្លះ</u> :

<u>អាននិងនិយាយ</u>: តាមទម្លាប់របស់យើងពាក្យ
"អាន" មានន័យថាមើល គឺដូចជាយើងមើលសៀវភៅឬកាសែតជា
ដើម ។ កាលណាយើងមើលសៀវភៅឬកាសែតនោះដោយបញ្ចេញ
សំឡេងឲ្យឮផងនោះ យើងត្រូវតែប្រយ័ត្នសំឡេងឲ្យទៅតាមព្យាង្គ,
ស្រៈ និងព្យញ្ជនៈនៃអក្សរ ។

ឯពាក្យ "និយាយ" វិញមានន័យថា ប្រើភាសា
ក្នុងការទាក់ទងគ្នា ។ គឺយើងជជែកគ្នា ជេរគ្នា ស្ដីឲ្យគ្នា និង
បង្គាប់គ្នាលេងជាដើមនេះ ទុកជា "ការនិយាយ" ។

ដូច្នេះសូមលោកគ្រូអ្នកគ្រូចែកភាសាអាននិងភាសា
និយាយនេះចំពោះសិស្សឲ្យបានច្បាស់លាស់កុំខាន គឺថាកាលណា
យើងបង្រៀនឲ្យសិស្សនិយាយ ឬនិយាយទៅកាន់សិស្ស យើងត្រូវ
<u>និយាយធម្មតា</u> និងកាលណាយើងអានឬឲ្យសិស្សអានអត្ថបទឬ
អក្សរណាក្ដី យើងត្រូវគោរពឬឲ្យសិស្សទាំងនោះគោរពក្បួនអាន
អក្សរ ។

<u>អក្ខរាវិរុទ្ធ</u>: ដោយយើងសំរេចបំណងរបស់យើង
សំដៅទៅភាសានិយាយដូច្នេះមានអក្ខរាវិរុទ្ធនៃពាក្យខ្លះមិនបានត្រឹម

ត្រូវតាមក្បួនសរសេរនៃពាក្យនោះទេ ។ ដូចជាពាក្យ "រដ្ឋ" ជួនកាលយើងសរសេរជា "រដ" ជួនកាលយើងសរសេរជា "រដ្ឋ" ជាដើម ។

ប្រវត្តិនៃការតែងសៀវភៅនេះ

ការបង្ហាត់បង្រៀនភាសាខ្មែរនៅសហរដ្ឋអាមេរិកនេះ កើតមានឡើងជាយូរយារណាស់មកហើយ គឺតាំងពីពេលសង្គ្រាមលោកលើកទីពីរបានផុតរលត់ទៅ ។ តាំងពីពេលនោះមក ចំនួនជនបរទេសដែលរៀនភាសាយើងក៏បានកើនឡើងច្រើនឡើងៗជាលំដាប់ ។ ឯចំពោះសៀវភៅសំរាប់បង្ហាត់បង្រៀនវិញក៏កើតមានខ្លះៗដែរ ។ តាមការពិសោធន៍នៃការស្រាវជ្រាវខាងវិធីបង្រៀនភាសាខ្មែររបស់យើង សៀវភៅដែលកើតមានមកហើយនោះ មានគោលបំណងក្នុងវិធីតែងទៅតាមការត្រូវការរបស់បុគ្គលម្នាក់ៗទេ ។ យើងបានយកសៀវភៅទាំងនោះមកប្រើដែរ តែការផ្តល់ផលល្អចំពោះសិស្សទៅមិនបានសម្រេច ។ ដូច្នេះដែលជាគ្រូបង្ហាត់បង្រៀនភាសាខ្មែរតាំងពីឆ្នាំ ១៩៦៥ និងជាអ្នកទទួលខុសត្រូវភាគច្រើនក្នុងការតែងសៀវភៅនេះ បានចាប់ផ្តើមគំនិតស្រាវជ្រាវរកមធ្យោបាយបង្កើតសម្ភារៈដែលអាចផ្តល់លទ្ធផលល្អចំពោះសិស្សទៅនោះ តាំងពីឆ្នាំ ១៩៦៨ មក ។

ដូច្នេះ ការសាកល្បងរបស់យើងនូវវិធីបែបបទកម្មវិធីនានានៃសម្ភារៈផ្សេងៗនោះ ញ៉ាំងឲ្យយើងប្រកបពេញចិត្តនូវវិធីបែបបទកម្មវិធីមួយដែលគិតថានេះទៅជាវិធីបែបបទកម្មវិធីរបស់យើងនេះ ។

ACKNOWLEDGEMENTS

We would like to express our gratitude to the following, without whose help this volume would not have been possible. Responsibility for error, of course, is ours.

Dr. Roy Fallis of the Defense Language Institute, for his support, both moral and financial, of this project.

Dr. James Frith, Dean, School of Language Studies, Foreign Service Institute, for support, interest, and helpful advice.

Dr. Cleland Harris, Mr. Augustus Koski, and Dr. Earl Stevick, all of the Foreign Service Institute, served as editorial committee for this volume. They gave many useful suggestions and criticisms, most of which appear in these lessons. Mr. Koski as Publications Chief has, in addition, been most helpful in preparing this book for printing.

Dr. Warren Yates, Chairman of the Department of East Asian Languages, for sympathetic interest and administrative support. The idea of an 'applications' section of each lesson is taken from Dr. Yates' Lao Basic Course Vol. I. (GPO).

Mr. Dale Purtle, of the Defense Language Institute East Coast, who gave encouragement and suggestions.

Col. Kim Kosal, Commandant of the Armed Forces Language Institute of the Khmer Republic, for reading the manuscript and making many suggestions for improvements in it.

Mrs. Donna Gulley, Miss Jeanne Ronchetti, and Miss Linda Birkner did the typing and layout, showing much care and interest.

Most of the scribal work in lessons one through fifteen was done by Mr. Hou Sisovan.

Printed articles and photographs were reproduced by the FSI Audiovisual Department, for whose cooperation we are grateful.

Mr. Gordon Blake (U.S. Army), Mr. Gary Geraets (U.S. Army), Mr. Timothy Carney, (U.S. State Department), and Mr. Albert Bindie (USAF) were the students who patiently studied from the draft of these lessons and helped us catch some of our errors.

Photographs on pages 98 and 262 were taken by Madeline E. Ehrman; other photographs were taken from Cambodge, Ministry of Information, Phnom Penh, 1962.

Reading articles are from the following sources:

Lesson 1. 'Salvation Youth Bulletin' (ព្រឹត្តិបត្រយុវជនស្រោចស្រង់ជាតិ No. 62 p. 19

Lesson 2. 'The Nationalist' (អ្នកជាតិនិយម) No. 534 (15 November 1970), p. 30

Lesson 3.	'The Nationalist' (អ្នកជាតិនិយម) No. 534 (15 November 1970), p. 30
Lesson 4.	'Khmerization' (ខេមរយានកម្ម) No. 1 (October 1970), p. 61
Lesson 5.	'Khmerization' (ខេមរយានកម្ម) No. 1 (October 1970), p. 73
Lesson 6.	'Khmerization' (ខេមរយានកម្ម) No. 1 (October 1970), pp. 74-75
Lesson 7.	'The Nationalist' (អ្នកជាតិនិយម) No. 534 (15 November 1970), p. 31
Lesson 8.	'The Nationalist' (អ្នកជាតិនិយម) No. 534 (15 November 1970), p. 30
Lesson 9.	'Khmerization' (ខេមរយានកម្ម) No. 2 (November 1970), p. 48
Lesson 10.	'Khmerization' (ខេមរយានកម្ម) No. 2 (November 1970), p. 36
Lesson 11.	Building The Future (កសាងអនាគត) by Sem So, pp. 8-11
Lesson 12.	Building The Future (កសាងអនាគត) by Sem So, pp. 25-27
Lesson 13.	'The Nationalist' (អ្នកជាតិនិយម) (30 August 1970) pp. 35-36 'Armed Forces Magazine' (ទស្សនាវដ្តីកងទ័ព) No. 15 (November 1971) p. 63
Lesson 14.	'Chaktomuk' (ចតុមុខ) No. 17 (May 1971)
Lesson 15.	'The Nationalist' (អ្នកជាតិនិយម) (12 July 1970), p. 36 'Khmerization' (ខេមរយានកម្ម) No. 2 (November 1970), p. 45

Madeline E. Ehrman

Kem Sos

Limhak Kheang

CONTENTS

LESSON ONE

SMALL BUSINESS

By the time you finish this lesson you should have gotton the answers to the following questions, among others:

a. Why do poor peddlers sell at the market illegally?

b. Is anyone at fault in this matter? If so, who?

c. Where do squatters at the market get the goods they sell? What kind of things are they?

d. What other kinds of small business are there?

READING PASSAGE 1

ពីរឿងផ្សារពោធិចិនតុង

ជាយូរមកហើយ មានជនទីទ័លក្រជាច្រើនបានទៅតាំងរាននិងគ្រែ ដាក់របស់របរឧបភោគបរិភោគ បង្កិចបង្ខូចនៅតាមបរិវេណខាងក្រោយ និងឈៀងខាងកើតផ្សារ តែងបានសេចក្តីសុខសាន្តជារាបមក ។

ចំនួនជាងពីរខែហើយ ដែលគម្រូតយោធានៅទីប្រជុំជនផ្សារនោះ បានទៅដេញពួកអ្នកលក់ដូរទាំងនោះឲ្យគ្មានទីណាត់ទីណែង ឲ្យទៅលក់ដូរនៅខាងជើងផ្លូវសហភាពសូវៀត ក្នុងទីទំនាបមាត់ត្រពាំង ។

នៅទីនោះ ពេលភ្លៀងម្តងៗ តែងតែលិចទឹក មានភក់ជ្រាំ លក់ដូរពុំកើតទេ ។ ឮថា ក្រោយពីបានដេញពួកអ្នកលក់ដូរនោះចេញហើយស្រាប់តែយកកន្លែងពួកអ្នកលក់ដូរចាស់ដែលត្រូវដេញទាំងនោះខ្លះចែកទៅឲ្យអ្នកដទៃសង់តូបទៅវិញ ។

ឥឡូវនេះគេកំពុងសង់តូប នៅចំកណ្តាលផ្លូវសាធារណៈសំរាប់ចេញចូលទៅផ្សារទៀតផង ។

បើរឿងនេះមានពិតមែន យើងយល់ថាដូចជា អយុត្តិធម៌ខ្លាំងពេក បើរដ្ឋការចង់រៀបចំ សង់តូបឲ្យមានរបៀបរៀបរយ, ហេតុដូចម្តេចក៏មិនឲ្យពួកអ្នកលក់ដូរចាស់ដែលជាម្ចាស់កន្លែងសង់ទៅ បែរជាឲ្យជនដទៃសង់ទៅវិញ ហើយសង់បិទផ្លូវសាធារណៈទៀតផង ។

សូមលោកអភិបាលក្រុងជួយធ្វើអន្តរាគមន៍ ក្នុងរឿងនេះឲ្យបានយុត្តិធម៌ ។

NOTES FOR READING PASSAGE 1

This passage is taken from the Salvation Youth Bulletin, an outspoken weekly published by Cambodian university and lycée students. It began in the fall of 1970 and was helped especially at first by gifts from some highly placed members of the government of National Salvation, the regime that was in power just before, during, and after the overthrow of Norodom Sihanouk in 1970. Although the Salvation Youth Bulletin specializes in protesting corruption and abuses of power, its orientation has been firmly in favor of the government of National Salvation and the Khmer Republic. It views its role as that of a constructive critic.

Line 1. ជា is one of the words that can be used before an adjective to make an adverbial phrase (cf. A. 5 in the grammatical sketch). In this sentence are two examples: ជាយូរមកហើយ 'for a long time already' and ជាច្រើន 'many, in large quantity.' Remember that ជា never means 'to be' when it is used before an adjective, so if you see a phrase like ជាច្រើន in something you are reading, you know that it must be an adverbial phrase and not the predicate of the clause it occurs in. This kind of cue will help you figure out the long sentences that are quite common in literary Cambodian.

Line 1. Compound words are very common in Cambodian writing, as you can see in this passage, in which the following new compounds occur:

ឧបភោគបរិភោគ	'consumer goods'
សុខសាន្ត	'peaceful, calm'
ទីប្រជុំជន	'population center'
អ្នកលក់ដូរ	'peddler, tradesman, seller'
ទីណាតទីរណាង់	'all fouled up'
សហភាព	'union'
ទីទំនាប	'a low, flat place'
អយុត្តិធម៌	'injustice'
របៀបរៀបរយ	'order'
អន្តរាគមន៍	'intervention'

The types of compound are discussed in some detail in the grammatical sketch at N.3.2ff. Compounds are broken down into their components in the vocabulary portions of the lessons.

In some cases a compound consists of two components, one of which has no independent meaning, e.g., តម្រៀបរយ 'order.' in which the components are រៀប 'to arrange' and រយ, which is an alliterative particle. The only meaning of the alliterative component in the compound is to indicate that រៀបរយ has a different meaning from រៀប. While it is true that the syllable រយ means 'hundred' as an independent word, as part of this compound it has no independent meaning. In the vocabulary such an alliterative component with no independent meaning is indicated by the symbol AC.

Line 11. Cambodian is a member of the Mon-Khmer language family, which is unrelated to English. However, it has borrowed many words from Sanskrit and Pali, both of which belong to the Indo-European language family, of which English is also a member. Latin and Greek are also Indo-European languages, and they bear the same relationship to English as Sanskrit and Pali bear to Cambodian. That is, they are the classical languages from which neologisms are coined. Also, Latin like Pali is the liturgical language of a major religion. (Pali is the liturgical language of Theravada Buddhism, the religion of approximately 95 per cent of Cambodia's population). The result of this relationship between the two sets of classical languages is that sometimes Cambodian 'big words' will have a resemblance to English 'big words.' For example, in the word អយុត្តិធម៌ 'injustice' there is a division between the prefix អ: /aʔ-/ 'not' and the base យុត្តិធម៌ /yuttəthɔ́a/ 'justice.' The prefix អ: is the same as the Greek prefix a- in 'atheist' (from a- 'not' and theos 'god'). You will see 'not' used in many other words in Cambodian. And you will also see other areas where Cambodian looks like English because of words that both languages have borrowed.

<u>កំណត់សម្រាប់គ្រូ</u>៖ (Note to Teacher)

មេរៀននេះនិងមេរៀនតទៅ ជាមេរៀនពិបាកចំពោះសិស្សទូទៅ ព្រោះមេរៀនទាំងនេះសរសេរដោយយោលឲ្យស្របទៅតាមរបៀបនិយាយគ្នារវាងខ្មែរនិងខ្មែរ ដូច្នេះគ្រូត្រូវប្រើពេលពន្យល់ឱ្យសិស្សបានយល់ច្បាស់នូវឃ្លានីមួយៗមុនសិន សឹមបង្គាប់ឲ្យសិស្សចាំតាមឬឲ្យធ្វើអ្វីៗផ្សេងទៀត។

បើយើងឃើញថាច្បាស់ទៅទៀតនូវរបៀបបង្រៀននិងប្រើមេរៀននេះ, សូមអានអារម្ភកថានៃសៀវភៅនេះផង ។

DIALOGUE

អ្នកលក់ដូរទ័លក្រ

		លក់ដូរ	to buy and sell, to be in trade
		អ្នកលក់ដូរ	peddlers, small businessmen
		យោធា	military (formal)
		កម្រួកយោធា	military police
		ត្រូវគ្នា	to be on good terms, to get along
១.	កែវ	ម៉េច ឮថាអ្នកលក់ដូរនោះ នឹងកម្រួកយោធាត្រូវគ្នាណាស់ ឬ?	Well, I've heard that the peddlers and the military police are on good terms with each other now, right?
		អឺ	yes (familiar)
		ចេះ	to think of doing without being told to
		អាណិត	to pity, to feel sorry for
		ទ័លក្រ	very poor
		ភាំ (អា)	(see note)
២.	ចន	អឺ ហ្នឹងហើយ ឥឡូវគេចេះ អាណិតអ្នកទ័លក្រណាស់ ភាំ (អា)។	That's right. Now they can feel sorry for those poor peddlers.
		អើ	yes (familiar)
		គា	they (see note)
		ទំណាក់ទំណែង	mixed up, confused, fouled up
៣.	កែវ	អើ អញ្ចឹងត្រូវ ព្រោះគ្នា ធ្លាប់ទំណាក់ទំណែងណាស់។ ចុះ អាកន្លែងគ្នាលក់ដូរនោះ?	Uh huh, that's so because they were really fouled up. And what about the place where they used to sell?
		សង់	to build
		តូប	kiosk
៤.	ចន	មិនដឹងទេ? អាមាត់ត្រពាំង ហ្នឹង គេសង់តូប!	Didn't you know? They're building kiosks at the edge of the pond.
		ជ្រាំ	dirty, trampled mud mixed with garbage
		ដល់ហើយ	extremely, very much
៥.	កែវ	អូ ហ្នឹងហើយ អាកន្លែង ហ្នឹងធំ ភក់ជ្រាំដល់ហើយ។	Oh that's right. That place gets awfully dirty and muddy.

		ចុះដល់សង់ហើយ បានអ្នកណា?	And who gets (the kiosks) when they're built?
		ដទៃ	other
៦.	ចន	បានទៅអ្នកដទៃឯទៀត ។	Other people are getting them.
		ហឺស	hmph
		ចំជា	indeed, really
		អយុត្តិធម៌	injustice
		តែម្តង	and that's all
		បែរជា	to turn into, to turn to, instead, rather
៧.	កែវ	ហឺស បើបែរជាអញ្ចឹង ចឹងមិនចំជាអយុត្តិធម៌តែម្តងទេ ។	Hmph! If they do it like that isn't it really unfair?
៨.	ចន	ទេ អាមាត់ត្រពាំងនោះមិនសូវល្អដូចអាកន្លែងឥឡូវហ្នឹងទេ ។	No, the edge of the pond there isn't as good as the place (the peddlers have) now.

NOTE TO STUDENTS AND TEACHERS

The dialogues in this and the following lessons are written in as highly authentic and natural a style as possible. They attempt to reflect the inter-relationships of many different types of members of Cambodian society.

As a foreigner you will be expected to keep within a relatively narrow style range. Many of the idioms, vocabulary items, and ways of saying things given in the dialogues will be quite colloquial. For the most part you should be very careful with anything labeled 'familiar.''very non-formal,' or 'intimate;' in fact you should usually avoid them. The best way, of course, is to ask your teachers. To be sure, if you should come to be very close to Cambodians you may find it appropriate to use some of the more familiar styles that these dialogues illustrate. However, until such time as you have this close a relation with Cambodians, you are best off using a relatively distant speech level.

To be sure, even if you never come to be on familiar or intimate terms with Cambodians, you are likely to hear Cambodians who are on such terms talk to each other. If you are thoroughly familiar with the contents of these lessons you will understand much more of what you hear than if you were to study only formal style.

The following designations are used in these lessons to indicate style levels. Percentage figures are based on a hypothetical stylistic continuum in which 100 per cent represents the most formal possible style and 0 per cent represents a total absence of formality.

formal	90-95%	used by inferior to superior or by people from certain areas and with a more formal upbringing than usual who do not know each other and are of approximately equal status.
literary	95-100%	used in writing and in formal speeches.
ordinary	80-85%	used by foreigners and by educated acquaintances of equal social status. This style level is not indicated in these materials. Anything that is not otherwise marked or annotated in these lessons can be considered acceptable at the ordinary (85%) style level.
familiar	40-45%	used by superior to inferior, or between friends.
intimate	15%	used between intimates or to show contempt.
non-formal	0-75%	(includes both familiar and intimate).

There are also special varieties of formal style which are used with royalty and Buddhist clergy. When these occur they will be labeled Royal and Clerical respectively.

The dialogue in this lesson is written in intimate style, but there is much in it that you can use even in ordinary style. Note that first and second pronouns are omitted altogether.

NOTES FOR THE DIALOGUE

SENTENCE NO. 2

The sound represented in the script by រ៉ /ra/ or អា /aa/ is characteristic only in speech between male intimates, where it is used as an attention-getter. The vowel is always short and the initial consonant is either the pharyngeal Phnom Penh /r/ or, more rarely, glottal stop /ʔ/. This particle is probably short for អា /aa/ plus the person's name, a usage which is also limited to male intimates, e.g., អាសុខ 'Sok.'

<u>កំណត់សំរាប់គ្រូ</u>: (Note to Teacher)

ការហាត់នេះនិងការហាត់តទៅ មិនគ្រាន់តែមានការណ៍ពិបាកដែលមកពីហេតុតែមួយដែលបណ្ដាលឲ្យរៀនពិបាកនោះទេ ព្រមទាំងផ្ទួនកាលមានពាក្យថ្មីខ្លះទៀតដែលធ្វើឲ្យការហាត់ទាំងនេះរឹតតែពិបាកទៅទៀតផង។ ខ្លះច្រើនបើអាចពន្យល់និងបង្ហាត់ឲ្យបានចប់ការហាត់១ក្នុងរយៈពេល១ម៉ោង ទុកជាការសម្រួលមួយដ៏ប្រសើរ។

ហើយគ្រូដែលហាត់នេះទៀត ដើម្បីឲ្យបានច្បាស់នូវរបៀបបង្ហាត់បង្រៀនទាំងឡាយ សូមអានអារម្ភកថានោះផង។

<u>DRILL ONE</u>: <u>Response</u>

គំរូ: ក: ម៉េច ឮថាកងស្នងការយោធាដេញអ្នកលក់ដូរចេញឬ?
(ទាល់ក្រ)
ខ: អឺ ហ្នឹងហើយ អាណិតអ្នកលក់ដូរទាល់ក្រនោះណាស់ ណ៎។

MODEL: T: Well, (I've) heard that the military police evicted the peddlers. (poor)
S: Yeah, that's right. It's a shame for those poor peddlers.

ក. ម៉េច ឮថាលោកអភិបាលក្រុងដេញអ្នកលក់ដូរចេញឬ?
(ទាល់ក្រ)
អឺ ហ្នឹងហើយ អាណិតអ្នកលក់ដូរទាល់ក្រនោះណាស់ ណ៎។

ខ. ម៉េច ឮថាគេសង់ផ្លូវហើយ គេមិនឲ្យទៅម្ចាស់កន្លែងវិញទេឬ?
(ដែលគេដេញ)
អឺ ហ្នឹងហើយ អាណិតម្ចាស់កន្លែងដែលគេដេញនោះណាស់ ណ៎។

គ. ដឹងទេ? កម្រួតក្រុងចាប់ប្ដីគាត់ដាក់គុកហើយ។ (ចាស់)
អឺ ហ្នឹងហើយ អាណិតប្ដីគាត់ចាស់នោះណាស់ ណ៎។

ឃ. ដឹងទេ? រដ្ឋាភិបាលឈប់ឲ្យអ្នកស្រុកនៅកន្លែងនោះហើយ។
(ដែលធ្លាប់តែសុខសាន្ត)
អឺ ហ្នឹងហើយ អាណិតអ្នកស្រុកដែលធ្លាប់តែសុខសាន្តនោះណាស់ ណ៎។

ង. ដឹងទេ? ឥឡូវគេដេញអ្នកលក់ដូរនៅជុំវិញផ្សារអស់ហើយ។
(រកស៊ីរបរចិញ្ចឹមជីវិត)
អឺ ហ្នឹងហើយ អាណិតអ្នកលក់ដូររកស៊ីរបរចិញ្ចឹមជីវិតនោះណាស់ ណ៎។

ជ. ដឹងទេ? រដ្ឋាភិបាលបញ្ឈប់អ្នកធ្វើការច្រើនណាស់។
(ដែលមានកូនច្រើន)
អ៊ីហ្នឹងហើយ អាណិតអ្នកធ្វើការដែលមានកូនច្រើននោះណាស់ ហ៎។

SENTENCE NO. 2 and 3[1]

អ៊ី and អើ both are very non-formal versions of បាទ or ចាស . They are used alternately by two successive speakers, so that if speaker A uses អ៊ី , speaker B will use អើ in this next utterance, and not again. Sentences 2 and 3 illustrate this. On the other hand, if speaker A uses អើ first, then speaker B must use អ៊ី not អើ again. There is even a word អ៊ីអើគ្នា based on this situation. This word means to be in agreement with each other or that each keeps saying 'yes' to the other.

In sentence ជ the word អាឯង is used. This is an intimate way to say 'you.'

DRILL TWO: Transformation Use the proper third person pronoun in the proper place. Be sure to use អ៊ី and អើ correctly.

គំរូ: ក: អ៊ី ឮថាគ្នាទៅលក់នៅមាត់ត្រពាំងទៅវិញ មែនទេ?
(... ពិបាកណាស់ភ្លៀងម្តងៗ)
ខ: អើ ហើយគ្នាពិបាកណាស់ភ្លៀងម្តងៗ។

MODEL: T: I've heard that they've gone to sell at the edge of the pond, right? (it's hard for ... when it rains sometimes)

S: Yeah, and it's hard for them when it rains sometimes.

ក. អ៊ី មិនត្រូវដេញគ្នាចេញពីនោះសោះ។
(មិនដឹងជា ... ទំណាក់ទីណែងថេចទេ)
អើ ហើយមិនដឹងជាគ្នាទំណាក់ទីណែងថេចទេ។

ខ. អ៊ី អាហ្នឹងមិនអាចបំលាស់ទេ។
(... មិនអាចលោកអភិបាលក្រុងទៀតផង)
អើ ហើយវាមិនអាចលោកអភិបាលក្រុងទៀតផង។

គ. អ៊ី លោកគ្រូសុំឈប់ពួកម៉ាកឯងដិតដិត។
(... នៅជាមួយគ្នាឥឡូវ)
អើ ហើយគាត់នៅជាមួយគ្នាឥឡូវ។

1. Notes to the dialogue are numbered according to the sentence in the dialogue to which they refer. Drills, on the other hand, are numbered consecutively throughout the lesson.

ឃ. គ្រូ ទៅណាមកណា អាណោះមិនដែលយកប្រពន្ធទៅជាមួយទេ។
(...ដើរលេងរាល់យប់ ដល់ម៉ោង១ម៉ោង២បានចូលផ្ទះ)
សិ វាដើរលេងរាល់យប់ ដល់ម៉ោង១ម៉ោង២បានចូលផ្ទះ។
ង. គ្រូ ដឹងស្រាប់ហើយអ្នកស្រុកផង មិនសូវបានទៅណាទេ។
(...មិនដែលស្គាល់ទឹកម៉ាស៊ីនយ៉ាងម៉េចផង)
សិ ហើយគ្នា (គេ) មិនដែលស្គាល់ទឹកម៉ាស៊ីនយ៉ាងម៉េចផង។
ច. គ្រូ កូនអាប៊ីងធំហើយឥឡូវ។
(...ស៊ីច្រើនណាស់ដែរ)
សិ ហើយវាស៊ីច្រើនណាស់ដែរ។

SENTENCE NO. 3

គ្នា, as you know, usually means 'each other.' However, it is also used as a first, second, or third person pronoun, ordinarily with a strong connotation of familiarity or even intimacy. In the third person it has an additional connotation of sympathy. Here, for instance, the speakers are identifying with the evicted peddlers and so use គ្នា to indicate a closer feeling than គេ would convey. គ្នា can be either singular or plural.

DRILL THREE: Transformation: Use the proper third-person pronoun in the proper place.

គំរូ: ក: អាណិតអ្នកលក់ដូរទីទ័លក្រនោះណាស់ វ៉ាស់។
(មិនត្រូវដេញ ... ចេញទេ)
ខ: មិនត្រូវដេញគ្នាចេញទេ។

MODEL: T: It's a shame for those poor peddlers. (they shouldn't evict...)

S: They shouldn't evict them.

ក. គណៈក្រុងដេញអ្នកទីទ័លក្រទាំងនោះឲ្យរត់ទីណាត់ទីណែង។
(...តែងតែរស់នៅដោយសេចក្ដីសុខសាន្ត)
គ្នាតែងតែរស់នៅដោយសេចក្ដីសុខសាន្ត។
ខ. ខ្ញុំខានជួបមាមីងខ្ញុំយូរហើយ។
(...ជាអ្នកលក់របស់របរឧបភោគបរិភោគ)
គាត់ជាអ្នកលក់របស់របរឧបភោគបរិភោគ។
គ. ខ្ញុំបានជួបពួកម៉ាកជិតដិតខ្ញុំម្នាក់ដែលខ្ញុំខានជួបយូរហើយ។
(...នាំប្រពន្ធ ... មកលេងផ្ទះ)
វានាំប្រពន្ធវាមកលេងផ្ទះ។

ឃ. នៅទីប្រជុំជននោះ ពុំជាមានចិននឹងយួនច្រើនណាស់។
(... មិនទាន់រកកន្លែងនៅឲ្យបានសុខសាន្តទេ)
គាត់មិនទាន់រកកន្លែងនៅឲ្យបានសុខសាន្តទេ។

ង. ខ្ញុំមិនចូលចិត្តមាកីដែលខ្ញុំជួបនោះទេ។
(... មិនចេះគួរសម)
វាមិនចេះគួរសម។

ច. ខ្លាំងធ្វើឲ្យអ្នកស្រែទទួលក្រទំណាក់ទំណែងខ្លាំងណាស់។
(មិនត្រូវធ្វើឲ្យ ... ទំណាក់ទំណែងយ៉ាំងនោះទេ)
មិនត្រូវធ្វើឲ្យគ្នាទំណាក់ទំណែងយ៉ាំងនោះទេ។

SENTENCE NO. 5

The word ជង់ in this sentence is not translated. It emphasizes the fact that the noun it follows has already been brought up as a topic of conversation. In this sentence the noun which is marked by ជង់ is មាត់ត្រពាំង

DRILL FOUR: Substitution:

គំរូ: ក: អូ ហ្នឹងហើយ ព្រោះកន្លែងហ្នឹងជង់ ភក់ជ្រាំដល់ហើយ។
(មាត់ត្រពាំង)
ខ: អូ ហ្នឹងហើយ ព្រោះមាត់ត្រពាំងជង់ ភក់ជ្រាំដល់ហើយ។

MODEL: T: Oh that's right, because that place gets really dirty and muddy. (edge of the pond)

S: Oh that's right, because the edge of the pond gets really dirty and muddy.

អូ ហ្នឹងហើយ ព្រោះមាត់ត្រពាំងជង់ ភក់ជ្រាំដល់ហើយ។

ក. (រងា)
អូ ហ្នឹងហើយ ព្រោះមាត់ត្រពាំងជង់ រងាដល់ហើយ។

ខ. (ស្រុកស្រែ)
អូ ហ្នឹងហើយ ព្រោះស្រុកស្រែជង់ រងាដល់ហើយ។

គ. (ភ្លៀង)
អូ ហ្នឹងហើយ ព្រោះស្រុកស្រែជង់ ភ្លៀងដល់ហើយ។

ឃ. (សប្បាយ)
អូ ហ្នឹងហើយ ព្រោះស្រុកស្រែជង់ សប្បាយដល់ហើយ។

ង. (ញុំាបាយហាង)
អូ ហ្នឹងហើយ ព្រោះញុំាបាយហាងជង់ សប្បាយដល់ហើយ។

ច. (ថ្លៃ)
អូ ហ្នឹងហើយ ព្រោះញុំាបាយហាងជង់ ថ្លៃដល់ហើយ។

ឆ. (នៅស្រុកហ្នឹង)
អូ ហ្នឹងហើយ ព្រោះនៅស្រុកហ្នឹងដដែល ថ្លៃដល់ហើយ។

SENTENCE NO. 6

The word ហឺស is a non-formal interjection expressing irritation or desperation, something like English 'hmph.'

DRILL FIVE: Response: (familiar style)

គ្រូ: ក: គេដឹកញាក់[2]ស្រេចនឹងគេ។ (ធ្វើឲ្យខូចប្រយោជន៍)
ស: ហឺស ដឹកញាក់អញ្ចឹង ដូចជាធ្វើឲ្យខូចប្រយោជន៍ខ្លាំងណាស់។

MODEL: T: They lead and direct as they like. (to be harmful)

S: Hmph! Leading and directing like that seems to be very harmful.

ក. គេដេញគ្នាឲ្យចេញហើយ ប្តូរជាឲ្យទៅអ្នកដទៃទៅវិញ។
(អយុត្តិធម៌)
ហឺស ដេញអញ្ចឹងដូចជាអយុត្តិធម៌ខ្លាំងណាស់។

ខ. ជនបរទេសមានគោលបំណងនឹងធ្វើឲ្យសេដ្ឋកិច្ចលិច។
(អាក្រក់)
ហឺស មានគោលបំណងអញ្ចឹងដូចជាអាក្រក់ខ្លាំងណាស់។

គ. ជនបរទេសខ្លះគិតនាំខ្មែរឲ្យធ្លាក់ទឹក។
(ធ្វើឲ្យយើងពិបាក)
ហឺស គិតអញ្ចឹងដូចជាធ្វើឲ្យយើងពិបាកខ្លាំងណាស់។

ឃ. រដ្ឋាភិបាលប្រាប់យើងថាធ្វើហើយ ដល់ក្រោយមកបែរជាមិនធ្វើវិញ។ (ធ្វើឲ្យយើងពិបាក)
ហឺស ប្រាប់អញ្ចឹងដូចជាធ្វើឲ្យយើងពិបាកខ្លាំងណាស់។

ង. លោកអភិបាលក្រុងប្រើប៉ូលីសទាំងយប់ទាំងថ្ងៃ។
(អយុត្តិធម៌)
ហឺស ប្រើអញ្ចឹងដូចជាអយុត្តិធម៌ខ្លាំងណាស់។

ច. គេចង់ឲ្យយប់ក៏បាន គេចង់ឲ្យថ្ងៃក៏បាន ស្រេចនឹងគេ។ (បណ្តាលរឿងនោះឲ្យស្មុគស្មាញ)
ហឺស ចង់ឲ្យអញ្ចឹងដូចជាបណ្តាលរឿងនោះឲ្យស្មុគស្មាញខ្លាំងណាស់។

2. New words introduced in the drills are underlined. They are glossed in the Vocabulary at the end of the lesson.

SENTENCE NO. 7

When talking of places, use នៅចំ 'right (at),' e.g., គេសង់តូបនៅចំផ្លូវដើរ 'They're building kiosks right in the pathways.' When talking about time, use ចំ e.g., វាហៅខ្ញុំចំពេលខ្ញុំកំពុងងូតទឹក។ 'He called me right when I was taking a shower.'

DRILL SIX: Transformation:

គ្រូ: ក: ហើយអាកន្លែងនោះទៀត នៅចំផ្លូវដើរ។ (គិត)
ស: កន្លែងនោះនៅចំផ្លូវដើរឯណា? និយាយអញ្ចឹងចំជាគ្មានគិតអីតែម្ដង។

MODEL: T: And that place, furthermore, is right in the pathways. (think)

S: How can you say that place is right in the pathway? Talking like that is simply not thinking, and that's all.

ក. ហើយអាផ្លូវនោះទៀត នៅចំទីប្រជុំជន។ (ដឹង)
ផ្លូវនោះនៅចំទីប្រជុំជនឯណា? និយាយអញ្ចឹងចំជាគ្មានដឹងអីតែម្ដង។

ខ. ហើយអាពេលនោះទៀត ចំថ្ងៃលិច។ (ដឹង)
ពេលនោះចំថ្ងៃលិចឯណា? និយាយអញ្ចឹងចំជាគ្មានដឹងអីតែម្ដង។

គ. ហើយអាយប់នោះទៀត ចំពេលសំខាន់។ (គិត)
យប់នោះចំពេលសំខាន់ឯណា? និយាយអញ្ចឹងចំជាគ្មានគិតអីតែម្ដង។

ឃ. ហើយអាតូបនោះទៀត នៅចំកន្លែងភក់ជ្រាំ។ (មើល)
តូបនោះនៅចំកន្លែងភក់ជ្រាំឯណា? និយាយអញ្ចឹងចំជាគ្មានមើលអីតែម្ដង។

ង. ហើយអាស្រែនោះទៀត នៅចំព្រំដែន។ (ឃើញ)
ស្រែនោះនៅចំព្រំដែនឯណា? និយាយអញ្ចឹងចំជាគ្មានឃើញអីតែម្ដង។

ច. ហើយអាពេលនោះទៀត ចំពេលដេក។ (ដឹង)
ពេលនោះចំពេលដេកឯណា? និយាយអញ្ចឹងចំជាគ្មានដឹងអីតែម្ដង។

ADDITIONAL DRILLS

DRILL SEVEN: Transformation: Note that in this drill if the teacher's sentence ends in a place expression, the first model should be followed. If the teacher's sentence ends in a time expression, the student should follow the example of the second model.

គំរូទី១. ក: គេដេញអ្នកលក់ដូរពីកន្លែងនោះ។ (គេសង់អី)
ខ: ចុះ នៅកន្លែងដែលដេញនោះ គេសង់អីទៅ?

MODEL 1: T: They evicted the peddlers from that place. (what are they building)

S: And what are they building in the place they kicked them out of?

គំរូទី២. ក: តម្រួតក្រុងដេញអ្នកលក់ដូរពីព្រឹកមិញ។ (តម្រួតធ្វើម៉េចខ្លះ)
ខ: ចុះនៅពេលដែលដេញនោះ តម្រួតធ្វើម៉េចខ្លះទៅ?

MODEL 2: T: The city police evicted the peddlers this morning. (what did the police do)

S. And when they evicted them what did the police do?

ក. គេតាំងរាននិងតុគេនៅបរិវេណផ្សារនោះ។ (គេដាក់លក់អីខ្លះ)
ចុះនៅកន្លែងដែលតាំងនោះ គេដាក់លក់អីខ្លះទៅ?

ខ. កូនសិស្សប្រជុំលេងភ្លេងម៉ោងមុន។ (គ្រូធ្វើម៉េច)
ចុះនៅពេលដែលប្រជុំលេងនោះ គ្រូធ្វើម៉េចទៅ?

គ. ពីថ្ងៃមួយណោះ តម្រួតក្រុងចាប់អ្នកលក់ដូរយកលុយ។
(លោកអភិបាលក្រុងនៅឯណា)
ចុះនៅពេលដែលចាប់នោះ លោកអភិបាលក្រុងនៅឯណាទៅ?

ឃ. គេចេញចូលផ្សារនោះរាល់ថ្ងៃ។ (តម្រួតនៅឯណា)
ចុះនៅពេលដែលចេញចូលនោះ តម្រួតនៅឯណាទៅ?

ង. ប្រហែល១៥ឆ្នាំមុន ស្រុកខ្មែរកើតចំបាំង។
(សេដ្ឋកិច្ចខ្មែរធ្លាក់ដល់ណា)
ចុះនៅពេលដែលកើតចំបាំងនោះ សេដ្ឋកិច្ចខ្មែរធ្លាក់ដល់ណាទៅ?

ច. របររកស៊ីភាគខ្លះមិនសូវល្អ។ (អ្នកស្រុកបានអ្វីបរិភោគ)
ចុះនៅកន្លែងដែលមិនសូវល្អនោះ អ្នកស្រុកបានអ្វីបរិភោគទៅ?

DRILL EIGHT: Substitution:

គំរូ: ក: ម៉េច ឮថាកម្រួតយោធានឹងអ្នកលក់ដូរត្រូវគ្នាណាស់ឬ?
(លោកគ្រូ - សិស្សម្នាក់)
ស: ម៉េច ឮថាលោកគ្រូនឹងសិស្សម្នាក់ត្រូវគ្នាណាស់ឬ?

MODEL: T: Well, I've heard that the military police and the peddlers are on good terms now. (the teacher - a student)

S: Well, I've heard that the teacher and one of the students are on good terms now.

ម៉េច ឮថាលោកគ្រូនឹងសិស្សម្នាក់ត្រូវគ្នាណាស់ឬ?
ក. (ចៅហ្វាយយើង - គ្រូម្នាក់)
ម៉េច ឮថាចៅហ្វាយយើងនឹងគ្រូម្នាក់ត្រូវគ្នាណាស់ឬ?
ខ. (លោកអភិបាលក្រុង - កម្រួតម្នាក់)
ម៉េច ឮថាលោកអភិបាលក្រុងនឹងកម្រួតម្នាក់ត្រូវគ្នាណាស់ឬ?
គ. (ប្រពន្ធគាត់ - គាត់)
ម៉េច ឮថាប្រពន្ធគាត់នឹងគាត់ត្រូវគ្នាណាស់ឬ?
ឃ. (លោកចៅហ្វាយខេត្ត - អ្នកបំរើពីរនាក់)
ម៉េច ឮថាលោកចៅហ្វាយខេត្តនឹងអ្នកបំរើពីរនាក់ត្រូវគ្នា
ណាស់ឬ?
ង. (ប្រពន្ធគាត់ - ម្ដាយគាត់)
ម៉េច ឮថាប្រពន្ធគាត់នឹងម្ដាយគាត់ត្រូវគ្នាណាស់ឬ?
ច. (គាត់ - ម្ដាយក្មេកគាត់)
ម៉េច ឮថាគាត់នឹងម្ដាយក្មេកគាត់ត្រូវគ្នាណាស់ឬ?
ឆ. (មេកម្រួតម្នាក់ - អ្នកទិនស័ក)
ម៉េច ឮថាមេកម្រួតម្នាក់នឹងអ្នកទិនស័កត្រូវគ្នាណាស់ឬ?

DRILL NINE: Transformation: (familiar style) Note: The name **អាមោឃ** is a nickname meaning 'dummy,' 'stupid.'

គំរូ: ក: លោកគ្រូយើងដេញកូនសិស្សម្នាក់។
ស: ម៉េច ឮថាលោកគ្រូយើងដេញកូនសិស្សម្នាក់ឬ?

MODEL: T: Our teacher made a student leave.

S: Well, I've heard that our teacher made a student leave.

ក. ចៅហ្វាយយើងចង់ឲ្យអញខ្ចីលុយ។
ម៉េច ឮថាចៅហ្វាយយើងចង់ឲ្យអាឯងខ្ចីលុយឬ?

ខ. ដល់ភ្លៀងថ្មីៗ មានភក់ជ្រាំសម្បើមណាស់។
ម៉េច ពុថាដល់ភ្លៀងថ្មីៗ មានភក់ជ្រាំសម្បើមណាស់ឬ?
គ. ប្រពន្ធអាឯងមានលុយច្រើនណាស់។
ម៉េច ពុថាប្រពន្ធអាឯងមានលុយច្រើនណាស់ឬ?
ឃ. ស្រុកយើងឥឡូវសុខសាន្តណាស់។
ម៉េច ពុថាស្រុកយើងឥឡូវសុខសាន្តណាស់ឬ?
ង. ប្រពន្ធវាដេញគាត់ឲ្យដេកក្រៅផ្ទះ។
ម៉េច ពុថាប្រពន្ធវាដេញគាត់ឲ្យដេកក្រៅផ្ទះឬ?
ច. ម្ចាស់ស្រីវាហៅវាអាមោឃ។
ម៉េច ពុថាម្ចាស់ស្រីវាហៅវាអាមោឃឬ?

DRILL TEN: Substitution:

គំរូ: ក: អូ បើគេបែរជាឲ្យទៅអ្នកដទៃវិញ ហ្នឹងមិនចំជាអយុត្តិធម៌តែម្តងទេ។ (យកលុយ)
ខ: អូ បើគេបែរជាយកលុយវិញ ហ្នឹងមិនចំជាអយុត្តិធម៌តែម្តងទេ។

MODEL: T: Oh, they've given it to other people instead. Isn't that clearly unfair? (taken their money back)
S: Oh, they've taken their money back. Isn't that clearly unfair?

អូ បើគេបែរជាយកលុយវិញ ហ្នឹងមិនចំជាអយុត្តិធម៌តែម្តងទេ។
ក. (សង)
អូ បើគេបែរជាសងវិញ ហ្នឹងមិនចំជាអយុត្តិធម៌តែម្តងទេ។
ខ. (ភូត)
អូ បើគេបែរជាភូតវិញ ហ្នឹងមិនចំជាអយុត្តិធម៌តែម្តងទេ។
គ. (ចូលដៃ)
អូ បើគេបែរជាចូលដៃវិញ ហ្នឹងមិនចំជាអយុត្តិធម៌តែម្តងទេ។
ឃ. (ធ្វើតាមចិត្ត)
អូ បើគេបែរជាធ្វើតាមចិត្តវិញ ហ្នឹងមិនចំជាអយុត្តិធម៌តែម្តងទេ។
ង. (ធ្វើបាប)
អូ បើគេបែរជាធ្វើបាបវិញ ហ្នឹងមិនចំជាអយុត្តិធម៌តែម្តងទេ។
ច. (ដេញ)
អូ បើគេបែរជាដេញវិញ ហ្នឹងមិនចំជាអយុត្តិធម៌តែម្តងទេ។

READING PASSAGE 2

ខ្មែរនឹងពាណិជ្ជកម្ម

ស្រុកខ្មែរពីដើមមានណាស់ ។ របស់របរអ្វីៗដែលយើងត្រូវការជាចាំបាច់ដើម្បីចិញ្ចឹមជីវិតក៏មានដែរ ហើយយើងទាំងអស់ប្រកបដោយសេចក្ដីសុខសាន្តគ្រប់ៗគ្នា ។ យើងដែលរស់នៅជាមួយគ្នាក្នុងភូមិនិមួយៗតែងតែស្គាល់គ្នាទាំងអស់ ហើយយើងស្រឡាញ់គ្នាដូចបងប្អូនរបស់យើង ។ យើងត្រង់នឹងគ្នាណាស់ ។ ដូច្នេះ នៅភូមិនិមួយៗជំនាន់នោះ របររកស៊ីលក់ដូរពុំអាចកើតមានទេ ព្រោះយើងយល់យ៉ាងច្បាស់ថា គ្រប់កន្លែងណាដែលមានជំនួញ លក់ដូរជារបររកស៊ីចិញ្ចឹមជីវិតស្ថិតនៅហើយ កន្លែងនោះតែងតែស្ថិតនៅជាដរាបដោយអយុត្តិធម៌ដែលធ្វើឲ្យយើងលែងទុកចិត្តនឹងស្រឡាញ់គ្នា ។

យើងជាម្ចាស់ទឹកដី ។ យើងម្នាក់ៗសុទ្ធតែមានផ្ទះ ដី ស្រែចំការ នឹងរបស់របរឧបភោគបរិភោគចាំបាច់គ្រប់យ៉ាង ដូច្នេះយើងមិនសូវមានពេលធ្វើដំណើរទៅណាបានទេ គឺយើងរវល់នឹងមើលរបស់ទាំងនោះហើយនឹងប្រកបរបររកស៊ីធ្វើស្រែចំការ ។ ភាពជាម្ចាស់របស់របរទាំងនោះនឹងការប្រកបរបររកស៊ីធ្វើស្រែចំការ យើងនិយមគិតថាសំខាន់នោះ ធ្វើឲ្យយើងបែរទៅរករបរពាណិជ្ជកម្មមិនបាន ។ គួរឆ្ងល់ណាស់ ហេតុអ្វីបានជាយើងនាំគ្នានិយមយ៉ាងនេះ? តាមពិត មិនត្រូវឆ្ងល់ទេ ព្រោះសេចក្ដីសុខសាន្តដែលយើងធ្លាប់មាន កើតមកពីការនិយមគិតយ៉ាងនោះរបស់យើងទាំងអស់ ។

ដូច្នេះឥឡូវនេះ យើងយល់ឃើញថា ខ្មែរយើងជំនាន់មុនជឿច្បាស់ប្រាកដថា ពាណិជ្ជកម្មជារបរមួយដែលបង្កើតអយុត្តិធម៌នឹងអត្តពាគថន៍មួយដែលបណ្ដាលមិនឲ្យមានសេចក្ដីសុខសាន្តក្នុងជីវិតរបស់គេ ។

VOCABULARY

កសិកម្ម	agriculture
* កសិ (H)[1]	pertaining to land and farming
កម្ម	action consequence, result
ខូចប្រយោជន៍	to have an adverse effect on one's interests, to be damaging to one's interests
គ្រែ	a bed, a stand
ចំជា	indeed, really

1. The symbol (H) indicates a bound form (a word that occurs only as part of another word). An asterisk preceding a word in the vocabulary indicates that it is included for your information but need not be memorized.

ចំ	right at
ជន	person, people (formal)
ជាយូរមកហើយ	for a long time now
ជា	adverb phrase former
ជ្រាំ	dirty, trampled mud, mixed with garbage
ឆ្ពោង	towards
ញាក់	to guide an animal, to lead; to twitch
ដរាប	always
កម្រួតយោធា	military police
កម្រួត (< ត្រួត)	police
យោធា	military
តាមចិត្ត	as one wishes, according to desire
តូប	kiosk
ទីទ័លក្រ	to be very poor
ទ័ល (or ទាល់)	to run out of, to be poor
ទីណាត់ទីណែង	all mixed up, confused, helter-skelter (because of some trouble)
ទីប្រជុំជន	population center
ទំនាប (< ទាប)	low and flat; a low, flat place
បរិវេណ /paˀriveen/	perimeter, edges
ប្រែជា	to turn into, to turn to
ប្រកបរបរ	to earn a living, to have a profession
របរ	profession, trade
ពាណិជ្ជកម្ម	commerce; to do commerce
ពាណិជ្ជ	commercial
ពោធិចិនតុង	Pochentong (a suburb of Phnom Penh)
ពុំ (= មិន, អត់, ឥត)	not (literary)
មិនដែលនិងមិន	never have and never will
របររកស៊ី	occupation
រកស៊ី	to earn a living
របស់របរ	things
* របរ	AC[2]

2. The symbol AC indicates an alliterative component (of a compound) which has no independent meaning.

	ភាន	a stand
	របៀបរៀបរយ	order
	រៀបរយ	order
	ភ៉ា	attention-getting particle used between men on non-formal terms
	លក់ដាច់	to sell (intrans.)(used of goods, e.g., 'those books aren't selling well')
	លក់ដូរ	to buy and sell, to be in business
	លិចទឹក, ទឹកលិច	to be inundated
	សង់	to build
	សហភាពសូវៀត	Soviet Union
	សហភាព	union
	សហ (H)	united
	ភាព	state of, -ness; state of being
	សាធារណៈ	public
	សុខសាន្ត	peaceful, calm
*	សាន្ត	calm
	សេចក្តី	matter, affair; nominalizes adjectives
	សេដ្ឋកិច្ច	economy
*	សេដ្ឋ: (H) /seethaʔ/	property, goods
	កិច្ច (= ការ)	work, job; nominalizer
	ស្ថិតនៅ	is located (formal)
	ស្មុគស្មាញ	complicated and difficult, 'hairy' (neither component has independent meaning)
	ហឹស	exclamation of anger or desperation(non-formal)
	អន្តរាគមន៍	intervention
	អន្តរ: (or អន្តរា) (H)	inter-, between
*	អាគម (H)	act of coming, act of entering into, interrelations
*	គមន៍ (H)	act of going (literary)
	អភិបាល	governor, chief, head of an organization
	អយុត្តិធម៌	injustice
	អ:- (H)	not (like English un-, in-, a-)
	យុត្តិធម៌	justice
*	យុត្តិ (H)	that which is right, proper
	ធម៌	virtue, generosity, scriptures (dharma)
	អាណិត	to pity, to feel sorry for
	អឺ	yes (very nonformal)
	អើ	yes (very nonformal)
	ឧបភោគបរិភោគ	useful goods and food

ឧបភោគ /opaphook/	non-edible useful goods
ឧប /opaʔ/	helpful, assistant
ភោគ	property, goods
អ្នកដទៃ	other people, another person
ដទៃ	other

APPLICATIONS

1. Define or describe the following:

យោធា	សង់	ត៊ុក	លិចទឹក	ស្រេច
ក្មុក	គួប	ឧបភោគ	ពុំ	គាប់ចិត្ត
ទំនស័ក្រ	ដទៃ	បរិវេណ	មេឃ	កសិកម្ម
កើ	អយុត្តិធម៌	សុខសាន្ត	អន្តរាគមន៍	
ស្រាំ	ជន់	ទីប្រជុំជន	រៀបរយ	
ដល់ហើយ	បាន	សហភាព	សេដ្ឋកិច្ច	ពាក់
ប្រកបរបរ	កិច្ច	ស្លុកល្ហាញ	លក់ដាច់	រកស៊ី

2. Use in a sentence:

ស្ថិតនៅ	ចំជា	ជាយូរមកហើយ
លក់ដាច់	តែម្ដង	ប្រកបរបរ
ដល់ហើយ	ឈៀង	មូលដ្ឋាន
បែរជា	ដរាប	សាធារណៈ
នៅចំ	ចំនួន	គួរសម

3. Give a word or phrase with contradictory meaning:

យុត្តិធម៌	ទំនាក់ទំនង	ទាប
សង់	បរិវេណ	ដទៃ
សេចក្តីសុខសាន្ត	ខូចប្រយោជន៍	ស្លុកល្ហាញ
គាប់ចិត្ត		

4. How would you say 'yes' in Cambodian to:

   a. your father
   b. your best friend
   c. your boss
   d. a waiter in a restaurant
   e. your child

f. your brother-in-law who is younger than you

g. your wife

h. a new colleague

5. If យុត្តិធម៌ means 'justice', and អយុត្តិធម៌ means 'injustice' and if:

a. មិត្ត means 'friend' what is a way to say 'enemy'?

b. មនុស្ស --- 'human' --- 'non-human'

c. រូប --- 'shape' --- 'shapeless'

d. ភ័យ --- 'fear' --- 'fearless'

e. វិជ្ជា --- 'knowledge' --- 'ignorance'

f. សន្តិសុខ --- 'security' --- 'disturbance'

6. Fill in the blanks with the proper third person form:

a. បងខ្ញុំ .... មិនដេកនៅនេះទេ យប់មិញ ។

b. គាត់នឹងជនជាពួកម៉ាកគ្នាយូរហើយ .... ច្រើនតែនៅ ផ្ទះជាមួយគ្នារហូតដល់ .... មានប្រពន្ធដោយសព្វខ្លួន ។

c. ធ្វើការ ៥ ថ្ងៃមួយអាទិត្យ នៅថ្ងៃសៅរ៍ឬថ្ងៃអាទិត្យ .... តែង តែនាំកូនដើរមើលទីក្រុងឬស្រុកស្រែ ។

d. ជីតាខ្ញុំស្លាប់យូរណាស់ហើយ ។ កាល .... នៅរស់ .... ចូលចិត្តនាំខ្ញុំ ដើរលេងឬអានសៀវភៅរឿងព្រេង ។

e. អាសុខស៊ីច្រើនណាស់ ។ នៅពេលបាយម្តងៗ .... មិននិយាយទេ .... គិតតែស៊ីឡើងទៅមួយ ។

f. អ្នកស្រែស្រុកយើងខំធ្វើការណាស់ តែទោះជា .... ខំយ៉ាងណាក៏ ដោយ ក៏ .... មិនសូវបានសម្រេចបំណងរបស់គ្នាដែរ ។

7. Choose the best of the alternatives given below each sentence to fill in the blank(s).

a. នៅស្រុកនោះមានមនុស្សទទេរក្រច្រើន .... ។
តាមចិត្ត , ជាយូរ , ដល់ហើយ

b. មនុស្ស .... ១០០នាក់ធ្លាប់ស្នាក់នៅទីនេះ ។
ចំនួន , ពាណិជ្ជកម្ម , ប្រមាណ

c. មានលុយប៉ុណ្ណា ចាយ .... អញ្ចឹង ។
ស្អកស្អាញ , លក់មិនដាច់ , សាចទឹក

d. វារកលុយបាន វាមិនឱ្យទៅប្រពន្ធវាទេ .... ឱ្យទៅអ្នកដទៃទៅវិញ ។
បែរជា , តែម្តង , ម្តេច

e. អ្នកលក់ដូរទីផ្សារ .... វានលក់ដូរនៅទីនោះ .... ។
សង់ , តាំង , តាមចិត្ត , គួរសម

f. វា .... គិតដល់យើង .... ។

ដល់ហើយ, ចំណាកាន, តែម្តង, មិនបាន

g. គេចូលចិត្ត .... កន្លែងនោះ ព្រោះកន្លែងនោះជាទី .... ។
កំពុងនៅ, ស្ងាត់, គួរសម, សុខសាន្ត

h. ដីហ្នឹងលិចទឹក ព្រោះជាដី .... ។
ស្រែ, ទំនាប, មាត់ត្រពាំង

i. ពាណិជ្ជកម្មជា .... នៃសេដ្ឋកិច្ច ។
អន្តរាគមន៍, មូលដ្ឋាន, បរិវេណ

j. អ្នកស្រែប្រកបរបររកស៊ីដោយ .... ។
ដភាប, តាមចិត្ត, សុខសាន្ត

8. Reorder the members of the following sets of words to make Cambodian sentences. There is often more than one possible sentence that can be made from a set of words.

a. នៅទីប្រជុំជន, ដោយ, អ្នកលក់ដូរ, នោះ, ប្រកបរបររកស៊ី, សុខសាន្ត។
b. សេដ្ឋកិច្ច, នឹង, មូលដ្ឋាន, កសិកម្ម, នៃ, ពាណិជ្ជកម្ម, ស្រុកយើង, ជា។
c. កសិកៀង, អន្តរាគមន៍, នេះ, មិនធ្វើ, មុខជា, យើង, ខូចប្រយោជន៍, មិនមាន, ជាតិ, ចេ ។
d. នៅស្រុកយើង, មិនសូវ, ជាយូរមកហើយ, មាន, ស្មុគស្មាញ, រឿង ច្រើនទេ ។
e. ដី, ច្រើនតែ, ស្រុកយើង, នឹង, ដីទំនាប, លិចទឹក, ភាគច្រើន។
f. វា, បែរជា, មិនឱ្យ, រក, ហើយ, បាន, យើង, ឱ្យ, សុំ, ទៅ ស្រី, វា, ទៅវិញ, វា ។
g. សាធារណៈ, ហើយ, អា, ផ្លូវ, នោះ, កន្លែង, ទៀត, នៅ, ចំ ។
h. នោះ, ទាំង, ត្រពាំង, ត្បូង, ដូរ, ក្រសួង, ស្អាត, កើត, ទាំង, ឈៀង, ខាង, ទឹក, ឃោសនាការ, នៅ, លិច, និង ។
i. សុខសាន្ត, ជន, តែង, ដោយ, នឹង, សេចក្តី, ទាំង, តែ, របៀប, រស់, នោះ, ប្រកប, ល្បិច ។
j. អ្នក, យ៉ាង, ជា, ដឹម, ធ្លង, ចេ, បាប, ទំនាក់, គ្នា, ចំ, អយុត្តិ, ហើយ, ដើរ, នេះ, ធ្វើ, ឱ្យ, នេះ, ចំណាត់ចំណែង, តែ ។

9. Find out from your teacher the answers to the following questions. Ask in Cambodian, of course. Use the questions at the end of each lesson as a guide to start conversation between yourself and your teachers; don't simply see them as a task to be gotten through. If your teacher's answer brings up new questions in your mind, be sure to ask them; explore thoroughly every topic that comes up before going on to the next question in this list. Since different people have different experiences and different opinions, try these questions with more than one teacher, if several are available, or try asking Cambodians who are not teachers.

In many ways, these questions are the most important part of each lesson. The reading passages, dialogues, drills, and other exercises are meant to prepare you to talk about the topics touched on in the lesson and to learn about Cambodia. If you can talk about the material in the lesson and use its vocabulary and structures, then you have really mastered the lesson.

a. Why were the poor peddlers selling at the market unofficially?
b. What would they need to sell legally?
c. Why did the military police kick them out?
d. Why did the land go to other people and not to the original squatters?
e. Who had the most benefit from this affair?
f. Is anyone at fault in this matter? If so, who?
g. Where did the squatters get the goods they sell?
h. What kind of living do they make?
i. Do they do other things to support themselves and their families, in addition to selling?
j. Does your teacher know any such peddlers?
k. What other kinds of small business are there?

ANSWERS

4. a. ចាស b. អឺ , អើ c. បាទ , បាទលោក, បាទលោកស្រី
d. អឺ , ហ្នឹងហើយ, អើ e. អឺ , អើ f. បាទ , អើ , អឺ
g. អើ , អឺ , ហ្នឹងហើយ, បាទ h. បាទ

5. a. អថិត្ត b. អមនុស្ស c. អរូប d. អភ័យ
e. អវិជ្ជា f. អសន្តិសុខ

6. a. គេ b. អ្នកទាំងពីរនេះ , គេ c. ព័កវ
d. គាត់ , គាត់ e. វា , វា f. គ្នា , គ្នា , គ្នា

7. a. ដល់ហើយ b. ចំនួន c. លក់មិនដាច់
d. តែរដា e. តាំង , តាមចិត្ត f. ចំដាក្បាន , តែម្តង
g. តាំងនៅ, សុខសាន្ត h. ទំនាប i. មូលដ្ឋាន
j. សុខសាន្ត

8. ១ នៅថ្ងៃប្រជុំជននោះ អ្នកលក់ដូរប្រកបរបររកស៊ីដោយសុខសាន្ត។
២. កសិកម្មនិងពាណិជ្ជកម្មជាមូលដ្ឋានសេដ្ឋកិច្ចនៃស្រុកយើង។
៣ បើយើងមិនធ្វើអន្តរាគមន៍ក្នុងរឿងនេះ មុខជាខូចប្រយោជន៍ជាតិមិនខាន។
៤. ជាយូរមកហើយនៅស្រុកយើង មិនសូវមានរឿងស្មុគស្មាញច្រើនទេ។
៥ ដីស្រុកយើងភាគច្រើន ច្រើនតែជីទំនាបនិងលិចទឹក។
៦. គាត់ខកលុយបានហើយ គាត់មិនឱ្យយើង បែរជាឱ្យទៅស្រីគាត់ទៅវិញ។
៧. ហើយអាគារខ្លងនោះទៀតនៅចំផ្លូវសាធារណៈ។
៨. ក្រសួងឃោសនាការនោះស្ថិតនៅខាងកើតក្រពាំងទឹក និងខាងត្បូងវាំងខាងលិចផ្សារ។
៩. ជនទាំងនោះប្រកបរបរដោយសេចក្ដីសុខសាន្ត និងរបៀបរៀបរយ។
១០. ធ្វើបាបអ្នកទីទ័លក្រឱ្យគ្មានដីធ្វើណាតទីកំណែង នេះចាំជាអយុត្តិធម៌តែម្ដង។

សកម្មភាពលក់ដូរនៅសម័យអង្គរ

Market scene from Angkor

LESSON TWO

WHO CONTROLS CAMBODIAN COMMERCE?

a. Who does most of the buying and selling where your teacher comes from?

b. How do Cambodians feel about going into business?

c. What are the main problems of the Cambodian economy?

d. What solutions would your teacher advocate?

e. What is the quickest way for an individual to make money in Cambodia?

READING PASSAGE 1

ពាណិជ្ជកម្មខ្មែរជាមូល ដ្ឋាននៃសេដ្ឋកិច្ចខ្មែរ

ខ្មែរជាម្ចាស់ទឹកដី ជាម្ចាស់ស្រែចម្ការ ជាអ្នកស្រែចម្ការក៏ពិតមែនហើយ តែខ្មែរពុំមែនជាម្ចាស់ពាណិជ្ជកម្មទេព្រោះ ពាណិជ្ជក្នុងប្រទេស និងក្រៅប្រទេស ស្រេចលើជនបរទេស គេដឹកគេញាក់ទំនិញពីបរទេសចូលមក ក៏ស្រេចនឹងគេ ទំនិញចេញពីប្រទេសយើងទៅ ក៏ស្រេចនិងគេ ។ គេចង់ឲ្យថោកក៏បាន គេចង់ឲ្យថ្លៃក៏បាន គឺហាងឆេងនៅលើគេ ។

រដ្ឋាភិបាលស្រោចស្រង់ជាតិជំនាន់សីហនុ បានយកបញ្ហានេះមកគិតស្ទើរតែបែកប្រមាត់ ក៏ប៉ុន្តែរត់និងដេញគេមិនរួច ទាញនេះ ដាច់នោះ ទាញនោះ ដាច់នេះ ធ្វើអ៊ីចេះ ទៅអ៊ីចុះ ធ្វើអ៊ីចុះ ទៅអ៊ីចេះ មកពីមានមេក្រមីធំ ។ ធ្វើឲ្យស្ថានការណ៍សេដ្ឋកិច្ចវិលទៅតាមមធ្យោបាយបរទេស។

ឥឡូវនេះសាធារណរដ្ឋខ្មែរប្រកាសហើយ ពាណិជ្ជកម្មខ្មែរកំពុងរៀបចំសកម្មភាព ទៅតាមបែបបទនៃខ្លួន ជាមូលដ្ឋាននៃសេដ្ឋកិច្ចខ្មែរ ឲ្យស្របតាមសាធារណរដ្ឋខ្មែរ ។

ត្រង់ចំណុចនេះ គោលការណ៍នៃពាណិជ្ជកម្មខ្មែរ ត្រូវស្ថិតនៅក្នុងពាណិជ្ជកម្មដឹកនាំ ដោយរដ្ឋាភិបាលសាធារណរដ្ឋខ្មែរសិន ដើម្បីឲ្យស្របតាមការដឹកនាំកសិកម្មខ្មែរ ដោយរដ្ឋាភិបាលខ្មែរ ដែលបានធ្វើមកហើយ ។ នេះជាការមួយសម្រួលទៅដល់ឧស្សាហកម្មខ្មែរ ជាមូលដ្ឋាននៃសេដ្ឋកិច្ចខ្មែរទៀត ។

ឯសេរីភាពក្នុងមុខរបរ អាចប្រព្រឹត្តទៅបានដោយសេរី ក្រោមកិច្ចដឹកនាំនៃរដ្ឋាភិបាលសាធារណរដ្ឋខ្មែរ ។ ការដឹកនាំនេះ ពុំមែនចេះតែធ្វើបានតាមវិធានការផ្សេងៗនោះទេ គឺត្រូវមានកម្លាំងទ័ពសម្រាប់ជម្រុញវិធានការនោះ ។ ឲ្យស្របទៅតាមមាគ៌ាសេដ្ឋកិច្ចជាតិផង ទើបសេដ្ឋកិច្ចអាចដើរត្រង់ផ្លូវទៅកើត ។

ការរៀបចំគម្រោងការណ៍សេដ្ឋកិច្ចថ្មីនេះ ជាបញ្ហាមួយស្មុគស្មាញក្រៃលែង ព្រោះពីមុនមកសេដ្ឋកិច្ច មិនព្រមដើរទៅតាមមាគ៌ាជាតិឡើយ គឺដើរទៅតាមតែមាគ៌ាឯកជន ។ ប្រទេសជាតិដែលត្រូវ

ឲ្យដើរជាចាំបាច់ តាមមាគ៌ាវឌ្ឍនភាព
របស់ខ្លួននោះ ប្រែក្លាយទៅជាឡេឡា
រកគោលដៅឲ្យពិតប្រាកដមិនបាន ម្ល៉ោះ
ហើយការវិបត្តិសេដ្ឋកិច្ច ក៏ចេះតែកើត
មានឡើងឥតឈប់ឈរ ។

ឥឡូវនេះ មិនដូចមុនទេ ពាណិជ្ជ
កម្ម ឬឧស្សាហកម្មខ្មែរ និងប្រែក្លាយមក
ជាមូលដ្ឋានសេដ្ឋកិច្ចខ្មែរពុំខាន ។

នៅក្នុងផ្សារថ្មី ភ្នំពេញ

In the Central Market, Phnom Penh

NOTES FOR READING PASSAGE 1

The reading passages in this and following lessons will contain many words which are used almost exclusively in writing. They are labeled 'literary.' When you learn them, exercise caution in using them, since, while they may sometimes add precision to your speech, they may equally well cause you to sound more bookish than is appropriate in casual conversation. To be sure, there are occasions where it is appropriate to use literary words, but a good rule of thumb for speaking natural-sounding Cambodian is to avoid a big word if you know a stylistically appropriate ordinary word with the same meaning.

Paraphrase of Paragraph 1. ពីតែដើមមកខ្មែរជាម្ចាស់ទឹកដី ជាម្ចាស់ស្រែចំការ និងជាអ្នកស្រែចំការ តែខ្មែរពុំមែនជាម្ចាស់ពាណិជ្ជកម្មទេ ព្រោះពាណិជ្ជកម្មក្នុងប្រទេសនិងក្រៅប្រទេសស្រេចលើជនបរទេស។ គេដឹកគេញាក់ទំនិញពីបរទេសចូលមក និងពីប្រទេសយើងទៅស្រេចនឹងគេ។ គេចង់ឲ្យថោកក៏បាន គេចង់ឲ្យថ្លៃក៏បាន ព្រោះហាងឆេងនៅលើគេ។

Paraphrase of Paragraph 2. រដ្ឋាភិបាលព្រោចស្រង់ជាតិជំនាន់សីហនុបានយកបញ្ហានេះមកគិតស្ទើរតែបែកប្រមាត់ ក៏ប៉ុន្តែរត់នឹងជើងគេមិនរួច។ ទាញនេះជាប់នោះ ទាញនោះជាប់នេះ។ ធ្វើអ៊ីចេះទៅអ៊ីចុះ ធ្វើអ៊ីចុះទៅអ៊ីចេះ។ នេះមកពីមានមេក្រុមជំនួញដែលជាអ្នកធ្វើឲ្យស្ថានការណ៍សេដ្ឋកិច្ចវិលទៅតាមមធ្យោបាយបរទេស។

Paraphrase of Paragraph 3. ឥឡូវនេះសាធារណរដ្ឋខ្មែរប្រកាសហើយថា ពាណិជ្ជកម្មខ្មែរជាមូលដ្ឋានសេដ្ឋកិច្ចខ្មែរ ក៏កំពុងរៀបចំសកម្មភាពទៅតាមបែបបទនៃខ្លួនឲ្យស្របតាមសាធារណរដ្ឋខ្មែរ។

Paraphrase of Paragraph 4. ត្រង់ចំណុចនេះ គោលការណ៍នៃពាណិជ្ជកម្មខ្មែរត្រូវស្ថិតនៅក្នុងពាណិជ្ជកម្មដឹកនាំនៃរដ្ឋាភិបាលសាធារណរដ្ឋខ្មែរផង ពីព្រោះដើម្បីឲ្យគោលការណ៍នោះស្របតាមការដឹកនាំកសិកម្មខ្មែរដែលរដ្ឋាភិបាលខ្មែរបានធ្វើមកហើយ។ នេះជាការមួយសម្រួលទៅដល់ឧស្សាហកម្មខ្មែរដែលជាមូលដ្ឋាននៃសេដ្ឋកិច្ចខ្មែរទៀត។

DIALOGUE

ពាណិជ្ជកម្មនិងសេដ្ឋកិច្ចខ្មែរ

(Intimate Style)

Two friends are chatting about a lecture they've heard.

		ចាក់ទឹកលើក្បាលទា	to pour water on a duck's head (to have one's words go in one ear and out the other; to do with no effect)
១.	ម៉ៅ	អញ ជិតដូចតែចាក់ទឹកលើក្បាលទាអញ្ចឹងណាស់ ។	To me, it's almost like pouring water on a duck's head (as far as the effect it has is concerned).
		មិនដាច់គ្នា	more or less similar, about the same
		អាអើយ	vocative word (familiar)
២.	ធុក	មិនដាច់គ្នាទេ អាអើយ ហើយមានពាក្យខ្លះអញគ្មានដែលឮសោះ ។	Me too, and there are some words that I've never heard at all.
		ឯង (= អាឯង)	you (non-formal)
៣.	ម៉ៅ	អញដែលឮ តែអញគ្មានដឹងថាម៉េចទេ ។ ចុះឯងដឹងគេនិយាយពីរឿងអីទេ ?	I've heard them but I don't know what they mean. Do you know what they're talking about?
		យ៉ាប់	hard, difficult, hard to resolve, burdensome
៤.	ធុក	ប្រហែលពីរឿងលក់ដូរ តែស្រុកយើងដូចមិនសូវយ៉ាប់ដូចគេថាប៉ុន្មានទេ អារឿងហ្នឹង ។	Probably, about business, but our country doesn't seem to be in as bad shape as they say, as far as business is concerned.
		រត់ពីជើងគេមិនរួច រត់នឹងជើងគេមិនរួច រត់មិនរួចនឹងជើងគេ	to be trapped, to be unable to get away
៥.	ម៉ៅ	អឺ ហ្នឹងហើយ ចេះតែថារត់នឹងជើងគេមិនរួចអញ្ចឹង ដូចមិនត្រូវ ។	Yeah, that's right. (They) keep saying that we're trapped, but that's not right.
		ជៀស	to avoid
៦.	ធុក	អើ ជៀសរួច ពិតមែនតែជំនួញមិននៅលើដៃខ្មែរទាំងអស់នោះ ។	Yeah. We'll manage even though all business is not in the hands of the Cambodians.
		ចង់ ; ជិត	about to

	ប្រមាត់	bile
	គិតបែកប្រមាត់	think very hard, break one's head over
៧. ម៉ៅ	តែអញមិនដឹងហេតុអ្វីម្នាក់ៗ នោះគិតចង់បែកប្រមាត់ហើយ នៅតែមិនចេញ។	But I (still) don't know why everyone is thinking his head off, and still with no result.
	ក្រមី	chicken louse
	មេក្រមី	transmitter of chicken lice
	ទាញនេះជាប់នោះ / ទាញនោះជាប់នេះ	(see note)
	ដើរអ៊ីចេះទៅអ៊ីចុះ / ដើរអ៊ីចុះទៅអ៊ីចេះ	(see note)
៨. ចុំក	គិតម៉េចនឹងចេញ បើអា មេក្រមីផ្សាំនោះវាដើរឲ្យ ទាញនេះជាប់នោះ ទាញ នោះជាប់នេះ ដើរអ៊ីចេះទៅ អ៊ីចុះ ដើរអ៊ីចុះទៅអ៊ីចេះ។	How can (they) resolve the problem if those bad apples get them all tangled up?

NOTES FOR THE DIALOGUE

SENTENCE NO. 3

The word រ៊ែង represents អាឯង 'you,' but it is introduced by the kind of pharyngeal constriction that also occurs in the Phnom Penh pronunciation of /r/ (cf. P.1.le in the Grammatical Sketch). Since that sound exists in Phnom Penh speech (but not in most provincial dialects), the letter រ /r/ is taken to represent it. Another way to spell this word is ហ្គ៊ែង, the cluster ហ្គ also represents this pharyngealized sound.

DRILL ONE: Substitution

NOTE: The student should determine the appropriate pronoun (គេ or គាត់) from the teacher's cue.

គំរូ: ក: ចុះរ៊ែងដឹងគេនិយាយពីរឿងអីទេ? (មានប្រសាសន៍)
ខ: ចុះរ៊ែងដឹងគាត់មានប្រសាសន៍ពីរឿងអីទេ?

MODEL: T: And do you know what they're talking about? (to talk (formal))

S: And do you know what they're talking about?

ចុះអ៊ំដឹងគាត់មានប្រសាសន៍ពីរឿងអីទេ?

ក. (អាន)
ចុះអ៊ំដឹងគាត់ (គេ) អានពីរឿងអីទេ?

ខ. (និយាយ)
ចុះអ៊ំដឹងគេ (គាត់) និយាយពីរឿងអីទេ?

គ. (មើល)
ចុះអ៊ំដឹងគេ (គាត់) មើលពីរឿងអីទេ?

ឃ. (ប្រជុំគ្នា)
ចុះអ៊ំដឹងគេប្រជុំគ្នាពីរឿងអីទេ?

ង. (និយាយគ្នា)
ចុះអ៊ំដឹងគេនិយាយគ្នាពីរឿងអីទេ?

ច. (គិតគ្នា)
ចុះអ៊ំដឹងគេគិតគ្នាពីរឿងអីទេ?

SENTENCE NO. 8

There are two idiomatic phrase types in this sentence. The first type is exemplified by ទាញនេះជាប់នោះ and ទាញនោះជាប់នេះ 'to pull out one hand and get the other stuck, to get all tangled up.' The second is exemplified by ធ្វើអ៊ីចេះទៅអ៊ីចុះ and ធ្វើអ៊ីចុះទៅអ៊ីចេះ 'to do something and get the wrong result, to be unable to get a desired result no matter what's done.' ទាញ, ជាប់, ធ្វើ and ទៅ are just some of the verbs that can be used in these patterns; any verb appropriate to the context can be used instead. The sentences of the following drill give examples of other verbs used in the same patterns.

Drill 2: Substitution:

គំរូ: គ: អារឿងហ្នឹងវាធ្វើឱ្យទាញនេះជាប់នោះ ទាញនោះជាប់នេះ ។
(បញ្ហា - គិតអ៊ីចេះទៅអ៊ីចុះ)

ស: អាបញ្ហាហ្នឹងវាធ្វើឱ្យគិតអ៊ីចេះទៅអ៊ីចុះ គិតអ៊ីចុះទៅអ៊ីចេះ ។

MODEL: T: That matter really tangles us up. (problem - mixes us up)

S: That problem really mixed us up.

អាបញ្ហាហ្នឹងវាធ្វើឱ្យគិតអ៊ីចេះទៅអ៊ីចុះ គិតអ៊ីចុះទៅអ៊ីចេះ ។

ក. (ពាក្យ - ថាអ៊ីចេះទៅអ៊ីចុះ)
អាពាក្យហ្នឹងវាធ្វើឱ្យថាអ៊ីចេះទៅអ៊ីចុះ ថាអ៊ីចុះទៅអ៊ីចេះ ។

ខ. (កិច្ចការ - ចាប់នេះជាប់នោះ)
អាកិច្ចការហ្នឹងវាធ្វើឱ្យចាប់នេះជាប់នោះ ចាប់នោះជាប់នេះ ។

គ. (គោលការណ៍ - រញ្ញនេះជាប់នោះ)
អាគោលការណ៍ហ្នឹងធ្វើឲ្យរញ្ញនេះជាប់នោះ រញ្ញនោះជាប់នេះ។

ឃ. (ចំណុច - ដោះនេះជាប់នោះ)
អាចំណុចហ្នឹងធ្វើឲ្យដោះនេះជាប់នោះ ដោះនោះជាប់នេះ។

ង. (វិបត្តិ - យស់អ៊ីចេះទៅអ៊ីចុះ)
អាវិបត្តិហ្នឹងធ្វើឲ្យយស់អ៊ីចេះទៅអ៊ីចុះ យស់អ៊ីចុះទៅអ៊ីចេះ។

ច. (វិធានការ - ចាត់អ៊ីចេះទៅអ៊ីចុះ)
អាវិធានការហ្នឹងធ្វើឲ្យចាត់អ៊ីចេះទៅអ៊ីចុះ ចាត់អ៊ីចុះទៅអ៊ីចេះ។

SENTENCE NO. 8

The term ក្រមី 'chicken louse' is used figuratively to mean any germ or virus. A **មេក្រមី** is a medium that spreads lice, and it is used figuratively to mean a transmitter of disease, a bad influence, or a 'bad apple.'

ADDITIONAL DRILLS

Drill 3: Substitution: (Intimite style)

NOTE: The word ម៉ាត់ means 'mouthful.' It usually occurs as a classifier not only for something eaten but also for words, e.g.

សូមនិយាយមួយម៉ាត់ពីរ។
Please say a few words.
ខ្ញុំត្រូវសួរពាក្យបួនប្រាំម៉ាត់ទៀត។
I have to ask four or five more words.

គំរូ: ក: មិនជាជាងគ្នាទេ អាអ៊ើយ ហើយមានពាក្យខ្លះអញមិនដែលឮសោះ។
(អ្នក - ស្គាល់)
ខ: មិនជាជាងគ្នាទេ អាអ៊ើយ ហើយមានអ្នកខ្លះអញមិនដែលស្គាល់សោះ។

MODEL: T: Me too, and there are some words I've never heard at all.
(person - to know)

S: Me too, and there are some persons I don't know at all.

មិនជាជាងគ្នាទេ អាអ៊ើយ ហើយមានអ្នកខ្លះអញមិនដែលស្គាល់សោះ។

ក. (ហាងឆេង - ប្រទះ)
មិនជាជាងគ្នាទេ អាអ៊ើយ ហើយមានហាងឆេងខ្លះអញមិនដែលប្រទះសោះ។

ខ. (សំណួរ - រក់នឹងឆ្លើយគាត់រួច)
មិនជាជាងគ្នាទេ អាអ៊ើយ ហើយមានសំណួរខ្លះអញមិនដែលរក់នឹងឆ្លើយគាត់រួចសោះ។

គ. (កូនសិស្ស - ឃើញមកទាន់ម៉ោង)

មិនដាដាច់គ្នាទេ អាអ៊ើយ ហើយមានកូនសិស្សខ្លះអញមិន
ដែលឃើញមុខមកតាំងម៉ោងណោះ។

ឃ. (គ្នាយើង - សងលុយ)
មិនដាដាច់គ្នាទេ អាអ៊ើយ ហើយមានគ្នាយើងខ្លះអញមិន
ដែលសងលុយសោះ។

ង. (ចំណាច - ពូកែនិយាយ)
មិនដាដាច់គ្នាទេ អាអ៊ើយ ហើយមានចំណាចខ្លះអញមិន
ដែលពូកែនិយាយសោះ។

ច. (ពាក្យ - និយាយមួយម៉ាត់)
មិនដាដាច់គ្នាទេ អាអ៊ើយ ហើយមានពាក្យខ្លះអញមិន
ដែលនិយាយមួយម៉ាត់សោះ។

Drill 4: Extension: (Intimate style)

គំរូ: គ: ដូចតែចាក់ទឹកលើក្បាលទាអញ្ចឹងណាស់។ (អញគ្មានយល់អីទេ)
ស: ដូចតែចាក់ទឹកលើក្បាលទាអញ្ចឹងណាស់ អញគ្មានយល់អីទេ។

MODEL: T: It's like pouring water on a duck's head. (I don't understand anything)

S: It's like pouring water on a duck's head; I don't understand anything.

ក. ដូចតែចាក់ទឹកលើក្បាលទាអញ្ចឹងណាស់។ (អញគ្មានស្តាប់អីបានទេ)
ដូចតែចាក់ទឹកលើក្បាលទាអញ្ចឹងណាស់ អញគ្មានស្តាប់អីបានទេ។

ខ. ឯងដូចតែចាក់ទឹកលើក្បាលទាអញ្ចឹងណាស់។
(ចូលត្រចៀកមួយ ចេញពីត្រចៀកមួយ)
ឯងដូចតែចាក់ទឹកលើក្បាលទាអញ្ចឹងណាស់ ចូលត្រចៀកមួយ
ចេញពីត្រចៀកមួយ។

គ. ឯងដូចតែចាក់ទឹកលើក្បាលទាអញ្ចឹងណាស់។
(ស្តាប់គ្មានសូវបានប៉ុន្មានទេ)
ឯងដូចតែចាក់ទឹកលើក្បាលទាអញ្ចឹងណាស់ ស្តាប់គ្មានសូវបាន
ប៉ុន្មានទេ។

ឃ. និយាយទៅដូចចាក់ទឹកលើក្បាលទាអញ្ចឹងណាស់។
(វាស្តាប់មិនបានសោះ)
និយាយទៅដូចចាក់ទឹកលើក្បាលទាអញ្ចឹងណាស់ វាស្តាប់មិន
បានសោះ។

ង. ស្តីឱ្យវា ដូចចាក់ទឹកលើក្បាលទាអញ្ចឹងណាស់។
(វាគ្មានជឿតាមសោះ)
ស្តីឱ្យវា ដូចចាក់ទឹកលើក្បាលទាអញ្ចឹងណាស់ វាគ្មានជឿ
តាមសោះ។

ច. ស្ដីឱ្យវា ដូចចាក់ទឹកលើក្បាលទាតែម្ដង។
(វាគ្មានយកចិត្តទុកដាក់សោះ)
ស្ដីឱ្យវា ដូចចាក់ទឹកលើក្បាលទាតែម្ដង វាគ្មានយកចិត្តទុកដាក់សោះ។

Drill 5: Transformation: (Intimate style)

គំរូ: ក: អញដែលឮ តែអញគ្មានដឹងថាម៉េចទេ។ (ពីរឿង)
ខ: ចុះឯងដែលដឹងឮពីរឿងនោះទេ?

MODEL: T: I've heard of it, but I don't know what it means. (about the matter)

S: And have you ever heard about that matter?

ក. អញដែលឃើញ តែអញគ្មានយល់អីទេ។ (យ៉ាងម៉េចពីការណ៍)
ចុះឯងដែលយល់ឃើញយ៉ាងម៉េចពីការណ៍នោះទេ?

ខ. អញដែលដើរ តែអញគ្មានទិញអីទេ។ (របស់របរ)
ចុះឯងដែលទិញដូររបស់របរនោះទេ?

គ. អញដែលស្គាល់ តែអញគ្មានដឹងអីទេ។ (វា)
ចុះឯងដែលដឹងស្គាល់វានោះទេ?

ឃ. អញដែលដឹង តែអញគ្មានចេះអីទេ។ (អំពីរឿង)
ចុះឯងដែលចេះដឹងអំពីរឿងនោះទេ?

ង. អញដែលដូរ តែអញមិនដែលលក់អីទេ។ (ដែប)
ចុះឯងដែលលក់ដូរដែបនោះទេ?

Drill 6: Response: (Familiar style)

គំរូ: ក: តែស្រុកយើងដូចជាមិនសូវយ៉ាប់ដូចគេនិយាយប៉ុន្មានទេ។
ខ: អឺហ្នឹងហើយ ចេះតែនិយាយថាស្រុកយើងយ៉ាប់អញ្ចឹងដូចមិនត្រូវ។

MODEL: T: But our country doesn't seem to be in as much trouble as they say.

S: Yeah, that's right. They keep saying our country is in trouble, and they're wrong.

ក. តែសេដ្ឋកិច្ចយើងដូចជាមិនសូវយ៉ាប់ដូចគេនិយាយប៉ុន្មានទេ។
អឺហ្នឹងហើយ ចេះតែនិយាយថាសេដ្ឋកិច្ចយើងយ៉ាប់អញ្ចឹងដូចមិនត្រូវ។

ខ. តែមនុស្សទាំងនោះ ដូចជាមិនសូវឡេះឡាដូចគេនិយាយប៉ុន្មានទេ។
អឺហ្នឹងហើយ ចេះតែនិយាយថាមនុស្សទាំងនោះឡេះឡាអញ្ចឹងដូចមិនត្រូវ។

គ. តែឈ្មួញខ្មែរ ដូចជាមិនសូវឡូឡាដូចគេគិតប៉ុន្មានទេ ។
អ៊ីចឹងហើយ ចេះតែគិតថាឈ្មួញខ្មែរឡូឡាអីញ៉ឹងដូចមិនត្រូវ ។

ឃ. តែឈ្មួញខ្មែរ ដូចជាមិនសូវយកប់ដូចគេទាយប៉ុន្មានទេ ។
អ៊ីចឹងហើយ ចេះតែទាយថាឈ្មួញខ្មែរយកប់អីញ៉ឹងដូចមិនត្រូវ ។

ង. តែគម្រោងការណ៍នេះ ដូចជាមិនសូវអត់ប្រយោជន៍ដូចគេទាយប៉ុន្មានទេ ។
អ៊ីចឹងហើយ ចេះតែទាយថាគម្រោងការណ៍នេះអត់ប្រយោជន៍អញ្ចឹង ដូចមិនត្រូវ ។

ច. តែគោលការណ៍នេះ ដូចជាមិនសូវអត់ប្រយោជន៍ដូចគេសម្រេចប៉ុន្មានទេ ។
អ៊ីចឹងហើយ ចេះតែសម្រេចថាគោលការណ៍នេះអត់ប្រយោជន៍អញ្ចឹង ដូចមិនត្រូវ ។

Drill 7: Substitution: (Familiar style)

គំរូ: គ: អើជៀសរួច ពិតមែនតែជំនួញមិននៅលើដៃខ្មែរទាំងអស់នោះ ។
(ការលក់ដូរ)
ស: អើជៀសរួច ពិតមែនតែការលក់ដូរមិននៅលើដៃខ្មែរទាំងអស់នោះ ។

MODEL: T: Yeah, we can avoid (it), even though business isn't all in Khmer hands. (buying and selling)

S. Yeah, we can avoid it even though buying and selling aren't all in Khmer hands.

អើជៀសរួច ពិតមែនតែការលក់ដូរមិននៅលើដៃខ្មែរទាំងអស់នោះ ។
ក. (រឿងនេះ)
អើជៀសរួច ពិតមែនតែរឿងនេះមិននៅលើដៃខ្មែរទាំងអស់នោះ ។
ខ. (ស្រុកយើង)
អើជៀសរួច ពិតមែនតែស្រុកយើងមិននៅលើដៃខ្មែរទាំងអស់នោះ ។
គ. (ជំនួញក្រៅប្រទេស)
អើជៀសរួច ពិតមែនតែជំនួញក្រៅប្រទេសមិននៅលើដៃខ្មែរទាំងអស់នោះ ។
ឃ. (មូលដ្ឋានសេដ្ឋកិច្ច)
អើជៀសរួច ពិតមែនតែមូលដ្ឋានសេដ្ឋកិច្ចមិននៅលើដៃខ្មែរទាំងអស់នោះ ។
ង. (ឧស្សាហកម្ម)
អើជៀសរួច ពិតមែនតែឧស្សាហកម្មមិននៅលើដៃខ្មែរទាំងអស់ ។
ច. (ហាងឆេង)
អើជៀសរួច ពិតមែនតែហាងឆេងមិននៅលើដៃខ្មែរទាំងអស់នោះ ។

Drill 8: Substitution:

គ្រូ: ក: ម្នាក់ៗគិតចង់បែកប្រមាត់ហើយនៅតែមិនចេញ។
(រក, ឃើញ)

ស: ម្នាក់ៗរកចង់បែកប្រមាត់ហើយនៅតែមិនឃើញ។

MODEL: T: Each of them is thinking very hard and still can't work it out. (seek, find)

S: Each of them is looking very hard and still can't find it.

ម្នាក់ៗរកចង់បែកប្រមាត់ហើយនៅតែមិនឃើញ។

ក. (ដឹក, ឃើញ)
ម្នាក់ៗដឹកចង់បែកប្រមាត់ហើយ នៅតែមិនឃើញ។

ខ. (ពន្យល់, យល់)
ម្នាក់ៗ ពន្យល់ចង់បែកប្រមាត់ហើយ នៅតែមិនយល់។

គ. (រៀន, ចេះ)
ម្នាក់ៗរៀនចង់បែកប្រមាត់ហើយនៅតែមិនចេះ។

ឃ. (រៀន, ចូល)
ម្នាក់ៗរៀនចង់បែកប្រមាត់ហើយនៅតែមិនចូល។

ង. (ធ្វើ, ចេញ)
ម្នាក់ៗធ្វើចង់បែកប្រមាត់ហើយនៅតែមិនចេញ។

ច. (ខំរកស៊ី, បាន)
ម្នាក់ៗ ខំរកស៊ីចង់បែកប្រមាត់ហើយនៅតែមិនបាន។

READING PASSAGE 2

ស្ថានការណ៍សេដ្ឋកិច្ច

ប្រទេសខ្មែររស់ដោយកសិកម្ម។ តាមការគិតស្មានរបស់យើងខ្ញុំទៅ ជាតិខ្មែរជិត៩០%ប្រកបមុខរបរនៅស្រែចំការ។ ស្រូវជាដំណាំដែលយើងនិយមធ្វើច្រើនជាងគេ ហើយដែលផ្តល់ផលដែលជាផ្នែកធំហើយស្រួលជាងគេមួយក្នុងចំណោមរបស់របរបរិភោគទាំងចំនួនដែលដឹកនាំទៅលក់នៅប្រទេសក្រៅ។ ធម្មតា យើងត្រូវការស្រូវសំរាប់បរិភោគនៅក្នុងស្រុកតែ៥០%ទេក្នុងមួយឆ្នាំៗ។

បន្ទាប់ពីស្រូវ យើងមានកៅស៊ូសំរាប់នាំទៅលក់នៅបរទេសដែរ។ យើងនាំកៅស៊ូទៅលក់នៅសហរដ្ឋអាមេរិក ជួនកាលនៅប្រទេសអង់គ្លេស។ នៅស្រុកខ្មែរយើងមិនសូវប្រើកៅស៊ូទេ ដូច្នេះកៅស៊ូប្រហែល៩០%ត្រូវនាំចេញក្នុងមួយឆ្នាំៗ។ ក្រៅពីស្រូវនិងកៅស៊ូដែលយើងនាំចេញច្រើនជាងរបស់របរឧបភោគបរិភោគឯទៀត យើងមានដីកឈើនិងផលដំណាំ

បន្តិចបន្តួចទៀត ។

បើយើងគិតពីងទៅលើឧស្សាហកម្មវិញ ស្រុកខ្មែរមិនសូវមានសង្ឃឹមនឹងរស់បានទេ ព្រោះយើងមានរោងឧស្សាហកម្មមិនទាន់គ្រប់គ្រាន់ទេ យើងនៅត្រូវការរបស់របរឧស្សាហកម្មពីបរទេសច្រើនណាស់ ។ របស់របរនេះគឺដូចជាម៉ាស៊ីន និងរបស់របរឧបភោគបរិភោគឯទៀត ។ ឯរោងឧស្សាហកម្មដែលយើងមានវិញគឺ រោងធ្វើសាំង កង់ឡាន ស្ករចាន ស្រា និងរបស់តូចៗឯទៀត ។

ហើយបើយើងងាកទៅមើលខាងពាណិជ្ជកម្មវិញ, បើយើងស្រឡាញ់ខ្មែរពិតៗនោះ, យើងមុខជាបែកប្រមាត់ងាប់មិនខានព្រោះតែគិតព្រួយ ។ រឿងពាណិជ្ជកម្មនេះស្មុគស្មាញ ធ្ងន់ណាស់មិនដឹងជារកមធ្យោបាយយ៉ាងណាចាត់ចែងវិធីការយ៉ាងណា ដើម្បីស្រោចស្រង់ឲ្យរួចទេ ។ យើងបានដឹងស្រាប់ហើយថា អ្នកដែលដឹកនាំពាណិជ្ជកម្មខ្មែរឲ្យប្រែកាយទៅជារឿងមួយយ៉ាងស្មុគស្មាញបែបនោះគឺជនបរទេស ។ ជននេះចេះតែបង្កើតហេតុផ្សេងៗ ដែលបណ្ដាលឲ្យមានវិបត្តិមិនឈប់ឈរក្នុងរឿងនេះ ហើយមិនតែប៉ុណ្ណោះគេអាចធ្វើឲ្យស្រុកយើងងាប់ឬរស់នៅពេលណាក៏បានដែរ ។ គេធ្វើយ៉ាងនោះបានព្រោះរឿងពាណិជ្ជកម្មនេះនៅលើដៃគេស្ទើរតែ ១០០% ។

ចំពោះអាការណ៍ក្រោយនេះ យើងរំព្រឹងធ្វើគម្រោងការណ៍ប្រើវិធានការផ្សេងៗ និងរកមធ្យោបាយផ្សេងៗ ដើម្បីដោះលែងឲ្យមានសេរីភាពពីដៃបរទេសយូរណាស់មកហើយដែរ តែនៅតែរត់ពីដៃគេមិនរួចសោះ ។

តែតាមពិត ស្ថានការណ៍សេដ្ឋកិច្ចស្រុកយើងនៅពេលណាក៏ដោយ អាចដោះស្រាយឲ្យមានសេរីភាពបានលុះត្រាតែយើងអាចអប់រំខ្មែរម្នាក់ៗឲ្យចេះស្រឡាញ់ជាតិពិតៗ ឲ្យស្គាល់និងស្រឡាញ់មុខរបរខ្លួន និងឲ្យមានគំនិតនិងការស្រឡាញ់យ៉ាងច្បាស់ប្រាកដចំពោះពាណិជ្ជកម្មនេះមុនសិន ។

VOCABULARY

កិច្ចការ = ការ	work, affair
កំសត់	sad; dramatic
ក្រៃលែង (not divisible)	extremely, very much
គម្រោងការណ៍	planning, plan
គម្រោង (< គ្រោង)	plan
គ្រោង	to plan
គួរសម	polite
គោលការណ៍	purpose, goal
គោល	goal, purpose

ចង់ . ជិត	about to
ចេះតែ	always
ចំណុច (< ចុច)	a point (physical and figurative)
ចុច	to press a button, to poke
ជម្រុញ (< រុញ)	a push; to push
ជៀស	to avoid
ឈប់ឈរ	to stop, to cease
ដោយ	by; adverb former
ដ្ឋាន (or ស្ថាន)	a place
តាមបែបបទ	following (its) course
បែបបទ	way, means
បទ	matter, work; an act; song, classifier for musical pieces
ត្រង់	place, right at
ទាញនេះជាប់នោះ ទាញនោះជាប់នេះ	to pull out one hand and get the other stuck; to get all tangled up
ទាញ	to pull
ធ្វើអ៊ីចេះទៅអ៊ីចុះ ធ្វើអ៊ីចុះទៅអ៊ីចេះ	to do something and get the wrong result, to be unable to get a desired result no matter what is done
អ៊ីចុះ	like that, thus
អ៊ីចេះ	like this, thus
នៃ (= របស់)	of (literary)
បែកប្រមាត់	to think very hard, to think one's head off
* ប្រមាត់	bile
ប្រកាស	to announce
ប្រព្រឹត្តទៅ	to take place
ប្រព្រឹត្ត	to do, to perform (formal)
ប្រែក្លាយទី (R)	to change
ក្លាយ	to change, to change into
មធ្យោបាយ	means, strategy, way, solution
មាគ៌ា /miakia/	route, way, road (literary)
មាត់	mouthful; classifier for words
មិនជាងគ្នា	very similar, about the same

មិនប៉ុន្មាន	not very much
មុខរបរ	occupation
មូលដ្ឋាន	base
* មូល (H)	origin
ដ្ឋាន (or ស្ថាន)	place
មេក្រមី	a medium that spreads lice, figuratively: a bad influence, a bad apple
* ក្រមី	chicken louse, usually used figuratively to mean any germ, virus, or other disease-causing agent
ម្ល៉ោះហើយ	therefore
យ៉ាប់	difficult, hard
រដ្ឋាភិបាលស្រោចស្រង់ជាតិ	Government of National Salvation (name of the government that was in power before, during, and after the overthrow of Prince Sihanouk)
ស្រោចស្រង់	to save, to rescue
ស្រង់	to pick out, to extract (expecially from water)
អស់ពីជើងគេមិនរួច	to be trapped, to be cornered, to be unable to get away
ឯង (= អាឯង)	you
លុយកាក់	money
* កាក់ (H)	CC
វឌ្ឍនភាព	progress
* វឌ្ឍនៈ (H) /vóttənaʔ/	good; progress
វិធានការ	measures, steps, action taken to solve a problem
វិធាន (or ពិធាន)	a plan, a program; act
វិល	to turn, to spin, to return
សម្រួល (< ស្រួល)	to ease, to simplify
សេរីភាព	freedom
សេរី	free
សោយរាជ្យ	to reign (used of a king)
ស្ថាន	place
ស្រប	parallel, consistent with
ហាងឆេង	a business that acts as a middleman
ឡូឡា	to be thrown into a panic
អាណើយ	vocative word used in addressing one with whom one is on nonformal terms
ឧស្សាហកម្ម /ohsahaʔkam/	industry

ឧស្សាហៈ (OR ឧស្សាហ៍)	industrious
ឯកជន /aekəcun/	private (opposite of public)
ឯក	one (Sanskrit number)

APPLICATIONS

1. Define or describe the following:

ដូន	ប្រកាស	សម្រួល	សេរី
ហាងឆេង	ស្រប	ឧស្សាហកម្ម	ឯកជន
បែកប្រមាត់	ត្រង់	សេរីភាព	វឌ្ឍនភាព
ទាញ	ស្ពាន	មុខរបរ	ជ្រែកក្លាយ
រឹល	ជំណាច	ប្រព្រឹត្ត	ឡូឡា
ចង្ក្រាបាយ	គោល	មាគ៌ា	យ៉ាប់
ជៀស	មេក្រមី	ឯក	គម្រោងការណ៍
កំសត់			

2. Use the following in a sentence:

ចុច	តុប	រត់នឹងជើងគេមិនរួច	
ឯកជន	ទាញ	វឌ្ឍនភាព	ម៉ត់
រឹល	កាច់	សីយកាក់	ចេះតែ
ចង់ (= ជិត)	កំចែបចបខ	សរប់សរ	ជៀស
ទាញនេះជាប់នោះ	ទាញនោះជាប់នេះ		ពូជ
ដើរអ៊ីចេះទៅអ៊ីចុះ	ដើរអ៊ីចុះទៅអ៊ីចេះ	អស់ចិត្ត	សោយរាជ

3. Give a word or phrase with contradictory meaning:

បែកប្រមាត់	ចេះតែ	កំសត់
ទាញ	ឯកជន	មិនប៉ុន្មាន ....ទេ
រឹល	សរប់សរ	
ស្រប	យ៉ាប់	
សម្រួល	សេរីភាព	

4. Rewrite the following sentences in the style indicated:

១. ឯងកុំនិយាយអញ្ចឹង។ (formal)
២. អញសុំបាយហើយ។ (ordinary)
៣. កុំដេកច្រើនពេកអាអើយ។ (formal)

៤. លោកអញ្ជើញមកដល់ពីអង្កាល់? (familiar)
៥. កុំប្រញាប់អញ្ជើញពេក អញ្ជើញចូលពិសាអីបន្តិចសិន! (familiar)

5. Translate the following sentences with ដោយ into English.

១. គេឃើញថាភូមិនោះស្ងប់ដោយយាន។
២. គេគ្មានប្រដាប់គ្រប់គ្រាន់បានជាគេត្រូវធ្វើការដោយកម្លាំងដៃ។
៣. ដោយគេខ្វះប្រដាប់គ្រប់គ្រាន់ គេត្រូវប្រើកម្លាំងដៃធ្វើការ។
៤. គាត់មានប្រសាសន៍ថាគាត់មិនដែលឃើញគេនៅដោយពួក។
៥. គេធ្វើការដោយសប្បាយ។

6. Ask each of the following 'Are you coming to school tomorrow?' Use the proper translation for 'you.'

1. your older sibling:
2. your (older) aunt
3. your younger cousin
4. your boss
5. the mayor
6. your wife
7. a new acquaintance
8. a taxi driver
9. an old farmer
11. a child

7. Choose the best of the alternatives given below each sentence to fill the blank(s):

១. ទំនិញនៅស្រុកយើងឡើងថ្លៃចុះថ្លៃស្រេចតែនៅលើ .... ។
(សេដ្ឋកិច្ច , ហាងឆេង , អ្នកស្រែ)
២. មិនដាដាង .... ទេ បងអើយ .... ក៏មិនចេះដាច់គាត់ដែរ។
(អញ , គ្នា , ខ្ញុំ , ខ្លួន)
៣. ខ្មែរភាគច្រើនចូលចិត្តធ្វើ .... ជាងធ្វើ .... ។
(ស្រែ , ជំនួញ , រដ្ឋការ)
៤. កុំស្មានថាអាឡើងហ្នឹងវា .... ប្រយោជន៍ឱ្យសោះ។
(មិន , ឥត , ពុំ)
៥. កាលនៅក្រោម .... ចាស់ គេតែងតែនិយាយថាដំណើរ .... ខ្មែរមានបញ្ហាស្មុគស្មាញណាស់។ ចំណែកឥឡូវនេះ គេនឹងរៀបចំ .... ខ្មែរ ឱ្យឋិតនៅក្នុងពាណិជ្ជកម្មដឹកនាំដោយរដ្ឋាភិបាលថ្មីវិញ ដើម្បីសម្រួលមូលដ្ឋាននៃសេដ្ឋកិច្ចខ្មែរ។
(សេដ្ឋកិច្ច , ពាណិជ្ជកម្ម , មូលដ្ឋាន)
(រដ្ឋាភិបាល , មាតា , គោលការណ៍)
៦. ពាណិជ្ជកម្មនិងឧស្សាហកម្ម អាចធ្វើឱ្យប្រទេសយើងមាន .... យ៉ាងក្រៃលែង បើគេអាចដោះស្រាយវិបត្តិសេដ្ឋកិច្ចបាន។
(គោលការណ៍ , វឌ្ឍនភាព , សេរីភាព)

8. Reorder the members of the following sets of words to make Cambodian sentences. There is often more than one correct answer.

១. មិន , ម្នាក់ៗ , មធ្យោបាយ , បែក , ហើយ , នៅ , ឃើញ , ខំ , ចង់ , ប្រមាត់ , តែ , តែ , រក ។

២. វឌ្ឍនភាព , ភាព , ឧស្សាហកម្ម , ជួន , ជាតិ , យើង , រក , នឹង , ទាន់ , ដល់ , ហើយ , ត្រូវ , ទៅ , ខំ , តែ ។

៣. ត្រង់ , នេះ , បណ្ដាល , ប្រយោជន៍ , ឱ្យ , យើង , មាន , អ្វី , អាច , ទេ , ចំណុច , ពុំ , ជាតិ , ឃើញ , បញ្ហា , ដែល , ខូច ។

៤. សំខាន់ , ដែល , គម្រោងការណ៍ , នោះ , នេះ , ស្មុគស្មាញ , គឺ , មួយ , ជា , ឱ្យ , ចំណុច , ធ្វើ ។

៥. ប៉ុន្មាន , តាម , ស្រុក , សេដ្ឋកិច្ច , មិន , ទេ , អភិបាល , មាក់ , ខ្មែរ , របស់ , ជា , [illegible] ។

៦. ប្រកប , មិន , ឈរ , ជន្ម , យើង , សព្វ , របរ , ឈប់ , ទេ , ជាតិ , ដៃ , រក , ស៊ី , ខំ ។

៧. មក , រដ្ឋាភិបាល , ប្រព្រឹត្ត , ជា , ម្នាក់ៗ , ការណ៍ , មាន , តាម , ប៉ុន , គោល , ឯកជន , ដើល , ប្រកាស , ត្រូវ , ហើយ ។

៨. ថ្លៃ , មាន , ណាស់ , ទំនិញ , ច្រើន , ធ្វើ , ទាំងអស់ , ឡើង , មធ្យោបាយ , ឱ្យ , ហាងឆេង , នឹង , ដើម្បី , ។

៩. ដើម្បី , ប្រយោជន៍ , យើង , ឯកជន , មួយ , ច្រើនពេក , បាត់ , ឧស្សាហកម្ម , វិធានការ , គួរ , យក , ផ្ទាល់ , កុំឱ្យ , ពី , ខ្លួន ។

១០. យើង , ឯកជន , រដ្ឋាភិបាល , គ្មាន , ចេះតែ , នយោបាយ , សេដ្ឋកិច្ច , វឌ្ឍនភាព , ដៃ , យល់ស្រប , តាម , ទេ , ប្រហែល , ប្រទេស , ។

9. Find out from your teacher the answers to the following questions:

a. Where in Cambodia is he from? Is it a large town or a village?

b. Who does most of the buying and selling there?

c. Are there any Cambodians who buy and sell? What?

d. Would it be easy for a Cambodian to go into business? Why?

e. How do Cambodians feel about going into business? Why? How does he feel?

f. Does he have any relatives in business? What kind of business?

g. What are some of the problems in the Cambodian economy?

h. What is the government trying to do about the fact that Cambodians do not control the economy?

i. What does he think should be done about the problems?

j. What is the quickest way for an individual to make money in Cambodia?

k. Does your teacher feel the same about Chinese as he does about Vietnamese?

10. Tell as much as you can about the business structure of the U. S. For instance, who runs most of the business in your town?

ANSWERS

4.

១. លោកក៏មានប្រសាសន៍អញ្ចឹង។
២. លោកពិសាបាយហើយ។
ខ្ញុំញ៉ាំបាយហើយ។
៣. កុំគេងច្រើនពេក។
៤. បងមកដល់ពីអង្កាល់?
៥. កុំប្រញាប់ទៅពេក ចូលញ៉ាំអីបន្តិចសិន។
កុំប្រញាប់ទៅពេក ចូលស៊ីអីបន្តិចសិន!

6.

១. បងមកសាលាទេស្អែក?
២. អ៊ំអញ្ជើញមកសាលាទេស្អែក?
៣. ប្អូនមកសាលាទេស្អែក?
៤. លោកអញ្ជើញមកសាលាទេស្អែក?
៥. លោកមេឃុំអញ្ជើញមកសាលាទេស្អែក?
៦. ក្មួយមកសាលាទេស្អែក?
៧. មកសាលាទេស្អែក?
៨. ពូមកសាលាទេស្អែក?
៩. តាមកសាលាទេស្អែក?
១០. នាងមកសាលាទេស្អែក?

7.

១. ហាងឆេង
២. គ្នា, ខ្ញុំ
៣. ស្រែ, ជំនួញ
រដ្ឋការ, ជំនួញ
៤. ភត
៥. រដ្ឋាភិបាល, សេដ្ឋកិច្ច, ពាណិជ្ជកម្ម
៦. វិឡូនីភាព

8.

១ ម្នាក់ៗ ខំរកមធ្យោបាយចង់បែកប្រមាត់ហើយ តែនៅតែមិនឃើញ ។
២ យើងត្រូវតែខំរកវិឡ្សនភាពនិងសេរីភាពខាងឧស្សាហកម្ម ជូនដល់ជាតិយើង ។
៣ ត្រង់ចំណុចនេះ:យើងពុំឃើញមានបញ្ហាអ្វីដែលអាចបណ្ដាលឱ្យខូចប្រយោជន៍ជាតិទេ ។
៤ នេះ:គឺជាចំណុចសំខាន់មួយដែលធ្វើឱ្យគម្រោងការណ៍នោះ:ស្មុកស្មាញ ។
៥. តាមអភិបាលស្រុកម្នាក់យល់ សេដ្ឋកិច្ចខ្មែរមិនជាយ៉ាប់ប៉ុន្មានទេ ។
៦. ជនជាតិយើងសព្វថ្ងៃ ខំប្រកបរបររកស៊ីមិនសប់សរទេ ។
៧ រដ្ឋាភិបាលបានប្រកាសថា ឯកជនម្នាក់ៗត្រូវប្រព្រឹត្តតាមគោលការណ៍ដែលមានចកហើយ ។
៨. ហាងឆេងទាំងអស់មានមធ្យោបាយច្រើនណាស់ដើម្បីនឹងធ្វើឱ្យទំនិញឡើងថ្លៃ ។
៩ យើងគួរចាត់វិធានការមួយដើម្បីកុំឱ្យឯកជនយកប្រយោជន៍ផ្ទាល់ខ្លួនច្រើនពេកពីឧស្សាហកម្ម ។
១០ បើរដ្ឋាភិបាលចេះតែយល់ស្របតាមនយោបាយសេដ្ឋកិច្ចឯកជន ប្រទេសយើងប្រហែលគ្មានវិឡ្សនភាពទេ ។

អ្នកលក់ឆ្នាំងនិងក្អមតាមដងផ្លូវ

Roadside pot vendors

LESSON THREE

THE FISH INDUSTRY

a. What do Cambodians like better - fresh water or salt water fish?

b. Does the problem the reading article describes also occur in your teacher's area?

c. Who does most of the fishing now?

d. How are their catches marketed?

READING PASSAGE 1

មច្ឆវប្បកម្មទឹកសាប ជាមូលដ្ឋានមួយនៃសេដ្ឋកិច្ចខ្មែរ

Column 1 Column 2

តាមអ្នកសង្កេតការណ៍ខាងចំណីអាហារ គេបានមកជួបប្រទះឃើញប្រទេសខ្មែរ ជាប្រទេសមួយសម្បូណ៌ដោយត្រីទឹកសាប ជាងប្រទេសនានាទាំងអស់ក្នុងពិភពលោក ។ ភាពសម្បូណ៌នេះ គេបានសំគាល់ឃើញថា មកពីធម្មជាតិផ្តល់ឲ្យ ពុំមែនមកពីវិទ្យាសាស្ត្រផ្តល់ឲ្យទេ ។

កិច្ចការឃុំគ្រងនូវទន្លេ-ស្ទឹង-បឹង-បួ-ព្រោះ-ព្រលងទាំងអស់នៃប្រទេសខ្មែរ ដែលស្ថិតនៅក្នុងកណ្តាប់ដៃនៃរដ្ឋាភិបាលនោះ ជាការត្រឹមត្រូវណាស់ ហើយកាលបើបានមធ្យោបាយគ្រប់គ្រាន់ក្នុងការចំរើនចំនួនត្រីទឹកសាបឲ្យបានសម្បូណ៌មែនទែនឡើងថែមទៀត ។

មធ្យោបាយមច្ឆវប្បកម្មនៅប្រទេសខ្មែរ គេថាពុំមែនស្ថិតនៅលើការចិញ្ចឹមត្រីទេ គឺស្ថិតនៅលើការបង្កើនចំនួនទន្លេស្ទឹង-បឹង-បួ-ព្រោះ-ព្រលង និងដាំព្រៃទាមឲ្យបានច្រើនឡើងថែមទៀតចុំណោះ ព្រោះចំនួនត្រីដែលត្រូវកើតឡើងនោះ គឺនៅរដូវទឹកជំនន់ មកពីរដូវនេះ ចំលើរដូវត្រីពងតែម្តង ។

ការជីកទន្លេ-ស្ទឹង-បឹង-បួ-ប្រឡាយ-ព្រោះ-ព្រលងចាស់ៗ ឲ្យបានជ្រៅ ហើយនឹងជីកថ្មីថែមទៀតក្តី ការធ្វើទំនប់យ៉ាងធំព័ទ្ធជុំវិញទន្លេសាបក្តី ការរើកកាយចេញនូវសម្រាម និងមោកពីបាតទន្លេសាបក្តី ការដាំឡើងវិញនូវព្រៃទាមក្តី ជាការមានទំហំធំជាអតិបរមា លុះត្រាតែប្រើកម្លាំងគ្រឿងចក្រទើបអាចធ្វើទៅបាន ។

ដល់កាលណាត្រីទឹកសាបសម្បូណ៌មែនទែនហើយ ផលិតកម្មត្រីទឹកសាបនេះនឹងបណ្តោយឲ្យប្រព្រឹត្តទៅតាមបែបចមបូរាណមិនបានទេ គឺត្រូវធ្វើឲ្យទៅជាអាហារអន្តរជាតិ ។

ការណ៍ដែលអាចធ្វើបែបនេះបាន លុះត្រាតែរិះរកបច្ចេកទេសថ្មី ជាពិសេស

Column 3

ហើយប្រើដោយឧស្សាហកម្មផង ។

អ្នកសង្កេតការណ៍ខាងចំណីអាហារ គេសន្និដ្ឋានថា បើខ្មែរអាចធ្វើបានយ៉ាងនេះ ផលិតកម្មត្រីទឹកសាបរបស់ខ្មែរនេះឯង នឹងបានទៅជាចំណីអាហារពិសេសក្នុងលោក ហើយមានផ្សារអន្តរជាតិដាច់មុខនៅប្រទេសក្រៅជាច្រើនថែមទៀត។

ការណ៍នេះឮថារដ្ឋការមាន សមត្ថកិច្ចកំពុងតែ រៀបចំ គម្រោង ការណ៍ ខាងមច្ឆវប្បកម្មនេះហើយ ។

SOME PARAPHRASES FOR READING PASSAGE 1

Paragraph 2. កិច្ចការឃុំគ្រងនូវទន្លេ ស្ទឹង បឹងបួ ព្រោះជ្រលងនៃប្រទេសខ្មែរ ស្ថិតនៅក្នុងកណ្ដាប់ដៃរដ្ឋាភិបាលទាំងអស់។ កិច្ចការនេះគឺជាការត្រិះត្រូវណាស់ ហើយកាលបើមានមធ្យោបាយគ្រប់គ្រាន់ក្នុងការបង្កើនចំនួនត្រីទឹកសាប ឱ្យបានសម្បូណ៌ថែនថែនឡើងថែមទៀត។

Paragraph 5. គេចង់និយាយថា: កាលត្រីទឹកសាបសម្បូណ៌ថែនថែនហើយ គេនឹងមិនបណ្ដោយឱ្យយកត្រីនោះទៅធ្វើដូចកាលមុនទៀតទេ តែគេត្រូវធ្វើយ៉ាងណាឱ្យយកត្រីនោះទៅធ្វើជាអាហារអន្តរជាតិ (ដឹកទៅលក់នៅបរទេស) ទៅវិញ។

Paragraph 6. គេចង់និយាយថា: ត្រូវតែមានបច្ចេកទេសថ្មី និងឧស្សាហកម្មផង ទើបធ្វើការណ៍នោះ (ការធ្វើឱ្យត្រីទៅជាអាហារបរទេស) កើត។

NOTES FOR READING PASSAGE 1

Column 1, line 4. Note a new use of ដោយ . With សម្បូណ៌ 'plentiful' ដោយ is a literary equivalent of នូវ . That is to say, សម្បូណ៌នូវ can be used as well as សម្បូណ៌ដោយ . In column 2, line 15 ដោយ means 'by means of' and again is a literary substitute for នឹង .

Column 1, line 5. While ភាព is usually used as the second portion of a compound, in this sentence we see that it occurs as an independent word with the meaning of 'state of ...' in ភាពសម្បូណ៌នេះ 'this state of being plentiful.' Use of ភាព is not characteristic of ordinary conversation, whether in a compound or independently.

Column 1, line 7. Both វិទ្យា and វិជ្ជា are acceptable spellings for the same word, which means 'knowledge.'

Column 1, line 9. This sentence and several others in this passage are very long, occupying a whole paragraph. Such long sentences are not uncommon in Cambodian writing, so you will need to develop some techniques for reading them, especially at first. Keep in mind that with practice, reading such sentences will get easier and easier. The more you read, the easier subsequent passages get.

In general, it usually pays to read a difficult sentence, paragraph, or passage several times. Read it the first time for working out any problems with the alphabet and for the general idea of the text, but don't try to get details and don't worry if you are a little unsure of what the text is all about. The second time read through to find out what clause is the main clause of each long sentence and which ones are subordinate clauses, and how they are related. In any subsequent rereadings of the text, try to work out the details. Remember that some texts will not be too difficult and can be read only once or twice. Others will take more rereadings. Try to guess at the meanings of new words and phrases, using any clues you can, such as the relationship between a base and its derivative (e.g., ស្រួល 'easy' and សម្រួល 'to ease') or the meaning of the whole text (the context in which the new item occurs). But don't read one word at a time and get discouraged at the first unfamiliar item. Once you know as much as you can about the whole text, you may be able to figure out a lot about the new word.

If you were to try to apply these suggestions to the second paragraph of this passage, you might be asking yourself the following questions:

	QUESTION	ANSWER
1.	What does the paragraph seem to be about?	a proper fish conservation policy
2.	What is the main clause of this sentence?	កិច្ចការបង្គប់នូវមច្ឆ ... ជាការត្រឹមត្រូវណាស់ហើយ ។
3.	What are the subordinate clauses and phrases, and how are they related to the main clause?	a)... ទាំងអស់នៃប្រទេសខ្មែរ (attributive to មច្ឆ ... ជ្រលង) b) ដែលស្ថិតនៅក្នុងកណ្ដាប់ដៃនៃរដ្ឋាភិបាលនោះ ។ (modifies ប្រទេសខ្មែរ) c) កាលបើមាននយោបាយ... ដ៏ថែមទៀត (subordinate clause modifying the main clause)

4. Have you got as many details as you can? (Note: treat មច្ឆ - ស៊ុង . ចិង . ប្អូ ផ្ទះ-ជ្រលង as one word until you reach this point.)
5. Can you guess at the meanings of the words you don't know?

Now try the next paragraph:

1.	Main idea?	increasing the quantity of fish is a matter of increasing the breeding places, not just raising more fish
2.	What is the main clause?	នយោបាយបច្ចុប្បន្នកម្មនៅប្រទេសខ្មែរ ... ពុំមែនស្ថិតនៅលើការចិញ្ចឹមត្រីទេ ។
3.	Subordinate clauses and phrases?	a) គឺស្ថិតនៅ... នឹងដាក់ព្រៃរនាម ឱ្យបានច្រើន... ទៀតប៉ុណ្ណោះ (appositive to main clause: that is to say...') b) ព្រោះចំនួនត្រី ... មកពីរដូវនេះចំ សើររដូវត្រីពងតែម្ដង (attributive to main clause and its appositive (clause a)) c) គឺមកពីរដូវទឹកជំនន់ (appositive to រដូវនេះ following)

(Note that clause c is not part of the normal flow of subject - predicate ideas but is a kind of intruder. In reading for the broad structure of the text, read once through ignoring clause c and concentrate on it at step 4 below.)

4. Details? Especially: a) គេថា (line 2 of the paragraph) 'they say that...'
b) ឲ្យបានច្រើន (line 5) 'so there will be a lot'
c) គឺនៅរដូវទឹកជំនន់ 'that is, in the flood season'
and other words and phrases.

5. Have you guessed wherever you can?

In the next paragraph note that there are four coordinate clauses, each of which starts with ការ 'the act of...' and ends with ក្តី 'whether...or.' These four clauses must be taken together as the subject of the verb of the main clause, which is ជា 'is.' The clause that begins លុះត្រាតែ 'on condition that' is subordinate to the main clause.

Column 2, lines 9 and 10. You have already been introduced to the word នូវ, which precedes an object, usually of a verb. It occurs only in literary usage. In the two instances noted in this passage it is used when something comes between the main verb and the object. In the first case, លើកកាយចេញនូវសម្រាម..., the resultative verb ចេញ precedes the object សម្រាម (normal order would be លើកកាយសម្រាមចេញ). In the second case ដាក់ឡើងវិញនូវជីក្រសាម... the intervening words are ឡើងវិញ 'again.' Normal order would be ដាក់ជីក្រសាមឡើងវិញ. Where such inversions take place, creating what would otherwise be an unacceptable sentence, នូវ is obligatory.

The above examples have verbal complements between the main verb and its object. Other adverbials like expressions of time, location, and direction can also occur between a verb and its object, and this inversion of normal order also requires នូវ before the object, e.g.,

ឈ្លបយោធាដេញពីផ្សារនូវអ្នកលក់ដូរទីទ័លក្រ។
The military police evicted the poor peddlers from the market.
(Normal order: ឈ្លបយោធាដេញអ្នកលក់ដូរទីទ័លក្រពីផ្សារ។)

Note in column 1, line 9 នូវ is used between a verb ឃុំគ្រង and its object ទន្លេ etc., even though there is no other intervening word.

Column 3, line lines 4 and 5. នេះឯង refers to ផលិតកម្ម 'product.' ឯង here means 'itself.'

Column 3, line 5. បាន in this sentence is a preverbal auxiliary with a meaning something like 'get to, achieve something good or desirable.' Context and the preverbal auxiliary នឹង 'will' make it clear that បាន here is not the past tense auxiliary. Cf.V.1 in the grammatical sketch.

នេសាទត្រីនៅទន្លេសាប Fishing on Tonle Sap

DIALOGUE

ទើបមកដល់ពីស្រុកខ្មែរ

This dialogue between a husband and wife takes place more than 2 years after the planning described below began. The wife has just arrived in the U.S. by plane and is talking to her husband.

	សម្បូណ៌	plentiful
	បឹងបួ	lake
	បួ	lake
១. ប្តី	ម៉េច ត្រីស្រុកយើងសម្បូណ៌ណាស់ឬ តាំងពីរដ្ឋការរៀបចំបឹងបួមក ?	Well, are there a lot of fish in our country since the government fixed up the lakes?
	ប្លង់	plan
	លក	to reach
	ល័កមិនចុះ	too expensive, can't afford (it)
	អញ្ចឹង (.ដូចដែល)	likewise
២. ប្រពន្ធ	ចាស ដោយសារអាប្លង់ហ្នឹង សម្បូណ៌ណាស់ ។ តែនៅថ្លៃ នៅតែថ្លៃ លកមិនចុះអញ្ចឹង ។	Yes, there are lots because of that plan. But they're still expensive; I still can't afford them.
៣. ប្តី	ម៉េចអញ្ចឹង គេយកទៅលក់នៅស្រុកក្រៅច្រើនពេកឬ ?	How so? Are they exporting too many?
	អូន	I (wife to husband)
	អាដែង	watchamacallit (hesitation particle)
៤. ប្រពន្ធ	អូនមិនសូវដឹងទេ ប្រហែល គេយកទៅធ្វើអាដែងអាហារ អន្តរជាតិហ្នឹង ។	I don't know much about it. Maybe they've made watchamacallit...food for export out of it.
	តាមចិត្ត	as one wishes
៥. ប្តី	ចុះ គេនៅតែឱ្យចាប់តាមចិត្តអញ្ចឹងឬ ?	Are they still letting people fish for as much as they want?
៦. ប្រពន្ធ	ចាស ឮថាអាកន្លែងធំៗនៅ ក្រោមរដ្ឋការ អត់ឱ្យទេ ។	I've heard that in the big places under government control they don't.
	ត្រីប្រា	a kind of large, scaleless fish
	មើលមិនឃើញ	very much (colloquial)

៧. ប្តី	និយាយអញ្ចឹង ត្រីងៀត ត្រីប្រាថ្លៃខ្លាំងជាងមុន មើលមិនឃើញទេ មើលទៅ។	Speaking of fishing, maybe dried fish and trɛy praa are a lot more expensive than before.
	ម៉ាក់	mom, mother
	... អើយ ...	a whole lot, really
	រកទិញអើយរក	really hunted to buy
	បង	you (wife to husband)
៨. ប្រពន្ធ	ថ្លៃណាស់ ម៉ាក់គាត់រកទិញ អើយរក ទំរាំនឹងបានយក មកផ្ញើបងឯង។	They're very high. Mother really hunted to buy them to send to you.
	ហ្វីស (.ពីមន)	really (intimate)
	ធ្វើទុក	to make trouble for
៩. ប្តី	អាណិតម៉ាក់ណាស់ហ្វីស។ អូនឯងដូចជាមិនសូវស្រួលខ្លួន កប៉ាល់ហោះធ្វើទុក្ខឬ?	I'm really sorry for Mother. And you don't seem well - did the airplane do it to you?
	អត់អី	it's nothing
	វិលមុខ	to be dizzy
	ធីងធោង	to feel light, light-headed
១០. ប្រពន្ធ	អត់អីទេ តែដូចជាវិលមុខ ធីងធោងបន្តិច។	It's nothing, but I'm kind of dizzy and a little light-headed.

NOTE FOR THE DIALOGUE

SENTENCE NO. 4 and 8:

Husbands and wives normally address each other as បង 'older sibling,' and អូន (an abbreviation of ប្អូន 'younger sibling'). Their relation to each other reflects an older brother-younger sister relationship in that the wife in a traditional family acts more respectful to her husband than her husband does to her, just as she would to her older brothers and sisters. In return he feels an obligation to protect and sacrifice for her as he would for his younger brothers and sisters.

We can see this relationship in the language used by husbands and wives. As we have seen, the husband is addressed as បង (and may use បង as a first person pronoun instead of ខ្ញុំ). The wife is called អូន (and may use អូន instead of ខ្ញុំ). In addition as in sentences 2 and 6, the wife will use the formal response particle ចាំ and the formal pronoun ខ្ញុំ , while the husband uses the intimate អឺ and បង .

When a couple has a child, the spouse may be addressed as 'father ofអា...' or 'mother ofអា...' with the oldest child's name or nickname in the space, e.g., ប៉ាអានី (នី is the child's pet name) 'father of នី .'

In the country a husband may use អញ for 'I, me' with his wife; the wife uses ខ្ញុំ or, sometimes អញ. They address each other as ឪវា 'his father' and ម៉ែវា 'his mother' or as ឪអា + child's name, or ម៉ែអា + child's name (see also U.2 in the grammatical sketch).

SENTENCE NO. 2

ចុះ is a resultative verb meaning 'able to pass through a narrow space.' In ល្ហក(មិន)ចុះ 'can('t) afford' the basic meaning is figurative. An example of a more literal use of ចុះ is:

ផ្លូវនេះធំណាស់ តែខ្ញុំនៅតែបើកឡានចូលមិនចុះ។
This road is very big but we still can't drive a car into it.

DRILL ONE: Transformation

គ្រូ: ក: រូងនេះដូចជាមិនតូចប៉ុន្មានទេ។ (ចូល)
ស: រូងនេះមិនតូចឯណា តូចចូលមិនចុះទៅហើយ។

MODEL: T: This tunnel isn't so small. (enter)
S: What do you mean this tunnel isn't small? You can't get into it.

ក. ព្រៃនាមនេះដូចជាមិនសូវក្រាស់ទេ។ (ដើរចូល)
ព្រៃនាមនេះមិនសូវក្រាស់ឯណា ក្រាស់ដើរចូលមិនចុះទៅហើយ
ខ. កន្លែងនេះដូចជាមិនតូចប៉ុន្មានទេ។ (អង្គុយ)
កន្លែងនេះមិនតូចឯណា តូចអង្គុយមិនចុះទៅហើយ។
គ. កន្ត្រកយើងដូចជាមិនតូចទេ។ (ដាក់ត្រីមួយទៀត)
កន្ត្រកយើងមិនតូចឯណា តូចដាក់ត្រីមួយទៀតមិនចុះទៅ
ហើយ។
ឃ. ឡានខ្ញុំដូចជាមិនធំទេ។ (ចូលកន្លែងនេះ)
ឡានលោកមិនធំឯណា ធំចូលកន្លែងនេះមិនចុះទៅហើយ។
ង. បន្ទប់នេះដូចជាមិនតូចប៉ុន្មានទេ។ (បញ្ចូលម្នាក់ទៀត)
បន្ទប់នេះមិនតូចឯណា តូចបញ្ចូលម្នាក់ទៀតមិនចុះទៅ ហើយ។
ច. ឡានពីរហ្នឹងដូចជាមិនជិតគ្នាទេ។ (ឡានខ្ញុំចូល)
ឡានពីរហ្នឹងមិនជិតគ្នាឯណា ជិតគ្នាឡានខ្ញុំចូលមិនចុះទៅ
ហើយ។

ADDITIONAL DRILLS

DRILL TWO: Transformation

NOTE: The word អាដែង is a hesitation particle like អាណេញ (cf. A.4.1 in the grammatical sketch). Like អាណេញ it is used before a noun with a meaning of 'watchamacallit.' In a different context អាដែង before a noun can mean 'damned, dratted.'

e.g., អាដែងឆ្កែអស់ហ្នឹងមកជុះអាចម៍នៅក្បែរផ្ទះខ្ញុំ ។
Those damned dogs come and mess near my house.

គ្រូ: ក: ប្រហែលគេយកទៅស្រុកក្រៅមើលទៅ ។ (ធ្វើអាហារអន្តរជាតិ)
ស: ទេ គេយកទៅធ្វើអាដែងអាហារអន្តរជាតិ ។

MODEL: T: Maybe they export it. (make food for export)
S: They make it into watchamacallit...food for export.

ក ប្រហែលគេទិញទុកលក់យកចំណេញមើលទៅ ។
(សម្រាប់ឧស្សាហកម្ម)
ទេ គេទិញទុកសម្រាប់អាដែងឧស្សាហកម្ម ។

ខ. ប្រហែលគេលក់ឱ្យអ្នកស្រុកមើលទៅ ។
(ទៅផ្សារអន្តរជាតិ)
ទេ គេលក់ទៅអាដែងផ្សារអន្តរជាតិ ។

គ. ប្រហែលគេចង់និយាយអំពីផ្សារអន្តរជាតិមើលទៅ ។
(អំពីមូលដ្ឋានសេដ្ឋកិច្ច)
ទេ គេចង់និយាយអំពីអាដែងមូលដ្ឋានសេដ្ឋកិច្ច ។

ឃ. ប្រហែលគេបំរុងទុកសម្រាប់ពួកបរទេសមើលទៅ ។
(ឱ្យពួកអ្នកសង្កេតការណ៍)
ទេ គេបំរុងទុកឱ្យអាដែងពួកអ្នកសង្កេតការណ៍ ។

ង. ប្រហែលគេរៀបចំរកមធ្យោបាយថ្មីមើលទៅ ។
(រកបច្ចេកទេសថ្មី)
ទេ គេរៀបចំរកអាដែងបច្ចេកទេសថ្មី ។

ច. ប្រហែលគេប្រើសម្រាប់ធ្វើឡានមើលទៅ ។
(ជួសជុលគ្រឿងចក្រ)
ទេ គេប្រើជួសជុលអាដែងគ្រឿងចក្រ ។

DRILL THREE: Substitution

NOTE: When the word ហើយ is used with a compound verb, e.g., រៀបរាប់ 'to narrate,' or a sequence of verbs, e.g., រកទិញ 'to look to buy,' there are two possible patterns. In the first, only the first verb or first element of the compound is repeated after ហើយ. e.g.,

គាត់រៀបរាប់ហើយរៀប ។

She really told a story.

1. This word is used in familiar style.

In the second pattern, the entire compound or verb sequence is repeated, e.g., គាត់រកទិញហើយរក(ទិញ)។

She really went shopping

គំរូ: ក: ម៉ាក់ គាត់រកទិញហើយរក ទំរាំនឹងបាន។ (ខំរក, បាន)
ខ: ម៉ាក់ គាត់ខំរកហើយខំ ទំរាំនឹងបាន។

MODEL: T: Mother really went shopping, until she got (what she wanted). (hunt, get)

S: Mother really hunted, until she got (what she wanted).

ម៉ាក់ គាត់ខំរកហើយខំ ទំរាំនឹងបាន។

ក. (ខំលក់, ដាច់)
ម៉ាក់ គាត់ខំលក់ហើយខំ ទំរាំនឹងដាច់។

ខ. (រៀបចំ, ហើយ)
ម៉ាក់ គាត់រៀបចំហើយរៀប ទំរាំនឹងហើយ។

គ. (គិតគូរ, ស្រេច)
ម៉ាក់ គាត់គិតគូរហើយគិត ទំរាំនឹងស្រេច។

ឃ. (ដើររក, បានល្អ)
ម៉ាក់ គាត់ដើររកហើយដើរ ទំរាំនឹងបានល្អ។

ង. (រកចាប់, បានអស់)
ម៉ាក់ គាត់រកចាប់ហើយរក ទំរាំនឹងបានអស់។

ច. (រកសុំ, គ្រប់គ្រាន់)
ម៉ាក់ គាត់ខំរកសុំហើយរក ទំរាំនឹងគ្រប់គ្រាន់។

DRILL FOUR: Transformation (Familiar Style)

NOTE: The particle ហ្នឹស 'really' is used by the people on very nonformal or intimate terms. It indicates that the speaker assumes that the person he is talking with thinks as he does.

គំរូ: ក: ខុសមើលមិនឃើញទេ។
ខ: អញ្ចឹង ប្លែកជាងពីមុនមើលមិនឃើញទេ ហ្នឹស។

MODEL: T: It's really different.

S: So it's really different from before, isn't it?

ក. ក្បែរឆ្ងាយណាស់។
អញ្ចឹង ជិតជាងពីមុនឆ្ងាយណាស់ ហ្នឹស។

ខ. យប់ឆ្ងាយណាស់។
អញ្ចឹង ឃើញជាងពីមុនឆ្ងាយណាស់ ហ្នឹស។
គ. ឆាប់សម្ងៀមណាស់។
អញ្ចឹង ស្ងៀនជាងពីមុនសម្ងៀមណាស់ ហ្នឹស។
ឃ. រហ័សសម្ងៀមណាស់។
អញ្ចឹង ត្រជាក់ជាងពីមុនសម្ងៀមណាស់ ហ្នឹស។
ង. ឃាំថ្មីតែម្ដងហើយ។
អញ្ចឹង ពិបាកជាងពីមុនតែម្ដងហើយ ហ្នឹស។
ច. ចាស់ មើលមិនយល់ទេ។
អញ្ចឹង ក្រជាងពីមុនមើលមិនយល់ទេ ហ្នឹស។
ឆ. តឹងវាំងណាស់។
អញ្ចឹង ពិបាកជាងពីមុនខ្លាំងណាស់ ហ្នឹស។

DRILL FIVE: Response

គ្រូ: ក: ម៉េចទៅ តាមផ្លូវអត់អីទេឬ? (វិលមុខ, ធីងធោង)
ស: អត់អីទេ គ្រាន់តែដូចវិលមុខធីងធោងបន្តិច។

MODEL: T: So, did everything go all right on your trip? (dizzy and light-headed)
S: It's nothing; I'm just a little dizzy and light-headed.

ក. ម៉េចទៅ តាមផ្លូវសុខសប្បាយទេឬ? (អស់កម្លាំង)
សុខសប្បាយទេ គ្រាន់តែដូចអស់កម្លាំងបន្តិច។
ខ. ម៉េចទៅ តាមផ្លូវអត់អីទេឬ? (វិលមុខ, ធីងធោង)
អត់អីទេ គ្រាន់តែដូចវិលមុខធីងធោងបន្តិច។
គ. ម៉េចទៅ ចូលសារអត់ឃុំគ្រងអីទេឬ? (ចង់កំញើញយកលុយ)
អត់ឃុំគ្រងអីទេ គ្រាន់តែដូចចង់កំញើញយកលុយបន្តិច។
ឃ. ម៉េចទៅ ត្រីប្រានៅតែសម្បូណ៌អញ្ចឹងឬ? (មិនសូវមានអ្នកនេសាទ)
នៅតែសម្បូណ៌អញ្ចឹង គ្រាន់តែមិនសូវមានអ្នកនេសាទបន្តិច។
ង. ម៉េចទៅ "ទន្លេ ត្រពាំងបឹងបួអី នៅតែមិនសូវសម្បូណ៌ត្រីអញ្ចឹងឬ? "(ជិតសម្បូណ៌គ្រាន់បើវិញ")
នៅតែមិនសូវសម្បូណ៌ត្រីអញ្ចឹង គ្រាន់តែដូចជិតសម្បូណ៌គ្រាន់បើវិញបន្តិច"។
ច. ម៉េចទៅ តាមផ្លូវសុខសប្បាយទេឬ? (កប៉ាល់ពោះធ្វើទុក្ខ)
សុខសប្បាយទេ គ្រាន់តែដូចកប៉ាល់ពោះធ្វើទុក្ខបន្តិចអី

DRILL SIX: Transformation

គ្រូៈ ក: អត់អីទេ គ្រាន់តែវិលមុខងឹងងោងបន្តិច។ (កប៉ាល់ហោះ)
ស: វិលមុខងឹងងោងនោះ ប្រហែលកប៉ាល់ហោះធ្វើទុក្ខហើយមើលទៅ។

MODEL: T: It's nothing, I'm just a little dizzy and light-headed.(airplane)

S: Being dizzy and light-headed may be results from the bad effects of the airplane.

ក. សុខសប្បាយទេ គ្រាន់តែដូចអស់កម្លាំងបន្តិច។ (ស្រា)
អស់កម្លាំងនោះ ប្រហែលស្រាធ្វើទុក្ខហើយមើលទៅ។

ខ. អត់អីទេ គ្រាន់តែដូចវិលមុខងឹងងោងបន្តិច។ (កូន)
វិលមុខងឹងងោងនោះ ប្រហែលកូនធ្វើទុក្ខហើយមើលទៅ។

គ. អត់អីទេ គ្រាន់តែដូចទំណក់ទំណែងបន្តិច។ (គម្រក)
ទំណក់ទំណែងនោះ ប្រហែលគម្រកធ្វើទុក្ខហើយមើលទៅ។

ឃ. គាត់មកដល់ហើយ គ្រាន់តែដូចយ៉ាប់បន្តិច។ (ព្រៃនាម)
យ៉ាប់នោះ ប្រហែលព្រៃនាមធ្វើទុក្ខហើយមើលទៅ។

ង. ភ្លៀងហើយ គ្រាន់តែដូចមិនសូវសម្បូណ៌បន្តិច។ (ទំនប់)
មិនសូវសម្បូណ៌នោះ ប្រហែលទំនប់ធ្វើទុក្ខហើយមើលទៅ។

ច. បាទ គាត់មក គ្រាន់តែមិនសូវសប្បាយចិត្តបន្តិច។ (ប្រពន្ធគាត់)
មិនសូវសប្បាយចិត្តនោះ ប្រហែលប្រពន្ធគាត់ធ្វើទុក្ខហើយមើលទៅ។

DRILL SEVEN: Transformation

គ្រូៈ ក: ត្រីស្រុកយើងនៅតែសម្បូណ៌អញ្ចឹងឬ? (ថ្លៃ)
ស: ត្រីសម្បូណ៌ណាស់ តែនៅតែថ្លៃអញ្ចឹង។

MODEL: T: Are fish still plentiful in our country? (expensive)

S: There are lots of fish but they're still expensive.

ក. ស្រូវនៅតែមានច្រើនអញ្ចឹងឬ? (មិនគ្រប់គ្រាន់)
ស្រូវមានច្រើនណាស់ តែនៅតែមិនគ្រប់គ្រាន់អញ្ចឹង។

ខ. ព្រៃនាមនៅតែមានច្រើនអញ្ចឹងឬ? (ធ្វើឲ្យខ្វះត្រី)
ព្រៃនាមមានច្រើនណាស់ តែនៅតែធ្វើឲ្យខ្វះត្រីអញ្ចឹង។

គ. បឹងបួនៅតែសម្បូណ៌ទឹកអញ្ចឹងឬ? (ខ្វះទឹកញ៉ាំ)
បឹងបួសម្បូណ៌ទឹកណាស់ តែនៅតែខ្វះទឹកញ៉ាំអញ្ចឹង។

ឃ. ឧស្សាហកម្មនៅតែសម្បូណ៌អញ្ចឹងឬ? (គ្មានឥវ៉ាន់ល្អ)
ឧស្សាហកម្មសម្បូណ៌ណាស់ តែនៅតែគ្មានឥវ៉ាន់ល្អអញ្ចឹង

ង. អ្នកនេសាទត្រីនៅតែមានច្រើនអញ្ចឹងឬ? (គ្មានត្រី)
អ្នកនេសាទត្រីមានច្រើនណាស់ តែនៅតែគ្មានត្រីអញ្ចឹង។

ច. ម្ហូបកំប៉ុងនៅតែសម្បូណ៌អញ្ចឹងឬ? (ថ្លៃ)
ម្ហូបកំប៉ុងសម្បូណ៌ណាស់ តែនៅតែថ្លៃអញ្ចឹង។

DRILL EIGHT: Transformation

គំរូៈ ក: ខុសច្រើនណាស់ ។
ខ: ទេ ត្រូវជាងពីមុនច្រើនណាស់ ។

MODEL: T: There're a lot of mistakes.

S: No, it's a lot more correct than before.

ក. ត្រជាក់សម្បើមណាស់ ។
ទេ ក្ដៅជាងពីមុនសម្បើមណាស់ ។

ខ. ឈឺច្រើនណាស់ ។
ទេ ជា ជាងពីមុនច្រើនណាស់ ។

គ. ថោកឆ្ងាយណាស់ ។
ទេ ថ្លៃជាងពីមុនឆ្ងាយណាស់ ។

ឃ. ខ្លីសម្បើមណាស់ ។
ទេ វែងជាងពីមុនសម្បើមណាស់ ។

ង. ឆាប់ខ្លាំងណាស់ ។
ទេ យឺតជាងពីមុនខ្លាំងណាស់ ។

ច. ស្អុយសម្បើមណាស់ ។
ទេ ក្រអូបជាងពីមុនសម្បើមណាស់ ។

ឆ. ល្អសម្បើមណាស់ ។
ទេ អាក្រក់ជាងពីមុនសម្បើមណាស់ ។

READING PASSAGE 2

ស្រុកខ្មែរនិងត្រីទឹកសាប

ជាយូរណាស់មកហើយ ជនជាតិបរទេសភាគច្រើនដែលមិនបានជ្រាបពីស្ថានភាពទឹកដីស្រុកខ្មែរច្បាស់ប្រាកដ បានសន្និដ្ឋានថាប្រទេសខ្មែរយើងពេញទៅដោយព្រៃនាម ។ តាមការណ៍ពិត សេចក្ដីសន្និដ្ឋាននោះមិនខុសឆ្ងាយពេកទេ ព្រោះស្រុកយើងសម្បូណ៌ទៅដោយដីទំនាប មើលទៅគេឱ្យយជឿថាមានទឹកជាប់និងព្រៃនាមពាសពេញ តែកន្លែងទំនាបនោះជានិច្ចមែន ។ តែផ្ទុយទៅវិញ នៅកន្លែងដីទំនាបនោះ មិនមែនជាកន្លែងទឹកជាប់ជានិច្ចនិងព្រៃនាមទាំងអស់ទេ យ៉ាងច្រើនត្រឹមតែមួយបួនភាគរយនៃដីទាំងអស់នោះប៉ុណ្ណោះ ។ ចុះមានអ្វីទៅ នៅកន្លែងដីទំនាបនោះ ? ដើម្បីនឹងឆ្លើយចំណុចនេះ យើងមិនបាច់រកអ្នកបច្ចេកទេសខាងទឹកដីស្រុកខ្មែរទេ ខ្មែរខ្លៅៗអាចឆ្លើយបានថា កន្លែងនោះជាកន្លែងផ្លូវទឹកជំនន់ ។

យើងឃើញផ្លូវទឹកមួយយ៉ាងធំដែលហូរកាត់ស្រុកខ្មែរ នោះគឺទន្លេមេគង្គដែលនាំទឹកជំនន់មកបំពេញត្រង់ដីទំនាបនោះ និងធ្វើឱ្យស្រុកខ្មែរលិចប្រហែល ៦០% អស់រយៈស្ទើរតែ៤ខែក្នុងមួយឆ្នាំៗ ។

ទឹកជំនន់នេះជាធម្មជាតិមួយដែលផ្ដល់ផលប្រយោជន៍ឱ្យស្រុកខ្មែរច្រើនណាស់ ពិតមែនតែធ្វើឱ្យមានការខូចខាតដល់ស្រុកបន្តិចបន្តួចមែន ។ ក្នុងចំណោមផលប្រយោជន៍ដ៏សំខាន់ៗទាំងប៉ុន្មាននោះ យើងរើសយកតែមួយមកនិយាយ គឺត្រីទឹកសាប ។ ស្រុកយើងសម្បូណ៌ត្រីទឹកសាបណាស់ ។ ត្រីនេះជាផលិតកម្មមួយសំខាន់ក្នុងមាគ៌ានៃការចំរើនសេដ្ឋកិច្ចរបស់ប្រទេសយើង ។

នៅរដូវទឹកជំនន់នេះហើយ ដែលត្រីពងកើតកូនមានរាប់ពាន់លានហែលពាសពេញទីកន្លែង ។ ដល់រដូវប្រាំងដែលអស់ទឹកជំនន់ទៅ ត្រីភាគច្រើនក៏នាំគ្នារត់ចូលទៅក្នុងទន្លេ ត្រពាំង ស្ទឹង បឹងបួ ព្រែកជ្រលង ដែលមានសល់ទឹកទាំងប៉ុន្មាន ។ យ៉ាងនេះហើយបានជាស្រុកយើងសម្បូណ៌ត្រីណាស់ គឺសម្បូណ៌នៅគ្រប់កន្លែង ហើយយ៉ាងនេះហើយបានជាខ្មែរយើងចាស់ៗតែងតែមានប្រសាសន៍ថា " មានទឹក មានត្រី " ។ ដើម្បីឱ្យច្បាស់ទៅទៀត ពាក្យនេះមានន័យថា គឺកន្លែងណាមានទឹក កន្លែងនោះតែងតែមានត្រី ។

ដើម្បីកុំឱ្យយើងទាំងអស់គ្នាយល់ខុសពីស្ថានភាពត្រីនៅស្រុកខ្មែរប្រឡំ យើងសូមជំរាបថា រឿងដែលនិយាយថាត្រីសម្បូណ៌ខាងលើនេះ គឺជាចំណុចមួយដែលពិតប្រាកដនៅតែជំនាន់ ១០ ឬ ២៥ ឆ្នាំមុនទេ ។ ចំពោះឥឡូវនេះ ត្រីយើងនៅសល់គ្រាន់តែគ្រប់គ្រាន់សម្រាប់បរិភោគក្នុងស្រុកតែប៉ុណ្ណោះ ។

បើយើងសង្កេតមើលស្ថានភាពត្រីនៅស្រុកយើងឱ្យជ្រៅច្បាស់ទៅ

យើងនឹងឃើញថា យើងអាចធ្វើឱ្យត្រីយើងកើតកូនមានចៅឡើងដូចមុន
វិញបានជាប់មិនខានដែរ ។ តែដើម្បីបណ្ដាលឱ្យកិច្ចនោះបានសម្រេច លុះ
ត្រាតែយើងមានគ្រឿងចក្រគ្រប់គ្រាន់ដើម្បីជីកនិងកៀរ កកាយ សម្រាមនិង
មមោកចេញពីបាតបឹងនិងទន្លេទាំងនោះ រួចដាក់ព្រែននាទឡើងវិញ ។

VOCABULARY

កកាយ	to scratch like a chicken or dig like a dog
កណ្ដាប់ដៃ	grip
កណ្ដាប់	handful, classifier for measuring quantities of things held in the hand
កាលបើ , បើ	if
កើតកូនមានចៅ	to reproduce
កើនឡើង	to increase (upwards)
កើន	to increase, to become more
កំប៉ុង	a can
គិតគូរ	to ponder;to achieve an end by bribery
គ្រឿងចក្រ /krɨəŋ caʔ/	machinery
គ្រឿង	ingredient, component; classifier for machinery
ចក្រ	wheel, engine, machine
ឃុំគ្រង	to preserve, to conserve, to keep, to reserve
គ្រង	to take care of, to watch over
ចំណី	food
ច្រឡំ	to mix up, to be confused
ជំនឿន (< ជឿន)	to speed up, to be confused
* ជឿន	progress; speed; to advance
* ជ្រលង	waterway, path of water
ជ្រោះ	depression between mountains, small valley
ដល់ហើយ	very, a lot
ដាច់មុខ	alone, exclusive, monopoly
ដៃទន្លេ	tributary of a river
ដៃបឹង	inlet of a lake
តាមចិត្ត	as one wishes, according to desire
* ត្រីប្រា	a large fresh-water fish without scales that Cambodians like to eat
ត្រឹមតែ	only, just at
ត្រឹម	exact, even

ទន្លេសាប	Tonle Sap, name of the great lake in the middle of Cambodia and of the short river that leads to it from Phnom Penh
ទឹកសាប	fresh water
ទំហំ (< ធំ)	size
ធម្មជាតិ	nature, natural
ធម្ម (H) : ធម៌	
ជាតិ	flavor, essence
ធីងធោង (or ធេងធោង)	to feel light, to be light-headed
ធ្វើទុក្ខ	to cause trouble for, to give grief to
នានា	various, each
នឹក	to think of, to imagine
បច្ចេកទេស /pəceekəteeh/	technical
* បច្ចេក :/pəceekaʔ/(H)	one, alone
* ទេស	technique
បង្កើន (< កើន)	to increase (trans.)
បឹងបួ	lake
* បួ	lake (obsolete)
បុរាណ	ancient, old, classical, old-fashioned
បាត	bottom
បានសម្រេច	to be successful, to be decided
ប្រឡាយ	path, trail, clear path in heavily over-grown water
ប្លង់	plan
ផលប្រយោជន៍	advantage, result
ផលិតកម្ម	product
* ផលិត	result
ផល	product, result
ពង	to lay an egg; an egg
ព័ទ្ធ /pót/	to surround
ពិភពលោក	the world
លោក	world, planet
ពេញដោយ	full of
ពេញ	full
ព្រៃរនាម	jungle
* រនាម	lake bed
មច្ឆវប្បកម្ម /məcéʔvopəkam/	distribution of fish

* មច្ឆៈ /maché?/	fish (literary)
វិប្បកម្ម /vopəkam/	distribution
* វិប្បៈ /vopa?/(H)	to distribute
មានសមត្ថកិច្ច	competent
សមត្ថកិច្ច /səmatakec/	area of capability, area of competence
* សមត្ថៈ /səmata?/	capable (literary)
* មពោក	rotted leaves at the bottom of a pond, slime
មែនទែន (ទែន AC)	really, in fact
រដូវទឹកជំនន់	flood season
ជំនន់	flood
ជន់	to flood
រយៈ	interval
គិះ	to think; to be stingy (slang)
រើ	to move (trans. and intrans.), to remove
លូកមិនចុះ	can't afford (it), too expensive
លូក	to reach
វិទ្យាសាស្ត្រ /vicciasah/	science
វិទ្យា , វិជ្ជា	knowledge
សាស្ត្រ /sah/	study of, science of
វិលមុខ	to be dizzy
សន្និដ្ឋាន	to assume, to conclude
សម្បូណ៌	plentiful, abundant
ស្រេច	already
ហិស	really (intimate)
អីក៏អី	it's nothing
អតិបរមា /ate?pa?rəmaa/	maximum (literary), a lot
* អតិ	too much
* បរមា	tiny, fine
អាដែង	watchamacallit; damned
អូន (< ប្អូន)	intimate address form for younger sibling or for one's wife
verb + អើយ/əəy/ + verb	to really + verb, to (verb) a lot
អ្នកសង្កេតការណ៍	observer
សង្កេត	to observe

APPLICATIONS

1. Define or describe the following:

កកាយ	កើន	ឃុំគ្រង	ចំណី
កណ្ដាប់	គ្រឿងចក្រ	ជឿន	ជ្រលង
កាសែត	ច្រមុំ	ដល់ហើយ	ដាច់មុខ
ដៃទន្លេ	ទឹកលាប	ធម្មជាតិ	វិលមុខ
នានា	បច្ចេកទេស	បុរាណ	បានសម្រេច
បាត	ផល	ពន្ធ	ពិភពលោក
ពេញ	ព្រៃនាម	ផលិតកម្ម	រនាម
មានសមត្ថកិច្ច	ទឹកជំនន់	ផមោក	ជន់
របះ	ពី	រះ	លក
លក់មិនចុះ	វិទ្យាសាស្ត្រ	សន្និដ្ឋាន	សម្បូណ៌
សង្កេត	ផ្ញើទុក	នឹក	

2. Use in a sentence:

កណ្ដាប់ដៃ	កើតកូនមានចៅ	កើនឡើង	ជំនឿន
ដល់ហើយ	ត្រឹមតែ	ទំហំ	ជាតិ
ផឹងផោង	ផ្ញើទុក	បង្កើន	ផលប្រយោជន៍
ពង់ (verb)	ពេញដោយ	មានសមត្ថកិច្ច	ថែមថែន
រដូវទឹកជំនន់	រះ	លក់មិនចុះ	វិលមុខ
សន្និដ្ឋាន	អត់អី	អើយ	

3. Give a word or phrase with contradictory meaning:

កើនឡើង	ឡើង	ឃុំគ្រង	ឃុំ
ច្រមុំ	ជឿន	ផ្ញើទុក	នឹក
បុរាណ	បាត	បានសម្រេច	ពេញ
ព្រៃ	មានសមត្ថកិច្ច	ពី	សម្បូណ៌

4. Fill in the blanks:

១. ការណ៍នេះពុជារដ្ឋការខាង . . . . កំពុងតែរៀបចំ ។
(ទុក្ខ , សមត្ថកិច្ច , មមោក)

២. រដូវនេះ . . . . សើររដូវត្រីពងតែម្ដង ។
(នៅ , ត្រូវ , ចាំ)

៣. បើកិច្ចការនេះនៅក្នុងកណ្ដាប់ដៃយើង ប្រហែលបាន . . . . ជាង ។
(អតិបរមា , ត្រឹមត្រូវ , ព្រៃនាម)

៤. គេមានបញ្ហាបាយជំរឿនចំនួនត្រីទឹកសាបឲ្យបានសម្បូណ៌ .... ទៀត ។
(ថែម , ចំនួន , ជំ)

៥. លោកអាចធ្វើការនេះកើត .... តែលោកប្រើបច្ចេកទេសថ្មី ។
(កាលណា , កាលពី , លុះត្រា)

៦. ដើម្បីបង្កើនចំនួនត្រីឲ្យបានសម្បូណ៌ឡើងវិញ យើងត្រូវ .... ត្រី ។
(ធ្វើ , ដឹកនាំ , ចិញ្ចឹម)

៧. មាគ៌ាសេដ្ឋកិច្ចនេះមិន .... ដើរតាមមាគ៌ាជាតិទេ ។
(ឲ្យ , សមស្រប , ព្រម)

៨. នៅកន្លែងណាក៏ដោយ ក៏យើងតាំងអាចធ្វើអ្វីទាំងអស់ដោយ .... បានដែរ ។
(ចិត្ត , សេរី , តាម)

៩. គេមិនអាចបង្ហាញយើងឲ្យបានពិត .... ទេ ។
(ប្រាកដ , ច្បាស់ , ពាំមាន)

5. Reorder the members of the following sets of words to make Cambodian sentences. There is often more than one possible sentence that can be made from a set of words.

១. ជាង ; ប្រទេស , ទឹកសាប , អាស៊ី , នៅ , ទ្វីប , ខ្មែរ , សម្បូណ៌ , គេ , ក្នុង , ត្រី ។

២. របៀប , ខុសត្រូវ , ថែម , ទឹកសាប , សម្បូណ៌ , រដ្ឋការ , ឲ្យ , ទៀត , ការ , ចំនួន , អំពី , មើល , ត្រី , ធ្វើ ។

៣. អន្តរជាតិ , ទៅសួរ , ខ្ញុំ , ប្រហែល , មិនសូវ , អាដែង , ដឹង , ចំនឿន , ដូរ , ទេ , គេ ។

៤. ដង , ប៉ុន្មាន , ចុះ , នេះ , កំរ៉ង់ , ទេ , ឆ្នាំ , ស្ទូក , ថ្ងៃ

៥. អន្តរជាតិ , ជួរ , នៅ , ច្រើង , អោយ , ខ្លះ , ច្រើន , រក , គេ , រដ្ឋការ ។

៦. ផ្ទើយ , ពីព្រោះ , ពីមុន , បោក , សម្បូណ៌ , ណាស់ , វា , ជាង , ត្រី ។

៧. តែ , ត្រី , មាន , មិន , នៅតែ , ស្ទូវ , ណាស់ , ទន្លេ , ឬ , សម្បូណ៌ , បឹង , អញ្ចឹង , ច្រើន ។

៨. ជាង , ថ្ងៃ , សម្ល៉ៀម , របស់ , ណាស់ , ធ្វើ , ឧស្សាហកម្ម , ពីមុន ។

៩. លុះ , ទន្លេ , មាន , ដែរ , ដើម្បី , ច្រើន , ត្រា , តែ , ច្រើន , ឲ្យ , ត្រី , មាន , បឹង ។

6. The following exercise is designed to help you review resultative verbs (cf. S.2.2.3.1 in the grammatical sketch). Resultative verbs that you have already studied include:

ឃើញ	to see
ចប់	to finish
ចូល	to enter
ចេញ	to go out
ទាន់	to be on time, to catch up with
ធ្លាក់	to fall
បាន	to get, to be able
រួច	to finish
ឮ	to hear
លក់	to fall asleep
ចុះ	to enter, to make it in

Fill in the blanks with appropriate resultative verbs from the list above:

១. ព្រឹកមិញខ្ញុំរកទំពាំងត្រីខ: តែរកទំពាំងមិន ___ ។
២. សូមអ្នកនិយាយឲ្យយឺតៗបន្តិច ខ្ញុំស្ដាប់មិន ___ ទេ។
៣. លោកត្រូវរៀនបន្តិច ប្រយ័ត្នប្រឡង ___ ។
៤. មេរៀននេះវែងណាស់ រៀនតែមួយម៉ោងមិន ___ ទេ។
៥. ទៅឯណាយប់មិញ ខ្ញុំរកមិន ___ ?
៦. ពីម្សិលមិញខ្ញុំទៅមិន ___ កប៉ាល់ហោះទៅភ្នំពេញ។
៧. កៅអីនេះធ្ងន់ណាស់ ខ្ញុំយកចេញមិន ___ ទេ។
៨. មាត់ដបនេះតូច ខ្ញុំដាក់ដៃមិន ___ ទេ។
៩. ញុំាកាហ្វេច្រើនពេក ព្រលប់គេងមិន ___ ។
១០. លោកនិយាយលឿនពេក ខ្ញុំសរសេរមិន ___ ទេ។

7. Address your wife in the following ways (using the appropriate pronoun and other stylistic markers):
   a. Tell her you have to go to work at 7:30 tomorrow.
   b. Ask her to find your new shirt.
   c. Ask her what her mother had to say when they met yesterday.
   d. Ask if she also slept well.
   e. Tell her you haven't eaten yet and find out when she plans to eat.

8. Address your husband in the same ways as listed above.

9. Find out from your teacher the answers to the following questions:
   a. Do Cambodians eat salt-water fish? Which do they like better, fresh-water or salt-water fish?
   b. Is fish in Cambodia cheaper than other kinds of meat?
   c. Where do fish breed in your teacher's home area?
   d. Does the problem the reading article describes also exist there?
   e. If the solution suggested here were adopted in his area, would it

have side effects? What about other areas of Cambodia?

f. What does he think will be necessary to establish a fish-exporting industry in Cambodia?

g. How would he go about making participation in such industry attractive to Khmers?

h. Who does most of the fishing now?

i. How are their catches marketed?

j. What can your teacher tell you about commercial fish farming in Cambodia?

ANSWERS

4. ១. សមត្ថកិច្ច ៤. ជងឋ ៧. ព្រម
២. ថ្មី ៥. សះត្រា ៨. សេរី
៣. ត្រឹមត្រូវ ៦. ចិញ្ចឹម ៩. ប្រាកដ

5. ១. ប្រទេសខ្មែរសម្បូណ៌ត្រីទឹកសាបជាងគេនៅក្នុងទ្វីបអាស៊ី ។
២. រដ្ឋការមើលការខុសត្រូវកំពុងរៀបចំធ្វើឲ្យចំនួនត្រីទឹកសាបសម្បូណ៌ថែមទៀត ។
៣. ខ្ញុំមិនសូវដឹងប៉ុន្មានទេ ប្រហែលគេទៅសួរអាជីវករផ្សារអន្តរជាតិ ។
៤. តាំងពីថ្លៃលក់ដើមមិនចុះទេ ប៉ុន្មានឆ្នាំនេះ ។
៥. រដ្ឋការធ្វើរកផ្សារអន្តរជាតិកើនឡើង នៅតែខ្វះ ។
៦. ត្រីថោកជាងពីមុនឆ្ងាយណាស់ ពីព្រោះវាសម្បូណ៌ ។
៧. ទន្លេបឹងបួមានច្រើនណាស់ តែនៅតែមិនសូវសម្បូណ៌ត្រីអញ្ចឹង ។
៨. ឧស្សាហកម្មត្រីរបស់ថៃជាងពីមុនសម្បើមណាស់ ។
៩. ដើម្បីឲ្យមានត្រីច្រើន លុះត្រាតែមានទន្លេបឹងច្រើនដែរ ។

6. ១. បាន ៥. ឃើញ ៨. ចុះ
២. ញ ៦. ខាន់ ៩. លក់
៣. ធ្លាក់ ៧. រួច ១០. ទាន់
៤. ចប់

7. a. បងត្រូវទៅធ្វើការម៉ោង៧កន្លះស្អែក ។
b. រករទេះជិះឲ្យបងបន្តិច!
c. ម៉ាក់អ្នកឯងនិយាយពីអ្វីខ្លះជាមួយអូនឯងម្សិលមិញ?
d. គេងលក់ស្រួលទេ អូន!
e. អូនឯងញ៉ាំបាយម៉ោងប៉ុន្មានហ្នឹង បងមិនទាន់ញ៉ាំបាយទេ?

LESSON FOUR

INTRODUCTION TO THE PHYSICAL FEATURES OF CAMBODIA

a. What part of Cambodia is your teacher from?

b. What do most of the people do for a living there?

c. How often do rural people get to large towns? How do they go?

d. Are there rivers near where your teacher lives? What are they called? What are they used for?

READING PASSAGE 1

ប្រទេសខ្មែរ ជាប្រទេសមួយនៃ អាស៊ីអាគ្នេយ៍ ដែលស្ថិតនៅចន្លោះខ្សែស្របទី ១០ និង ខ្សែស្របទី ១៥ នៃរយៈទទឹងខាងជើង និងនៅចន្លោះខ្សែបណ្ដោយទី ១០២ និងខ្សែបណ្ដោយទី ១០៨ នៃរយៈបណ្ដោយខាងកើត ។ ដូច្នេះ ប្រទេសខ្មែរ ជាប្រទេសមួយស្ថិតនៅក្នុងតំបន់ត្រូពិក ។

បើគិតតាមផ្ទៃក្រឡាដែលមាន ១៨១ ០០០គ.ម.^{២} នោះ ប្រទេសខ្មែរមានទំហំតូចជាង ប្រទេសចិន ៥៤ ដង តូចជាង ប្រទេសឥណ្ឌា ១៨ ដងនិងតូចជាងប្រទេសឥណ្ឌូនេស៊ី ១០ ដង ស្មើនឹងមួយភាគបួន (១/៤) នៃប្រទេសភូមា ស្មើនឹងមួយភាគបី (១/៣) នៃប្រទេសថៃ ស្មើនឹងពាក់កណ្ដាល (១/២) នៃប្រទេសវៀតណាម តូចជាងប្រទេសលាវតែបន្តិច តែធំជាងសហព័ន្ធម៉ាឡាយូ ប្រទេសនេប៉ាល ប្រទេសស៊ីរីលង្កា និងប្រទេសផ្សេង ៗ ទៀតដូចជា ប្រទេសស្វ៊ីស ប្រទេសបែលហ្ស៊ិក ។

ប្រទេសខ្មែរមានរាងពហុកោណស្ទើរស្មើគ្រប់ជ្រុងដែលមានចំណុចកណ្ដាលក្បែរ កំពង់ធំ និងមានប្រវែងពីជើងទៅត្បូង ជិតស្មើនឹងប្រវែងពីកើតទៅលិច ។ ហើយប្រវែងអតិបរមានៃបណ្ដោយនិងទទឹងគឺ ៥៦០គ.ម. និង ៤៤០គ.ម. ។ ដោយហេតុនេះហើយ បានជាប្រទេសខ្មែរពុំមានតំបន់ដាច់ស្រយាលឡើយ ។

ប្រទេសខ្មែរ មានព្រំប្រទល់ខាងជើងទល់នឹង ប្រទេសថៃ និង ប្រទេសលាវ ខាងកើតទល់នឹង ប្រទេសវៀតណាម ខាងត្បូងទល់នឹង ប្រទេសវៀតណាម និង ឈូងសមុទ្រថៃ ខាងលិចទល់នឹង ប្រទេសថៃ ។ ព្រំប្រទល់ប្រទេសខ្មែរទាំងមូលមានប្រវែង ២ ៦០០គ.ម. គឺប្រាំភាគប្រាំមួយ (៥/៦) ជាដីគោក និងមួយភាគប្រាំមួយ (១/៦) ជាមាត់សមុទ្រ ។

NOTE FOR READING PASSAGE 1

The selections used as Reading Passage 1 in lessons 4, 5, 6, 9, and 10 are all taken from a periodical publication called ខេមរយានកម្ម 'Khmerization.' This is the vehicle of the commission charged with the shift from French to Cambodian as the medium of instruction in the schools, a process almost completed through the secondary school system at the time of writing this book. The publication of the commission has articles on topics in mathematics, science, history, geography, and literature in Cambodian. They are used both as classroom texts and as sources for the new vocabulary that is necessary to make Cambodian the medium of instruction.

សណ្ឋានដី នៃ សាធារណរដ្ឋខ្មែរ RELIEF DU SOL DE LA REPUBLIQUE KHMERE

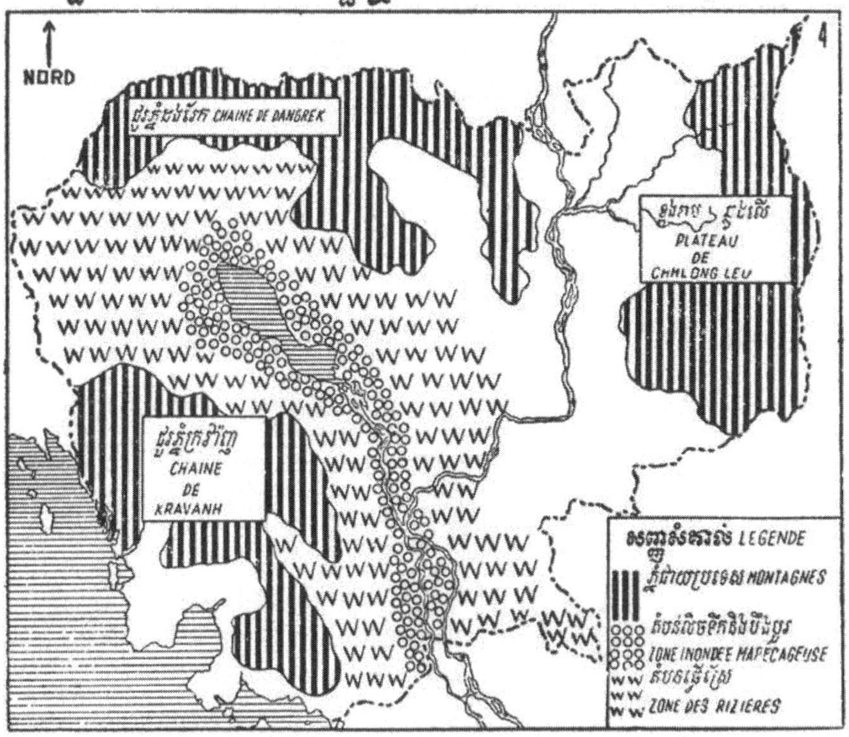

DIALOGUE

ខ្មែរគួរស្គាល់ស្រុកខ្មែរ

(Familiar Style)

		ឯង	I, me (less formal than but more formal than ខ្ញុំ)
		ជ្រុល	too much, overdone, out of line
		អី (= អាស់ , ណ៎ា)	intimate particle
១.	ឃុល	ថ្ងៃណោះ ឯងដូចជ្រុល បន្តិចហើយអី!	The other day it was kind of too much!
		ភូមិសាស្ត្រ	geography
២.	ចន	ជ្រុលរឿងអី អារឿងមេរៀនភូមិសាស្ត្រហ្នឹងឬ?	How so, too much? Was it about that geography lesson?
		ខ្មាស	to be ashamed
		ដល់ហើងហើយ (= សម្បើម)	extremely, really, very
៣.	ឃុល	អឺ ខ្មាសស្រីៗដល់ហើង ហើយ គ្រូឯងសួរឯងចំ កន្លែងឯងមិនចេះ។	Yeah! I was really embarrassed in front of the girls. My teacher asked me exactly what I didn't know.
៤.	ចន	សួរត្រង់ណាបាន (ជា) មិន ចេះ? ត្រង់អាដែលប្រទេស ខ្មែរនៅត្រង់ណា ហ្នឹងឬអី?	What did he ask that you didn't know? Where is -- uh -- Cambodia located?
		យកមុខទៅចោល កណ្ដាលខ្មាស	to lose face, to be embarrassed
៥.	ឃុល	ម៉េច យកមុខទៅចោល កណ្ដាលខ្មាស ត្រង់អា កន្លែងហ្នឹងដែរឬអី?	Yeah, how did you know? Were you embarrassed by the same thing?
		និយាយ!	You're talking!
		គ្នា	I, me (familiar)
		ខ្លួន	you (familiar)
៦.	ចន	និយាយ!" គ្នាចំមិនចេះ តែ ស្រីៗថ្នាក់គ្នាក៏មិនចេះអា ហ្នឹងដូចខ្លួនដែរ។	Don't be silly! Of course I know it, but the girls in my class were like you-- they didn't know it either.
		តូចចិត្ត	to feel small, to be humiliated, to regret
៧.	ឃុល	អើអញ្ចឹង គ្នាមិនសូវ តូចចិត្តពេក។ បើខ្លួនចេះ	OK! Then I don't feel so bad. If you know, (about it) can I ask you something?

	សួរបន្តិចបានទេ?	
	មាក់ងាយ (=មើលងាយ)	to look down on, to underestimate
៨. ចន	សួរក៏សួរទៅ តែកុំឲ្យតែមាក់ងាយគ្នា បើគ្នាខុស ។	Go ahead and ask, just so you don't look down on me if I don't know.
	ខ្សែ	line, string
	ខ្សែស្រប	line of latitude, parallel (n.)
	បណ្តោយ	length
	ខ្សែបណ្តោយ	longitude, meridian
	ទទឹង	width
	ខ្សែទទឹង	'cross-line' (see note)
៩. ឃុល	ស្អី អាខ្សែស្រប អាខ្សែបណ្តោយ អាខ្សែទទឹងហ្នឹង ។	What is a latitude? a longitude? a 'cross-line'?
	តែផ្តេសតែផ្តាស	just silly, nonsense
	ផ្តេសផ្តាស	silly, nonsense, pernicious
	រយៈទទឹង	zone of latitude (see note)
១០. ចន	ទេ តែផ្តេសតែផ្តាស មានខ្សែទទឹងឯណា មានតែរយៈទទឹង ។	Don't be silly, there's no such thing as a cross-line, there's just the word 'zone'.

NOTES FOR THE DIALOGUE

SENTENCE NO. 1:

Note the use of ឯង , which you have previously learned means 'you' to mean 'I, me.' Its style level is approximately midway between ខ្ញុំ , which is ordinary or formal, and អញ, which is intimate. ឯង (= ខ្ញុំ) used between members of the same sex who are on familiar terms and between members of the opposite sex who are on intimate terms. គ្នា is also used familiarly to mean 'I, me.' ខ្លួន 'you' (sentence 6) is also familiar. It is used far more in Phnom Penh than in the provinces. The translations for English pronouns that you have learned so far and their style levels are:

	intimate	familiar	ordinary	formal
	0%			100%
first person:	អញ	ឯង	ខ្ញុំ	ខ្ញុំ
second person:	អាឯង (ហ្អែង)	ខ្លួន kinship term name+ ឯង ឯង } →	←	{ លោក , លោកស្រី អ្នកស្រី, នាង
third person:	វា	name គេ	គេ, គាត់	គាត់, លោក

DRILL ONE: Transformation (Familiar Style)

គំរូ: គ: គ្រូខ្លួនសួរកន្លែងហ្នឹងឬ? (មិនចេះ)
ស: គ្រូអញសួរអញចំអាកន្លែងអញមិនចេះ។

MODEL: T: Did your teacher ask you about that? (didn't know)

S: My teacher asked me exactly what I didn't know.

ក. ពួកម៉ាកខ្លួនមករកពេលល្ងាចឬ? (មិននៅផ្ទះ)
ពួកម៉ាកអញមករកអញ ចំអាពេលអញមិននៅផ្ទះ។

ខ. កូនខ្លួនសួរត្រង់ហ្នឹងឬ? (មិនចេះ)
កូនអញសួរអញ ចំអាត្រង់អញមិនចេះ។

គ. អ្នកគ្រូខ្លួនបង្រៀនម៉ោងពីរឬ? (ងុយដេក)
អ្នកគ្រូអញបង្រៀនអញ ចំអាម៉ោងអញងុយដេក។

ឃ. ប្រពន្ធខ្លួនប្រាប់រឿងគេឬ? (ស្អប់)
ប្រពន្ធអញប្រាប់អញ ចំអារឿងអញស្អប់ម៉ង

ង. បងខ្លួនទារថ្លៃហ្នឹងឬ? (គ្មានលុយ)
បងអញទារអញ ចំអាថ្លៃអញគ្មានលុយ។

ច. ប្អូនខ្លួនខ្ចីរបស់ហ្នឹងឬ? (ចូលចិត្ត)
ប្អូនអញខ្ចីអញ ចំអារបស់អញចូលចិត្តម៉ង

SENTENCE NO. 4:

បាន is a fast-speech version of បានជា 'that's why.'

DRILL TWO: Transformation (Familiar style)

គំរូ: គ: គ្រូអញសួរអញ ចំអាកន្លែងអញមិនចេះ។
ស: ម៉េច សួរត្រង់ណាបានមិនចេះ?

MODEL: T: My teacher asked me exactly what I didn't know.

S. What did (he) ask that you didn't know?

ក ម៉ែក្មេកអញឱ្យអញទៅចំអាកន្លែងអញខ្លាច។
ម៉េច ឱ្យទៅត្រង់ណា បានខ្លាច?

ខ. បងថ្លៃឯង ប្រាប់ឯងថាអាកន្លែងឯងមិនចង់ឮ។
ម៉េច ប្រាប់ត្រង់ណា បានមិនចង់ឮ?
គ. ចៅហ្វាយឯងឱ្យឯងធ្វើថាអាកន្លែងឯងល្អិច។
ម៉េច ឱ្យធ្វើត្រង់ណា បានល្អិច?
ឃ. អ្នកគ្រូគ្នា ស្ដីឱ្យគ្នាថាអាកន្លែងគ្នា ខុសគេ។
ម៉េច ស្ដីឱ្យត្រង់ណា បានខុសគេ?
ង. លោកស្រីគ្នា នាំគ្នាទៅថាអាកន្លែងគ្នាល្អប់។
ម៉េច នាំទៅត្រង់ណា បានល្អប់?
ច. ប្អូនថ្លៃគ្នា ហៅគ្នាទៅថាអាកន្លែងគ្នាមិនធ្លាប់ទៅ។
ម៉េច ហៅទៅត្រង់ណា បានមិនធ្លាប់ទៅ?

SENTENCE NO. 5:

In this lesson you learn the patterns verb+ ក៏ +verbទៅ 'well and good; go ahead and...,' and ក៏ហីទៅ 'too bad; go ahead and don't....' Both indicate some degree of dismissal or washing of one's hands of the matter. The expression, verb + ក៏ + verb + ទៅ, is ordinarily used when dismissing a positive action:

បើគេធ្វើក៏ធ្វើទៅ។

If they do it, well let them just go ahead and do it.

ក៏ហីទៅ is used when the action being dismissed is negated, e.g.,

បើគេមិនធ្វើក៏ហីទៅ។

If they don't do it, well too bad.

DRILL THREE: Response

គ្រូ: ក: គ្នាសួរគាត់អំពីរឿងហ្នឹងបានទេ? (ដឹង)
ស: សួរក៏សួរទៅ បើគាត់ដឹង។

MODEL: T: Can I ask him about that? (know)
S: Go ahead and ask, if he knows.

ក. គ្នាជួបគាត់ស្អែកបានទេ? (មិនទាន់ទៅ)
ជួបក៏ជួបទៅ បើគាត់មិនទាន់ទៅ។
ខ. គ្នាពឹងគាត់ពីរឿងហ្នឹងបានទេ? (ទំនេរ)
ពឹងក៏ពឹងទៅ បើគាត់ទំនេរ។
គ. គ្នាសុំគាត់ឱ្យមកជួយបានទេ? (មកបាន)
សុំក៏សុំទៅ បើគាត់មកបាន។
ឃ. គ្នាជូនគាត់ទៅបានទេ? (ត្រូវការ)
ជូនក៏ជូនទៅ បើគាត់ត្រូវការ។

ង. ខ្ញុំខ្ចីគាត់[illegible]បានទេ? (មាន)
ខ្ចីក៏ខ្ចីទៅ បើគាត់មាន ។
ច. ខ្ញុំប្រាប់គាត់ពីរឿងហ្នឹងបានទេ? (មិនទាន់ដឹង)
ប្រាប់ក៏ប្រាប់ទៅ បើគាត់មិនទាន់ដឹង ។

DRILL FOUR: Extension

គ្រូ: ក: ខ្ញុំមិននិយាយកំប្លែងទេ ។ (ជឿ)
ស: ខ្ញុំមិននិយាយកំប្លែងទេ បើមិនជឿក៏ហើយទៅ ។

MODEL: T: I'm not joking. (believe)

S. I'm not joking. If you don't believe it, that's too bad.

ក. ខ្ញុំមិនទៅសាលាទេ ។ (មកលេង)
ខ្ញុំមិនទៅសាលាទេ បើមិនមកលេងក៏ហើយទៅ ។
ខ. ឯងមិនសូវមានលុយទេ ។ (ទិញ)
ឯងមិនសូវមានលុយទេ បើមិនទិញក៏ហើយទៅ ។
គ. ខ្ញុំមិនប្រញាប់ទេ ។ (ទៅ)
ខ្ញុំមិនប្រញាប់ទេ បើមិនទៅក៏ហើយទៅ ។
ឃ. ឯងមិនញាសអាណាទេ ។ (និយាយ)
ឯងមិនញាសអាណាទេ បើមិននិយាយក៏ហើយទៅ ។
ង. ខ្ញុំមិនទាន់ដេញទេ ។ (ចង់ចេញ)
ខ្ញុំមិនទាន់ដេញទេ បើមិនចង់ចេញក៏ហើយទៅ ។
ច. ឯងមិនចង់ទេ ។ (ចង់ដើ)
ឯងមិនចង្ហ៊ីទេ បើមិនចង់ដើក៏ហើយទៅ ។

DRILL FIVE: Transformation (Familiar Style)

គ្រូ: ក: ខ្ញុំសួរសំនួរខ្លួនបានទេ? (និយាយច្រើនពេក)
ស: សួរក៏សួរទៅ តែកុំឱយតែខ្លួននិយាយច្រើនពេក ។

MODEL: T: Can I ask you a question? (talk too much)

S: Go ahead and ask, just so you don't talk too much.

ក. ខ្ញុំជិះឡានឱយខ្លួនបានទេ? (ប្រើពេលច្រើនពេក)
ជិះក៏ជិះទៅ តែកុំឱយតែខ្លួនប្រើពេលច្រើនពេក ។
ខ. ខ្ញុំប្រើសៀវភៅគណិតសាស្ត្រខ្លួនបានទេ? (ធ្វើឱយរហែក)
ប្រើក៏ប្រើទៅ តែកុំឱយតែខ្លួនធ្វើឱយរហែក ។

គ. គ្នាយកឡានខ្លួនទៅផ្សារបានទេ? (ទៅយូរពេក)
យកក៏យកទៅ តែកុំឲ្យតែខ្លួនទៅយូរពេក។
ឃ. គាបើកវិទ្យុខ្លួនស្តាប់បានទេ? (បើកខ្លាំងពេក)
បើកក៏បើកទៅ តែកុំឲ្យតែខ្លួនបើកខ្លាំងពេក។
ង. គ្នាពន្យល់កូនសិស្សខ្លួនបានទេ? (ពន្យល់ខុស)
ពន្យល់ក៏ពន្យល់ទៅ តែកុំឲ្យតែខ្លួនពន្យល់ខុស។
ច. គាស្តាប់ខ្លួនបានទេ? (និយាយ)
ស្តាប់ក៏ស្តាប់ទៅ តែកុំឲ្យតែខ្លួននិយាយ។

SENTENCE NO. 6:

គ្នា as a first person pronoun is interchangeable with អញ 'I, me.' It is used at the familiar style level.

DRILL SIX: Transformation

គ្រូ: ក: គ្រូឯងសួរឯងចំអាកន្លែងឯងមិនចេះ។
ស: គ្រូគ្នាសួរគ្នាចំអាកន្លែងគ្នាមិនចេះ។

MODEL: T: My teacher asked me exactly what I didn't know.
S: My teacher asked me exactly what I didn't know.

ក. ពួកម៉ាកឯងមករកឯងចំអាពេលឯងមិននៅផ្ទះ។
ពួកម៉ាកគ្នាមករកគ្នាចំអាពេលគ្នាមិននៅផ្ទះ។
ខ. កូនឯងសួរឯងចំអាត្រង់ឯងមិនចេះ។
កូនគ្នាសួរគ្នាចំអាត្រង់គ្នាមិនចេះ។
គ. អ្នកគ្រូឯងបង្រៀនឯងចំអាម៉ោងឯងងុយដេក។
អ្នកគ្រូគ្នាបង្រៀនគ្នាចំអាម៉ោងគ្នាងុយដេក។
ឃ. ប្រពន្ធឯងប្រាប់ឯងចំអារឿងឯងស្អប់។
ប្រពន្ធគ្នាប្រាប់គ្នាចំអារឿងគ្នាស្អប់។
ង. បងឯងទារឯងចំអាថ្ងៃឯងគ្មានលុយ។
បងគ្នាទារគ្នាចំអាថ្ងៃគ្នាគ្មានលុយ។
ច. ប្អូនឯងឲ្យឯងចំអារបស់ឯងចូលចិត្ត។
ប្អូនគ្នាឲ្យគ្នាចំអារបស់គ្នាចូលចិត្ត។

SENTENCE NO. 9:

The word ខ្សែទទឹង does not actually occur in Cambodian, as sentence 10 makes clear. ប៊ុស hasn't really understood the geography lesson well, so he has made up the word ខ្សែទទឹង on the analogy of ខ្សែបណ្តោយ. In the following proportion ខ្សែស្រប is irregular:

រយៈបណ្ដោយ is to ខ្សែបណ្ដោយ as រយៈទទឹង is to ខ្សែស្រប.

Since បណ្ដោយ means 'length' one would expect the opposite to be ទទឹង 'width' in all cases, but in this case the word for 'latitude' is derived from ស្រប 'parallel.'

The term រយៈទទឹង refers to the hemispheres as divided by the equator: រយៈទទឹងខាងជើង 'northern hemisphere' or 'latitude north' and រយៈទទឹងខាងត្បូង 'southern hemisphere' or 'latitude south.' The term រយៈបណ្ដោយខាងលិច is 'western hemisphere' or 'longitude west,' រយៈបណ្ដោយខាងកើត is 'eastern hemisphere' or 'longitude east.'

To give coordinates in Cambodian follow this folmula:

(number) ដឺក្រេ (នៃ) រយៈទទឹងខាង(ជើងឬត្បូង) (north or south) + និង +
(number) ដឺក្រេ (នៃ) រយៈបណ្ដោយខាង(កើតឬលិច)(east or west)

for example:

កន្លែងនេះនៅ ១០ ដឺក្រេនៃរយៈទទឹងខាងជើងនិង ១៥ ដឺក្រេនៃរយៈបណ្ដោយខាងកើត។

This place is at 10 degrees latitude north and 15 degrees longitude east.

DRILL SEVEN: Substitution

គ្រូ: ក: ទេ មានខ្សែទទឹងឯណា មានតែរយៈទទឹង។ (រយៈស្រប, ខ្សែ)
ស: ទេ មានរយៈស្របឯណា មានតែខ្សែស្រប។

MODEL: T: No, there's no such thing as a 'cross-line;' there's only a hemisphere.

S. No, there's no such thing as a 'parallel zone;' there's only a parallel (line).

ទេ មានរយៈស្របឯណា មានតែខ្សែស្រប។
ក. (ទិសត្រូពិក , តំបន់)
ទេ មានទិសត្រូពិកឯណា មានតែតំបន់ត្រូពិក។

ខ. (ល្វងទន្លេ, ដៃ)
ទេ មានល្វងទន្លេឯណា មានតែដៃទន្លេ។
គ. (ទីក្រឡា, ផ្ទៃ)
ទេ. មានទីក្រឡាឯណា មានតែផ្ទៃក្រឡា។
ឃ. (ឆ្ងាយស្រយាល, ដាច់)
ទេ មានឆ្ងាយស្រយាលឯណា មានតែដាច់ស្រយាល។
ង. (កន្លះកណ្ដាល, ពាក់)
ទេ មានកន្លះកណ្ដាលឯណា មានតែពាក់កណ្ដាល។
ច. (សហរដ្ឋម៉ាឡាយូ, សហព័ន្ធ)
ទេ មានសហរដ្ឋម៉ាឡាយូឯណា មានតែសហព័ន្ធម៉ាឡាយូ។

SENTENCE NO. 9:

The word ដោយ occurs in this lesson with a new meaning. As the root of the word បណ្ដោយ 'length' it may be a literary equivalent to តាម 'following, along' in many cases. However, ដោយ and តាម are not completely interchangeable. តាម is not used to introduce adverbial clauses and phrases, to mean 'by' or in idioms like ពេញទៅដោយ 'full of.' On the other hand it doesn't replace តាម in តាមខ្ញុំស្មាន 'I think that...' and would not ordinarily occur in speech where តាម could be used instead. ដោយ in any meaning is far more common in writing than in speech. Cf. X.3 in the Grammatical Sketch.

SENTENCE NO. 10:

In sentence 10 តែ is repeated before the two components of the compound ផ្ដេសផ្ដាស 'silly' to give តែផ្ដេសតែផ្ដាស 'just silly.' តែ is the only word which can occur either before the entire compound, e.g., តែផ្ដេសផ្ដាស, or before each component: តែផ្ដេសតែផ្ដាស។

READING PASSAGE 2

ប្រទេសខ្មែរ

ប្រទេសខ្មែរមានផ្ទៃក្រឡាប្រហែល ៦៩.៩០០ ម៉ាយក្រឡា ទំហំប្រហែលប៉ុនរដ្ឋវ៉ាស៊ីនតោននៅសហរដ្ឋអាមេរិក និងចំនួនមនុស្សប្រហែល ៧លាននាក់។ ប្រទេសយើងចែកជាខេត្ត ខេត្តចែកជាស្រុក ស្រុកចែកជាឃុំ និងឃុំចែកជាភូមិ។

កាលនៅក្រោមអំណាចបារាំង ប្រទេសខ្មែរចែកជា១៤ ខេត្ត តែឥឡូវនេះប្រទេសយើងចែកជា២៤ខេត្ត។ ក្នុងខេត្តនិមួយៗ

ចំនួនស្រុកកើតទៅតាមទំហំដៃក្រឡានៃខេត្ត និងចំនួនមនុស្សរស់នៅក្នុងខេត្តនោះ។ ឯការចែកស្រុកជាចំនួនឃុំ និងឃុំជាចំនួនភូមិវិញ ក៏ធ្វើទៅតាមរបៀបចែកខេត្តទៅជាស្រុកនោះដែរ។

ក្រៅពីខេត្ត ស្រុក ឃុំ និងភូមិ យើងមានក្រុងដែរ។ ឥឡូវនេះយើងមានក្រុង ៦ នៅក្នុងស្រុកយើង។ ពិតមែនតែក្រុងស្ថិតនៅក្នុងខេត្ត តែរដ្ឋាភិបាលក្រុងមិននៅក្នុងអំណាចរដ្ឋាភិបាលខេត្តទេ គឺនៅក្នុងអំណាចរដ្ឋាភិបាលរដ្ឋ ដូចរដ្ឋាភិបាលខេត្តដែរ។

កាត់ប្រទេសខ្មែរ ទន្លេមេគង្គដែលជាមេទឹកដ៏សំខាន់ជាងគេនៅក្នុងស្រុកយើង ហូរពីស្រុកចិនខាងត្បូង ចាក់ចូលទៅក្នុងសមុទ្រចិន (ត្រង់វៀតណាមខាងត្បូង ផ្នែកខាងត្បូង។ ទន្លេនេះជាផ្លូវទឹកមួយដែលនាំចេញចូលភ្នំពេញ រដ្ឋធានីប្រទេសខ្មែរ និងជូនកាលមកក្រុងកំពង់ចាមដែរ នូវនាវាសមុទ្រធំៗ។ នៅត្រង់ភ្នំពេញ ទន្លេមេគង្គចែកជា៤ផ្នែក ហើយផ្នែកសំខាន់ជាងគេហូរចូលទន្លេសាប ដែលជាបឹងមួយធំជាងគេនៅអាស៊ីភាគអាគ្នេយ៍។

ដោយសារទន្លេមេគង្គនេះ ហើយបានជាប្រទេសខ្មែរជាប្រទេសមួយដែលសម្បូណ៌ទៅដោយផលិតផលកសិកម្ម។

VOCABULARY

ក៏ចីទៅ	too bad
ចី	not to care
កណ្តាលមុខគេ	in front of everyone
កំប្លែង	funny, amusing; to make fun of
ខ្សែបណ្តោយ	vertical line, longitude
ខ្សែ	line, string
បណ្តោយ (< ដោយ)	length, to let, to allow (with ឲ្យ)
ដោយ (= តាម)	along, following (literary)
ខ្សែស្រប	horizontal line, latitude
ខ្មាស	to be ashamed
ខ្លួន	you (nonformal)
គ.ម. (= គីឡូម៉ែត្រ)	kilometer
គ្នា	I, me (nonformal)
ងុយដេក	sleepy
ចន្លោះ	area of land, geographic interval
ជី	fertilizer
ជ្រុង	corner, rectangle, something rectangular; classifier for an angular piece, e.g., cake, land

	ជ្រុល	too much, overdone, out of line
	ឈូង	gulf (geographic)
	ដល់យ៉ាំងហើយ (=សម្បើម)	extremely, really, very
	ដាច់ស្រយាល	isolated, far away
*	ស្រយាល	far (rare)
	ដីគោក	dry land
	គោក	dry (land, food)
	តូចចិត្ត	to feel bad, to be humiliated, to feel small
	ត្រូពិក	tropic
	ទល់នឹង	right up against, facing
	ទាំងនេះ	all of these
	ទាំងនោះ	all of those
	ទាំងមូល	all
*	នេប៉ាល់	Nepal
	បួនជ្រុងទ្រវែង	rectangular
*	ទ្រវែង	extended
	អាណា (= អ្នកណា)	who (nonformal)
*	បែលហ្ស៊ិក	Belgium (French: Belgique)
	ប្រវែង	length
	ផ្ដេសផ្ដាស	silly, useless, pernicious
	ផ្ទៃក្រឡា	area (measurement)
	ផ្ទៃ	surface
	ក្រឡា	a square, a spot
	ផ្លូវការ	official
	ពហុកោណ /pəhuˀkaon/	polygon
	ពហុ- (H)	many
*	កោណ	corner (literary)
	ព្រំប្រទល់	border, frontier
	ភូមិសាស្ត្រ /phuuməsah/	geography
	មាក់ងាយ (= មើលងាយ)	to look down on, to despise
	ងាយ	easy
	មូលទ្រវែង	oval (adj.)
	មូល	round
	មូ៉សុង	monsoon
	មេគង្គ	Mekong
	យកមុខទៅបោលកណ្ដាលវាល	to be embarrassed, to lose face
	រយៈទទឹង	latitude
	ទទឹង	width

រយៈបណ្តោយ	longitude
រាង	shape, form
ហ៊ឺ	exclamation indicating regret
សហពន្ធម៉ាឡាយូ	Malaysian Federation
សហពន្ធ	federation
ពន្ធ	a tie, a bond (formal)
សិរីលង្កា	Ceylon
* ស្វីស	Switzerland
ឥណ្ឌា	India
ឥណ្ឌូនេស៊ី	Indonesia
យើង	I, me (less formal than ខ្ញុំ but more formal than អញ)

APPLICATIONS

1. Define or describe the following:

កំប្លែង	ខ្ពស់	ចនោះ	ដី
ជ្រុល	សរង	ដល់យាំងហើយ	ស្រយាល
ដាច់ស្រយាល	គោក	តូចចិត្ត	ត្រពាក
ទល់នឹង	ទាំងមូល	ផ្ដេសផ្ដាស	ពហុកោណ
ព្រំប្រទល់	មើលងាយ	ងាយ	ទំហំ
យកមុខទៅបោល	សហពន្ធ	ហឺ	ភូមិសាស្ត្រ

2. Use in a sentence:

ក៏ហីទៅ	កំប្លែង	ខ្សែបណ្តោយ	ខ្សែ
បណ្តោយ	ខ្សែស្រប	ជ្រុង	ជ្រុល
ដល់យាំងហើយ	ដាច់ស្រយាល	ដីគោក	ប្រវែង
បន្តជ្រុងច្រើន	ផ្ទៃក្រឡា	ផ្ទៃ	ក្រឡា
ផ្លូវការ	មិនច្រើន	យកមុខទៅបោល	ហឺ
រយៈទទឹង	រយៈបណ្តោយ	សិរីលង្កា	

3. Give a word or phrase with contradictory meaning:

ក៏ហីទៅ	ខ្សែបណ្តោយ	បណ្តោយ	ខ្សែស្រប
ខ្ពស់	គោក	តូចចិត្ត	ទល់នឹង
ផ្ដេសផ្ដាស	ផ្លូវការ	មើលងាយ	ងាយ
មូល	រយៈទទឹង	ទទឹង	

4. Fill in the blank with the proper translation for the English pronoun given in parentheses:

១. ឪពុកអាចនឹងប្រើ ___ (him) ឲ្យទៅវាស់ទំហំចំការ ___ (his) ។

២. ពូអាឃុសប្រាប់វាថា៖ "យកដីមកឲ្យ ___ (me) ពីព្រោះ ___ (I) ត្រូវយកទៅឲ្យតាពិនព្រោះ ___ (he) ចង់សាកប្រើ ___ (it) មើល ។"

៣. អាឃុសប្រាប់ទៅម្តាយ ___ (his) ថា ___ (he) មិនចង់ទៅរៀនព្រោះលោកគ្រូ ___ (his) កាចណាស់ ។

៤. ខ្ញុំជួបអាមេរិកាំងម្នាក់ ។ ___ (he/she) ទើបនឹងមកដល់ពីស្រុក ___ (his/her) ។ ___ (he/she) និយាយប្រាប់ ___ (me) ថាស្រុក ___ (his/her) សប្បាយណាស់ ។

៥. កូនខ្ញុំ ___ (he/she) មិនទាន់ចេះស្លៀកពាក់ខ្លួនឯងទេ ។ រាល់ព្រឹក ___ (I) ត្រូវស្លៀកពាក់ឲ្យ ___ (him, her) ។

៦. អញប្រាប់ ___ (him) ថាកុំស៊ីបាយមុន ___ (me) ។

៧. ចិកនិយាយទៅប្រពន្ធថា៖ "___ (I) ហៅ ___ (you) តែគ្មានអ្នកណាឆ្លើយតបឡើងទេ ។ ___ (I) ចង់ទៅញ៉ាំបាយក្រៅជាមួយពួកម៉ាក ___ (my) ។"

5. Using verb + ក៏ + verb + ទៅ or ក៏ហើយទៅ, respond to the following:

១. ខ្ញុំមិនចង់ឲ្យលោកយកសៀវភៅនេះទេ ។
២. គាត់ទៅស៊ីបាយមុនខ្លួនហើយវី ។
៣. នីងមិនជឿខ្លួនបង្រៀនភូមិសាស្ត្រទេ ។
៤. គេយកឡានខ្លួនទុកចំថ្ងៃ ។
៥. គេមិនជួយលើកឯងទៀតទេ ។
៦. គាត់មិនឲ្យយើងបើកដែលបញ្ចាំងទៀតទេ ។
៧. វាធ្វើជាមិនចូលចិត្តប្រពន្ធវា ។
៨. គាមិនធ្វើតាមខ្លួនទៀតទេ ។
៩. ខ្ញុំទៅទិញសៀវភៅគាត់ម្តង ។
១០. គាត់មិនឲ្យសៀវភៅរឿងខ្ញុំទេ ។

6. Give the coordinates for the following places in Cambodian:

a.	San Francisco	latitude 38 north	longitude 127 west
b.	Addis Ababa	latitude 9 north	longitude 38 east
c.	Djakarta	latitude 107 south	longitude 6 east
d.	Easter Island	latitude 27 south	longitude 99 east

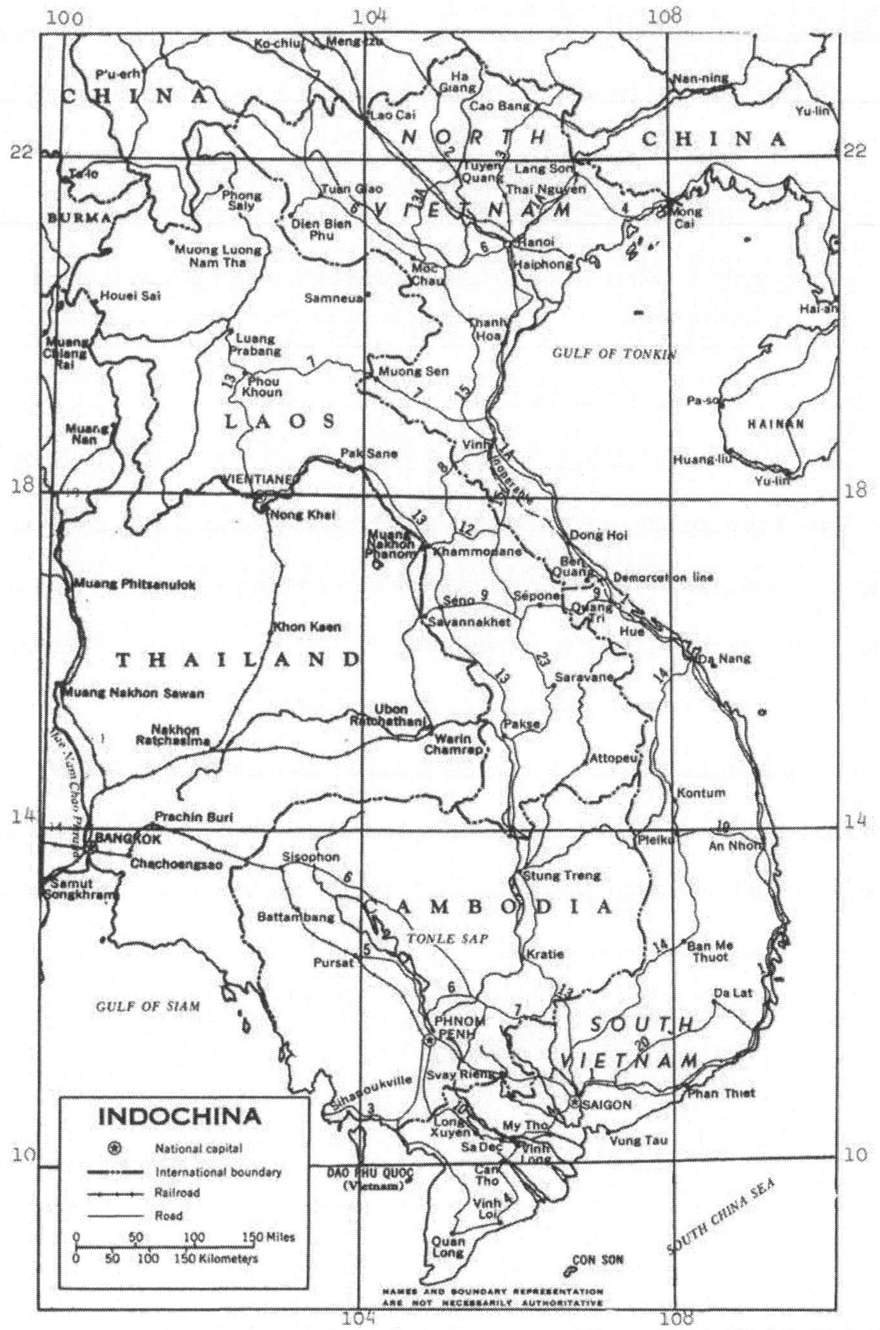
INDOCHINA
National capital
International boundary
Railroad
Road
0 50 100 150 Miles
0 50 100 150 Kilometers
NAMES AND BOUNDARY REPRESENTATION ARE NOT NECESSARILY AUTHORITATIVE
CHINA
NORTH VIETNAM
LAOS
THAILAND
CAMBODIA
SOUTH VIETNAM
BURMA
HAINAN
GULF OF TONKIN
GULF OF SIAM
SOUTH CHINA SEA
TONLE SAP
DAO PHU QUOC (Vietnam)
CON SON
Ko-chiu
Meng-tzu
P'u-erh
Ha Giang
Cao Bang
Lao Cai
Nan-ning
Yu-lin
Lang Son
Tuyen Quang
Thai Nguyen
Tuan Giao
Phong Saly
Dien Bien Phu
Mong Cai
Hanoi
Haiphong
Muong Luong Nam Tha
Moc Chau
Houei Sai
Samneua
Hai-an
Thanh Hoa
Luang Prabang
Muong Sen
Phou Khoun
Pa-so
Muang Nan
Vinh
Pak Sane
Huang-liu
VIENTIANE
Nong Khai
Dong Hoi
Muang Nakhon Phanom
Khammouane
Ben Quang
Demorcation line
Muang Phitsanulok
Seno
Sepone
Quang Tri
Savannakhet
Hue
Khon Kaen
Da Nang
Saravane
Muang Nakhon Sawan
Ubon Ratchathani
Pakse
Nakhon Ratchasima
Warin Chamrap
Attopeu
Kontum
Prachin Buri
An Nhon
BANGKOK
Pleiku
Chachoengsao
Sisophon
Stung Treng
Samut Songkhram
Battambang
Kratie
Ban Me Thuot
Pursat
Da Lat
PHNOM PENH
Svay Rieng
Sihanoukville
SAIGON
Phan Thiet
Long Xuyen
My Tho
Vung Tau
Sa Dec
Vinh Long
Can Tho
Vinh Loi
Quan Long
100
104
108
22
18
14
10

7. Using the attached map, tell what place the following Cambodian coordinates refer to:

a. (ខ្សែស្រប) ១៤° នៃរយៈទទឹងខាងជើង (ខ្សែបណ្ដោយ) ១០៣°
នៃរយៈបណ្ដោយខាងកើត ។

b. (ខ្សែស្រប) ១៣° នៃរយៈទទឹងខាងជើង (ខ្សែបណ្ដោយ) ១០៣°
នៃរយៈបណ្ដោយខាងកើត ។

c. (ខ្សែស្រប) ១០° នៃរយៈទទឹងខាងជើង (ខ្សែបណ្ដោយ) ១០៦°
នៃរយៈបណ្ដោយខាងកើត ។

d. (ខ្សែស្រប) ១៣° នៃរយៈទទឹងខាងជើង (ខ្សែបណ្ដោយ) ១០៦°
នៃរយៈបណ្ដោយខាងកើត ។

8. Fill in the blanks:

១. ប្រទេសខ្មែរស្ថិតនៅត្រង់ .... ទទឹងខាងជើងនឹង .... បណ្ដោយខាងកើត
ដូចគ្នា ។ (ខ្សែ , រយៈ , រវាង)

២. តំបន់នោះនៅចំ .... ខ្សែស្របទី១០ នឹងទី១៥ នឹងខ្សែបណ្ដោយទី២០
នឹង៣០ ។ (ចន្លោះ , រយៈ , តំបន់)

៣. ប្រទេសខ្មែរមាន .... តូចជាងប្រទេសភូមា ។
(ពាង , ចំនួនផ្ទៃក្រឡា , ទំហំ)

៤. ប្រទេស .... សង្កា ។
(សហពន្ធ , សេរី , សាធារណរដ្ឋ)

៥. ផ្លូវនេះ .... ណាស់ មាន .... ១០០០ គ.ម. ។
(ចំនួន , ប្រវែង , វែង , ឆ្ងាយ)

៦. ប្រទេសខ្មែរ .... មានតំបន់ដាច់ស្រយាលឡើយ ។
(មិន , ពុំ , អត់)

៧. ព្រំប្រទល់ខាងជើង .... នឹងប្រទេសថៃ ។
(ទល់ , ដល់ , ជិត)

៨. ខ្មែរបរិភោគបាយ .... ដៃ ។
(ដោយ , តាម , នឹង)

៩. ជាយូរណាស់មកហើយ មនុស្សនៅ .... ពួក ។
(ដោយ , នឹង , ជាមួយ)

១០. កាលមុនខ្មែររស់ .... សុខសាន្ត ។
(ជាមួយ , តាម , ដោយ)

9. Reorder the members of the following sets of words to make Cambodian sentences. There is often more than one correct answer.

១. ១០ , ទី១៥ , ប្រទេស , ស្ថិត , រវាង , ស្រប , នឹង , ខ្មែរ ,
នៅ , ខ្សែ , ទី ។

២. នេះ , មាន , ដាច់ , ស្រយាល , ប្រទេស , ៧ , តំបន់ , ទេ ។
៣. ភូមា , សហពន្ធ , មាន , ជាង , ទំហំ , ប្រទេស , តូច , ទាំងឡាយ ។
៤. នេះ , ទំហំ , នឹង , កណ្ដាល , ភូមិ , មាន , ពាក់ , នោះ , ស្មើ , កន្លែង ។
៥. ខ្មែរ , រាង , កោណ , ស្មើ , ប្រទេស , មាន , ពហុ , ស្ទើរ ជ្រុង ។
៦. នៅ , ខ្មែរ , ១៥ , ទិពាង , រយៈ , ចាប់ , ទី , ចន្លោះ , បណ្ដោយ , នឹង , នៃ , បណ្ដោយ , កើត , នោះ , ទី , ទី ។
៧. ប្រទេស , ខាង , ទល់ , វៀតណាម , នឹង , កើត ។
៨. វៀតណាម , ឈូង , ខាង , ទល់ , ប្រទេស , នឹង , សមុទ្រ , ត្បូង , នឹង ។
៩. បណ្ដោយ , គឺ , នឹង , ៥០០ គ.ម. , ប្រវែង , នៃ , នឹង , អតិបរមា , ទទឹង , ៦០០ គ.ម. ។
១០. មេរៀន , ទេ , ខ្ញុំ , ភាគ , នោះ , ចេះ , ច្រាំ , តែ , នៃ , ចី ។

10. Find out from your teacher the answers to the following:

a. What part of Cambodia is your teacher from? What is the land there like?

b. What do most of the people do for a living there?

c. How do they live (in towns, villages, scattered)?

d. Do people ever move out of his village or into it?

e. Why do they make such moves?

f. How often do people get to large towns? How do they go?

g. Are there rivers near where he lives? What are they called? What are they used for?

11. Describe your home area or state in the same terms as the passages in this lesson have used for Cambodia.

ANSWERS

4. ១. វា , គាត់
   ២. អញ , អញ , គាត់ , វា
   ៣. វា , វា , វា
   ៤. គាត់ , គាត់ , គាត់ , ខ្ញុំ , គាត់
   ៥. វា , ខ្ញុំ , វា
   ៦. ឯង , អញ
   ៧. បង , អូន , បង , បង

5. ១. មិនចង់ឱ្យក៏ហីទៅ ។
   ២. ស៊ីបាយមនក៏ស៊ីទៅ ។
   ៣. មិនញៀក៏ហីទៅ ។
   ៤. យកឡានក៏យកទៅ ។
   ៥. មិនជ័យក៏ហីទៅ ។
   ៦. មិនឱ្យផ្ញើក៏ហីទៅ ។
   ៧. ផ្ញើជាមិនចូលចិត្តក៏ផ្ញើទៅ ។
   ៨. មិនផ្ញើតាមក៏ហីទៅ ។
   ៩. ទៅវិក៏វិទៅ ។
   ១០. មិនឱ្យខ្ចីក៏ហីទៅ ។

6.

a.	សាន់ហ្វ្រាន់ស៊ីស្កូ	រយៈទទឹង ៣៨° ខាងជើង	រយៈបណ្ដោយ ១២៧° ខាងលិច ។
b.	អាឌីសអាបាបា	រយៈទទឹង ៩° ខាងជើង	រយៈបណ្ដោយ ៣៨° ខាងកើត ។
c.	ហ្សាការតា	រយៈទទឹង ១០៧° ខាងត្បូង	រយៈបណ្ដោយ ៦° ខាងកើត ។
d.	ប៊ុស្ញ៉ែរអាយឡង	រយៈទទឹង ២៧° ខាងត្បូង	រយៈបណ្ដោយ ៥៩° ខាងកើត ។

7. a. វៀងចន្ទ   b. បាត់ដំបង   c. កាញ់ជូ
   d. ស្ទឹងត្រែង

8. ១ រយ ២. ចន្លោះ ៣ ទំហំ ៤ ស្មើ
៥ វែង , ប្រវែង ៦ ពុំ ៧ ទល់ ៨. នឹង
៩ ដោយ ១០ ដោយ ។

9. ១ ប្រទេសខ្មែរស្ថិតនៅរវាងខ្សែស្របទី១០ នឹងទី១៥ ។
២ ប្រទេសនេះពុំមានតំបន់ដាច់ស្រយាលទេ ។
៣ សហពានមាត់ទ្រាយមានទំហំតូចជាងប្រទេសភូមា ។
៤ ភូមិនេះមានទំហំស្មើនឹងពាក់កណ្ដាលកន្លែងនោះ ។
៥ ប្រទេសខ្មែរមានរាងជាពហុកោណស្ទើរស្មើជ្រុង ។
៦ ទីនោះនៅចន្លោះខ្សែបណ្ដោយទី១៥ នឹងទី៣៤ នៃរយៈ បណ្ដោយខាងកើត ។
៧ ខាងកើតទល់នឹងប្រទេសវៀតណាម ។
៨ ខាងត្បូងទល់នឹងប្រទេសវៀតណាមនឹងឈូងសមុទ្រ ។
៩ ប្រវែងអតិបរមានៃបណ្ដោយនឹងទទឹងគឺ ៦០០ គ.ម នឹង ៥០០ គ.ម ។
១០ ខ្ញុំចេះតែបីភាគប្រាំនៃមេរៀននោះទេ ។

វាលស្រែនៅពេលស្ទូង

Rice fields at transplanting time

LESSON FIVE

THE CLIMATE

a. During the rainy season, does it rain for days without stopping?

b. When it floods does the water rise suddenly? What factors cause floods?

c. How do people cool off in the hot season?

d. How do country people make a living during the rainy season?

READING PASSAGE 1

ឥទ្ធិពលនៃអាកាសធាតុទៅលើជីវិតសត្វលោក

អាកាសធាតុក្ដៅហើយសើមនៃប្រទេសខ្មែរ តែងសម្រួលការលូតលាស់នៃរុក្ខជាតិទាំងឡាយ ។ ព្រៃច្រើនប្រកបទៅដោយពូជឈើដ៏មានតម្លៃ ។ នៅតំបន់ទំនាបកណ្ដាលនិងតំបន់ខ្ពស់ខាងជើង ព្រៃរបោះមានច្រើនក៏ដោយសាររយៈពេលវែងនៃរដូវប្រាំងប៉ុណ្ណោះ ។

មិនគ្រាន់តែជាកត្តានៃភាពរុងរឿងប៉ុណ្ណោះទេ អាកាសធាតុប្រទេសខ្មែរជាមូលហេតុនៃការគំរាមកំហែងខ្លាប់ខ្លួនរបស់មហន្តរាយដែលគួរឲ្យភ័យ ។

- កំពស់ទឹកភ្លៀងប្រចាំខែនិងប្រចាំឆ្នាំតែងតែប្រែប្រួលយ៉ាងខ្លាំងដែលគួរឲ្យកត់សំគាល់សំរាប់ផ្នែកសេដ្ឋកិច្ច ។

- ភាពមិនទៀងទាត់នៃទឹកភ្លៀងនៅតំបន់ខ្លះដែលអាចបណ្ដាលឲ្យមានរយៈពេលរាំងស្ងួតវែងអន្លាយ ឬមានទឹកភ្លៀងជោកជាំពេកក៏បណ្ដាលឲ្យខូចដំណាំដែរ ។

- ភ្លៀងខ្លាំងហើយច្រើនអាចបណ្ដាលឲ្យមានជំនន់ធំក្នុងផ្លូវទឹកទាំងឡាយ និង អាចបង្កើតសំណើមខ្លាំងនៅលើផ្ទៃដី នេះជាមូលហេតុនៃគ្រោះថ្នាក់ដល់បណ្ដាជន និង ផ្លូវគមនាគមន៍ ។ ហេតុនេះហើយបានជាអ្នកស្រែស្ថិតនៅក្រោមការគំរាមកំហែងនៃមហន្តរាយពីរធំៗ គឺភាពរាំងស្ងួតជៀសមិនផុតដែលមានតែរាល់ឆ្នាំនិងទឹកជំនន់នៅរដូវវស្សា ។

ការប្រយុទ្ធទប់ទល់នឹងភាពរាំងស្ងួតជាការចាំបាច់មួយយ៉ាងសំខាន់នៃសង្គមជាតិ គឺគេត្រូវរៀបចំឲ្យមានបណ្ដាញបំណាចបញ្ចូលទឹកនិងជីកអណ្ដូងស្រះ ។ នយោបាយទឹករបស់ជាតិមានគោលបំណងនឹងបន្ថយផលអាក្រក់នៃភាពរាំងស្ងួត ។

NOTES FOR READING PASSAGE 1

Line 4. ឃ្លានេះមានន័យថា: អាកាសធាតុនៃប្រទេសខ្មែរជាមូលហេតុនៃការគំរាមកំហែងខ្ជាប់ខ្ជួនរបស់មហន្តរាយដែលគួរឲ្យភ័យផង និងជាកត្តានៃភាពរុងរឿងផង។

Line 14. The prefix ប្រ- as in ប្រយុទ្ធ 'to fight each other' frequently has a reciprocal ('each other') meaning. Some other words you have studied with this prefix are: ប្រដូច 'to compare,' ប្រជុំ 'to meet,' ប្រកួត 'to compete,' ប្រណាំង 'to race.' Unfortunately ប្រ- does not always mean 'each other,' some other words where it does not have this meaning are: ប្រដៅ 'to give advice,' ប្រហែស 'to neglect,' ប្រហែល 'perhaps,' ប្រឡំ 'to fool, to confuse,' ប្រញាប់ 'in a hurry.' Words like ប្រហែល and ប្រញាប់ are not divisible.

អាកាសធាតុនៃសាធារណរដ្ឋខ្មែរ CLIMAT DE LA REPUBLIQUE KHMERE

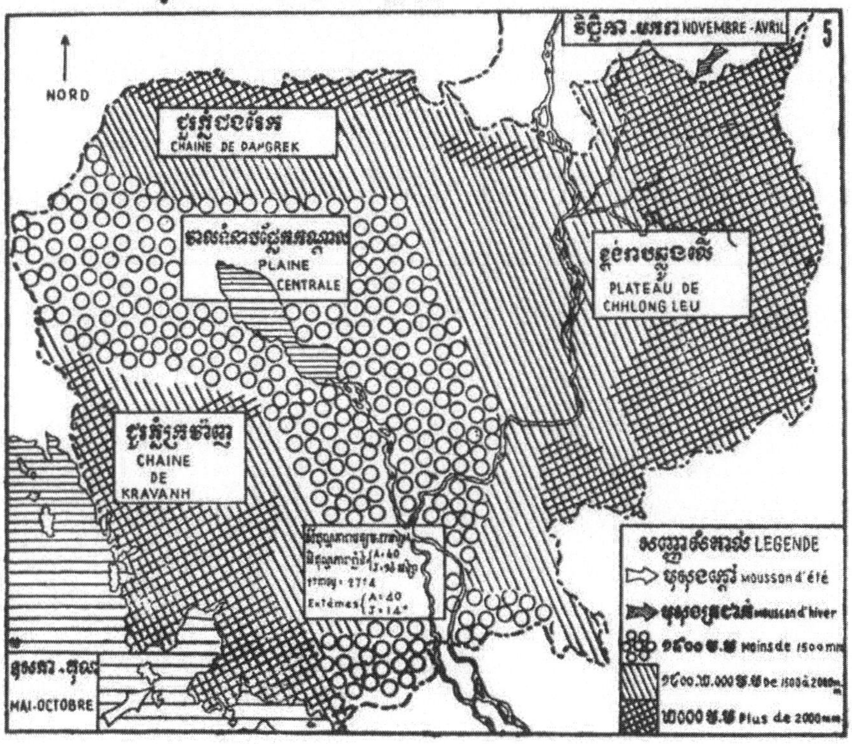

DIALOGUE

កន្លែងខ្លះភ្លៀង កន្លែងខ្លះមិនភ្លៀង

Two Cambodians who have lived in Phnom Penh for many years are talking about the weather. ឃុល comes from an area where the terrain is flat.

		វែរ	if you don't watch out... (familiar)
១.	ឃុល	បើភ្លៀងមិនឈប់មិនឈរ អញ្ចឹង វែររកស៊ីម៉េចបាន ហ្នឹង ។	If it doesn't stop raining like this how can we earn a living?
		ឯណោះ (.ឯនោះ)	there
២.	ចន	អ៊ឹ! អាត្រូវការនៅស្រែ ម៉េចក៏មិនទៅភ្លៀងនៅឯ ណោះ?	They need it in the country; why doesn't it rain out there?
		អានាប (.រនាប)	floor
៣.	ឃុល	ភ្លៀងម៉េចទៀតក៏ឱ្យទឹក ជន់ដល់អានាបផ្ទះទៅរះ (ឬអី) ។	How much more is it going to rain? Until it floods all the way up to the floor of the house?
		រាំង	dry (rainless), to cease, to let up (rain)
		ស្ងួត	dry
៤.	ចន	ជន់ម៉េចកើត បើកន្លែង ម៉ែឪឯងរាំងស្ងួតគ្មានភ្លៀង សោះ ។	How can it flood if my parents' place is dry, without a drop of rain?
		អាពុកម្ដាយ	parents
៥.	ឃុល	រាំងស្ងួត! អាពុកម្ដាយក្មេក គាត់ភ័យមិនដឹងយកគោ ក្របីទៅដាក់ឯណាទេ ។	Dry! My parents-in-law are afraid and don't know where to put their livestock.
		ខ្វល់	to worry
		មួយគំនរ	plenty; a pile of, a stack of
		ទួល	low hill
៦.	ចន	ទៅខ្វល់អី! ទួលខ្ពស់ៗទាំ (មួយ) គំនរ ។	What's the worry! Plenty of high hills.
៧.	ឃុល	អាណាយកគោក្របីទៅ ដាក់លើទួល វាមិនសមៗ បានអីឱ្យវាស៊ី?	Who keeps livestock on a hill? That's not right. What do you feed them with?

	ទឹកឡើង	to flood
៤. ចន	អាទីលហ្នឹងហើយ គេយកគោក្របីទៅដាក់ ពេលទឹកឡើង ។	That's where they keep the livestock when it's flooding.

NOTES FOR THE DIALOGUE

SENTENCE NO. 3

Cambodian houses are traditionally built on stilts high above the ground. The area under the house is used for storage or for keeping animals during the dry season. During the flood season this area may be flooded, but the living quarters of the family remain dry because of the stilts. To go into a Cambodian house one must climb a ladder, so when a Cambodian talks of entering such a house he says ឡើងលើផ្ទះ. In the city nowadays most houses are built in the Western style with the first story at ground level.

SENTENCE NO. 6

Note that this sentence need have no verb in its predicate, which is មួយគំនរ 'plenty, a pile of.' The adjective ខ្ពស់ៗ 'high' is attributive to the preceding noun. Cf. S. 3 in the Grammatical Sketch also. All the sentences of the following drill follow this pattern except sentence ច , in which the predicate is លក់ and មួយគំនរ is attributive to ម្ហូបឆ្ងាញ់ៗ 'good food.'

DRILL ONE: Substitution

គំរូ: ក: ទៅខ្វល់អី! ទួលខ្ពស់ៗមួយគំនរ ។ (ស្រីល្អ)
ខ: ទៅខ្វល់អី! ស្រីល្អៗមួយគំនរ ។

MODEL: T: What's the worry? There are plenty of high hills. (beautiful girls)

S: What's the worry? There are plenty of beautiful girls.

ទៅខ្វល់អី! ស្រីល្អៗមួយគំនរ ។

ក. (មនុស្សខ្លាំង)
ទៅខ្វល់អី! មនុស្សខ្លាំងៗមួយគំនរ ។

ខ. (បងប្អូនមាន)
ទៅខ្វល់អី! បងប្អូនមានៗមួយគំនរ ។

គ. (ស្រីល្អក)
ទៅខ្វល់អី! ស្រីល្អកៗមួយគំនរ ។

ឃ. (ខោអាវថ្មី)
ទៅវល់អី! ខោអាវថ្មីៗមួយគំនរ ។
ង. (កន្ទេលពោក)
ទៅវល់អី! កន្ទេលពោកៗមួយគំនរ ។
ច. (គេលក់ម្ហូបឆ្ងាញ់)
ទៅវល់អី! គេលក់ម្ហូបឆ្ងាញ់ៗមួយគំនរ ។

DRILL TWO: Transformation (Familiar Style)

NOTE: The phrases ដាច់ផ្លូវ 'the road is cut' (Drill Two, sentence ឃ) and ចេញឈាម 'to have a nosebleed' (Drill Three, sentence ឃ) are characteristic of a kind of word order that is quite frequent with intransitive verbs. Normal word order is subject-verb-object, as you know, but sometimes an intransitive verb and its subject are inverted, giving a more impersonal expression. ដាច់ផ្លូវ is probably a transform of ផ្លូវដាច់ 'the road is cut, and ចេញឈាមច្រមុះ is probably a transform of ឈាមចេញពីច្រមុះ 'blood comes out of the nose.' Since the transforms are impersonal, they can be interpreted as meaning 'there is a breakage with respect to roads' and 'there is an emission of blood with respect to the nose' respectively. Cf. S.2.2.1 in the Grammatical Sketch.

គ្រូ: ក: បើភ្លៀងអញ្ចឹង។ (រកស៊ីម៉េចបានហ្នឹង)
សៈ: បើភ្លៀងមិនឈប់មិនឈរអញ្ចឹង វាររកស៊ីម៉េចបានហ្នឹង។

MODEL: T: If it rains like this (how can we earn a living?)

S: If it rains like this without ceasing, how can we earn a living?

ក. បើទឹកជន់អញ្ចឹង។ (ស្លាប់សត្វលោកអស់ហើយ)
បើទឹកជន់មិនឈប់មិនឈរអញ្ចឹង វារស្លាប់សត្វលោកអស់ហើយ
ខ. បើរាំងអញ្ចឹង។ (គ្មានអង្ករដាំបាយហើយ)
បើរាំងមិនឈប់មិនឈរអញ្ចឹង វារគ្មានអង្ករដាំបាយហើយ។

គ. បើស្ងួតណាស់អញ្ចឹង ។ (មានបញ្ហាអ្វីមួយមិនខាន)
បើស្ងួតណាស់មិនឈប់មិនឈរអញ្ចឹង វាៗមានបញ្ហាអ្វីមួយមិនខាន ។

ឃ. បើភ្លៀងជោកជាំអញ្ចឹង ។ (បាក់ផ្លូវអស់ហើយ)
បើភ្លៀងជោកជាំមិនឈប់មិនឈរអញ្ចឹង វាៗបាក់ផ្លូវអស់ហើយ

ង. បើរៀនអញ្ចឹង ។ (ទៅជាឆ្កួតហើយ)
បើរៀនមិនឈប់មិនឈរអញ្ចឹង វាៗទៅជាឆ្កួតហើយ ។

ច. បើខ្យល់បក់អញ្ចឹង ។ (ខូចពូជឈើហ្នឹងហើយ)
បើខ្យល់បក់មិនឈប់មិនឈរអញ្ចឹង វាៗខូចពូជឈើហ្នឹងហើយ

DRILL THREE: Transformation

គំរូ: គ: ឆ្នាំនេះទឹកជំនន់មិនសូវជន់ទាំងណោះ ។ (អានាបផ្ទះ)
ស: ឲ្យជន់ដល់ណាទៀត ឲ្យដល់អានាបផ្ទះទៅទេះ ។

MODEL: T: This year it didn't flood very much. (floor of the house)

S: How much more flooding do you want? Up to the floor of the house?

ក. រដូវនេះមិនសូវក្តៅប៉ុន្មានណោះ ។ (១០០°F អង្សារ)
ឲ្យក្តៅដល់ណាទៀត ឲ្យដល់ ១០០°F ទៅទេះ ។

ខ. ខែនេះមិនសូវភ្លៀងប៉ុន្មានទេ ។ (ចេញពីផ្ទះមិនរួច)
ឲ្យភ្លៀងដល់ណាទៀត ឲ្យដល់ចេញពីផ្ទះមិនរួចទៅទេះ ។

គ. ឆ្នាំនេះទឹកកកមិនសូវធ្លាក់ទេ ។ (បង្អួច)
ឲ្យធ្លាក់ដល់ណាទៀត ឲ្យដល់បង្អួចទៅទេះ ។

ឃ. ខែនេះមិនសូវរងាណោះ ។ (ចេញលាមច្រមុះ)
ឲ្យរងាដល់ណាទៀត ឲ្យដល់ចេញលាមច្រមុះទៅទេះ ។

ង. ថ្ងៃនេះមិនសូវខ្យល់ទាំងណោះ ។ (បាក់ដើមឈើ)
ឲ្យខ្យល់ដល់ណាទៀត ឲ្យដល់បាក់ដើមឈើទៅទេះ ។

ច. ថ្ងៃនេះភ្លៀងមិនសូវជោកជាំណោះ ។ (ផ្លូវបែកភក់)
ឲ្យជោកជាំដល់ណាទៀត ឲ្យដល់ផ្លូវបែកភក់ទៅទេះ ។

DRILL FOUR: Substitution

គំរូ: គ: អាគ្នាត្រូវការនៅស្រុកស្រែ ម៉េចក៏មិនទៅភ្លៀងឯណុះ?
(យកទៅលក់)
ស: អាគ្នាត្រូវការនៅស្រុកស្រែ ម៉េចក៏មិនយកទៅលក់ឯណុះ?

MODEL: T: They need it in the country; why doesn't it go rain there? (take it to sell)

S: They need it in the country; why don't they take it there to sell?

អាគាត្រូវការនៅស្រុកស្រែ ម៉េចក៏មិនយកទៅលក់ឯណុង?

ក. (ចង់ទិញ)
អាគាចង់ទិញនៅស្រុកស្រែ ម៉េចក៏មិនយកទៅលក់ឯណុង?

ខ. (នាំទៅ)
អាគាចង់ទិញនៅស្រុកស្រែ ម៉េចក៏មិននាំទៅឯណុង?

គ. (ចង់មើល)
អាគាចង់មើលនៅស្រុកស្រែ ម៉េចក៏មិននាំទៅឯណុង?

ឃ. (ភ័យ)
អាគាភ័យនៅស្រុកស្រែ ម៉េចក៏មិននាំទៅឯណុង?

ង. (ជួបគា)
អាគាភ័យនៅស្រុកស្រែ ម៉េចក៏មិនជួយគ្នាឯណុង?

ច. (គ្មានផ្ទះនៅ)
អាគាគ្មានផ្ទះនៅៗស្រុកស្រែ ម៉េចក៏មិនជួយគ្នាឯណុង?

DRILL FIVE: Response

គំរូ: ក: កន្លែងឪគា ទឹកជន់សម្បើមហើយ។ (រាំងស្ងួត)
ខ: ទឹកជន់ម៉េចកើត បើកន្លែងឪឯងរាំងស្ងួតអញ្ចឹង។

MODEL: T: My father's place is really flooded. (rainless and dry)

S: How can your father's place be flooded if it's so rainless and dry?

ក. ស្រុកគ្នារងាស្ទើរនឹងងាប់។ (ក្ដៅ)
រងាម៉េចកើត បើស្រុកឯងក្ដៅអញ្ចឹង។

ខ. អណ្ដូងគ្នាគ្មានទឹកសោះ។ (ទឹកពេញ)
គ្មានទឹកម៉េចកើត បើអណ្ដូងឯងទឹកពេញអញ្ចឹង។

គ. ផ្លូវទៅផ្ទះគ្នាបែកភក់ដល់ហ្នឹងហើយ។ (ស្ងួត)
បែកភក់ម៉េចកើត បើផ្លូវទៅផ្ទះឯងស្ងួតអញ្ចឹង។

ឃ. ភូមិគ្នាភ្លៀងធ្លាក់ជាំសម្បើមហើយ។ (គ្មានភ្លៀងសោះ)
ភ្លៀងធ្លាក់ជាំម៉េចកើត បើភូមិឯងគ្មានភ្លៀងសោះអញ្ចឹង។

ង. ផ្ទះគ្នាក្ដៅសម្បើមហើយ។ (ត្រជាក់)
ក្ដៅម៉េចកើត បើផ្ទះឯងត្រជាក់អញ្ចឹង។

ច. បន្ទប់គ្នាក្ដៅហើយស្អួកណាស់។ (ត្រជាក់)
ក្ដៅហើយស្អួកម៉េចកើត បើបន្ទប់ឯងត្រជាក់អញ្ចឹង។

DRILL SIX: Substitution

គំរូ: ក: បើភ្លៀងអញ្ចឹង វារកស៊ីម៉េចបានហ្នឹង។ (ទៅផ្សារ)
ខ: បើភ្លៀងអញ្ចឹង វាទៅផ្សារម៉េចបានហ្នឹង។

MODEL: T: If it rains like this, how can we earn a living? (go to market)

S: If it rains like this, how can we go to market?

បើភ្លៀងអញ្ចឹង វាទៅផ្សារម៉េចបានហ្នឹង។

ក. (ឡានខូច)
បើឡានខូចអញ្ចឹង វាទៅផ្សារម៉េចបានហ្នឹង។

ខ. (ដើរលេង)
បើឡានខូចអញ្ចឹង វាដើរលេងម៉េចបានហ្នឹង។

គ. (រវល់តែកសិ)
បើរវល់តែកសិអញ្ចឹង វាដើរលេងម៉េចបានហ្នឹង។

ឃ. (រៀនទាន់គេ)
បើរវល់តែកសិអញ្ចឹង វារៀនទាន់គេម៉េចបានហ្នឹង។

ង. (ព្យុះ)
បើព្យុះអញ្ចឹង វារៀនទាន់គេម៉េចបានហ្នឹង។

ច. (រកស៊ី)
បើព្យុះអញ្ចឹង វារកស៊ីម៉េចបានហ្នឹង។

READING PASSAGE 2

ធាតុអាកាសប្រទេសខ្មែរ

ប្រទេសខ្មែរជាប្រទេសត្រូពិក ព្រោះធាតុអាកាសទូទៅជាធាតុអាកាសក្តៅហើយសើម គឺមានភ្លៀងកន្លះឆ្នាំ ហើយគ្មានភ្លៀងកន្លះឆ្នាំ។ ហេតុដែលធ្វើឲ្យធាតុអាកាសផ្លាស់ប្តូរ ទាំង ល្មម ប្រែប្រួលនេះមកពីភូមិភាគ សណ្ឋានដីនិងរដូវ។

ដោយប្រទេសខ្មែរស្ថិតនៅក្នុងអាស៊ីមូសុង កម្លាំងនៃខ្យល់មូសុងបានបង្កើតឲ្យមានរដូវពីរ គឺរដូវភ្លៀងនិងរដូវក្តៅ។ ខ្យល់មូសុងដែលបក់មកពីទិសនិរតី ហើយមកដល់ប្រទេសខ្មែរ នៅខែឧសភាទៅដល់ខែតុលា នាំនូវចំហាយទឹកភ្លៀងនៅគ្រប់តំបន់នៃប្រទេសខ្មែរ ហើយជាពិសេសនៅឆ្នេរសមុទ្រនិងជួរភ្នំក្រវាញដែលត្រូវធ្លាក់ភ្លៀងជាងគេបំផុត។ ពីពាក់កណ្តាលខែតុលាទៅដល់ពាក់កណ្តាលខែមេសា ខ្យល់មូសុងពីទិសពាយព្យបាននាំនូវខ្យល់ស្ងួតមកកាន់ប្រទេសខ្មែរ ហើយកំដៅកើនឡើងខ្លាំង ហើយអាចឡើងទៅដល់ប្រហែល ៩០°F (កៅសិបអង្សា)។

ដោយប្រទេសខ្មែរជាប្រទេសមានធាតុអាកាសសើម គ្រប់ទីកន្លែងមានទទួលទឹកភ្លៀងលើសពី៤៥ អ៊ិញក្នុងមួយឆ្នាំ ។ នៅខែកញ្ញានិងខែតុលា ប្រទេសខ្មែរទទួលរបបទឹកភ្លៀងច្រើនជាងនៅក្នុងខែឯទៀត គឺប្រហែល១៩ ថ្ងៃ ។ តំបន់ដែលទទួលរបបទឹកភ្លៀងច្រើនជាងគេបំផុតគឺតំបន់ឆ្នេរសមុទ្រទៅទិសនិងជួរភ្នំក្រវាញ ដែលអាចទទួលទឹកភ្លៀងកំពស់ពី ១៥០ អ៊ិញទៅ ២០០ អ៊ិញ ។ ហើយមានតែប្រហែល ៥៥ អ៊ិញទេនៅទីក្រុងភ្នំពេញ ។ បើនិយាយឲ្យខ្លី ទៅភ្លៀងប្រែប្រួលពីចំនួន ១ថ្ងៃ ទៅ ១៩ថ្ងៃ ពីខែមួយទៅខែមួយ ។ ដូច្នេះយើងគួរកត់សំគាល់ថា សូម្បីតែនៅរដូវក្តៅក៏ដោយ ក៏មានភ្លៀងដែរតែគ្រាន់តែវាតិចជាងប៉ុណ្ណោះ ។

នៅគ្រប់ទីកន្លែងនៃប្រទេសខ្មែរ កំរិតសីតុណ្ហភាពប្រចាំឆ្នាំគឺនៅក្បែរៗ ៨២°F ។ នៅភ្នំពេញគេសង្កេតឃើញថា នៅក្នុងខែមេសាដែលជាខែក្តៅជាងគេបំផុត សីតុណ្ហភាពអាចឡើងទៅដល់ ១០៥°F ហើយកំរិតទាបចុះមកដល់ ៧៥°F នៅខែត្រជាក់បំផុត ។ រីឯសីតុណ្ហភាពនៅក្នុងខែមករាវិញ គឺអាចឡើងពី ៥៩°F ទៅ ៧០°F ។

NOTES FOR READING PASSAGE 2

Paragraph 2: In ordinary speech the names of directions of the compass are, as you have already learned, ជើង 'north,' លិច 'west,' កើតឆៀងត្បូង 'southeast' etc. These names are also used in writing, but as often as not the following names from Sanskrit are used in writing instead of the ordinary names, especially for the compound directions, which are more cumbersome to write than the primary ones.

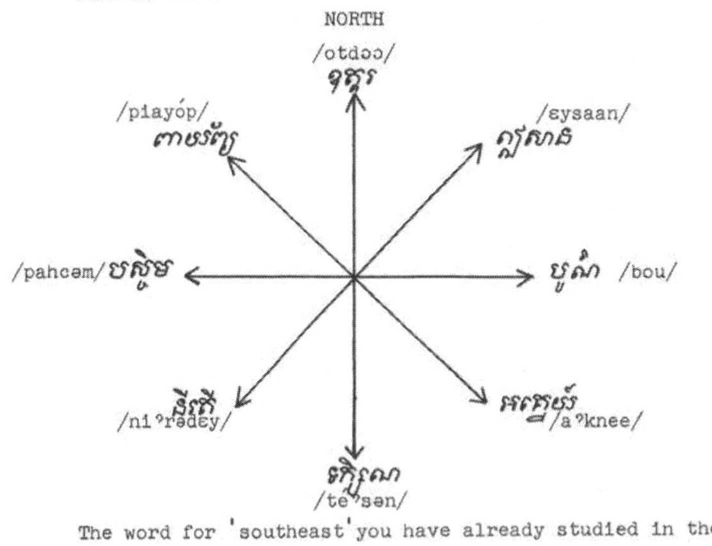

The word for 'southeast' you have already studied in the word for Southeast Asia. You should now begin to learn the other names passively: that is, you should recognize them when you read them, but you need not produce them in speech or writing.

Note that in English there are eight directions: the ones shown in the diagram above. However, in Cambodian លើ 'up, above' and ក្រោម 'down, below' are also considered members of the set of directions, so Cambodian has ten.

Paragraph 3. At the end of paragraph 3 note that pre-verbal auxiliaries can occur before the subject of the sentence, especially in writing. In this case the inverted sentence is

... តែគ្រាន់តែវាតិចជាងច្រើនប៉ុណ្ណោះ ។

... but it's just a lot less, that's all.

The normal word order is

... តែវាគ្រាន់តែតិចជាងច្រើនប៉ុណ្ណោះ ។

VOCABULARY

កត់សំគាល់	to notice
កត់	to note, to make a note
កត្តា	factor
កាន់	towards
គួរឲ្យ	worthy of...ing , one should + verb
កំដៅ (< ក្ដៅ)	heat; to heat
កំពស់ (< ខ្ពស់)	height
កំពូល	summit, high point
កំរិត (< ក្រិត)	limit; to limit
ក្រិត	to mark
ខ្ជាប់ខ្ជួន	long-lasting, persistent
* ខ្ជាប់ (< ជាប់)	durable, firm (rare)
ជាប់	durable, firm
* ខ្ជួន (H)	AC
ខ្វល់	to worry
គំរាមកំហែង	to threaten, to intimidate
គំរាម	to intimidate (in normal voice or by gestures)
កំហែង	to intimidate by shouting at
ជួរភ្នំក្រវាញ	Cardamom Mountain Range
ជួរភ្នំ	mountain range
* ក្រវាញ	cardamom

ជោកជាំ	completely soaked and saturated
ជោក	completely permeated, soaked, throughly
ជាំ	to be bruised, saturated
តែរាល់ (= រាល់តែ , = រាល់)	every, each
ទប់ទល់	to defend, to withstand, to bear, to support
ទប់	to barricade, to stop
ទិស	direction
ទិសបូព៌ា	east
ទឹកឡើង	to rise (water), to flood
ទួល	hill
ទៀងទាត់	accurate
* ទាត់	AC
ទាំងឡាយ	pluralizer for preceding noun
ធាតុអាកាស	weather, climate
ធាតុ	element; temperament
នយោបាយទឹក	water development policy
និរតី /niʔrədɛy/	southwest
បក់	to blow (wind)
បញ្ចូល (< ចូល)	to cause to enter, to put into
បណ្ដាជន	populace, the people, population
បណ្ដា- (H)	all the..., the group of...
បណ្ដាញចំណាច	irrigation network
បណ្ដាញ (< ដាញ)	something interwoven, a mesh, a network
* ដាញ	to interweave
* ចំណាច (< បាច)	liquid that is bailed
បាច	to bail water
បន្ថយ (< ថយ)	to cause to retreat, to pull back
បាក់ផ្លូវ	the road is cut (by weather)
បែកភក់	to get muddy
ប្រចាំខែ	every month, monthly
ប្រចាំ + time word (< ចាំ)	every...
ប្រយុទ្ធ	to fight (each other)
យុទ្ធ (H)	fighting
ប្រែប្រួល	to change, to shift
* ប្រួល	AC
ផុត	to get free, to get clear of
ពាយព្យ /piayóp/	northwest

	ពូជ	lineage, descent, seed, breed
	ព្រៃរបោះ	thin forest
	របោះ	scattered
	ភូមិភាគ /phuuməphia?/	region
	ភ្នក់ភ្លើង	bonfire
*	ភ្នក់	a place for building a fire
	មហន្តរាយ	catastrophe
	មហា- (H)	big, great
	អន្តរាយ (អន្តរ + អាយ)	disaster, disorder
*	អាយ (H)	to come
	មូលហេតុ	basic reason, basic cause
	មួយគំនរ	a lot, a pile, plenty
	គំនរ	a pile
	គរ	to pile
	រនាប	floor
	រាប	level, flat
	របបទឹកភ្លៀង	rainfall
	របប	regime
	រុក្ខជាតិ	vegetation
*	រុក្ខ	vegetation (poetic)
	រុងរឿង	prosperous, peaceful, nice, pleasant (neither component has independent meaning)
	រាំង	to cease, to let up (rain)
	រះ	to rise (used of heavenly bodies)
	លូតលាស់	to grow, to swell, to spring up, to burgeon, to progress
	លូត	to grow bigger, taller
	លាស់	to expand like leaves full of water; figuratively: to progress, to prosper, to expand
	លើស	to exceed
	វរៗ	if you don't watch out...
	វែងអន្លាយ	long and continuous
*	អន្លាយ (H)	viscously continuous
	សណ្ឋាន	aspect, phase
	សត្វលោក	animals (especially people)
	សីតុណ្ហភាព /sɛytonəha?phiap/	temperature
	ស៊ីង (សឹង) ដាច់	really, very (colloquial)

សុទ្ធ — pure
សើម — humid, damp
សំណឹក (< សឹក) — erosion
  សឹក — to erode, to wear out, to be loose
សំលៀកបំពាក់ (< ស្លៀក, ពាក់) — clothing (formal)
ស្ងួត — dry
ស្រះ — a small pond, a man-made pond on the grounds of a wat, an ornamental pond
ហាក់ដូច (ជា) — it seems
អង្សា — degree (of temperature)
អត់ពូជ — no breeding; bastard, s.o.b. (curse word used for both sexes)
អាកាសធាតុ — weather, climate
អាវសឺមី — shirt (French)
ឥទ្ធិពល — influence, force
* ឥទ្ធិ (H) — power, progress, success; very good
  ពល — force
អ៊ីញ — inch
ឯណុង (= ឯនោះ) — there

APPLICATIONS

1. Define or describe the following:

កក់	កត្តា	ទៅកាន់	គួរឲ្យ
កំដៅ	កំពូល	កំពស់	កំរិត
ខ្ចប់ខ្លួន	ជាប់	ខ្ពស់	គំរាម
កំហែង	ជោគ	ដាច់	ទប់ទល់
ធាតុអាកាស	បញ្ចូល	បណ្ដាជន	បណ្ដាញបំណាច
បាច	បណ្ដាញ	បន្ថយ	ប្រចាំអាទិត្យ
ប្រយុទ្ធ	ប្រែប្រួល	ផុត	របោះ
ភូមិភាគ	ភ្នក់ភ្លើង	មហន្តរាយ	រនាប
រុក្ខជាតិ	រុងរឿង	រាំង	រះ
លិចលាស់	លើស	សុទ្ធ	សើម
សំណឹក	សីតុណ្ហភាព	អត់ពូជ	សំលៀកបំពាក់
ស្ងួត	ស្រះ		

2. Use in a sentence:

កត់សំគាល់	កត្តា	មកកាន់	កំដៅ
កំពស់	កំរិត	ខ្ជាប់ខ្ជួន	ខ្ពស់
កំពុចកំពែង	ជួរភ្នំ	ដោតដាំ	តែកាល់
ខចខស់	ទៀងទាត់	ទាំងឡាយ	នយោបាយទឹក
បក់	បណ្ដាញបំណាច	បាច	បន្ថយ
បាក់ផ្លូវ	បែកភាក់	ប្រចាំ	ប្រយុទ្ធ
ប្រែប្រួល	ផុត	ព្រៃរបោះ	អន្តរាយ
ចូលពោត	រាប	របបទឹកភ្លៀង	រុក្ខជាតិ
រុងរឿង	រាំង	រះ	សុភណាស់
សើស	វែងអន្លាយ	សណ្ឋាន	សីតុណ្ហភាព
សឹងនឹងដាច់	យុទ្ធ	សើម	សាក
ស្លូត	ហាក់ដូចជា	អង្រុ	អត់ពូជ
ពង្ស	អាកាសធាតុ	អាវសើមថ្មី	គួរឲ្យ
ឥទ្ធិពល	ឯណុង		

3. Give a word or phrase with contradictory meaning:

កំពស់	ខ្ពស់	ភ្នំ	បពាល
ផុត	ព្រៃរបោះ	រុងរឿង	រាំង
សុភណាស់	សើស	សើម	អត់ពូជ
ស្លូត	មានឥទ្ធិពល		

4. ជុំ means 'to meet' and ប្រជុំ means 'to meet each other'

a. if ជែង means 'to race', ... means 'to compete with each other'

b. if ដេញ means 'to chase', ... means 'to chase each other'

c. if ដូច means 'to be like', ... means 'to compare'

d. if ទាញ means 'to pull', ... means 'to pull each other'

e. if ចាំ means 'to wait', ... means 'wait on each other'

f. if កាប់ចាក់ means 'to chop and stab', ... means 'to chop and stab each other'

5. Ask your teacher to tell you about the kind of house his family had when he was growing up. Ask further questions to get as much information as you can about it. If the teacher grew up in a European style house in the city, ask him to describe the traditional house of a friend or relative.

6. On the pattern of បាក់ផ្លូវ 'the road is cut' and ចេញឈាម 'to bleed' translate the following into Cambodian.

a. to leak (water)

b. to have a broken arm

c. to be out of strength

d. to run out of gas
e. to have a pain in the stomach
f. to have a broken head

7. Referring to the note for Paragraph 2 of Reading Passage 2 and using the map in Lesson 4, give both the ordinary and Sanskrit directions for the following:

a. Battambang relative to Phnom Penh
b. Phnom Penh relative to Vientiane
c. Kompong Cham relative to Takeo
d. Stung Treng relative to Kratie
e. Da Lat relative to Da Nang
f. Phan Thiet relative to Saigon
g. Kratie relative to Stung Treng

8. Using the same map, identify the following places from the descriptions given below:

a. នៅលើខ្សែបណ្ដោយទី១០៦ នៅខាងត្បូងខ្សែស្របទី១៤ និងនៅខាងជើងក្រចេះ ។
b. នៅលើខ្សែស្របទី១២ និងនៅខាងជើងឆៀងខាងកើតផាន់ធៀត
c. នៅរយៈទទឹងខាងជើង ១៤° និងនៅរយៈបណ្ដោយខាងកើត ១០៥° ។
d. នៅឦសានភ្នំពេញ ចន្លោះខ្សែស្របទី១២ និងទី១៣ និងនៅបស្ចិមនៃខ្សែបណ្ដោយទី១០៧ ។
e. នៅរវាងរយៈទទឹងខាងជើង ២០ និង២១ និងលើរយៈបណ្ដោយខាងកើតជាមួយនឹងប៉ាក់សេ

ចតុមុខ ឬទន្លេបួនមុខ (នៅខាងកើតភ្នំពេញ)

Chattomuk (Intersection of four rivers at Phnom Penh)

9. Fill in the blanks.

១. អាកាសធាតុតែងសម្រួលការលូតលាស់ .... រុក្ខជាតិទាំងឡាយ។
(របស់ , នៃ , ទៅ)

២. អាកាសធាតុជា .... ហេតុមួយដែលធ្វើឲ្យរុក្ខជាតិលូតលាស់។
(មូល , ធំ , តែង)

៣. ទឹកជំនន់បង្កើតនូវ .... ឡើងទៅលើផ្ទៃដី។
(ភ្លៀង , សំណឹក , អាកាសធាតុ)

៤. ផ្កាច្រើនប្រភេទ .... ពណ៌លើសដ៏ល្អៗ។
(ទៅដោយ , គាប , នឹង)

៥. គេត្រូវធ្វើ .... ដើម្បីទប់ទល់នឹងបញ្ហាអត់ទឹក។
(សំណឹក , ផ្លូវ , បណ្តាញបំណាច)

៦. ប្រទេសខ្មែរទទួលនូវផលពាយុផ្សេងៗ .... ភាពរាំងស្ងួតនឹងទឹកជំនន់។
(ជា , មាន , គឺ)

៧. ភាពរាំងស្ងួតបណ្តាលឲ្យដំណាំខូច នឹងទឹកភ្លៀងច្រើនពេក .... បណ្តាលឲ្យដំណាំខូចច្រើនដែរ។ (ក៏ , មិន , ត្រូវតែ)

៨. ដើម្បីធ្វើឲ្យមានទឹកគ្រប់គ្រាន់យើងត្រូវ .... អណ្តូងឬស្រះ។
(រក , ជីក , បញ្ចូល)

៩. ប៉ូលិស .... អ្នកលក់ដូរយកលុយ។
(គំរាមកំហែង , បង្ខំ , សុំ)

១០. នៅរដូវវស្សាតំបន់ខ្លះ .... ពេក។
(ស្ងួត , ជោកជាំ , សំណឹក)

10. Reorder the members of the following sets of words to make Cambodian sentences. (There is often more than one possible sentence that can be made from a set of words.)

១. ប្រទេសខ្មែរ , លូត , យ៉ាងល្អ , បាន , ហើយ , ក្តៅ , អាកាស , សើម , លាស់ , ធ្វើ , រុក្ខជាតិ , នៃ , ធាតុ , ឲ្យ ។

២. បើ , ដេក , បាន , យ៉ាង , ថ្វីង , រួច , ក្តៅ , ម៉េច , ធាតុអាកាស , នេះ ។

៣. បើ , ឈើ , ផ្កា , មួយ , យ៉ាង , ធំ , ខ្លះ , កំនរ , ម៉េច ។

៤. បញ្ហា , អ្នក , ជំនន់ , មាន , សឹងតែ , ទឹក , ឆ្នាំ , រាល់ , ស្រែ ។

៥. ដំណាំ , មិន , ខូច , ក៏ , ភ្លៀង , ឲ្យ , ដែរ , ទៀងទាត់ , បណ្តាល ។

៦. នយោបាយទឹក , ស្រុកខ្មែរ , ជា , ភាព , មួយ , កំពុង , ក្រោយ , ដោះ , ដែល ។

៧. គ្មាន , ខូច , បណ្តាល , ភ្លៀង , ឲ្យ , ផ្លូវ , ពេក , ខ្លាំង ។

៨. ភ័យ , គឺ , មហន្តរាយ , គរ , ជំនន់ , ទឹក , ដែល , ឲ្យ ។
៩. ទឹក , ខ្វះ , ធ្វើ , កសិកម្ម , ទំនង , ទៅ , នយោបាយ , ស្រុក , ។
១០. ដើម្បី , ធ្វើ , គេ , ទឹក , ស្រែ , ដក , ការ , ត្រូវ , ចាំបាច់ ។

11. Find out the answers to the following from your teacher:

a. When it rains during the rainy season, does it rain for days without stopping?

b. At the beginning of the rainy season, does it rain every day? If not, how often? When does it rain every day?

c. Does Cambodia have typhoons? Has your teacher ever been in a typhoon or hurricane?

d. When it floods, does the water rise suddenly? Does Cambodia have flash floods? What factors cause floods?

e. When it floods, where do farmers put their animals?

f. In flood season, how do people get around?

g. What do people like about the dry season?

h. What is the best season for ripe fruits?

i. How do people cool off in the hottest season?

j. What do people in the country do during the rainy season to make a living? During the flood season?

ANSWERS

4.

a. ប្រជែង b. ប្រដេញ c. ប្រដូច d. ប្រកាប់ប្រចាក់
e. ប្រទាញ f. ប្រចាំ

6.

a. លិច b. បាក់ដៃ c. អស់កម្លាំង d. អស់សាំង
e. សឹកកោះ f. បែកក្បាល

7.

a. បាត់ដំបងស្ថិតនៅខាងលិចឈៀងខាងជើង (ទិសពាយព្យ) ភ្នំពេញ ។
b. ភ្នំពេញស្ថិតនៅខាងត្បូង (ទិសទក្ខិណ) វៀងចន្ទ ។
c. កំពង់ចាមស្ថិតនៅខាងកើតឈៀងខាងជើង (ទិសឦសាន) តាកែវ ។
d. ស្ទឹងត្រែងស្ថិតនៅខាងជើង (ទិសឧត្តរ) ក្រចេះ ។
e. ដាឡាត់ស្ថិតនៅខាងត្បូង (ទិសទក្ខិណ) ដាណាំង ។
f. ផាន់ធៀតស្ថិតនៅខាងកើត (ទិសបូព៌) ព្រៃនគរ ។
g. ក្រចេះស្ថិតនៅខាងត្បូង (ទិសទក្ខិណ) ស្ទឹងត្រែង ។

8.

a. ស្ទឹងត្រែង b. ដាឡាត់ c. ផ្លៃគូ d. ក្រចេះ
e. ហាណូយ

9.

១. របស់ ២. មួយ ៣. សំណាក់ ៤. ទៅដោយ
៥. បណ្ដាញបំណាច ៦. គឺ ៧. ក៏ ៨. ដឹក
៩. បង្កើ ១០. ជោកជាំ

10.

១. អាកាសធាតុក្ដៅហើយសើមនៃប្រទេសខ្មែរ ធ្វើឲ្យរុក្ខជាតិលូតលាស់បានយ៉ាងល្អ ។
២. បើធាតុអាកាសក្ដៅយ៉ាងនេះ វារដេកម៉េចបានហ្នឹង ។
៣. ខ្វះណើរ យ៉ាងម៉េចចិ បើព្រៃធ្លាក់មួយគំនរ ។
៤. អ្នកស្រុកមានបញ្ហាទឹកជំនន់ស្ទើរតែរាល់ឆ្នាំ ។
៥. ភ្លៀងមិនទៀងទាត់ក៏បណ្ដាលឲ្យខូចដំណាំដែរ ។
៦. ការទាំងស្ទឹងជានយោបាយទឹកមួយដែលស្រុកកំពុងដោះស្រាយ ។
៧. ភ្លៀងខ្លាំងពេកបណ្ដាលឲ្យស្រូវទំពាំងខូច ។
៨. មហន្តភ័យដែលតែងឲ្យភ័យខ្លាចគឺទឹកជំនន់ ។
៩. កសិកម្មខ្មែររំពឹងស្រេចទៅលើនយោបាយទឹក ។
១០. គេត្រូវការទឹកជាចាំបាច់ដើម្បីធ្វើស្រែ ។

LESSON SIX

THE LAND

a. Does it flood in Phnom Penh? What type of provision is made there for heavy rains and floods?

b. What kind of situation would force a rural family to sell its boat?

c. Does Cambodia have social security or welfare?

d. Are there legal limits on indebtedness?

READING PASSAGE 1

ក្រុមទន្លេធំឬក្រុមទន្លេមេគង្គខ្មែរ

● ទន្លេមេគង្គជាទន្លេដ៏ធំមួយក្នុងចំណោមទន្លេធំៗទាំងឡាយក្នុងពិភពលោក ។ ទន្លេនេះមានបណ្ដោយ ៤ ២០០គ.ម. និងមានប្រភពនៅទីបេប៉ែកខាងកើត (ប្រទេសចិន) លើរយៈកំពស់ ៥០០ម. ។ អាងទន្លេមេគង្គមានផ្ទៃ ៨០០ ០០០គ.ម.^{២} គឺជាទន្លេទី៤នៅទ្វីបអាស៊ី ។ ទន្លេនេះហូរកាត់ប្រទេសចិន ប្រទេសលាវ ប្រទេសថៃ ប្រទេសខ្មែរ និងប្រទេសវៀតណាមខាងត្បូង ។ ដងទន្លេនេះអាចចែកជាបីផ្នែក :

— ដងទន្លេខាងលើ ចាប់ពីប្រភពដើមមកដល់ទីក្រុង វៀងច័ន្ទន៍ (ប្រទេសលាវ) ហើយបត់បែនយ៉ាងខ្លាំងដោយសារសណ្ឋានដីទីនោះ ហើយទទួលទឹកពីដៃទន្លេចំហៀងខាងឆ្វេងដែលសុទ្ធសឹងតែជាជ្រោះ ។

— ដងទន្លេកណ្ដាល ចាប់ពីវៀងច័ន្ទន៍ដល់ក្រចេះប្រកបទៅដោយទឹកធ្លាក់ជាច្រើនអន្លើ ដូចជានៅខេមរាដ្ឋ (បណ្ដោយ១៥០គ.ម.) ខោន (១២គ.ម.) និងសម្បូរ (៥០គ.ម.) ។ ហើយដៃទន្លេខាងឆ្វេងក៏សំខាន់ណាស់ដែរ ។

— ដងទន្លេខាងក្រោម ចាប់ពីក្រចេះទៅដល់សមុទ្រចិន ។ ចាប់ពីក្រចេះចម្ងាយ ៥១០ គ.ម. ពីសមុទ្រ គេអាចធ្វើនាវាចរណ៍បានគ្រប់តែរដូវក្នុងទន្លេមេគង្គ ។ នៅភ្នំពេញ ទន្លេមេគង្គប្រសព្វគ្នានឹងទន្លេសាបបង្កើតជាដៃទន្លេស្របទៅតាមពាក្យខ្មែរថា "ទន្លេបួនមុខ" : ទន្លេសាប ទន្លេបាសាក់ (ទន្លេក្នុង) ទន្លេធំ ខាងលើ (មេគង្គ) និងទន្លេធំ ខាងក្រោម (ទន្លេក្រៅ) ។ ដីសណ្ដទន្លេមេគង្គចែកជាដៃច្រើនដែលទទឹងមានប្រវែងជួនកាលដល់ទៅ២គ.ម. និងប្រកបទៅដោយកូនកោះយ៉ាងច្រើនឬគំនរខ្សាច់យ៉ាងវែងៗដែលសណ្ដូកទៅរកមាត់សមុទ្រ ។

NOTES FOR READING PASSAGE 1

Line 2. The word ដ៏ /dɔɔ/ occurs only in literary style. It usually means 'very' but sometimes substitutes for ដែល 'that, which, who.' ដ៏ indicates that what it follows is plural.

ភូមិមួយនៅរដូវទឹកជំនន់

Cambodian village at flood season

DIALOGUE

ទឹកឡើង

		កុំ(តែ)+ verb	It's likely that... (see note)
		កុំ(តែ)+ clause + ទៅចុះ	I hope (it) won't...
១.	ងួន	ទឹកឡើងសម្បើមណាស់ ប៉ុន្មានថ្ងៃនេះ កុំតែឡើង ហួសឆ្នាំទៅ ទៅចុះហ្នឹង។	The water has really been rising the past few days. I hope it won't exceed last year.
២.	សួន	និយាយអញ្ចឹង អាទឹកទន្លេ មេគង្គហ្នឹងមកពីណាមក ក៏ច្រើនម្ល៉េះ?	By the way, how come there's so much water in the Mekong? Where does it come from?
		អ្នកឯង	you (to a woman) (see note)
		រលាយ	to melt (intrans.), to thaw
		ណោះ	there, that
៣.	ងួន	អេ! អ្នកឯងមិនដឹងទេ! ទឹក កកំរលាយនៅភ្នំទីបេ ហើយវាហូរពីណោះមក។	Don't you know? Water from ice thawing in the mountains of Tibet flows here.
		ស្រក	to recede
		ទឹកស្រក	receding water
៤.	សួន	ដល់ស្រក អាទឹកហ្នឹងវាហូរ ទៅណាទៅអញ្ចឹង?	When it recedes, where does it flow to?
		ទឹកជន់	flood
៥.	ងួន	ទៅសមុទ្រ តែទន្លេយើងមិន ល្មមបានតែ(ធំ) មានទឹក ជន់យូរ នៅស្រុកយើង។	To the sea, but the flood lasts for a long time because the river isn't large (wide) enough.
៦.	សួន	និយាយអញ្ចឹង ស្រុកឯង ឯងរដូវទឹកឡើង បានទូក អីចាប់ឧស។	By the way, when the flood comes, what kind of boat do they use to collect firewood where you come from?
		ទូកការ	(plank) boat (see note)
៧.	ងួន	ទូកការ។ តែអាឧសហ្នឹង មកពីណាមក អាឧសហ្នឹង?	A (plank) boat. But where does the wood come from?
		ហ៊ុប	lumber
		ឈើហ៊ុប	lumber
		ម្តងម្កាល	once in a while

៨.	សួន	ពីគេកាប់ឈើហ៊ុប កាប់ព្រៃម្ដងម្កាលធ្វើស្រែចំការ មើលទៅ។	From cutting lumber and, once in a while, clearing forests for farming, perhaps.
		អត់ផ្លូវ	no way
		ថែ	to care
		រក្សា	to care, to keep
		ថែរក្សា	to care
		ទ្រុឌ	to be dented
		ទ្រោម	sagging
		ទ្រុឌទ្រោម	sagging, broken
៩.	ដួន	និយាយពីទូក ឧសអញ្ចឹង ខ្ញុំអត់ផ្លូវទេ។ ទូកខ្ញុំ អត់ថែរក្សា ទ្រុឌទ្រោមអស់។	Speaking of boats and firewood, I'm in a spot. I've not taken good care of my boat and it's all sagging and broken.
		បស់ (របស់)	of
		ធុរៈ	business, trouble
១០.	សួន	បស់ខ្ញុំដែរ មានធុរៈម្ដងៗ ពុកខ្ញុំប្រើគេអោយប្អូនខ្ញុំ វាធ្វើឲ្យខូចអស់។	Mine too. Whenever we needed to use the boat for anything, my father had my kid brother use it, and he messed it up.

NOTES FOR THE DIALOGUE

When a man and a woman who are not husband and wife speak to each other, as in this dialogue, the style level is relatively formal, even if the people concerned are good friends. On the percentage scale, conversation between men and women seldom falls below 50% style. Women use a relatively formal level of speech with each other, as well. Even women who know each other well may not go below below the 50% style level.

SENTENCE NO: 1:

គិច + verb has a connotation of warning: 'watch out or...,' e.g.,

គិចខ្ញុំវាយ។

(Be careful or) I'm likely to hit you.

However, គិច + $verb_1$ + គិច + $verb_1$ or $verb_2$ simply means 'to $(verb)_1$ sometimes and to $(verb)_2$ sometimes,' e.g.,

គិចខឹងគិចជា។

Sometimes he's mad and sometimes he gets over it.

DRILL ONE: Substitution

គ្រូ: ក: ទឹកឡើងច្រើនណាស់ តិចឡើងហួសឆ្នាំទៅ ទៅចុះ ។
(ទំនិញឡើងថ្លៃច្រើន)
ស: ទំនិញឡើងថ្លៃច្រើនណាស់ តិចឡើងហួសឆ្នាំទៅ ទៅចុះ ។

MODEL: T: The water's rising a lot; I hope it won't exceed last year.
(goods are rising in price a lot)

S. Goods are rising in price a lot; I hope they won't exceed last year.

ទំនិញឡើងថ្លៃច្រើនណាស់ តិចឡើងហួសឆ្នាំទៅ ទៅចុះ ។

ក. (ចុះថ្លៃច្រើន)
ទំនិញចុះថ្លៃច្រើនណាស់ តិចចុះហួសឆ្នាំទៅ ទៅចុះ ។

ខ. (ឆ្នាំនេះក្តៅ)
ឆ្នាំនេះក្តៅណាស់ តិចក្តៅហួសឆ្នាំទៅ ទៅចុះ ។

គ. (ផ្លូវក្រាលកៅស៊ូនេះបាក់ខ្លាំងណាស់)
ផ្លូវក្រាលកៅស៊ូនេះបាក់ខ្លាំងណាស់ តិចបាក់ហួសឆ្នាំទៅ ទៅចុះ ។

ឃ. (ឆ្នាំនេះត្រជាក់)
ឆ្នាំនេះត្រជាក់ណាស់ តិចត្រជាក់ហួសឆ្នាំទៅ ទៅចុះ ។

ង. (ឆ្នាំនេះទឹកស្រកឆាប់)
ឆ្នាំនេះទឹកស្រកឆាប់ណាស់ តិចស្រកហួសឆ្នាំទៅ ទៅចុះ ។

ច. (ឆ្នាំនេះភ្លៀងច្រើន)
ឆ្នាំនេះភ្លៀងច្រើនណាស់ តិចភ្លៀងហួសឆ្នាំទៅ ទៅចុះ ។

DRILL TWO: Equivalence (Familiar)

NOTE: In this drill, if the teacher's sentence begins **តិច** + verb, the student's sentence should begin ប្រយ័ត្នកុំ + verb. On the other hand, if the teacher's sentence begins **តិចមិន** + verb, the student's sentence should begin ប្រយ័ត្ន + verb. If the particle ណា៎ occurs in the teacher's sentence, it should also occur in the student's sentence.

គ្រូ: ក: តិចដើរហួសផ្ទះហ្នឹងទៅចុះ ។
ស: ប្រយ័ត្ន " កុំដើរហួសផ្ទះហ្នឹង ។

MODEL: T: Be sure not to pass that house.
S: Be sure not to pass that house.

ក. គិតដេកហួសទៅចុះ ។
ប្រយ័ត្ន កុំដេកហួស ។
ខ. គិតក្មេង ចូលលេងទៅចុះណា៎ ។
ប្រយ័ត្នក្មេងចូលលេងណា៎ ។
គ. គិតធ្វើឲ្យទ្រុឌទ្រោមទៅចុះ ។
ប្រយ័ត្ន កុំធ្វើឲ្យទ្រុឌទ្រោម ។
ឃ. គិតចាប់ខុសមិនបានទៅចុះណា៎ ។
ប្រយ័ត្ន ចាប់ខុសឲ្យបានណា៎ ។
ង. គិតធ្វើមិនត្រូវទៅចុះ ។
ប្រយ័ត្ន ធ្វើឲ្យត្រូវ ។
ច. គិតអីត់ថែរក្សាឲ្យបានល្អទៅចុះណា៎ ។
ប្រយ័ត្ន ថែរក្សាឲ្យបានល្អណា៎ ។

SENTENCE NO. 3:

អ្នកបង is the female equivalent of ល្អង or លោកបង. Both are respectful but not formal forms of address for a person of slightly higher social status or slightly greater age. អ្នកបង is used in the cities, and the urban male form is បង. លោកបង is used in the country; the female form is ថែ or ថែ + the person's name, e.g., ថែសួន 'Suon.'

SENTENCE NO. 4:

When water is rising in the flood season, the term used is ទឹកឡើង 'the water is rising.' The opposite is ទឹកស្រក 'the water is receding.'

DRILL THREE: Substitution

គ្រូ: ក: ដល់ស្រក វាហូរទៅណាទៅអញ្ចឹង? (រលាយ, ចេញ)
ខ: ដល់រលាយ វាចេញទៅណាទៅអញ្ចឹង?

MODEL: T: When it recedes, where does it flow to? (melts, to go away)
S: When it melts, where does it go away to?

ដល់រលាយ វាចេញទៅណាទៅអញ្ចឹង?
ក. (មកដល់, ចូល)
ដល់មកដល់ វាចូលទៅណាទៅអញ្ចឹង?

ខ. (រកឃើញ , យក)
ដល់រកឃើញ វាយកទៅណាទៅអញ្ចឹង?
គ. (ចាប់បាន , នាំ)
ដល់ចាប់បាន វានាំទៅណាទៅអញ្ចឹង?
ឃ. (ជួប , ជូន)
ដល់ជួប វាជូនទៅណាទៅអញ្ចឹង?
ង. (សង្កេតឃើញ , យក)
ដល់សង្កេតឃើញ វាយកទៅណាទៅអញ្ចឹង?
ច. (ទៅដល់ , រត់)
ដល់ទៅដល់ វារត់ទៅណាទៅអញ្ចឹង?

DRILL FOUR: Substitution

គំរូ: ក: ទន្លេធំមិនល្មម បានតែមានទឹកជំយូរ។ (ជំនន់)
ខ: ទន្លេធំមិនល្មម បានតែមានជំនន់យូរ។

MODEL: T: The river isn't wide enough; that's why the flood lasts a long time. (flood)
S. The river isn't wide enough; that's why the flood lasts a long time.

ទន្លេធំមិនល្មម បានតែមានជំនន់យូរ។
ក. (អាងទន្លេ)
អាងទន្លេធំមិនល្មម បានតែមានជំនន់យូរ។
ខ. (ដងទន្លេ)
ដងទន្លេធំមិនល្មម បានតែមានជំនន់យូរ។
គ. (ខ្លាំង)
ដងទន្លេធំមិនល្មម បានតែមានជំនន់ខ្លាំង។
ឃ. (ទឹកហូរ)
ដងទន្លេធំមិនល្មម បានតែមានទឹកហូរខ្លាំង។
ង. (ដៃទន្លេ)
ដៃទន្លេធំមិនល្មម បានតែមានទឹកហូរខ្លាំង។
ច. (ជ្រោះ)
ជ្រោះធំមិនល្មម បានតែមានទឹកហូរខ្លាំង។

DRILL FIVE: Transformation

NOTE: បានតែ 'that's why' is like បានជា in meaning.

គំរូ: ក: ទឹកឡើងខ្លាំងណាស់ឆ្នាំនេះ។
ខ: ម៉េចបានតែឡើងខ្លាំងម្ល៉េះ?

MODEL: T: The water is rising very high this year.
S: How come it's rising so high?

ក. ទឹកភ្លៀងធ្លាក់ខ្លាំងណាស់។
ម៉េចបានតែធ្លាក់ខ្លាំងម្ល៉េះ?

ខ. នៅជិតសាលាហ្នឹងមានមនុស្សច្រើនណាស់ឥឡូវ។
ម៉េចបានតែមានមនុស្សច្រើនម្ល៉េះ?

គ. ទឹកកកនៅលើភ្នំនោះរលាយឆាប់ណាស់។
ម៉េចបានតែរលាយឆាប់ម្ល៉េះ?

ឃ. ឆ្នាំនេះទឹកស្រកយូរដល់ហើយ។
ម៉េចបានតែស្រកយូរម្ល៉េះ?

ង. ដងទន្លេមេគង្គបក់ចែនខ្លាំងណាស់។
ម៉េចបានតែបក់ចែនខ្លាំងម្ល៉េះ?

ច. អាងទន្លេមេគង្គមានច្រើនអន្លង់ណាស់។
ម៉េចបានតែមានច្រើនអន្លង់ម្ល៉េះ?

SENTENCE NO. 6:

When Suon talks of 'catching firewood' she is talking about going out in a boat to collect driftwood floating in the rising floodwaters.

SENTENCE NO. 7:

ទូក is the general word for a rowboat or other muscle-powered small boat. ទូកក្តារ refers specifically to a boat made of planks as opposed to a dugout or other type of small boat.

SENTENCE NO. 8:

Use of compounds like ម្តងម្កាល 'once in a while' is especially characteristic of rural speech, though such compounds also appear in urban usage as well. ម្តងម្កាល 'once in a while' and ពឹងពាក់ 'to depend on' contain a second component which also has no meaning but which alliterates with (starts with the same sound as) the first, meaningful component. In some cases the compound is no different in meaning from the first component alone, e.g., ស៊ីងកាក់. In other cases the compound has a different meaning; for instance ម្តងម្កាល.

DRILL SIX: Equivalence

គំរូ: ក: គេកាប់ព្រៃម្តងម្កាលធ្វើស្រែចំការ ។
ខ: គេកាប់ព្រៃម្តងម្កាលដើម្បីធ្វើស្រែចំការ ។

MODEL: T: They sometimes cut forests to clear farmland.

S. They sometimes cut forests in order to clear farmland.

ក. គេកាប់ឈើម្តងម្កាលធ្វើផ្ទះ ។
គេកាប់ឈើម្តងម្កាលដើម្បីធ្វើផ្ទះ ។

ខ. គាត់ខ្ចីលុយម្តងម្កាលបង់ថ្លៃផ្ទះ ។
គាត់ខ្ចីលុយម្តងម្កាលដើម្បីបង់ថ្លៃផ្ទះ ។

គ. គាត់ជួលទូកម្តងម្កាលដឹកឥវ៉ាន់ ។
គាត់ជួលទូកម្តងម្កាលដើម្បីដឹកឥវ៉ាន់ ។

ឃ. ពូខ្ញុំរកខ្ញុំម្តងម្កាលរកលុយ ។
ពូខ្ញុំរកខ្ញុំម្តងម្កាលដើម្បីរកលុយ ។

ង. បងថ្លៃខ្ញុំមកផ្ទះខ្ញុំម្តងម្កាលញាំបាយ ។
បងថ្លៃខ្ញុំមកផ្ទះខ្ញុំម្តងម្កាលដើម្បីញាំបាយ ។

ច. ម្តាយក្មេកខ្ញុំមកផ្ទះខ្ញុំម្តងម្កាលលេងនឹងចៅគាត់ ។
ម្តាយក្មេកខ្ញុំមកផ្ទះខ្ញុំម្តងម្កាលដើម្បីលេងនឹងចៅគាត់ ។

SENTENCE NO. 10:

ប្រើ usually means 'to use.' When ប្រើ has a human object it often means 'to send on an errand,' as in this sentence.

DRILL SEVEN: Transformation

NOTE: ពុក is an address form for ឪពុក used primarily in the country. ប៉ា is French and occurs in the cities; ឪ is used in both the city and the country by pure Khmer families (no Chinese, French, or Vietnamese blood).

គំរូ: ក: មានធុរៈម្តងៗ ពុកខ្ញុំទៅខ្លួនគាត់។ (អាប្អូនខ្ញុំ)
ខ: មានធុរៈម្តងៗ ពុកខ្ញុំប្រើអាប្អូនខ្ញុំឲ្យទៅ។

MODEL: T: When he has trouble sometimes, my father goes by himself. (my younger brother)

S: When he has trouble sometimes, my father tells my younger brother to go.

ក. ទៅណាមកណា ខ្ញុំបើកឡានខ្លួនខ្ញុំ។ (ប្រពន្ធខ្ញុំ)
ទៅណាមកណា ខ្ញុំប្រើប្រពន្ធខ្ញុំឲ្យបើកឡាន។

ខ. ទៅចាប់ខុសម្តងៗ ឪពុកខ្ញុំថែរទុកខ្លួនគាត់។ (ខ្ញុំ)
ទៅចាប់ខុសម្តងៗ ឪពុកខ្ញុំប្រើខ្ញុំឲ្យថែរទុក។

គ. ពេលធ្វើបាយ ប្រពន្ធបងថ្លឹងធ្វើបាយខ្លួនគាត់។ (ប្អូនស្រីគាត់)
ពេលធ្វើបាយ ប្រពន្ធបងថ្លឹងប្រើប្អូនស្រីគាត់ឲ្យធ្វើបាយ។

ឃ. ថ្ងៃសៅរ៍ តាខ្ញុំកាប់ឧសខ្លួនគាត់។ (កូនប្រុសគាត់)
ថ្ងៃសៅរ៍ តាខ្ញុំប្រើកូនប្រុសគាត់ឲ្យកាប់ឧស។

ង. ពេលមានការសំខាន់ៗ ប្រពន្ធខ្ញុំគិតខ្លួនឯង។ (ខ្ញុំ)
ពេលមានការសំខាន់ៗ ប្រពន្ធខ្ញុំប្រើខ្ញុំឲ្យគិត។

ច. កាលណាមានការប្រញាប់ ឪពុកខ្ញុំទៅខ្លួនគាត់។ (ម្តាយខ្ញុំ)
កាលណាមានការប្រញាប់ ឪពុកខ្ញុំប្រើម្តាយខ្ញុំឲ្យទៅ។

READING PASSAGE 2

ផ្លូវទឹកនៅប្រទេសខ្មែរ

ទន្លេមេគង្គមានប្រភពនៅទីបេខាងកើតនៃប្រទេសចិនប្រជាមានិត មានបណ្តោយ ២៩០០ ម៉ាយល៍ គឺជាទន្លេសំខាន់ទី៤នៅទ្វីបអាស៊ី។

ទន្លេមេគង្គហូរកាត់ប្រទេសចិនតាមប្រកតូចចង្អៀត មានខ្ពស់មានទាប កាត់ប្រទេសលាវ ប្រទេសថៃដែលនៅតំបន់ខ្លះ ទន្លេមេគង្គប្រើជាព្រំប្រទល់ដែនរវាងប្រទេសទាំងពីរនេះ។

តែកាលណាទន្លេមេគង្គហូរធ្លាក់ចូលកាត់ប្រទេសខ្មែរប្រវែងតែ ៥០០ គ.ម. មុននឹងចូលទៅក្នុងប្រទេសវៀតណាម ទន្លេមេគង្គមានលក្ខណៈសំខាន់ៗជាច្រើន។ ទៅដល់រដ្ឋធានីភ្នំពេញ ទន្លេមេគង្គបែកជា៤ផ្នែក ហើយផ្នែកសំខាន់ជាងគេបង្អស់ហូរចូលក្នុងបឹងទន្លេសាប ហើយពីរផ្នែកទៀតហូរចូលប្រទេសវៀតណាម បានទទួលឈ្មោះថ្មីថា គឺទន្លេបាសាក់នឹងទន្លេមេគង្គ។ គឺនៅត្រង់រដ្ឋធានីនេះហើយ ដែលទន្លេមេគង្គមានឈ្មោះជា

ទន្លេចតុមុខ ។ នៅតាមដងទន្លេមេគង្គឡើងរហូតដល់តំបន់ខ្លះក្នុងខេត្តក្រចេះ គឺអាចធ្វើនាវាចរណ៍បានយ៉ាងស្រួល ជួនកាលនាវាសមុទ្រក៏អាចធ្វើដំណើរបានដែរនៅគ្រប់រដូវ ។

នៅក្នុងរដូវវស្សា គឺរដូវដែលទឹកកំពុងឡើង ទន្លេមានសភាពដូចជាសមុទ្រមួយ ហើយនៅរដូវទឹកស្រក គឺរដូវដែលទឹកដកថយទៅវិញ នៅក្នុងខែឧសភា-មេសា ទន្លេសាបក៏ក្លាយទៅជាទិដ្ឋភាពមិនខុសគ្នាអំពីស្រះធំមួយរាក់ មានជំរៅពី ០.៥០ ម. ទៅ ២ ម. ដែលធ្វើឱ្យនាវាតូចធំធ្វើដំណើរមិនបានសោះ ។ តែទោះជាយ៉ាងណាក៏ដោយ បឹងទន្លេសាបសំខាន់ណាស់ចំពោះប្រទេសខ្មែរ ។ ផលដែលទន្លេសាបបានផ្ដល់យ៉ាងច្រើនទៅប្រទេសខ្មែរ គឺត្រី ហើយមិនគ្រាន់តែគេមានត្រីសម្រាប់ចិញ្ចឹមប្រទេសខ្មែរទេ គេមានត្រីបរិបូណ៌ល្មមនឹងចិញ្ចឹមប្រទេសជិតខាងទៀតផង ។ នៅរដូវប្រាំង គឺពេលទឹកស្រក ត្រីក៏នៅតែសម្បូណ៌ទៀត គេមិនចាំបាច់ប្រើប្រដាប់ប្រដារដើម្បីធ្វើការនេសាទទេ សូម្បីតែដៃទទេក៏គេអាចចាប់ត្រីបានដែរ ។ ប្រយោជន៍មួយទៀតនៅរដូវទឹកស្រកដែលទន្លេសាបបានផ្ដល់ គឺវាលល្បប់ពោរពេញទៅដោយដីដែលជាការចាំបាច់មួយក្នុងការធ្វើស្រែចំការ ។ បើនិយាយឱ្យខ្លីទៅ ប្រជារាស្ត្រខ្មែរប្រើទន្លេសាបសម្រាប់ធ្វើនាវាចរណ៍ ធ្វើនេសាទ និងធ្វើស្រែចំការ ។

នៅតាមដងទន្លេមេគង្គ និងជុំវិញទន្លេសាប ទន្លេតូចៗជាច្រើនបានចាប់កំណើតហូរចូលទៅក្នុងតំបន់ឯទៀត ដើម្បីផ្ដល់នូវការធ្វើដំណើរតាមផ្លូវទឹកទៅកន្លែងខ្លះដែលប្រទេសខ្មែរនៅខ្វះផ្លូវថ្នល់នៅឡើយ ឬដើម្បីជាជំនួយផ្លូវថ្នល់ ។ ទន្លេ ព្រែក ក៏បានបើកចេញពីឆ្នេរសមុទ្រនៃឈូងសមុទ្រថៃដែរ ដូច្នេះហើយយើងឃើញថានៅស្ទើរតែគ្រប់តំបន់នៃប្រទេសខ្មែរ គមនាគមន៍តាមផ្លូវទឹកមិនខ្វះសោះឡើយ ។

គិតឱ្យវែងទៅ ប្រទេសខ្មែរមានសំណាងច្រើនជាងប្រទេសឯទៀតខ្លះដែលគ្មានឆ្នេរសមុទ្រ ដូចជាប្រទេសលាវ ឬប្រទេសស្វីសជាដើម ។ ប្រទេសខ្មែរមានឆ្នេរសមុទ្រប្រវែងប្រហែល ៤៥០ គ.ម. ដែលអាចធ្វើឱ្យការធ្វើជំនួញបរទេសបានយ៉ាងស្រួល តាមកំពង់ផែយ៉ាងល្អពីរ គឺកំពង់ផែរាម និងកំពង់ផែកំពង់សោម ។

NOTES FOR READING PASSAGE 2

Beginning of 1st paragraph. Note that the word ប្លាយ or ជាង can be used to indicate an indefinite quantity above a certain number, e.g., ចិតសិបប្លាយ 'seventy-odd,' ពីររយជាង 'two-hundred plus,' ៥គីឡូប្លាយ 'five miles or so.'

Beginning of last paragraph. Note that the word ដែល does not work exactly like the English relative pronoun. The phrase កន្លែងខ្លះដែលប្រទេសខ្មែរនៅខ្វះផ្លូវថ្នល់នៅឡើយ 'some places where Cambodia still lacks roads' is literally 'some places which Cambodia still lacks roads.' Such a sentence is incorrect in most varieties of English but is perfectly good literary or spoken Cambodian.

READING PASSAGE 3

ផ្លូវគោក

ពិតមែនតែផ្លូវទឹកសំខាន់ណាស់នៅស្រុកខ្មែរ តែគេមិនអាចលះបង់ផ្លូវគោកបានទេ ព្រោះថាផ្លូវទឹកមិនអាចចូលទៅកាន់កន្លែងឆ្ងាយៗបានទេ។ ការសង់ផ្លូវគោកនៅប្រទេសខ្មែរជាការពិបាកណាស់ព្រោះគេមិនសូវមានប្រដាប់ប្រដាគ្រប់គ្រាន់ គេត្រូវការកម្លាំងមនុស្សច្រើនជាងកម្លាំងម៉ាស៊ីន។

ដោយការលូតលាស់យ៉ាងជឿនលឿនខាងវិស័យឧស្សាហកម្ម ពាណិជ្ជកម្មនិងទេសចរណ៍ ការសង់ផ្លូវក៏កើនឡើងយ៉ាងលឿនដើម្បីឲ្យទាន់ការលូតលាស់ទាំងនោះ។

ផ្លូវគោកត្រូវចែកជាផ្លូវជាតិ (ប្រវែង២៥០០ គ.ម.) ផ្លូវខេត្ត (ប្រវែង ១២០០ គ.ម.) ផ្លូវលំ (ប្រវែង ៣០០០ គ.ម.)។ ដែលហៅថាផ្លូវជាតិនោះគឺផ្លូវដែលធ្វើនិងថែរក្សាដោយថវិកាជាតិ ហើយដែលចេញពីរដ្ឋធានីទៅកាន់ខេត្តនិងទៅប្រទេសជិតខាង។ ផ្លូវជាតិលេខ១ ចេញពីភ្នំពេញទៅទីក្រុងព្រៃនគរតាមខេត្តស្វាយរៀង ហើយមានផ្លូវជាតិមួយទៀត គឺផ្លូវជាតិលេខ២ ទៅខេត្តមាត់ជ្រូកក្នុងស្រុកយួនខាងត្បូងតាមតាខ្មៅនិងខេត្តតាកែវ។ ផ្លូវជាតិលេខ ៣ ចេញពីភ្នំពេញទៅទីក្រុងកំពង់សោម តាមអង្គតាសោមនិងខេត្តកំពត ហើយផ្លូវជាតិលេខ៤ក៏ទៅកំពង់សោមដែរ តាមខេត្តកំពង់ស្ពឺ។ ផ្លូវជាតិលេខ ៥ ទៅអរញ្ញ តាមខេត្តបាត់ដំបង ហើយផ្លូវជាតិលេខ៦ ទៅសិរីសោភ័ណ តាមខេត្តកំពង់ធំ។ មានផ្លូវជាតិច្រើនទៀតដែរ តែគេមិនសូវសំខាន់ដូចជាផ្លូវជាតិលេខ៧ ដែលទៅខេត្តកំពង់ចាម។ ដែលហៅថាផ្លូវខេត្តគឺផ្លូវដែលធ្វើនិងជួសជុលដោយថវិកាខេត្ត ហើយដែលចេញពីទីប្រជុំទៅកាន់តំបន់ទៀតក្នុងខេត្ត។ ឯផ្លូវលំវិញជាផ្លូវតូចៗ តាមស្រុក តាមភូមិ។

ក្នុងចំណោមផ្លូវទាំងអស់នេះ មានផ្លូវប្រហែលតែ ២០០០ គ.ម. ប៉ុណ្ណោះដែលក្រាលកៅស៊ូ ហើយប្រហែល ២០០០ គ.ម. ទៀតដែលគ្រាន់តែចាក់ថ្មបុកក្រហម នៅសល់ពីនេះគឺគ្រាន់តែលើកដីឡើងតែប៉ុណ្ណោះ។ តែសព្វថ្ងៃនេះ សភាពផ្លូវទាំងនេះទ្រុឌទ្រោម គឺខ្លះស្រុត ខ្លះត្រូវការក្រាលកៅស៊ូឬចាក់ថ្ម ដែលជាហេតុឲ្យមានការជួសជុលរៀងរាល់ឆ្នាំ។ ឯផ្លូវលំតូចៗវិញ គឺវេទនាជាងគេ គឺបែកភក់ធ្វើឲ្យការធ្វើដំណើរតាមរទេះ កង់ឬដោយដើរពិបាកយ៉ាងក្រៃលែង។

VOCABULARY

កូនកោះ	a small island
កំពង់ធំ	Kompong Thom (Camb. province)
កំពង់	a port
កំពង់សោម	Kompong Som (formerly Sihanoukville) a port city in Cambodia
កំពង់ស្ពឺ	Kompong Speu (Camb. province)
កំពត	Kampot (Cambodian province)
កំរិតមធ្យម	average limit
មធ្យម	middle, average, mediocre
ក្រចេះ	Kratie (Cambodian province)
ក្រាល	to be paved, to be floored, to be covered
* ខេមរដ្ឋ	Khemmarat (place name in Thailand on the Mekong River)
* ខោន	Khone (place name near Lao border)
ខ្សាច់	sand
គ្រប់តែ (< គ្រប់)	every, each, all
ចង្អៀត	narrow, constricted, cramped, crowded
ចតុមុខ	Chattomuk (four faces - name of the junction of four rivers at Phnom Penh
* ចតុ /cato?/	four (Sanskrit)
ចាប់កំណើត	to originate
កំណើត (< កើត)	birth; to originate
ជំរៅ (< ជ្រៅ)	depth
ជឿនលឿន	prosperous, developed
ជឿន	to advance
ជំនួយ (< ជួយ)	aid, help
ជ្រោះ	waterfall
ឈើហ៊ុប	lumber
ហ៊ុប	lumber
ដ៏	very; introduces an adjective clause (literary)
ដងទន្លេ	the body of the river, the length of the river
ដង	a pole, a stick
ដីសណ្ដ	river delta
* សណ្ដ (H)	mouth (obsolescent)

ដំបន់ (= តំបន់)	region, zone
ណោះ	there
តាខ្មៅ	Takhmau (capital city of Kandal Province)
កុំ(តែ) + verb ចុះ	I hope it won't...
កុំ(តែ) + verb	it's likely that...
ថវិកា /thaʔvikaa/	budget
ថែរក្សា /thaɛ réʔsaa/	to take care of
ថែ	to take care of
រក្សា /réʔsaa/	to take care of
* ទន្លេក្នុង	interior river (nearer Phnom Penh)
* ទន្លេក្រៅ	external river (farther from Phnom Penh)
ទិដ្ឋភាព /titəphiap/	view, aspect, appearance
* ទិដ្ឋ (H)	something seen
ទឹកជ្រោះ	rapids
ទឹកជំនន់	a flood
ទឹកស្រក	floods recede
* ទីបេ, ទីបេទ៍	Tibet
ទីប្រជុំខេត្ត	capital city of a province
ទូកក្ដារ	boat
ក្ដារ	plank
ទេសចរណ៍	tourism
ទេស	place
ចរណ៍ (H)	nominal suffix designating an activity (limited distribution)
ទោះ(ជា)យ៉ាងណាក៏ដោយ	anyway, nevertheless
ទំនិញ (< ទិញ)	goods, merchandise
ទ្រុឌទ្រោម	shabby and old
* ទ្រុឌ	shabby and dented, banged up
* ទ្រោម	collapsed, fallen like a cake
នាវាចរណ៍	navigation
បត់បែន	to wind
* បែន (H)	AC
បាត់ដំបង	Battambang (Camb. province)
បានតែ,	why
បាសាក់	Bassac (name of an arm of the Mekong River
ផ្នែក	part

	ប្រជារាស្ត្រ	the people
	ប្រជា (H)	the people, popular
	រាស្ត្រ /riah/	the people
	ប្រទេសចិនប្រជាមានិត	People's Republic of China
	ប្រជាមានិត	of or for the people
*	មានិត	to like, to love (poetic)
	ប្រភព	source
	ប្រសព្វគ្នា	to meet (routes, lines)
*	ប្រសព្វ	to meet (waterways) (literary)
	ប្លាយ	more than...,...odd (used with numbers)
	ផ្លូវលំ	trail
*	លំ	cleared just enough to permit passage
	ពឹងពាក់លើ	to depend on
*	ពាក់ (H)	AC
	ពុក (< ឪពុក)	'father' (address form)
	ព្រមទាំង	together with; and
*	មាត់ជ្រូក	Chau Doc (Camb. name of a province in South Vietnam that used to be part of Cambodia)
	ម្ដងម្រាម (. ម្ដងៗ)	once
	ម្រាម (H)	AC
	រលាយ	to melt
*	រាម	Ream (name of a Camb. port)
	លក្ខណៈ /léʔkhənaʔ/	character, aspect
	លះបង់	to abandon, to throw away
*	លះ	to cut a limb from a tree; to speak without restraint
	វៀងចន្ទ	Vientiane
	វាលល្បប់	alluvial terrain
	ល្បប់	alluvial soil
	សណ្ដូកទៅរក	to lie toward
*	សណ្ដូក (< ស្ដូក)	to lie, to be extended
*	ស្ដូក	to be extended and motionless
	សព្វថ្ងៃ (នេះ)	nowadays, presently
	សព្វ	all
*	សម្បូរ	Sambo (place name in Kratie Province)
*	សិរីសោភ័ណ	Sisophon (place name in Battambang Province)
	សុទ្ធសឹងតែ	almost all

ស្រក	to drip; to recede
ស្រុត	fallen, collapsed
ស្វាយរៀង	Svay Rieng (Camb. province)
* អង្គតាសោម	Ang Tassom (name of a town in Takeo Province)
អត់ផ្លូវ	there's no way, no chance
អន្លើ /ɔnləə/	region, part
អាង	(river) basin
* អូរជ្រៅ	O Crauv (name of a town in Battambang Province near the Thai border)
អ្នកបង	you (used for woman of slightly higher social status or who is slightly older (urban))

APPLICATIONS

1. Define or describe the following:

កំពង់	មធ្យម	ខ្ពង់	គរ
ចង្អៀត	ចតុម្មុខ	ចាប់កំណើត	ជម្រៅ
ជឿន	ដីសណ្ដ	ជំនួយ	ដប
រក្សា	ស្រក	ទីប្រជុំជន	ទេស
ទំនាញ	ទ្រុឌទ្រោម	ប្រភព	ដែក
ប្រជារាស្ត្រ	រាស្ត្រ	ដាំ	ផ្លូវលំ
ព្រមទាំង	លះបង់	ល្បប់	សព្វថ្ងៃនេះ
សុទ្ធសឹងតែ	ស្រុត	អន្លើ	ចរិកា
កូនកោះ	កំរិតមធ្យម	បានតែ	ទឹកជួរ

2. Use in a sentence:

ក្រាល	គ្រប់តែ	ចតុម្មុខ	ជឿនលឿន
ជំនួយ	តិចតែ...	ថែរក្សា	តិចតែ...ចុះ
ទេសចរណ៍	ទោះយ៉ាងណាក៏ដោយ		នាវាចរណ៍
ប្រជារាស្ត្រ	ប្រភព	ឆ្ងាយ	ពឹងពាក់
ព្រមទាំង	លក្ខណៈ	សព្វថ្ងៃនេះ	សុទ្ធសឹងតែ

3. Give a word or phrase with contradictory meaning:

ចង្អៀត	កំណើត	ជឿនលឿន	ទឹកឡើង
ជឿន	ថែរក្សា	ទំនេរក្រៅ	ស្រក
បទបែន	ប្រភព	ប្រសព្វគ្នា	លះបង់

4. Using the word គិប that you have learned in this lesson, translate the following into Cambodian:

   a. Sometimes he studies, and sometimes he reads for fun.

   b. I hope it won't rain tomorrow.

   c. Be careful or you'll have an accident.

   d. Be careful you don't lose (all your money).

5. What second person form would you use for the following:

   a. your father (you live in the country)

   b. the chief of your hamlet

   c. your father (you are from the city)

   d. an older female friend (both of you live in Kompong Cham)

   e. your sister (you live on a farm)

   f. your father (you are from an urban family)

6. Combine the following pairs of clauses into sentences using ដែល 'that, which, who':

   a. ពួកម៉ាកខ្ញុំនៅផ្ទះបងខ្ញុំ   ផ្ទះនោះគាត់ទើបនឹងសង់រួច ។

   b. មនុស្សនៅស្រុកខ្មែរភាគច្រើន   ចូលចិត្តរស់នៅតាមមាត់ទន្លេមេគង្គ
   ទន្លេមានប្រភពនៅភ្នំទីបេ នឹងហូរចាក់ទៅក្នុងសមុទ្រចិន ។

   c. ស្រុកនេះកើតសង្គ្រាមឥឡូវ   ខ្ញុំទើបនឹងមកពីស្រុកនោះ ។

   d. គេជាអ្នកនិយាយ   ម៉េចក៏មិនទៅប្រាប់គេ?

7. Fill in the blank(s) with the appropriate word given below:

   a. នៅតាម ___ ទន្លេមេគង្គគេច្រើនធ្វើ ___ ដាំដំណាំ ។
   (អាង , ឥស , មាត់ , ចំការ)

   b. នៅពេលទឹក ___ អ្នកទន្លេច្រើនចាប់ត្រីទុកច្រើននៅពេលទឹក ___ ។
   (ជន់ , ស្រក , ហូរ , ឡើង , ចុះ)

   c. ភាព ___ ខ្លាំងពេកបណ្តាលឲ្យទន្លេមេគង្គ ___ ហៀរឡើងនៅតំបន់ខ្លះ ។
   (ឡើង , ជន់ , បក់បែន , ហូរ , ខ្ពស់)

d. ទន្លេ ___ ហូរនាំដីល្បប់ពីស្រុក ___ មកស្រុកខ្មែររាល់ឆ្នាំ ។
   (បាសាក់ , សៀម , លាវ , មេគង្គ , សាប)
e. គេត្រូវការថវិកា ___ ដើម្បី ___ ផ្លូវជាតិកាលណាវាខូច ។
   (ជាតិ , សង់ , ខេត្ត , ជួសជុល , លះបង់)
f. នៅខែទឹក ___ គេធ្វើ ___ ទៅដល់ខេត្តក្រចេះបានយ៉ាងស្រួល ។
   (ស្រក , ដំណើរ , នាវាចរណ៍ , ឡើង)
g. ទន្លេហ្នឹងជ្រៅ ___ ល្មម បានតែមានទឹកជំនន់ហួសពេក ។
   (យ៉ាង , ដ៏ , មិន)
h. ទន្លេសាបជាបឹង ___ ដ៏មួយដែលសម្បូណ៌ត្រីជាងបឹងឯទៀត ។
   (ធំ , ដ៏ , តែ)
i. នាវាធំតូច ___ នាវាសមុទ្រអាចធ្វើនាវាចរណ៍ដល់ភ្នំពេញនៅគ្រប់រដូវ ។
   (ផង , ពី , ព្រមទាំង)
j. ទន្លេមេគង្គមានទទឹងប្រវែង ___ មួយគ.ម. ក៏មាននៅកន្លែងខ្លះ ។
   (ដល់ទៅ , ទៅ , ហួសទៅ)

8. Reorder the members of the following sets of words to make Cambodian sentences. There is often more than one possible sentence that can be made from a set of words.

a. គេ , ចាប់ , ត្រី , តិច , ណាស់ , មិនទាន់ , ធ្លាក់ , ច្រើន , ទៅ , ចុះ ។
b. មេគង្គ , ជាច្រើន , ហូរ , ទៅដល់ , មុន , ទន្លេ , កាត់ , ស្រុក , សមុទ្រ ។
c. នៅមាត់ , ទឹក , នៅ , ដំណាំ , រដូវ , គេ , ដាំ , ទន្លេ , ច្រើន , ស្រក ។
d. អស់ហ្នឹង , អស់ទៅ , ត្រី , មិនបាន , ទៅ , តែ , បាន , រក , ណា ។
e. ការដឹក , ទំនិញ , ទឹក , ជួនៗ , ណាស់ , ផ្លូវ , ក្នុង , សំខាន់ , នាំ ។
f. ភ្នំពេញ , បាន , ស្គាល់ថា , ទន្លេមេគង្គ , ត្រូវ , គាត់ , ទន្លេ , នៅ , ចតុមុខ ។
g. គេ , ចាប់ , ក្តារ , ក្នុង , ទន្លេ , ដើម្បី , ប្រើ , ត្រី , ច្រើន , ណាស់ , ទូក ។
h. កំពង់ចាម , កាប់ , ព្រៃ , ឈើ , ក្នុង , ទន្លេ , ហើយ , គេ , នាំមក , ហ៊ុច , តាម ។
i. ចាប់ , ទឹក , មួយៗ , សប្បាយ , ណាស់ , គេ , ឡើង , ត្រី ។
j. ខ្ញុំ , ប្រើ , ប្អូនខ្ញុំ , វា , ត្រូវ , ម្តងៗ , ឱ្យ , លុយ ។

9. Find out from your teacher the answers to the following:

   a. How extensive is the canal (ព្រែកទឹក) system in Cambodia? Are canals found all over the country, or are they concentrated in certain areas only?

   b. Do they connect large cities? Towns? Villages?

   c. Do the canals connect with each other to form a network?

   d. What are canals used for? Transporting goods? Irrigation? Travel?

   e. Is travel by water cheaper than land travel?

   f. What kinds of boats are used on the canals for the various purposes? Are they different from river boats?

   g. Can you rent boats to travel on the waterways?

   h. Are the waterways navigable at all times? Who is responsible for maintaining them?

   i. Are there many ferries?

   j. Has your teacher ever taken a trip by waterway in Cambodia?

10. Find out from your teacher the answers to the following:

   a. Do all parts of Cambodia have floods?

   b. What effects do the floods have on the life of rural people? Of urban people?

   c. Does it flood in Phnom Penh? What types of provisions are made there for heavy rains and floods?

   d. What kind of situation would force a rural family to sell its boat?

   e. Would they ask friends or family for help? If not, why?

   f. In such a situation, what is probably the last thing a Cambodian farm family sould sell? Why?

   g. Has your teacher, his family, or anyone he knows ever been in this kind of situation?

   h. Does Cambodia have social security or welfare? What happens to old people? To paupers?

   i. If a family gets deeply in debt, to whom does it usually owe? A bank?

   j. How would a family clear such a debt?

   k. Would a family that was badly in debt have to mortgage its land? Are there any legal limits on such indebtedness?

ANSWERS

4.

a. គាត់ចាំរៀន គាត់ចាំមើលសៀវភៅ ។

b. គាត់ភ្លេចចែកទៅផ្ទះ !

c. ប្រពន្ធ គាត់មានផ្ទៃពោះច្បាស់ណាស់ !

d. ប្រពន្ធ គាត់ចាញ់អស់ !

5.

a. ពុក, ឪ b. លោកបង, ល្បង c. ពុក
d. អ្នកបង e. ថៃ f. ប៉ា

6.

a. ពួកម៉ាកខ្ញុំនៅផ្ទះបងខ្ញុំ ដែលទើបនឹងសង់រួច ។
b. មនុស្សនៅស្រុកខ្មែរភាគច្រើនចូលចិត្តរស់នៅតាមមាត់ទន្លេមេគង្គ ដែលមានប្រភពនៅក្នុងទីបេ នឹងហូរចាក់ទៅក្នុងសមុទ្រចិន ។
c. ស្រុកដែលខ្ញុំទើបនឹងមកកើតសង្គ្រាម ឥឡូវ ។
d. ម៉េចក៏មិនទៅប្រាប់គេដែលជាអ្នកនិយាយ ។

7.

a. មាត់, ថការ b. ស្រុក, ឡើង c. បត់បែន, ហូរ
d. មេគង្គ, លាវ e. ជាតិ, ដួសដុល f. ឡើង, នាវាចរណ៍

g. មិន h. ដ៏ i. ព្រមទាំង
j. ដល់ទៅ

8.

a. ត្រីធ្លាក់ច្រើនណាស់ តែចាប់មិនទាន់គេទោះ ។
b. ទន្លេមេគង្គហូរកាត់ស្រុកជាច្រើនមុនទៅដល់សមុទ្រ ។
c. នៅរដូវទឹកស្រក គេច្រើនដាំដំណាំនៅមាត់ទន្លេ ។
d. ត្រីអស់ហ្នឹងទៅណាអស់ទៅ បានតែរកមិនបាន ។
e. ផ្លូវទឹកសំខាន់ណាស់ក្នុងការដឹកនាំទំនិញធ្ងន់ៗ ។
f. នៅក្រុងភ្នំពេញ ទន្លេមេគង្គបានត្រូវសាស់ជាទន្លេចតុមុខ ។
g. គេប្រើទូកក្ដារច្រើនណាស់ ដើម្បីចាប់ត្រីក្នុងទន្លេ ។
h. គេកាប់ឈើហើយក្នុងព្រៃហើយនាំមកកំពង់ផែតាមទន្លេ ។
i. ទឹកឡើងម្ដងៗ គេសប្បាយចាប់ត្រីណាស់ ។
j. ថ្ងៃផ្លូវខ្ញុំចង់ ខ្ញុំត្រូវឱ្យលុយវា ។

LESSON SEVEN

BRINGING IN THE RICE HARVEST

a. What are the main agricultural products of the area your teacher comes from?

b. In your teacher's area are the farming methods traditional?

c. When a man dies, what happens to his land?

d. What are the farmer's main problems? What can he do to solve them?

READING PASSAGE 1

ត្រូវតែជួយសេដ្ឋកិច្ចជាតិ យើង ក្នុងរដូវច្រូតកាត់ និងប្រមូលផល

ឆ្នាំនេះដំណាំស្រូវល្អគ្រប់ខេត្តទាំងអស់ ទោះបីដាំបានតិចច្រើន ក៏បានផលសម្បូណ៌ជាងឆ្នាំមុនទាំងអស់ ។ លទ្ធផលនៃកសិកម្មឆ្នាំនេះ ជាសក្ខីភាពដ៏ពិតប្រាកដនៃសាធារណរដ្ឋខ្មែរ ក្នុងនាទីនៃការធ្វើឲ្យប្រទេសជាតិ បានទទួលនូវសេរីភាព សមភាព ភាតរភាព វឌ្ឍនភាព និងសុភមង្គល ក្នុងក្របខ័ណ្ឌនៃឯករាជ្យ អព្យាក្រឹត បូរណភាព ស្មើៗគ្នាទាំងអស់ ។

ឥឡូវនេះ ស្រូវស្រាលផល់ខ្លះហើយ ។ ការផ្តល់ផលស្រូវដែលជាភាគមួយដ៏ធំរបស់កសិកម្មនេះ ជាការដែលយើងត្រូវយកចិត្តទុកដាក់ការពារជាអតិ-បរមាដើម្បីនឹងបង្ហាញឲ្យឃើញថា យើងធ្វើសាធារណរដ្ឋខ្មែរ ដើម្បីលើកស្ទួយសេដ្ឋកិច្ចជាតិយើងមែន ។ ជាការបញ្ជាក់ឲ្យឃើញច្បាស់នូវការមួយ ដែលពិតហើយមែនផង នោះមានតែការជួយសេដ្ឋកិច្ចជាតិមួយភាគធំ គឺកសិកម្មដែលបញ្ចេញមុខមាត់មកឲ្យយើងឃើញច្បាស់ក្រឡែតនឹងភ្នែកហើយនេះ ទើបប្រជារាស្ត្រស្គាល់ចិត្តថ្លើម យើង ច្បាស់លាស់តាំងពីឥឡូវនេះទៅ ។

ភារកិច្ចនេះ ក្រសួងកសិកម្មពុំអាចនឹងធ្វើ ដោយមធ្យោបាយ របស់ខ្លួនផ្ទាល់បានទេ ព្រោះពុំមែនជាពេលសុខសាន្តត្រាណ ដូច្នេះ ក្រសួងកសិកម្មត្រូវតែពឹងផ្អែក យ៉ាងខ្លាំង ទៅលើ ក្រសួងការពារប្រទេស ដោយសុំឲ្យក្រសួងនេះចាត់វិធានការ ការពារផល ស្រូវ ដោយកម្លាំងទ័ព ដរាបដល់ពេលដែលអ្នកស្រុកច្រូតកាត់ប្រមូល ស្រូវយក មកដាក់ ក្នុង ជង្រុក រាល់រៀងខ្លួន ហើយស្រេចគ្រប់គ្នា ។

រីឯសហករណ៍ប្រមូលស្រូវ ក៏ត្រូវ

ធ្វើការប្រមូលទិញស្រូវពីរាស្ត្រ យកមកផ្តល់ក្នុងឃ្លាំងរបស់ខ្លួន ឲ្យទាល់តែអស់ពីដៃរាស្ត្រដែរ ។

មធ្យោបាយនេះ វាត្រូវចំលើចំណុចធំមួយនៃផែនការយៀកកុង និងយៀកណាមខាងជើង ដែលវាកំពុងតែប្រុងប្រៀបសព្វថ្ងៃនេះ ក្នុងការវាយប្រហារយកបាត់ដំបង និងទន្លេសាប ទុកសម្រាប់ធ្វើជាស្បៀងអាហាររបស់វា ។

ដូច្នេះ ខេត្តបាត់ដំបងត្រូវមានវិធានការយ៉ាងម៉ឺងម៉ាត់ជាទីបំផុត ដើម្បីកុំឲ្យពួក ទមិឡ អន្សតិរ្ច្យ៍ វា វាយ កាត់ យក បាន ។ វិធានការនេះ ត្រូវធ្វើរួមជាមួយគ្នានឹងខេត្តទន្លេសាប ។ រីឯខេត្តពោធិសាត់ សៀមរាប កំពង់ធំ ដែលមានករណីយកិច្ចក្នុងមធ្យោបាយរួមគ្នា ត្រូវតែចាត់វិធានការ ដូចជាខេត្តបាត់ដំបង និងខេត្តទន្លេសាបដែរ ។

នេះគឺជាមធ្យោបាយជួយសេដ្ឋកិច្ចជាតិយើងក្នុងផ្នែកកសិកម្ម ។

NOTES FOR READING PASSAGE 1

Paragraph 1 Line 2: ដាំបានតិចច្រើន is short for ដាំបានតិចឬច្រើន '(whether) they plant a lot or a little.'

Paragraph 2 Line 1: The word ដល់ 'has arrived' in this sentence means 'to have reached a stage of sufficient ripeness for harvesting.'

Paragraph 3 last Line: ហើយ and ស្រេច both mean 'already, to be finished.' Used together, one of them is redundant. ហើយស្រេច also means 'already.'

Paragraph 6 Line 3: Note the statement of the topic of the sentence ពួកទមិឡអន្សតិរ្ច្យ៍ the savage and bestial gang' is followed by a redundant pronoun វា which is the subject of the verbs វាយកាត់យកបាន.

DIALOGUE

សន្និសីទកាសែត

ត្រេកអរ	delighted, very happy
អស់លោក	all of you gentlemen
អស់លោកអ្នក	ladies and gentlemen
១. ចៅហ្វាយខេត្ត. ជំរាបសួរ ខ្ញុំត្រេក អរខ្លាំងណាស់ដែលបាន ជួបអស់លោកអ្នក ។	Province chief: How do you do? I am most delighted to be able to meet with you ladies and gentlemen.
ដាក់	to order, to assign
វិធានការ	measure, step, program
ដាក់វិធានការ	to take measures, to institute a program
ប្រមូល	to gather
ទាន	very deferent particle; sir
២. អ្នកកាសែត. សុំទោសលោក លោកបានដាក់វិធានការ យ៉ាងម៉េចដើម្បីប្រមូលស្រូវ ទាន ?	News correspondent: Excuse me, sir. What measures have you taken to gather the rice harvest, please?
៣. ចៅហ្វាយខេត្ត. បាទ តែនៅពេល នេះខ្ញុំជំរាបពីរឿងវិធានការ នោះមិនបានទេ ។	P.C.: We have taken measures, but I can't tell you about them yet.
ស្ថានការណ៍	situation
ពិតជា	surely, certainly
៤. អ្នកកាសែត. នេះពិតជាមកពី ស្ថានការណ៍ស្រុកយើងហើយ មើលទៅ ។ ចុះផលស្រូវយ៉ាង ណាទៅ ទាន ?	N.C.: This surely is a result of the country's situation. And what about the rice harvest, sir?
មាំ	definite, strong, firm
៥. ចៅហ្វាយខេត្ត. ល្អណាស់ ហើយ ខ្ញុំសង្ឃឹមយ៉ាងមាំថាសេដ្ឋ- កិច្ចយើងមុខជាផុតពី មហន្តរាយ ។	P.C.: It's very good, and I hope very much that our economy will surely escape disaster.
ខ្ញុំបាទ	I (deferent)
រំខាន	to bother, to harass
ច្រូត	to harvest
ច្រូតកាត់	to harvest by cutting

៦. អ្នកកាសែត. ខ្ញុំបាទសុំទោស បើខ្មាំងរំខានមិនឲ្យយើងច្រូតកាត់បាន តើយើងធ្វើបែបណាទៅ?

N.C.: Pardon me, please but if the enemy harass us so we can't harvest, what will we do?

៧. ចៅហ្វាយខេត្ត. រឿងនេះខ្ញុំបាទរៀបចំទុកក្នុងវិធានការនោះរួចស្រេចហើយ។

P.C.: I've prepared for that in the measures (I mentioned) already.

៨. អ្នកកាសែត. និយាយពីប្រជារាស្ត្រ តើយើងមានការទាក់ទងយ៉ាងដូចម្ដេចដែរ សុំទោស។

N.C.: Speaking of the people, what are our relations with them, sir?

ថ្លើម	liver
ចិត្តថ្លើម	one's heart and mind
ច្បាស់លាស់	clear

៩. ចៅហ្វាយខេត្ត. ត្រង់ចំណុចនេះ រាស្ត្របានស្គាល់ចិត្តថ្លើមយើងច្បាស់លាស់ហើយ។

P.C.: With respect to this point, the people know our hearts and minds well.

NOTES FOR THE DIALOGUE

Note that this dialogue is in a formal style appropriate for press conferences, radio announcements, and other meetings and gatherings of an official or semi-official nature. Both the province chief and the members of the press use formal words and longish, rather literary-sounding sentences, since they are acquaintances of roughly equal status. Such a style would be appropriate for you to use in your contacts with officials and acquaintances of high social status, especially if they are older than you are.

SENTENCE NO. 1

Abstract noun compounds are frequently formed by combining សេចក្ដី 'matter' with an adjective, e.g., សេចក្ដីត្រេកអរ gladness, happiness. In English we can add -ness to most adjectives but not all to get a derivative noun, e.g., poor - poverty (not poorness). Similarly សេចក្ដី can be added to most Cambodian adjectives but not all to give an abstract noun.

SENTENCE NO. 2

The particle ទាន is used by a commoner to another commoner of substantially higher status or to a Buddhist monk and indicates considerable deference to the addressee. At the end of a clause or sentence it follows

everything else, including the final particles like ទេ or ឬ . At the beginning of an utterance ទាន may be used with a response particle បាទ or ចាស , e.g., បាទទាន ខ្ញុំទៅរកគាត់ហើយ។ 'Yes, sir I've already gone to look for him.'
There is no way to translate this easily into English; 'sir' helps but is confusing because it also translates លោក. Note that anyone with whom you use ទាន must also be addressed using the other formal words for normal activities like ជ្រាប instead of ដឹង 'to know' or ពិសា instead of ញ៉ាំ 'to eat.' ទាន is used only for high-ranking commoners and for Buddhist monks. There are other forms which are also appropriate for use with Buddhist monks and yet others for use with royalty. Cf.U.2 in the Grammatical Sketch.

DRILL ONE: Response (Formal Style)

គ្រូ: ក: ចុះផលស្រូវយ៉ាងណាទៅ ទាន?
(អស់លោកឃើញ , សម្បូណ៌ជាងមុន)
ខ: អស់លោកឃើញខ្លះស្រាប់ហើយ ផលស្រូវមុខជាសម្បូណ៌ជាងមុន។

MODEL: T: And what is the rice harvest like, sir?
(all you gentlemen see, more plentiful than before)
S: As all you gentlemen have seen in part, the rice harvest is more plentiful than before.

ក. ចុះសេដ្ឋកិច្ចស្រុកយើងយ៉ាងណាទៅ ទាន?
(អស់លោកអ្នកជ្រាប , មុខជាបានទាំមិនទាន)
អស់លោកអ្នកជ្រាបខ្លះហើយ សេដ្ឋកិច្ចស្រុកយើងមុខជាបានទាំមិនទាន។

ខ. ចុះនយោបាយបរទេសយ៉ាងណាទៅ បាន ?
(លោកជ្រាបតាមកាសែត , មានសង្គ្រាមច្រើន)
លោកជ្រាបតាមកាសែតខ្លះស្រាប់ហើយ នយោបាយបរទេស
មានសង្គ្រាមច្រើន ។

គ. ចុះវិធានការការពារប្រទេសយើងយ៉ាងណាទៅ បាន ?
(អស់លោកអ្នកឮ , មាំណាស់)
អស់លោកអ្នកឮខ្លះស្រាប់ហើយ វិធានការការពារប្រទេស
យើងមាំណាស់ ។

ឃ. ចុះក្រសួងមានសមត្ថកិច្ចយ៉ាងណាទៅ បាន ?
(លោកបានជ្រាប , មុខជាស្នួះ)
លោកបានជ្រាបខ្លះស្រាប់ហើយ ក្រសួងមានសមត្ថកិច្ចមុខ
ជាស្នួះ មិ

ង. ចុះការទាក់ទងនឹងប្រជារាស្ត្រយ៉ាងណាទៅ បាន ?
(អស់លោកបានជួប មាំណាស់)
អស់លោកបានជួបខ្លះស្រាប់ហើយ ការទាក់ទងនឹងប្រជា-
រាស្ត្រមាំណាស់ ។

SENTENCE NO. 6

Among the several ways to say 'I, me' you have learned formal ខ្ញុំ , familiar យើង , and superior to inferior អញ ways. In this lesson you learn a deferent way, the form that a social inferior would use with someone who is quite a bit above him on the social scale. A man says ខ្ញុំបាទ , and a woman says នាងខ្ញុំ . As a foreigner you are not likely to have occasion to use these very deferent forms; however, you should be able to recognize them in print and when you hear them.

In sentence 6 the correspondent is not really putting himself into a very inferior position, since the province chief is also using formal language with him. The use of ខ្ញុំបាទ here is only slightly deferent and very polite. On the other hand, even at his politest, the province chief would not use ខ្ញុំបាទ with the correspondent, unless the correspondent had some additional social position that outranked that of the province chief. You can see just from this kind of situation that the matter of appropriate style level in Cambodian is a very tricky and subtle one indeed, varying from person to person and relationship to relationship. The labels 'formal, non-formal, familiar, intimate, literary', etc., only begin to help with this problem, since words at one or more levels can be used in different ways depending on who is involved.

DRILL TWO: Substitution

គ្រូ: ក: ខ្ញុំត្រេកអរខ្លាំងណាស់ដោយបាន មកជួបអស់លោកអ្នក ។
(ដឹងថាផលស្រូវបានល្អឆ្នាំនេះ)
ស: ខ្ញុំត្រេកអរខ្លាំងណាស់ដោយបានដឹងថាផលស្រូវបានល្អឆ្នាំនេះ ។

MODEL: T: I am very pleased to meet all you ladies and gentlemen.
(to know that the rice harvest is good this year)
S: I am very pleased to know that the rice harvest is good this year.

ខ្ញុំត្រេកអរខ្លាំងណាស់ដោយបានដឹងថាផលស្រូវបានល្អឆ្នាំនេះ ។
ក. (ពេញចិត្ត)
ខ្ញុំពេញចិត្តខ្លាំងណាស់ដោយបានដឹងថាផលស្រូវបានល្អឆ្នាំនេះ
ខ. (ឮថាលោកអញ្ជើញមកដល់)
ខ្ញុំពេញចិត្តខ្លាំងណាស់ដោយបានឮថាលោកអញ្ជើញមកដល់ ។
គ. (សប្បាយ)
ខ្ញុំសប្បាយខ្លាំងណាស់ដោយបានឮថាលោកអញ្ជើញមកដល់
ឃ. (ប្រមូលស្រូវបានច្រើន)
ខ្ញុំសប្បាយខ្លាំងណាស់ដោយបានប្រមូលស្រូវបានច្រើន ។
ង. (ច្រូតស្រូវរួចមុនគេ)
ខ្ញុំសប្បាយខ្លាំងណាស់ដោយបានច្រូតស្រូវរួចមុនគេ ។
ច. (ឮមធ្យោបាយ)
ខ្ញុំសប្បាយខ្លាំងណាស់ដោយបានឮមធ្យោបាយនេះ ។

DRILL THREE: Transformation (Formal Style)

គ្រូ: ក: ខ្ញុំជំរាបអស់លោកមិនបានទេ ឥឡូវនេះ ។ (ស្ថានការណ៍នោះ)
ស: ពិតជាមកពីស្ថានការណ៍នោះហើយ បានជាខ្ញុំជំរាបមិនបាន ។

MODEL: T: I cannot tell you now. (that situation)

S: The fact that I cannot tell surely is a result of that situation.

ក. អ្នកស្រុកធ្វើស្រែមិនបានទេ ឥឡូវនេះ។ (អាពុកនោះ)
ពិតជាមកពីអាពុកនោះហើយ បានតែអ្នកស្រុកធ្វើស្រែមិនបាន។
ខ. ខ្ញុំទទួលទានបាយមិនសូវបានទេ ឥឡូវនេះ។ (ព្រួយចិត្ត)
ពិតជាមកពីព្រួយចិត្តហើយ បានតែខ្ញុំទទួលទានបាយមិនសូវបាន។
គ. គេលក់បន្លែផ្លែឈើមិនសូវដាច់ទេ ឥឡូវនេះ។ (ផលដំណាំសម្បូណ៌)
ពិតជាមកពីផលដំណាំសម្បូណ៌ហើយ បានតែគេលក់មិនសូវដាច់។
ឃ. ខ្ញុំមិនសប្បាយចិត្តសោះ ឥឡូវនេះ។ (បញ្ហានោះ)
ពិតជាមកពីបញ្ហានោះហើយ បានតែខ្ញុំមិនសប្បាយចិត្ត។
ង. រាស្ត្រធ្វើដំណើរមិនបានសោះ ឥឡូវនេះ។ (ខ្មាំងសត្រូវ)
ពិតជាមកពីខ្មាំងសត្រូវហើយ បានតែរាស្ត្រធ្វើដំណើរមិនបាន
ច. ខ្មាំងចូលក្នុងស្រុកមិនបានសោះ ឥឡូវនេះ។ (វិធានការនោះ)
ពិតជាមកពីវិធានការនោះហើយ បានតែខ្មាំងចូលមិនបាន។

DRILL FOUR: Substitution

គំរូ: ក: សេដ្ឋកិច្ចយើងមុខជាផុតពីមហន្តរាយ។ (ដំណាំស្រូវយើង)
ខ: ដំណាំស្រូវយើងមុខជាផុតពីមហន្តរាយ។

MODEL: T: Our economy will escape disaster.
(our rice crops)

S: Our rice crops will surely escape disaster.

ដំណាំស្រូវយើងមុខជាផុតពីមហន្តរាយ។
ក. ស្រូវស្រាលឆ្នាំនេះ
ស្រូវស្រាលឆ្នាំនេះមុខជាផុតពីមហន្តរាយ។
ខ. ស្រុកយើង
ស្រុកយើងមុខជាផុតពីមហន្តរាយ។
គ. មធ្យោបាយនេះ
មធ្យោបាយនេះមុខជាផុតពីមហន្តរាយ។
ឃ. សហករណ៍យើង
សហករណ៍យើងមុខជាផុតពីមហន្តរាយ។
ង. វិធានការនេះ
វិធានការនេះមុខជាផុតពីមហន្តរាយ។
ច. ប្រជារាស្ត្រយើង
ប្រជារាស្ត្រយើងមុខជាផុតពីមហន្តរាយ។

DRILL FIVE: Substitution

គ្រូ: ក: ត្រង់ចំណុចនេះ រាស្ត្របានស្គាល់ចិត្តថ្លើមយើងយ៉ាងច្បាស់ណាស់។
(អ្នកស្រុក)
ខ: ត្រង់ចំណុចនេះ អ្នកស្រុកបានស្គាល់ចិត្តថ្លើមយើងយ៉ាងច្បាស់ណាស់។

MODEL: T: With respect to that point, the people know our hearts and minds well. (the people of the country)

S: With respect to that point, the people of the country know our hearts and minds well.

ត្រង់ចំណុចនេះ អ្នកស្រុកបានស្គាល់ចិត្តថ្លើមយើងយ៉ាងច្បាស់ណាស់។

ក. រឿង

ត្រង់រឿងនេះ អ្នកស្រុកបានស្គាល់ចិត្តថ្លើមយើងយ៉ាងច្បាស់ណាស់។

ខ. យល់យោបល់

ត្រង់រឿងនេះ អ្នកស្រុកបានយល់យោបល់យើងយ៉ាងច្បាស់ណាស់។

គ. វិធានការ

ត្រង់វិធានការនេះ អ្នកស្រុកបានយល់យោបល់យើងយ៉ាងច្បាស់ណាស់។

ឃ. ផ្តល់យោបល់ឱ្យ

ត្រង់វិធានការនេះ អ្នកស្រុកបានផ្តល់យោបល់ឱ្យយើងយ៉ាងច្បាស់ណាស់។

ង. មិនច្បាស់ទេ

ត្រង់វិធានការនេះ អ្នកស្រុកបានផ្តល់យោបល់ឱ្យយើងមិនច្បាស់ទេ។

ច. ជឿ

ត្រង់វិធានការនេះ អ្នកស្រុកបានជឿយើងមិនច្បាស់ទេ។

DRILL SIX: Response

គ្រូ: ក: និយាយពីប្រជារាស្ត្រ យើងបានទាក់ទងដូចម្តេចដែរ?
(ស្គាល់ចិត្តថ្លើម)
ខ: ត្រង់ការទាក់ទងនឹងប្រជារាស្ត្រ យើងបានស្គាល់ចិត្តថ្លើមហើយ

MODEL: T: Speaking of the people, what kinds of relations do we have with them? (to know one's heart and mind)

S: As for relations with the people, we know their hearts and minds.

ក. និយាយពីផលស្រូវ យើងបានប្រមូលរួចហើយឬនៅ?
(ចាត់វិធានការ)
ត្រង់ការប្រមូលផលស្រូវ យើងបានចាត់វិធានការហើយ។

ខ. និយាយពីម៉ាស៊ីនច្រូតកាត់ស្រូវ យើងបានទិញពីគេទេ?
(ទាក់ទងនឹងគេ)
ត្រង់ការទិញម៉ាស៊ីនច្រូតកាត់ស្រូវ យើងបានទាក់ទងនឹងគេហើយ

គ និយាយពីគម្រោងការណ៍ យើងបានរៀបចំយ៉ាងម៉េចដែរ?
(ជួបជុំ)
ត្រង់ការរៀបចំគម្រោងការណ៍ យើងបានជួបជុំគ្នាហើយ។

ឃ. និយាយពីការពារ យើងបានប្រុងប្រយ័ត្នយ៉ាងម៉េចខ្លះ?
(ប្រាប់អ្នកស្រុក)
ត្រង់ការប្រុងប្រយ័ត្នការពារ យើងបានប្រាប់អ្នកស្រុកហើយ។

ង. និយាយពីផលស្រូវ យើងបានច្រូតកាត់ហើយឬនៅ?
(រកមធ្យោបាយ)
ត្រង់ការច្រូតកាត់ផលស្រូវ យើងបានរកមធ្យោបាយហើយ។

ច. និយាយពីស្រូវ យើងបានដាំយ៉ាងម៉េចទៅហើយ?
(រកមធ្យោបាយថ្មី)
ត្រង់ការដាំស្រូវ យើងបានរកមធ្យោបាយថ្មីហើយ។

READING PASSAGE 2

ដំណាំស្រូវ

ស្រូវជាដំណាំធំបំផុតនៅប្រទេសខ្មែរ។ ប្រជារាស្ត្រប្រហែល៩០% នៃប្រជាជនខ្មែរជាកសិករដែលប្រកបរបរខាងដំណាំស្រូវ។

កសិករភាគច្រើនប្រកបរបរដំណាំស្រូវ មិនមែនដើម្បីធ្វើជំនួញទេ តែគ្រាន់តែសម្រាប់ទុកបរិភោគនៅក្នុងគ្រួសារគេម្នាក់ៗប៉ុណ្ណោះ។ ជួនកាលគេលក់ខ្លះដែរ បើគេមានសល់ពីការបរិភោគ ឬគេត្រូវការលុយជាការចាំបាច់ ហើយគេគ្មានអ្វីឯទៀតយកទៅលក់។

ចំពោះរឿងលក់ផលដំណាំស្រូវ អ្នកស្រែមិនមែនមិនចង់ទេ គេចង់ស្ទើរតែគ្រប់គ្នា តែវាគ្មានសម្រាប់លក់។ ហើយរឿងគ្មានស្រូវសម្រាប់លក់នេះ មកពីទម្លាប់របស់កសិករម្នាក់ៗ។ កាលជំនាន់ចាស់បុរាណដែលស្រុកយើងកំពុងសម្បូណ៌សប្បាយ សន្តិភាព មិនសូវស្គាល់ការលក់និងទិញ, ពិតមែនតែប្រទេសខ្មែរមានប្រជាជនតិច និងសម្បូណ៌នូវដីស្រែ ខ្មែរម្នាក់ៗមិនសូវរវល់នឹងចង់បានដីស្រែច្រើនជាងការត្រូវការ ដើម្បីផ្តល់ផលស្រូវ សម្រាប់គ្រាន់តែការបរិភោគនៃគ្រួសាររបស់គេក្នុងមួយឆ្នាំៗទេ ព្រោះថាបើស្រូវនោះសល់ពីការបរិភោគ ក៏មិនដឹងយកទៅណាឬធ្វើអ្វីដែរ។ តាំងពីជំនាន់នោះមកដល់ប្រហែល ១៥ ឆ្នាំមុននេះ ទម្លាប់របស់កសិករក្នុងកិច្ចប្រកបរបរខាងដំណាំ ដូចជាមានការប្រែក្លាយបន្តិច គឺមានការវិវត្តក្នុងកិច្ចការនោះបន្តិច។ នេះគឺព្រោះតែការលក់ទិញដូរ បានជ្រាបចូលក្នុងភូមិនិមួយៗ ប្រជាជនខ្មែរក៏កើត

ច្រើនឡើង ដីស្រែក៏ស្ទើរតែអស់ជីជាតិនឹងផ្តល់ឲ្យដំណាំបានផល នឹងមូលហេតុផ្សេងៗទៀតដែលទើបនឹងកើតមានឡើង។ នៅពេលនោះ ការលក់ដូរផលដំណាំ ជាពិសេសស្រូវបានប្រព្រឹត្តទៅនៅតែក្នុងប្រទេសទេ ដូច្នេះឃើញថាការត្រូវការផលដំណាំ មិនច្រើនដល់ទៅបណ្តាលឲ្យកសិករត្រូវភ្ញាក់ប្រឹងប្រែងរិះរកយ៉ាងម៉ឺងម៉ាត់នូវមធ្យោបាយដើម្បីផ្លាស់ទម្លាប់ចាស់របស់គេចោលទេ។

មកដល់ឥឡូវនេះជាពេលដែលប្រទេសខ្មែរមានតែផលដំណាំសម្រាប់ពឹងផ្អែកដើម្បីជួយលើកស្ទួយសេដ្ឋកិច្ចយើង នឹងជាពេលដែលកំពុងមានផ្សាររបរទេសបើកទ្វារយ៉ាងធំទូលាយទិញផលនោះ កសិករយើងម្នាក់ៗនៅតែមិនអាចបញ្ចេញផលិតផលឲ្យបានសល់ ដើម្បីជួយស្រោចស្រង់ជាតិយើងខាងមាគ៌ាសេដ្ឋកិច្ច នឹងដើម្បីដឹកនាំយកទៅលក់នៅបរទេសនោះដែរ។ ដូច្នេះក្នុងពេលនេះយើងឃើញយ៉ាងច្បាស់ថា ការត្រូវការផលិតផលកសិកម្មនេះឡើងទៅដល់ចំណុចដែលអាចធ្វើឲ្យកសិករផ្លាស់របៀបនឹងទម្លាប់ចាស់របស់គេនោះហើយបាន។ គាត់ពិតម្នាក់ៗកំពុងរិះរកមធ្យោបាយដើម្បីនឹងផ្លាស់។ តែពេលនេះ តាមយើងយល់ ពិបាកជំរឿនការផ្លាស់ប្តូរនេះសម្រេចណាស់ ព្រោះប្រទេសខ្មែរមានប្រជាជនកាន់តែច្រើនណាស់ហើយ ទំហំដីស្រែដែលធ្លាប់អាចផ្តល់ផលនៅដដែល ហើយអ្នកដែលកំពុងកាន់កាប់ដីនោះ កាន់តែក្រទៅពុំអាចរកលុយទិញគ្រឿងម៉ាស៊ីនឬជីជាតិសម្រាប់ធ្វើដីឲ្យបង្កើននូវផលិតផលដំណាំបានឡើយ។

រឿងទាំងអស់នេះបញ្ជាក់ឲ្យឃើញថាការធ្វើឲ្យចំរើនខាងផលិតផលកសិកម្មដែលជាមូលដ្ឋានសេដ្ឋកិច្ចខ្មែរស្ថិតនៅលើការរិះគិតនឹងជាករណីយកិច្ចរបស់រដ្ឋាភិបាល។

<u>NOTES FOR READING PASSAGE 2</u>

<u>Paragraph 1</u>. In lesson E6 you learned ទេសចរណ៍ 'tourism,' and in lesson 45 of the basic module you had ទេសចរ 'tourist.' These two words are pronounced the same: /teehsaecɔɔ/, but in writing the suffixes ចរណ៍ 'activity' and ចរ 'agent' are different. A similar situation obtains with កម្ម 'activity' as in កសិកម្ម 'agriculture' and the corresponding form ករ 'agent, one who does,' e.g. កសិករ 'farmer.' Likewise បាតុកម្ម 'demonstration' and បាតុករ 'demonstrator.'

<u>Paragraph 3</u>. <u>Sentence 1:</u> Note the use of មិនមែន to mean 'it is not the case that ...' Thus in this sentence there is a sequence of two negatives: អ្នកស្រែមិនមែនមិនចង់ទេ which is translated 'it is not the case that the farmers don't want to', មិនមែន 'it is not the case that' need not be followed by another negative; the following example is also grammatical:

អ្នកស្រែមិនមែនចង់ទេ ។

It is not the case that the farmers want to.

This is a more emphatic negative than

អ្នកស្រែមិនចង់ទេ ។

The farmers don't want to.

READING PASSAGE 3

ខ្មែរបរិភោគបាយច្រើន

ខ្មែរភាគច្រើនបរិភោគបាយច្រើនជាងម្ហូប ។

នេះមិនមែនមានន័យថា មកពីសេចក្ដីទុក្ខក្រ ឬនៅប្រទេសខ្មែរមិនសូវសម្បូណ៌នូវត្រីសាច់ទេ ។ នេះមកពីទម្លាប់របស់ខ្មែរ ។

យើងបានដឹងស្រាប់ហើយថា ខ្មែរភាគច្រើនមិនសម្លាប់សត្វទេ ។ ដូច្នេះរឿងម្ហូបនេះដូចជាពិបាកណាស់ ជាពិសេសចំពោះមនុស្សដែលរស់នៅឆ្ងាយពីផ្សារពេក ។

ប្រជាជនខ្មែរផ្នែកនេះដែលសំខាន់ជាងគេ គឺជាផ្នែកខាងចំនួនមនុស្សជិត ៩០% នៃប្រជាជនខ្មែរទាំងអស់នោះ មិនសូវបានបរិភោគសាច់ទេ។ ម្ហូបរបស់គេ ភាគច្រើន ច្រើនតែត្រី ។ ហើយចំពោះប្រជាជនផ្នែកនេះទៀតពិតមែន តែម្ហូបរបស់គេភាគច្រើនជាត្រីមែន តែគេនៅតែពិបាកដែរបើកាលណាត្រីស្ងួតនៅរស់ ។ ព្រោះត្រីដែលនៅរស់ ដើម្បីធ្វើឲ្យទៅជាម្ហូប ពិបាកណាស់ដែរគឺពិបាករកអ្នកសម្លាប់ ។ ធម្មតាមនុស្សចាប់តាំងពីអាយុ ២៥ ឆ្នាំឡើងទៅមិនសម្លាប់សត្វទេ ដោយសារសាសនា ។ ដូច្នេះបើក្មេងៗនៅផ្ទះ ឬជាអ្នកធ្វើបាយ គេអាចសង្ឃឹមថាគេប្រហែលមិនបរិភោគបាយស៊ូទ្រាំពេក តែបើនៅផ្ទះមានតែចាស់ៗ ដែលតែងតែជាអ្នកនៅផ្ទះនិងអ្នកធ្វើបាយដែរនោះ គេប្រហែលជាជៀសបរិភោគបាយទទេមិនសូវរួចប៉ុន្មានទេ ។ ដោយបរិភោគតែបាយទទេយ៉ាងនេះ គេត្រូវបរិភោគឲ្យបានច្រើនដើម្បីឲ្យមានកម្លាំង ។

ប្រជាជនទាំងនោះមានចិញ្ចឹមមាន់ស្ទើរតែគ្រប់គ្នា ។ មានផ្ទះខ្លះមានមាន់ច្រើនពេកផង ។ តែរឿងយកសាច់មាន់ទៅធ្វើម្ហូប មិនសូវមានទេ ។ ហើយនេះទៀតមិនមែនមានន័យថា គេមិនចូលចិត្តទេ ។ តាមពិតសាច់មាន់ជាអាហារមួយគេចូលចិត្តណាស់ តែរឿងសម្លាប់ទេ ដែលជាបញ្ហា ។

បើត្រីឬមាន់គេមិនហ៊ានសម្លាប់ទៅហើយ យើងមិនបាច់និយាយ

គឺរឿងសម្លាប់គោឬជ្រូកទេ។ ជនជាតិខ្មែរភាគច្រើននេះបានបរិភោគសាច់គោ សាច់ជ្រូក ច្រើនតែនៅពេលបុណ្យទានដែលជាពេលពិសេសនោះ។ នៅពេលនេះ បើគេត្រូវសម្លាប់ជ្រូកឬគោ គេត្រូវផឹកស្រាទាល់តែជិតស្រវឹងទើបគេហ៊ាន។

ដូច្នេះរឿងទាំងអស់ដែលបាននិយាយមកនេះ ជាសក្ខីភាពមួយបង្ហាញឲ្យឃើញថា ខ្មែរភាគច្រើនបរិភោគបាយច្រើនជាងម្ហូប។

NOTES FOR READING PASSAGE 3

This paragraph is based on the fact that the vast majority of Cambodians are Buddhists. Buddhism forbids killing, which puts religious Buddhists in a bad position for getting meat if a non-Buddhist is not around to kill for them. Children can kill for their elders because the children have a whole lifetime to work off the consequences of their sin. Also, children are generally less pious than their elders.

VOCABULARY

ករណីយកិច្ច — duty, function, role

  ករណីយ៍ — duty, something required; matter, act, cause, reason

កសិករ /ka?si?kɔɔ) — farmer, peasant

  -ករ (H) — agentive suffix with certain roots

ការកិច្ច (= កិច្ចការ) — work, job, matter

ក្របខណ្ឌ — framework

  ក្រប — frame

  ខណ្ឌ — limit, partition, period

ក្រសួងការពារប្រទេស — Defense Ministry

ខ្ញុំបាទ — I (male) (deferent)

គឺជា (= ជា) — to be

គ្រប់គ្នា — all (used for people)

ចាត់វិធានការ — to take measures

ចិត្តថ្លើម — one's heart and mind

  ថ្លើម — liver

	ច្បាស់ក្រឡែត	as clear as black on white
*	ក្រឡែត	wide-open, bright
	ច្បាស់លាស់	clear
	ច្រូតកាត់	to harvest by cutting
	ច្រូត	to harvest
	ជង្រុក	granary
	ជនជាតិ	the population of a country
	ជីជាតិ	fertilizer
	ជ្រាប	permeable; to permeate
	តម្កល់	to store; to put a wedge under
	កល់	to make even, level
	ត្រេកអរ	delighted, very happy
*	ត្រេក	to want (poetic)
	ទមិឡអន្ធេតិរ្ថិយ ឬ -រ្ថិយ៍	savage and bestial
	ទមិឡ	savage, barbarous, uncivilized
*	អន្ធេតិរ្ថិយ /kədeethɛy, ɔndeerəthɛy/	bestial
	ទាន	very deferent particle; charity, alms
	នាងខ្ញុំ	I (female) (deferent)
	នាទី	scope, domain, time in power
	បូរណភាព (or បូរាណភាព)	integrity
	ប្រជាជន	the people
	ប្រមូល (< មូល)	to gather, to collect
	ប្រឹងប្រែង	to try, to make an effort
	ប្រឹង	to try, to make an effort
	ផ្ទាល់	personal, relating to
	ពិតជា	surely, certainly
	ពឹងផ្អែក	to depend on
	ផ្អែក (សើ)	to lean on
	ពោធិ៍សាត់ /	Pursat (Cambodian province)
	ភាតរភាព /phiatrəphiap/	brotherhood, fraternity
*	ភាតរៈ /phiatəréˀ/	sibling, relation (literary)
	ភារកិច្ច /phiaréˀkec/	duty
	ភារៈ /phiaréˀ/	duty
	មាំ	definite, firm, strong
	ម៉ឺងម៉ាត់ (or ហ្មឺងហ្មាត់)	serious, severe
	ម៉ឺង	firm, stubborn
*	ម៉ាត់ (H)	AC

រាល់រៀងខ្លួន	each one
រៀង	consecutively, in order
រួមជាមួយគ្នានឹង	together with
រួម	to join
លទ្ធផល /lattəphɔl/	result, product, outcome
* លទ្ធ /latté?/	decision, result
សក្ខីភាព	evidence
* សក្ខី (H) (. សាក្សី)	witness
សមភាព /saməphiap/	equality
* សមៈ /samé?/(H)	equal, same
សហករណ៍ /saha?kɔɔ/	a co-operative (organization)
ករណ៍ (H)	nominalizing suffix
សាន្តត្រាណ	peaceful, calm
* ត្រាណ	RC[1]
សាសនា	religion
សុភមង្គល	happiness, good fortune
សុភៈ /sophé?/	good
មង្គល	prosperity, progress, health
សៀមរាប	Siem Reap (Cambodian province)
ស្ទួយ	to lift, to raise (by supporting from below); figurative: to spoil, to indulge
ស្រូវស្រាល	early maturing rice (opposite: ស្រូវធ្ងន់ 'late maturing rice')
ហ្មឹងហ្មាត់	serious, severe
ហ្មឹង	firm
* ហ្មាត់(H)	AC
អន្យតិរ្ថីយ៍ /ɔndeerəthɛy/ read /kədeethɛy/ spoken	bestial
អព្យាក្រឹត្យ	neutrality
* អព្យា	unclear (literary)
ក្រឹត្យ	rule, law (formal)
អស់លោកអ្នក	ladies and gentlemen
អស់លោក	all you gentlemen
ឯករាជ្យ	independent, independence
* រាជ្យ	period of reign of a king

[1] The symbol RC is used for a rhyming component of a compound. Such a component has no independent meaning.

APPLICATIONS

1. Define or describe the following:

ករណីយ	កសិករ	ក្រប	ខណ្ឌ
ខ្ញុំបាទ	គឺជា	ក្រសួងការពារប្រទេស	
ច្រូត	ជង្រុក	ដីជាតិ	ជនជាតិ
កម្ពស់	ជ្រាប	កល់	ត្រេកអរ
ទមិឡអន្យត្តិរិយ	នាងខ្ញុំ	នាទី	ប្រជាជន
ប្រមូល	ច្រើន	ពឹងផ្អែក	ភាតរភាព
ភារកិច្ច	មាំ	ម៉ឺងម៉ាត់	រូប
លទ្ធផល	សមភាព	សហករណ៍	សាន្តត្រាណ
សុភមង្គល	ស្ងួយ	ស្រូវស្រាល	ស្រេច
អញ្ញាក្រឹត្យ	ឯករាជ្យ	ក្រឹត្យ	ភារៈ

2. Use in a sentence:

ករណីយកិច្ច	ខ្ញុំបាទ (... នាងខ្ញុំ)	គឺជា	ចិត្តថ្លើម
ច្បាស់លាស់	ជង្រុក	ជនជាតិ	ដីជាតិ
ជ្រាបចូល	ត្រេកអរ	នាទី	បរណភាព
ច្រើនក្រៃលែង	ពិតជា	ភាតរភាព	រាល់ឡើងខ្លួន
ត្រៀង	រួមជាមួយគ្នានឹង		សុភមង្គល
ស្ងួយ	ហ្វឹកហាត់	អញ្ញក្រឹត្យ	

3. Give a word or phrase with contradictory meaning:

គឺជា	ច្បាស់	ច្រូត	ជ្រាប
ត្រេកអរ	ទមិឡអន្យត្តិរិយ៍	ពឹងផ្អែក	មាំ
រួមជាមួយគ្នានឹង	មូលហេតុ	សាន្តត្រាណ	សុភមង្គល
ស្រូវស្រាល	ឯករាជ្យ		

4. Rewrite the following sentences in formal style:

a. ខ្លួនមិនទៅប្រាប់ចៅហ្វាយខេត្តទេរាស់ ?
b. ប្រពន្ធអញឲ្យថ្ងៃតែអញឲ្យធ្វើបាយស៊ី ។
c. និយាយអញ្ចឹង អាណាឲ្យវាចូលក្នុងផ្ទះ !
d. ហាំងម៉េចបានជាវ៉ឹងមិនឲ្យគេដឹង វាលឺប៉ុន្មះដង ?
e. គ្នាប្រាប់អាពុកគ្នាមុន បានគ្នាឲ្យឯងទៅជួបគាត់ ។

5. You are from a rural area and have come to Phnom Penh for the first time to get a birth certificate for your child, who wishes to enter school. You are talking to a quarter chief. You should be quite deferent as you:

   a. Ask if the quarter chief is the one who can help you get a birth certificate made.
   b. Tell him that your child was born in Takeo in Kompong Chuuk Hamlet and is 5 years old.
   c. Ask the quarter chief how much you have to pay.
   d. Ask what to do next.

(If the teacher wishes, he can take the role of the quarter chief and extend this exercise by acting out roles with the students.)

6. If កសិកម្ម is 'agriculture' and កសិករ is 'farmer,' and

a. if បាតុកម្ម is 'demonstration' what is demonstrator?
b. if ឧស្សាហកម្ម is 'industry' what is 'industrialist'
c. if ពាណិជ្ជកម្ម is 'business,commerce' what is 'businessman'
d. if ឃាតកម្ម is 'murder' what is 'murderer'

7. Negate the following with មិនមែន

a. គាត់មិនស្គាល់វាទេ ។
b. យើងមិនសូវរវល់ទេ ។
c. ព្រឹកនេះខ្ញុំមកមិនទាន់ម៉ោងទេ ។

8. Fill in the blanks with the appropriate first-person pronoun:

a. ___ បានជំរាបលោកអភិបាលខេត្តស្រេចហើយអំពីរឿងនេះ ។
b. ___ បានផ្ញើឲ្យឯងហើយ តែឯងមិនយក ។
c. ម៉េចបានតែឯងមិនមកលេងផ្ទះ ___ ?
d. លោកទទួលសំបុត្រ ___ ហើយឬនៅ?
e. ___ ចាំមិនចង់ផ្ញើ នៅតែឲ្យ ___ ផ្ញើទៀត ។
f. អារឿងនេះបើឯងមិនចង់ផ្ញើ ទុកឲ្យ ___ វិញ ។

9. Fill in the blank(s) with the appropriate word(s) given below.

a. ខ្ញុំមានសេចក្ដីត្រេកអរខ្លាំងណាស់ ___ បានដឹង ___ លោកទាំងអស់ ___ ជួយចាត់វិធានការនេះ ។
(ដោយ , ព , ជា , គ្នា)
(នេះ , តាំង , ក៏ , នឹង)

b. រឿងខ្វះស្រូវនៅខេត្តកំពង់ធំ ពិត ___ មកពីបញ្ហាខ្វះទឹក ។
(តែ , គឺ , ជា)

c. គ្រួសារលោកមុខជាជៀសផុត ___ សេចក្ដីទុក្ខក្រជា ___ ខាន ។
(នៃ , ទៅ , ពី , មិន , ក៏)

d. ខ្ញុំ ___ សុំជំរាបលោកអភិបាលក្រុងជាលើកក្រោយបំផុត ។
(ខាន , ចាំ , បាន)

e. បើខ្មាំងរំខាន ___ ឲ្យអ្នកស្រុកធ្វើអ្វី ___ ដូចច្បូតកាត់ស្រូវជាដើម គេត្រូវចាត់វិធានការការពារដំណាំគេ ។
(មួយ , ខ្លះ , មិន , ចង់)

f. ខ្ញុំបានឲ្យប្រពន្ធទៅជួបលោកមេឃុំហើយ ___ ។
(ខាន , ចាំ , បាន)

g. ក្រសួងការពារប្រទេស ___ ជានឹងចាត់វិធានការការពារផលស្រូវជា ___ ខាន ។
(នឹង , ត្រូវ , គួរ , មិន , មុខ)

h. ពួកទមិឡចង់វាយយកខេត្តខ្លះដើម្បីទុកធ្វើជាស្បៀង ___ វា ។
(របស់ , នៃ)

i. ពួកអ្នកស្រុកបានបញ្ចេញ ___ គំនិតយោបល់ផ្ទាល់ខ្លួនជំរាបទៅក្រសួងកសិកម្ម ។
(នូវ , អំពី)

j. បើខ្វះប្រដាប់ប្រដា អ្នកស្រែធ្វើស្រែមិន ___ ទេ ។
(បាន , កើត)

10. Reoruer the members of the following sets of words to make Cambodian sentences.

a. កសិកម្ម , ឲ្យ , មាន , ច្រើន , លទ្ធផល , ឆ្នាំ , ធ្វើ , សង្ឃឹម , ណាស់ , នៃ , នេះ , យើង ។

b. ការ , ស្រូវ , ទៅជា , ទៀត , ផ្តល់ , លែង , ហើយ , ផល , បញ្ហា ។

c. យើង , ចិត្ត , ក្នុង , ការ , ជាតិ , ត្រូវ , ទុក , ការ , យក , ពារ , ដាក់ ។

d. សហករណ៍ , ស្រូវ , យកចិត្ត , ការ , ដែរ , វិញ , ប្រមូល , ទុក , ក្នុង , ក៏ , នេះ , ត្រូវ , ដាក់ ។

e. កំពុង ៗ , វិធាន , តែ , ក្រសួង , ការ , មាន , នោះ , ប្រុង , សមត្ថកិច្ច , ចាត់ , ប្រៀប ។

f. ស្រូវ , ពោត , ជ័រ , ទេស្ត , ចំប៉ុត , បាត់ដំបង , មាន , ម៉ឹង , វិធានការ , ម៉ាត់ , ទី ។

11. Find out the answers to the following from your teacher:

a. What are the main agricultural products of the area your teacher comes from?

b. Has your teacher ever worked on a farm? When?

c. In your teacher's area are the farming methods traditional or are modern methods beginning to infiltrate?

d. When a man dies, is his land divided among his heirs or does one member of the family benefit more than the others?

e. Do male and female heirs share equally?

f. Nowadays, how do the children of farmers feel about following in their parents' footsteps?

g. Who is likely to migrate to the cities in peacetime? Why? What countermeasures does the government take?

h. Is there much migration from the cities to the country? Why do people leave the cities?

i. What are the farmer's main problems?

j. What can the farmer do to solve them? What does the government do?

k. What advantages does your teacher see in farming as opposed to city occupations?

ANSWERS

4.

a. លោកមិនទៅជំរាបលោកចៅហ្វាយខេត្តទេឬ?
b. ប្រពន្ធខ្ញុំប្រើតែខ្ញុំឲ្យធ្វើបាយទទួលទាន ។
c. និយាយអញ្ចឹង អ្នកណាឲ្យគាត់ចូលក្នុងផ្ទះ!
d. ហាំងម៉េចប៉ានពូមិនឲ្យគេកាព រាល់ថ្ងៃ:ដឹង?
e. ខ្ញុំជំរាបឪពុកខ្ញុំមុន បានខ្ញុំអញ្ជើញលោកទៅជួបគាត់ ។

6.

a. បាតុករ
b. ឧស្សាហករ
c. ពាណិជ្ជករ
d. មហាដ៏ករ

7.

a. គាត់មិនមែនមិនស្គាល់វាទេ ។
b. យើងមិនមែនមិនសូវរវល់ទេ ។
c. ព្រឹកនេះខ្ញុំមិនមែនមកមិនទាន់ម៉ោងទេ ។

8.

a. ខ្ញុំ b. អញ c. អញ d. ខ្ញុំ

e. ខ្ញុំ , ខ្ញុំ f. អញ

9.

a. ដោយ, ថា, គ្នា b. ជា c. ពី , មិន d. បាន

e. មិន , ជួយ f. ទាន g. មុខ , មិន h. របស់

i. នូវ j. កើត ។

10.

a. លទ្ធផលនៃកសិកម្មឆ្នាំនេះ ធ្វើឲ្យយើងមានសង្ឃឹមច្រើនណាស់ ។

b. ការផ្តល់ផលស្រូវលែងទៅជាបញ្ហាទៀតហើយ ។

c. យើងត្រូវយកចិត្តទុកដាក់ក្នុងការការពារជាតិ ។

d. រីឯសហករណ៍ប្រមូលស្រូវ ក៏ត្រូវយកចិត្តទុកដាក់ក្នុងការនេះដែរ ។

e. ក្រសួងមានសមត្ថកិច្ចកំពុងតែប្រុងប្រៀបចាត់វិធានការនោះ ។

f. ខេត្តបាត់ដំបងត្រូវមានវិធានការយ៉ាងម៉ឺងម៉ាត់ជាទីបំផុត ។

ដកសំណាប Rice transplanting

LESSON EIGHT

THE LUMBERING INDUSTRY

a. Are Cambodian houses different in the city and in the country?

b. What kind of furniture would a poor person's house have? a rich person's house?

c. Where in the country does most of the lumber come from?

d. What happens to it after it passes through the sawmills?

READING PASSAGE 1

គេនិយាយអំពី **ឈើហ៊ុប**

ក្នុងកាលៈទេសៈដែលប្រទេសយើងកំពុងជួបប្រទះ នូវវិបត្តិមួយយ៉ាងធ្ងន់ក្នុងវិស័យសេដ្ឋកិច្ច មានដំណឹងមួយលេចឮឡើងថា មានឈ្មួញឈើខ្លះ (*Exploitant forrestier*) បានឆ្លៀតប្រើកលល្បិចបន្លំ បំបាត់ចំនួនដើមឈើដែលដឹកនាំមកពីតំបន់អសន្តិសុខ មកកាន់ក្រុងកំពង់ចាម ។

ដំណឹងនេះ បានចោទជាបញ្ហាដល់ឈ្មួញឈើដទៃទៀតជាច្រើន ។ ខ្លះយល់ថា ឈ្មួញឈើម្នាក់នោះ ត្រូវរ៉ូវជាមួយយៀកកុង ទើបបានអាចចូលទៅកាប់ឈើក្នុងមណ្ឌលអសន្តិសុខនោះបាន ។ ខ្លះទៀតយល់ថា ចំនួនឈើហ៊ុបដ៏ច្រើននោះ **លុះណាតែចងក្បួនចូលស៊ីយ៉ាងច្រើន ទើបអាចនាំយកមកបាន ។**

លុះដល់នាំយកមកបានហើយ ឈ្មួញឈើនោះបែរជាផ្សាយដំណឹងថា ឈើហ៊ុបរបស់ខ្លួន បានបាត់អស់ជាច្រើនរយដើម ។ កំណាត់ឈើដែលបាត់នោះ បើគិតជាប្រាក់ប្រហែលជាងប្រាំលាន (៥.០០០.០០០១០០) រៀល ។

ថៅកែឈើមាត់រអិលខ្លះ បានបញ្ចេញយោបល់ថា ការបាត់ឈើដែលមានចំនួនជាទឹកប្រាក់ជាង ៥ លានរៀលនេះ គឺជាល្បែងថ្មីនៃភ្នាក់ងាររដ្ឋការមានសមត្ថកិច្ច យ៉ាងចំឡែកអស្ចារ្យ ។ អ្នករអ៊ុលរអ៊ុំខ្លះថា បើគិតជាប្រាក់ដែលត្រូវបង់ជូនរដ្ឋការវិញ ក៏មានចំនួនជាច្រើនសែនរៀលដែរ ។

អ្នកមានការពិសោធខ្លះយល់ថា បើឈើដែលចង ជាសំណៅគ្រប់ ហើយដូចនេះ មិនងាយនឹងចោរលួចបានឡើយ។ គេថាកាណូតឬកប៉ាល់ ក៏មិនងាយនឹងស្កាត់បណ្ដាច់យកកំណាត់ឈើខ្លះ ហើយទុកខ្លះផ្ទេះ កើតដែរ ។ តែនេះប្រហែលជាកលល្បិច របស់ឈ្មួញឈើនោះ ដែលចង់បន្លំភ្នាក់ងាររដ្ឋការមានសមត្ថកិច្ច របស់យើងទេដឹង ?

ទោះជាយ៉ាងណាក៏ដោយ ហើយពាក្យលេចឮនេះ ពិតឬមិនពិតក៏ដោយ យើងសូមទាញអារម្មណ៍អ្នករដ្ឋការមានសមត្ថកិច្ច ជាសូមពិនិត្យរឿងនេះផង ដើម្បីកុំឲ្យរដ្ឋការយើង ចាញ់បោកឈ្មួញទុច្ចរិត ។

ត្រចៀកឆិញ

NOTES FOR READING PASSAGE 1

Column 1 Line 12: បាន in this sentence means to get to "(do something desired)." This is why it co-occurs with អាច 'to be able to.' When បាន means 'past action' it does not co-occur with another preverbal auxiliary like អាច or ចង់.

Column 2 Line 4: Note that គឺជា is the same as គឺ.

Column 2 Line 11: Note the new construction consisting of an adjective followed by នឹង plus a clause:

មិនងាយនឹងចោរលួចបានឡើយ ។

It's not easy for a thief to steal.

Column 2 Line 17: ដឹង at the end of a sentence is a final particle with a meaning of doubt or uncertainty something like 'who knows?.' e.g.,

ប្រហែលមិនមកថ្ងៃនេះទេដឹង ?

Maybe they won't come today - who knows?

Column 2 Line 19: In the first paragraph of this passage you read the term លេចឮ 'to be heard.' In this last paragraph the term ពាក្យ លេចឮ refers to what was heard in the first paragraph. Note that the word ពាក្យ does not simply mean 'word' as you have heard so far: in fact it is used in the sense of utterance or text, e.g.,

ពាក្យដែលលោកនិយាយទាំងប៉ុន្មាន ខ្ញុំយល់ព្រមទាំងអស់ ។

I'll agree to anything you say.

As in this passage it may be modified further so that literally ពាក្យលេចឮ 'rumor' means 'the heard utterance or remarks,' and likewise ពាក្យចចាមអារាម means 'rumor' also.

Note also that the word លេចឮ can also have the meaning of 'to be leaked out as a rumor' e.g., a leak of government secret.

DIALOGUE

រឿងដឹកឈើ

(Intimate Style)

	ថៅកែ	tycoon, businessman
១. អាឡប់.	អញឆ្ងល់ណាស់កាំ លោកថៅកែនៅតែដឹកឈើហ៊ុបមកបាន ។	I really wonder about that businessman who is still able to bring in lumber.
	អាប្រុស	you (see note)
	កល	trick
	ល្បិច	stratagem
	កលល្បិច	trick, stratagem
២. អាខ្មៅ.	អាប្រុស បើអាឯងជាឈ្មួញ ត្រូវតែចេះធ្វើកល ល្បិចខ្លះ ។	If you were a businessman, you'd need to know some tricks.
	គ្រាន់បើ	better, pretty good
	ធ្វើ	try, let's see you...(familiar)
៣. អាឡប់.	បើអាឯងគ្រាន់បើ ធ្វើ ប្រាប់អញពីអាកលនោះមើល៍	If you're so good, let's see you tell me about those tricks.
	ល្បែង	game
	ស្ដិន (ថ្កិន)	sleight-of-hand
	លាម	stupid, foolish
	អាលាម	stupid, dummy
៤. អាខ្មៅ.	អារឿងហ្នឹង គឺគេលេងល្បែងស្ដិនភ្នែកណា អាលាម ។	Oh that - they use sleight-of-hand, dummy.
	ឲ្យតែ ... ចុះ ...	if you keep (verb)+ ing
	ស្លិល (រអិល)	to slip; slippery
	មាត់ស្លិល	loose-mouthed, can't keep a secret, to put one's foot in one's mouth.
៥. អាឡប់.	តែង ឲ្យតែមាត់ស្លិល អញ្ចឹងចុះ ប្រយ័ត្ន ។	Just be careful not to put your foot in your mouth.
	ប៉ិន	skillful, clever
	ប្រសប់	skillful, clever
	ប៉ិនប្រសប់	skillful, clever

៦. អាឡៅ. ប្រយ័ត្នអី? អាល្បែងល្បិន ក្លែកនោះគឺប៉ិនប្រសប់ណាស់។	Careful of what? Those sleight-of-hand tricks mean skill and intelligence.
៧. អាឡុច. ចេះតែគ្រាន់បើហើយ។	You always have to have the last word.
ណែ	well, so, ah
កាប៉ិកកាប៉ុក	trivial, small-time
៨. អាឡៅ. ណែ អារឿងនាំឈើហ្នឹង ជារឿងកាប៉ិកកាប៉ុកទេ។	Ah, that business of transporting lumber is trivial, anyway.

<u>SENTENCE NO. 2</u> អាប្រុស and អាស្រី are intimate address forms used to young people by older relatives.

<u>DRILL ONE</u>: <u>Substitution</u> (Intimate Style)

គំរូ: ក: អាប្រុស បើអាឯងជាឈ្មួញត្រូវតែចេះកលល្បិចខ្លះ។
(អ្នកនាំឈើ , ពីឈើ)
ខ: អាប្រុស បើអាឯងជាអ្នកនាំឈើត្រូវតែចេះពីឈើខ្លះ។

MODEL: T: If you were a businessman, you'd have to know some tricks. (transporter of lumber, about wood)

S: If you were a transporter of lumber, you'd have to know about wood.

អាប្រុស បើអាឯងជាអ្នកនាំឈើត្រូវតែចេះពីឈើខ្លះ។

ក. អ្នកចាយ , រកលុយ
អាប្រុស បើអាឯងជាអ្នកចាយត្រូវតែចេះរកលុយខ្លះ។

ខ. ចោរ , លួច
អាប្រុស បើអាឯងជាចោរត្រូវតែចេះលួចខ្លះ។

គ. ទាហាន , បាញ់
អាប្រុស បើអាឯងជាទាហានត្រូវតែចេះបាញ់ខ្លះ។

ឃ. អ្នកធំ , ប្រើមនុស្ស
អាប្រុស បើឯងជាអ្នកធំត្រូវតែចេះប្រើមនុស្សខ្លះ។

ង. អ្នកដើរលេង , ខូច
អាប្រុស បើឯងជាអ្នកដើរលេងត្រូវតែចេះខូចខ្លះ។

ច. ចៅហ្វាយ , ប្រាប់គេ
អាប្រុស បើឯងជាចៅហ្វាយត្រូវតែចេះប្រាប់គេខ្លះ។

SENTENCE NO. 4 As you already have seen, Cambodian words often occur in sets which are related through a root word, and have a related meaning, e.g., កើត 'to be born' កំណើត 'birth.' In this example the root word is កើត and the derivative is កំ-ណើត, which is formed by an infix /-omn-/. In many other cases the derivative is formed by a prefix, e.g. បង្កើត 'to cause to be born.' in which the prefix is បង់- . In a few relatively rare cases infixing may be accompanied by a vowel change, e.g., លេង 'to play' but ល្បែង 'a game' as in this lesson. In this case the root word is លេង . Another such pair is រាំ 'to dance' របាំ '(a) dance.'

SENTENCE NO. 5 The idiom ឲ្យតែ verb + verb phrase + ចុះ + clause means 'if you insist on ...-ing, (something) will happen to you.' It has a connotation of threat.

DRILL TWO: Transformation (Intimate Style)

គំរូ: ក: ឯងមាត់រអិលណាស់។ (គេឈប់និយាយរក)
ខ: ឯង ឲ្យតែមាត់រអិលអញ្ចឹងចុះ ប្រយ័ត្នគេឈប់និយាយរក។

MODEL: T: Your foot is always in your mouth. (they'll stop talking to you)

S: If you keep talking carelessly, be careful they'll stop talking to you.

ក. ខ្លួនខ្ជិលធ្វើការណាស់។ (មិនបានឡើងប្រាក់ខែ)
ខ្លួន ឲ្យតែខ្ជិលធ្វើការអញ្ចឹងចុះ ប្រយ័ត្នមិនបានឡើងប្រាក់ខែ
ខ. យើងប៉ុនបោកគេណាស់។ (គេធ្វើបាបម្តង)
យើង ឲ្យតែប៉ុនបោកគេអញ្ចឹងចុះ ប្រយ័ត្នគេធ្វើបាបម្តង។
គ. ឯងឲ្យគេធ្វើការច្រើនណាស់។ (គេដើរចេញ)
ឯង ឲ្យតែឲ្យគេធ្វើការច្រើនអញ្ចឹងចុះ ប្រយ័ត្នគេដើរចេញ។
ឃ. ខ្លួនមិនគិតរឿងសុបរសោះ។ (រកបាយស៊ីគ្មាន)
ខ្លួន ឲ្យតែមិនគិតរឿងសុបរអញ្ចឹងចុះ ប្រយ័ត្នរកបាយស៊ីគ្មាន។
ង. ឯងចូលដៃគេជួលបនិច។ (ពួកយើងស្អប់)
ឯង ឲ្យតែចូលដៃគេអញ្ចឹងចុះ ប្រយ័ត្នពួកយើងស្អប់។
ច. ប្អូនមិនខំរៀនសោះប៉ុន្មានថ្ងៃហ្នឹង។ (ប្រឡងធ្លាក់)
ប្អូន ឲ្យតែមិនខំរៀនអញ្ចឹងចុះ ប្រយ័ត្នប្រឡងធ្លាក់។

SENTENCE NO. 7 You have already learned that ចេះតែ means 'always' in pre-verbal position. This is true but it is not the whole story. There are two components to its meaning which have not yet been discussed. ចេះ + verb can mean 'to (verb) without being told to,' e.g. ប្រពន្ធខ្ញុំចេះបានទៅទិញម្ហូបទុក កុំអីគ្មានអីញុាំទេថ្ងៃនេះ។

If my wife hadn't gone to get food, we wouldn't have anything to eat today.

This component of meaning occurs in ចេះតែ strongly in some cases, e.g., ប្រពន្ធខ្ញុំចេះតែទៅទិញម្ហូបទុក។

My wife always goes to buy food in advance.

The other component of meaning comes from the literal translation of ចេះតែ 'to know how to ... only,' e.g.,

គាត់ចេះតែដើរលេងប៉ុណ្ណោះទេ។

All he knows how to do is go out for fun.

Thus, when ចេះតែ means 'always,' it frequently has the connotation 'to the exclusion of other activities,' e.g.,

គាត់ចេះតែមករៀនមិនទាន់ម៉ោង។

He always comes to school late.

In this example the late arrival excludes other alternatives, specifically arrival on time.

DRILL THREE: Transformation

គ្រូ: ក: អែងចេះតែគ្រាន់បើហើយ។ (បង្ហាញគ្នាបន្តិច)
ខ: បើខ្លួនគ្រាន់បើ ធ្វើបង្ហាញគ្នាបន្តិចមើល៍។

MODEL: T: You always have to have the last word. (show me a little bit)
S: If you have the last word, let's see you show me a little bit.

ក. អែងចេះតែចង់បានរបស់គេហើយ។ (ទៅយកមក)
បើខ្លួនចង់បានរបស់គេ ធ្វើទៅយកមកមើល៍។

ខ. អែងចេះតែបង្វើកហើយ។ (និយាយឱ្យស្រួល)
បើខ្លួនបង្វើក ធ្វើនិយាយឱ្យស្រួលមើល៍។

គ. អែងចេះតែមាក់ងាយគេហើយ។ (ធ្វើបន្តិចទៅ)
បើខ្លួនមាក់ងាយគេ ធ្វើបន្តិចទៅមើល៍។

ឃ. អែងចេះតែលួចរបស់គេហើយ។ (យកកុំឱ្យគេឃើញ)
បើខ្លួនលួចរបស់គេ ធ្វើយកកុំឱ្យគេឃើញមើល៍។

ង. អែងចេះតែថាយល់ហើយ។ (ពន្យល់គ្នា)
បើខ្លួនថាយល់ ធ្វើពន្យល់គ្នាមើល៍។

ច. អែងចេះតែទារលុយគាត់ហើយ។ (ទារឱ្យបានទាំងអស់)
បើខ្លួនទារលុយគាត់ ធ្វើទារឱ្យបានទាំងអស់មើល៍។

ADDITIONAL DRILLS

DRILL FOUR: Variable Substitution (Intimate Style)

គ្រូ: ក: អញឆ្ងល់ណាស់កាំ លោកថៅកែនៅតែដឹកឈើហ៊ុបមកបាន។
(ពូអញ)
ស: អញឆ្ងល់ណាស់កាំ ពូអញនៅតែដឹកឈើហ៊ុបមកបាន។

MODEL: T: I really wonder, that businessman still is able to bring in lumber. (my uncle)

S: I really wonder, my uncle still is able to bring in lumber.

អញឆ្ងល់ណាស់កាំ ពូអញនៅតែដឹកឈើហ៊ុបមកបាន។
ក. ថៅកែអស់ហ្នឹង
អញឆ្ងល់ណាស់កាំ ថៅកែអស់ហ្នឹងនៅតែដឹកឈើហ៊ុបមកបាន។
ខ. នាំទៅ
អញឆ្ងល់ណាស់កាំ ថៅកែអស់ហ្នឹងនៅតែនាំឈើហ៊ុបទៅបាន។
គ. ទិញមក
អញឆ្ងល់ណាស់កាំ ថៅកែអស់ហ្នឹងនៅតែទិញឈើហ៊ុបមកបាន។
ឃ. អស់លោកអស់ហ្នឹង
អញឆ្ងល់ណាស់កាំ អស់លោកអស់ហ្នឹងនៅតែទិញឈើហ៊ុបមកបាន។
ង. បន្លំនាំមក
អញឆ្ងល់ណាស់កាំ អស់លោកអស់ហ្នឹងនៅតែបន្លំនាំឈើហ៊ុបមកបាន។
ច. ពួកអស់ហ្នឹង
អញឆ្ងល់ណាស់កាំ ពួកអស់ហ្នឹងនៅតែបន្លំនាំឈើហ៊ុបមកបាន។

DRILL FIVE: Response (Intimate Style)

គ្រូ: ក: អញឆ្ងល់ណាស់កាំ ឈ្មួញអស់ហ្នឹងនៅតែនាំឈើហ៊ុបមកបាន
(មានកលល្បិចច្រើន)
ស: មិនបាច់ឆ្ងល់ទេ ឈ្មួញអស់ហ្នឹងមានកលល្បិចច្រើនណាស់ អាសឹម។

MODEL: T: I really wonder, all those businessmen can still bring in lumber. (have a lot of tricks)

S: There's no need to wonder. All those businessmen have a lot of tricks, dummy.

ក. អញមិនយល់សោះកាំ ឈ្មួញទុច្ចរិតហ្នឹងបោករដ្ឋាភិបាលបាន។
(ប្រសប់បោក)
មិនបាច់យល់ទេ ឈ្មួញទុច្ចរិតហ្នឹងប្រសប់បោកណាស់ អាសឹម

ខ. អញដូចចង់ដឹងណាស់ក៏ អស់លោកហ្នឹងមានលុយច្រើនណាស់
(ប្រសប់លួច)
មិនបាច់ចង់ដឹងទេ អស់លោកហ្នឹងប្រសប់លួចណាស់ អាសិម ។

គ. អញឆ្ងល់ណាស់ក៏ ប៉ូលិសអស់ហ្នឹងរកលុយបានស្រួលណាស់ ។
(ប្រសប់កំហែងគេ)
មិនបាច់ឆ្ងល់ទេ ប៉ូលិសអស់ហ្នឹងប្រសប់កំហែងគេណាស់ អាសិម ។

ឃ. អញគិតមិនឃើញសោះក៏ ពួកវៀតកុងចូលស្រុកខ្មែរបាន ។
(ចេះលាក់ខ្លួន)
មិនបាច់គិតទេ ពួកវៀតកុងចេះលាក់ខ្លួនណាស់ អាសិម ។

ង. អញនឹកមិនឃើញសោះក៏ ចៅកែឃើងមិនព្រមឡើងលុយឱ្យសោះ ។
(ចង់មាន)
មិនបាច់នឹកទេ ចៅកែឃើងចង់មានណាស់ អាសិម ។

ច. អញដូចជាឆ្ងល់ណាស់ក៏ លោកឈ្មួញនោះលក់ឈើបាន ។
(ច្រើទឹកលុយច្រើន)
មិនបាច់ឆ្ងល់ទេ លោកឈ្មួញនោះច្រើទឹកលុយច្រើនណាស់ អាសិម ។

DRILL SIX: Response (Intimate Style)

គំរូ: ក: បើអាឯងគ្រាន់បើ ដើប្រាប់អញពីរឿងនោះមើល៍ ។
ខ: អញមិនគ្រាន់បើទេ តែអញប្រាប់ពីរឿងនោះបាន ។

MODEL: T: If you're so good, let's see you tell me about that business.

S: I'm not saying I'm so special, but I can tell you about that business.

ក. បើខ្លួនប៉ិនប្រសប់ ដើចងក្បួនបុស្ស៊ីឱ្យអញមើល៍ ។
អញមិនប៉ិនប្រសប់ទេ តែអញចងក្បួនបុស្ស៊ីឱ្យបាន ។

ខ. បើឯងចេះ ដើពន្យល់អញការរបៀបកាប់ឈើមើល៍ ។
អញមិនចេះទេ តែអញពន្យល់ការរបៀបកាប់ឈើបាន ។

គ. បើអាឯងចេះគិត ដើជួយដោះស្រាយអញមើល៍ ។
អញមិនចេះគិតទេ តែអញជួយដោះស្រាយបាន ។

ឃ. បើខ្លួនចេះប៉ិនភ្នែក ដើបន្លំគេមើល៍ ។
អញមិនចេះប៉ិនភ្នែកទេ តែអញបន្លំគេបាន ។

ង. បើឯងអាចបន្លំ ដើយកអាក់ណាត់ឈើនោះមកឱ្យអញមើល៍ ។
អញមិនអាចបន្លំទេ តែអញយកអាក់ណាត់ឈើនោះបាន ។

ច   បើខ្លួនពូកែ ចូរលើកឈើហ៊ុបនោះមើល ។
អញមិនពូកែទេ តែអញលើកឈើហ៊ុបនេះបាន ។

DRILL SEVEN: Transformation

គំរូ៖ ក៖ អាល្បែងស្និតភ្នែក គឺគេប៉ិនប្រសប់ណាស់ ។
ខ៖ គេប៉ិនប្រសប់ស្និតភ្នែកណាស់ ។

MODEL: T: Those sleight-of-hand games mean skill.
S: They're very skillful at sleight-of-hand.

ក. អារឿងបន្ទំគេគឺវែងពេកដល់យ៉ាប់ហើយ ។
វែងពេកបន្ទំគេដល់យ៉ាប់ហើយ ។

ខ. អារបៀបពន្យល់អ្នកស្រុក គឺពួកយៀកកុងប្រសប់ណាស់ ។
ពួកយៀកកុងប្រសប់ពន្យល់អ្នកស្រុកណាស់ ។

គ. អាល្បែងកាស៊ីបន្លំភ្នែករដ្ឋការ គឺចៅហ្វាយអស់ហ្នឹងចូលចិត្តណាស់ ។
ចៅហ្វាយអស់ហ្នឹងចូលចិត្តកាស៊ីបន្លំភ្នែករដ្ឋការណាស់ ។

ឃ. អារឿងលក់ដូរបោកគេ គឺពួកឈ្មួញហ្នឹងប៉ិនណាស់ ។
ពួកឈ្មួញហ្នឹងប៉ិនលក់ដូរបោកគេណាស់ ។

ង. អារឿងដើរលេង គឺវាចង់ដល់យ៉ាប់ហើយ ។
វាចង់ដើរលេងដល់យ៉ាប់ហើយ ។

ច. អារបៀបបោកស៊ីៗ គឺខ្លួនប៉ិនប្រសប់ណាស់ ។
ខ្លួនប៉ិនប្រសប់បោកស៊ីៗណាស់ ។

READING PASSAGE 2

ឈើនៅស្រុកខ្មែរ

ប្រទេសខ្មែរមានទំហំចំនួនប្រហែលដប់ប្រាំបីម៉ឺនគីឡូម៉ែត្រក្រឡា និងប្រជាជនជាងប្រាំពីរលាននាក់ គឺថាមានមនុស្សចំនួនប្រហែល៤០នាក់ទេដែលរស់នៅក្នុងមួយគីឡូម៉ែត្រក្រឡា ។ ដូច្នេះយើងឃើញថាស្រុកសល់ដីទំនេរដែលគ្របដោយដើមឈើដុះបានជាច្រើនដែរ ។ តាមការគិតប្រទេសយើងសម្បូណ៌នូវដើមឈើណាស់ ។

ដើមឈើជាកេរទ្រព្យមួយយ៉ាងសំខាន់នៃស្រុកខ្មែរ ហើយដើមឈើទាំងនោះផ្តល់សាច់ឈើល្អៗណាស់ដែរ ។ ក្នុងមួយរដូវៗ ចៅហ្វាយឈើហ៊ុបមានកម្មករជាច្រើនចូលទៅក្នុងព្រៃនៃជនបទចុងកាត់មាត់ពួកដើម្បីនឹងកាប់ឈើដឹកនាំចេញមកលក់ ។ កាលណាគេចូលព្រៃម្តងៗ កម្មករទាំងនោះមានជំនឿច្រើនដែលជាប្រពៃណីខ្មែរ ដែលទាក់ទងនឹងការការពារខ្លួនរបស់គេ ពីជម្ងឺខ្លះដូចជាគ្រុនចាញ់ឬសត្វព្រៃខ្លះ ។ នេះមិនមែនមកពីគេជឿបាតុភូតធម្មជាតិទេ

តែជាប្រពៃណីនៃអ្នកស្រុកដើម ។

កាលណាគេយកឈើចេញពីព្រៃហើយ ឈើនោះក៏ត្រូវលក់ទៅសិប្បករជាច្រើនដែលរើសតែឈើណាដែលមានតែសាច់ឈើសុទ្ធៗ ដើម្បីយកទៅធ្វើតុ ទូ កៅអី ដូច្នេះហើយបានជាសិប្បកម្មជារបររកស៊ីមានប្រយោជន៍ណាស់នៅស្រុកខ្មែរ ។ គេប្រើប្រាស់ឈើដើម្បីធ្វើអ្វីៗច្រើនណាស់ ជាពិសេសគេច្រើនសង់ផ្ទះពីឈើសុទ្ធៗ ។ យ៉ាងនេះដូចជាខ្មែរយើងមានជីវភាពយ៉ាងខ្ពស់ដែរ សូម្បីតែនៅជាយភូមិតូចៗក៏ដោយក៏គេឃើញមានផ្ទះសង់ពីឈើដែរ ។

ពិតមែនតែស្រុកយើងប្រើប្រាស់ឈើច្រើនយ៉ាងនេះក៏ដោយ ក៏ស្រុកយើងនៅតែសល់ឈើច្រើនទៀត នេះបានសេចក្តីថា សេដ្ឋកិច្ចយើងអាចពឹងផ្អែកបានយ៉ាងស្រួលទៅលើ ភោគទ្រព្យឈើនេះ ។

VOCABULARY

	កម្មករ	laborer, coolie
	កលល្បិច	trick
	កល	trick
	ល្បិច	stratagem
	កាប៉ិកកាប៉ុក	trivial, unimportant, small-time
*	កាប៉ិក (H)	AC
*	កាប៉ុក (H)	small, little
	កាលៈទេសៈ /kaaléʔteesaʔ/	circumstance
	កំណាត់ (< កាត់)	something cut, a piece; cloth
	ក្បាល	classifier for animals
	ក្បូន	raft
	ខ្លឹម	xylem and cambium, figuratively: essence, main point
	គ្រាន់បើ	pretty good, quite good
*	គ្រាន់	pretty good, quite good
	ឃំ	warm; figuratively: confident
	ចុងកាត់មាត់ញក	the country, the area outside of town
	ចំឡែក (< ប្លែក)	strange, different, odd
	ជនបទ /cúnəbɔt/	town, urban area, esp. remote
	ជាយ	edge
	ជីវភាព	way of life; standard of living
	ជំនឿ (< ជឿ)	belief, superstition
	ឈើម	stupid, dummy (familiar)

ឈ្មួញ	businessman
ដោះស្រាយ	to solve (a problem)
ស្រាយ	to untie
ណែ (ន៎ះ)	vocative attention-getting particle
ត្រូវរ៉ូវ (នឹង)	to collaborate with, to be hand-in-glove with
* រ៉ូវ	RC
ថៅកែ	businessman, capitalist
ប៉ិន	to use sleight of hand
ទាញអារម្មណ៍	to attract attention
អារម្មណ៍	impression
ទិព្វ	magic
ទឹកប្រាក់	money
ទឹកលុយ	money
ទុច្ចរិត	dishonest, without principles
ទាំង + noun	the whole ...
បណ្តាច់ (< ដាច់)	to cause to break, to stop
បណ្តែត	to cause to float
បាតុភូតធម្មជាតិ	natural phenomena
បាតុភូត	phenomenon, miracle
* បាតុ (H)	to be manifest, apparent
* ភូត	something born or created (literary)
បានសេចក្តីថា	to mean
បំបាត់ (< បាត់)	to cheat
ប្រពៃណី	tradition
ប្រសប់	skillful, capable, smart
ប្រើប្រាស់,	to use
* ប្រាស់	AC
ផ្សាយ	to broadcast, to disseminate, to spread
ភោគទ្រព្យ	property, resources
ទ្រព្យ /tróp/	property
មណ្ឌល /mɔndúl/	region, area; center (formal)
មាត់រអិល	the tongue slips, loose mouth, talks without thinking, can't keep a secret
រមិលរមូច	of bad character, crooked, untrustworthy (neither component has independent meaning)
រោងចក្រ /rooŋ caʔ/	factory, plant

រោងអារឈើ	sawmill
អារ	to saw
លុះណាតែ (= លុះត្រាតែ)	on condition that, until
លេចឮ	to be overheard
លិច	to be submerged, to sink in water
ល្បែង (< លេង)	a game
* សំណាត់	something that drifts
រសាត់	to drift
វិស័យ	field of, scope, range, sector
សាច់ឈើ	wood
សិប្បករ	craftsman, artisan
* សិប្បៈ /səppaʔ/	something crafted (literary)
ស្កាត់	to go off the beaten track, to lay a trap, to waylay; to change the subject
ឡប់	absent-minded (name of one of the characters in the dialogue)
អសន្តិសុខ	insecurity, disorder
សន្តិសុខ	security, safety
* សន្តិ /sɑntéʔ/	peace
អស្ចារ្យ	great, magnificent
អាប្រុស	familiar address form for a male
អាស្រី	familiar address form for a female
ឯង	by oneself, automatically
ឫស្សី /rɨhsəy/	bamboo
អ្នកស្រុកដើម	aboriginal population

APPLICATIONS

1. Define or describe the following:

កល	កាចុកកាចុក	កំណាត់	ល្បិច
ខ្ញុំ	យប់	ជង្រុក	សារម
ឈ្មួញ	ជំន	ទឹកលុយ	ចៅតែ
ទុច្ចរិត	ចំបាត់	ប្រសប់	បានសេចក្តីថា
មណ្ឌល	រប៉ុសរប៉ូច	លុះណាតែ	លេចឮ
សំណាក់	ស្កាត់	អស្ចារ្យ	ដោះស្រាយ

2. Use each of the following in a sentence:

កលល្បិច	កាលៈទេសៈ	ក្បួន	ខ្ទឹម

គ្រាន់បើ	យំ	ចម្រៀក	ត្រូវរ៉ូវ
ជូន	ទាញអារម្មណ៍	ទឹកប្រាក់	ទុច្ចរិត
បណ្ដែត	បំបាត់	ផ្ទុយ	ទាក់រអិល
រប៉ិលរប៉ូច	កោងចក្រ	អារសេរី	លះណាតែ
លេចញ	ស្បៀង	រលាក់	ស្ដុក
អសន្តិសុខ			

3. Give a contradictory word or phrase for each:

កាប៉ិចកាប៉ុក	យំ	ទុច្ចរិត	បណ្ដាច់
បំបាត់	ខ្ជប់	អសន្តិសុខ	

4. Do the following in Cambodian:
   a. Tell a close friend that if he keeps talking so much, he'll get a sore throat.
   b. Ask a child why he always plays in the house.
   c. Tell your mother that you will get to go to New York next week.
   d. Tell your boss that it isn't hard to write letters.
   e. Answer a casual acquaintance that it may rain tomorrow - who knows?
   f. Tell a friend that if he's so good, let him try doing some sleight-of-hand.
   g. Mention that if your uncle were a fisherman, he'd have to know about fish.

5. Fill in the blank(s) with the appropriate word(s) given below:

a. បើវែងឆាចោរ វែងត្រូវតែ ___ ល្បិចដៃ ។
(ដឹង , ចេះ , ស្គាល់)

b. ខ្លួនដូចចេះគ្នាសម មើល ___ និយាយឲ្យគ្នាស្ដាប់មើល ។
(ដើ . ចង់ , ត្រូវ)

c. ប្រយ័ត្នតែគេលួច ឲ្យតែលើកមិនមើល ___ ។
(ទៅ , ទេ , ចុះ)

d. និយាយអ្វី ធ្វើអី វែង ___ តែគ្រាន់បើតែម្ដង ។
(ឲ្យ , គួរ , ចេះ)

e. ខ្លួន តែធ្វើ ___ មួយទៀតចុះ ខ្លួននឹងត្រូវគេជេរមិនខាន ។
(អាក្រក់ , ល្អ)

f. អាស្អី — លោកមិនចេះមួយនេះ (ត្រូវលោករៀនម្តងទៀត។
(គឺ , ដែល)

g. សូម — លោកអ្នកនៅចាំស្តាប់រឿងនេះនៅថ្ងៃស្អែកទៀត។
(ទាំង , អស់)

h. អារឿងហ្នឹង បើលោកមិននិយាយទេ — លោកចាញ់គេ។
(គឺ , ជា)

i. អាសម្លាញ់ចៅវែង — ប៉ូលីស វែងក៏ចង់បានដែរ។
(គឺ , ជា)

j. អញបានឮពាក្យ — ឮមកពីភ្នំពេញ គេថាអញ្ចឹង!
(ឡើង , សេច)

6. Reorder the members of the following sets of words to make Cambodian sentences.

a. ឈើ , ពួក , ចៅកែ , មិន , ដឹង , ល្អ , ហ៊ុប , ប្រហែល , ទេ ។
b. ហ៊ុប , នឹង , ឈើ , មិន , កាប់ , ងាយ , យក , នោះ , ទេ ។
c. ប្រហែល , ឃើញ , នៅតែ , ពិបាក , អញ្ចឹងចុះ , គាត់ , មិន , ឲ្យយក , ហើយ , ស្តាប់ ។
d. ស្លាប់ , វា , នេះ , មិន , លេង , យ៉ាង , ត្រូវ , ទេ , ទៀត ។
e. អ្នកស្រុក , នាំ , ឈើ , ទៅ , ហើយ , គ្នា , ចេះ , កាប់ , តែ , ចូលរោង ។
f. ម៉ែស , គ្នា , ស៊ី , ប្រាប់ , ពីរឿង , និយាយ , ឈើហ៊ុប , ម៉ែស , បន្តិច ។
g. ឈើ , នោះ , ប្រសប់ , លក់ , ទាំង , ចិន , ឈ្មួញ , ណាស់ ។
h. លោក , ចេះ , តែ , រៀន , ហើយ , ត្រូវ , យល់ ។
i. ហ្នឹង , ដោះស្រាយ , អារឿង , មិន , អស់ , ងាយ , មក , យក , ទេ ។
j. ខ្ញុំ , ចង់ , ជូន , ពួកម៉ាក , បើ , រក , លោក , បាន , តែ , ស្រី ។

7. Find out from your teacher the answers to the following:

a. What are Cambodian houses made of?

b. Is there any difference between city and country?

c. What do the middle classes mostly use?

d. What kind of furniture would a poor person's house have? A rich person's house?

e. Are most of the dealers in lumber Chinese?

f. What are most of the laborers who cut and process wood?

g. Where in the country does most of the lumber come from?

h. What happens to it after it passes through the sawmills? What percentage is exported?

i. Why would businessmen minimize or even falsify the amount of wood that they had brought into Phnom Penh?

j. What are some other businessmen's tricks for cheating?

k. What are some of the beliefs that lumberjacks have? (Reading Passage 2)

ANSWERS

5.

a. ចេះ b. ជឿ c. ចុះ d. ចេះ
e. អាក្រក់ f. ដែល g. អស់ h. គឺ
i. ជា j. សេច

6.

a. ពួកចៅកែប្រហែលមិនលួចឈើហ៊ុបទេដឹង ។
b. ឈើហ៊ុបនោះមិនងាយនឹងកាប់យករួច ។
c. បើឯងឲ្យតែនៅតែមិនស្ដាប់គាត់អញ្ចឹងចុះ ប្រហែលពិបាកហើយ ។
d. វាមិនត្រូវលេងល្បែងយ៉ាងនេះទៀតទេ ។
e. ថយពីរហើយ អ្នកស្រុកចេះតែនាំគ្នាទៅកាប់ឈើ ។
f. មើល ជើងនិយាយពីរឿងឈើហ៊ុបប្រាប់គ្នាបន្តិចមើល ។
g. ឈ្មួញនោះប៉ុនប្រសប់ខាងលក់ឈើណាស់ ឬ
h. លោករៀនយូរហើយត្រូវតែចេះ ។
i. អារឿងអស់ហ្នឹងមិនងាយយកមកដោះស្រាយទេ ។
j. បើលោកចង់បានពួកមាក់ស្រី ខ្ញុំរកជូន ។

ការដឹកនាំឈើហ៊ុបទៅដាក់ទន្លេ Transporting lumber to the water

LESSON NINE

NATURAL RESOURCES

a. Where does Cambodia get its oil?
b. What non-food products does Cambodia produce?
c. What resources and advantages do the many mountainous areas of Cambodia have?
d. What kind of land is good for rice farming?

READING PASSAGE 1

ភោគទ្រព្យ

ការរកភោគទ្រព្យក្នុងដីក្រោមនៅប្រទេសខ្មែរទើបនឹងចាប់ផ្តើមខ្លះៗ ហើយលទ្ធភាពពិតប្រាកដនៃជាតិរ៉ែក៏ពុំទាន់បានដឹងច្បាស់នៅឡើយដែរ ។

ប្រទេសខ្មែរមានរ៉ែលោហធាតុក្នុងតំបន់ជាច្រើន ដូចជានៅភ្នំដែកខាងជើងកំពង់ធំមានម៉ាញេទីត (magnétite) លីម៉ូនីត(limonite) ស៊ីដេរីត(sidérite) ។ គុណសម្បត្តិរ៉ែទាំងនោះ គេបានស្គាល់ជាយូរក្រែលមកហើយ ។ ជនជាតិកួយក្នុងតំបន់នោះសុទ្ធសឹងជាអ្នកឯកទេសខាងធ្វើប្រដាប់ប្រដានិងអាវុធដោយជាតិដែក ។ លោហធាតុក្រៅពីនេះដូចជាសំណប៉ាហាំង សំណ មាស មានបន្តិចបន្តួចនៅខេត្តកំពង់ធំ ស្ទឹងត្រែង កំពង់ស្ពឺ ។ ម្យ៉ាងទៀត ការរកតំបន់ប្រេងកាតឬតំបន់ត្បូងថ្មបានចាប់ផ្តើមហើយនៅប្រទេសខ្មែរ តែពុំទាន់បានលទ្ធផលនៅឡើយ ។

តំបន់ហ្វូស្វាត តំបន់កំបោរមាននៅក្នុងខេត្តកំពតនិងខេត្តបាត់ដំបង គឺហ្វូស្វាតសំរាប់ធ្វើជាជី (កសិកម្ម) និងថ្មកំបោរសំរាប់ធ្វើស៊ីម៉ង់ ។

នៅប្រទេសខ្មែរ តំបន់ត្បូងមានពីរកន្លែងសំខាន់ : ប៉ៃលិន (បាត់ដំបង) និងបកែវ (រតនគិរី) ។ ត្បូងទាំងនោះមាន : ត្បូងទទឹម ត្បូងកណ្តៀង និងពេជ្រថ្មី ។ ត្បូងនិលដែលមាននៅខេត្តកំពង់ធំ ជាត្បូងសំរាប់ធ្វើអលង្ការ ។ គ្វាតនៅខេត្តស្ទឹងត្រែងសំរាប់ប្រើប្រាស់ក្នុងការធ្វើឧបករណ៍អុបទិកវ៉ែនតា ។

រីឯថ្មសំណង់សម្បូរណាស់នៅប្រទេសខ្មែរ ដូចជា ថ្មបាសាល់ ថ្មបាយក្រៀមនៅក្នុងខេត្តកំពង់ចាមនិងកំពង់ស្ពឺ ថ្មភក់នៅខេត្តតាកែវ ស្ទឹងត្រែងនិងសៀមរាប ។ ហើយប្រាសាទអង្គរបានសាងដោយថ្មភក់ និងថ្មបាយក្រៀមនៃភ្នំគូលែន ។ ដីឥដ្ឋ ក្រួសនិងខ្សាច់មាននៅគ្រប់កន្លែងតាមមាត់ទឹក សំរាប់ធ្វើឆ្នាំង ឥដ្ឋ ក្បឿងនិងបាយអ ។

NOTE FOR READING PASSAGE 1

Line 7. Note the use of the infix /-ɔmn-/ with a verb to form a noun, e.g., កំណប់ 'something buried' from កប់ 'to bury.' In line 13 of this passage occurs the word សំណង់ 'construction.' which is a derivative of សង់ 'to build.

កាប់ឈើហ៊ុប Lumbering

DIALOGUE

កំណប់រ៉ែនៅប្រទេសខ្មែរ

		ចាប់ផ្ដើម	to begin
		រ៉ែ	ore, mineral
		គ្រាន់នឹង	just for
១.	សេង.	អង្កាល់បានគេចាប់ផ្ដើមរករ៉ែឲ្យយើងឃើញ គ្រាន់នឹងយកមកប្រើការខ្លះ ?	When will they begin to find ore just to use?
		វាស់	to measure (volume)
		វាស់ព្រឹកវាស់ល្ងាច	all day
		ប្រេងកាត	petroleum
២.	សុង.	គេចាប់រកវាស់ព្រឹកវាស់ល្ងាច ហើយ ឥឡូវឮថាគេរកប្រេងកាតឃើញខ្លះ ។	They look all day, and now I've heard they've found some oil.
		ស៊ូ + verb	rather + verb
		សុំ (សុម)	
៣.	សេង.	អើ ស៊ូជំរកខ្លួនយើង ឲ្យឃើញទាំងសុំ (សុម) ឈប់ កុំទៅពឹងអ្នកណា ។	Yeah, but it's better to go looking for it ourselves. When we find it then we can quit (looking). We don't need to depend on anyone else.
		គុណ	merit, obligation
		សម្បត្តិ	fortune, property
		គុណសម្បត្តិ	quality
៤.	សុង.	អូ! ឯងដឹងថារ៉ែស្រុកយើង មានអាដែងគុណសម្បត្តិ បែបម៉េចខ្លះ ?	Oh! Do you know what kinds of - uh - qualities the minerals in our country have?
		ឯកទេស	technical
		អ្នកឯកទេស	technician, specialist
៥.	សេង.	ឯងជាអ្នកឯកទេសស្រាប់ បើឯងដឹងមិនទាន់ច្បាស់ផង ឲ្យអ្នកណាដឹង ?	You're the specialist. If even you don't know for sure, who does?
		អុបទិក	optics
		អលង្ការ	jewelry
៦.	សុង.	អញជាអ្នកបច្ចេកទេសខាងអុបទិក ខាងគ្រឿងអលង្ការទេតើ !	No, I'm a specialist in optics and jewelry.

	ក្វាត	quartz
	ក៏ (ប)	
៧. សេង.	គ្រឿងអុបទិក គេយក "កាត" ដើរេះ? "កាត" ទេ "ក្វាត" អាំ? ពិបាកថាដល់ ហ៊ាំងហើយ ។	In optics, they use quartz, don't they? Is it quartz or quaartz? It's really hard to say.
	ញយៗ	constant
	ស៊ាំ	to get used to
៨. សុង.	ក្វាត! អឺថាញយៗទៅ វាស៊ាំមាត់ទៅហើយ ។	Quaartz! Say it a lot and you'll get used to it.

NOTES FOR THE DIALOGUE

SENTENCE NO. 3

The word មុជ 'dive, swim' is used in this sentence because the oil that Seng is talking about is under water in the Gulf of Siam.

SENTENCE NO. 5

You have already learned the word ទាំង in the meanings of 'all, including.' In this lesson it is also used to mean 'even.' In this sentence it precedes an adjective; however, as often as not, ទាំង 'even' precedes a noun, e.g., វាលួចទាំងនាឡិកាខ្ញុំ ។

He even stole my watch.

DRILL ONE: Substitution (Intimate Style)

គំរូ: ក: បើតែងថាមិនទាំងត្រូវផង ទៅនិយាយម៉េច (នឹង) កើតអាំ ។
(ធ្វើ, ពន្យល់គេ)
ខ: បើតែងធ្វើមិនទាំងត្រូវផង ទៅពន្យល់គេម៉េច (នឹង) កើតអាំ ។

MODEL: T: If you can't even say it right, how can you go talk?
(do, explain to others)
S: If you can't even do it, how can you go explain it to others?

បើតែងធ្វើមិនទាំងត្រូវផង ទៅពន្យល់គេម៉េច (នឹង) កើតអាំ ។

ក. បាញ់, បង្រៀនគេបាញ់
បើតែងបាញ់មិនទាំងត្រូវផង ទៅបង្រៀនគេបាញ់ម៉េច (នឹង) កើតអាំ ។

ខ. វាយ, ឲ្យវាងាប់
បើតែងវាយ មិនទាំងត្រូវផង ទៅឲ្យវាងាប់ម៉េច (នឹង) កើតអាំ ។

គ. ដាក់, ឲ្យវាចូល
បើតែងដាក់មិនទាំងត្រូវផង ទៅឲ្យវាចូលម៉េច (នឹង) កើតអាំ ។

ឃ. ប្រាប់ , ឲ្យគ្នាបរស់
បើអ៊ែងប្រាប់មិនទាំងត្រូវផង ទៅឲ្យគ្នាបរស់ម៉េច (នឹង) កើតអា។
ង. សួរ, ឲ្យគ្នាប្រាប់
បើអ៊ែងសួរមិនទាំងត្រូវផង ទៅឲ្យគ្នាប្រាប់ម៉េច (នឹង) កើតអា។
ច. ទាយ , ឲ្យអញទាយ
បើអ៊ែងទាយ មិនទាំងត្រូវផង ទៅឲ្យអញទាយម៉េច (នឹង) កើតអា។

SENTENCE NO. 7

Seng feels that Song has misunderstood what he was getting at and has implied that he (Seng) was being foolish. By saying 'Well they use quartz for optical equipment, don't they?' he is defending his earlier remark that suggested that Song should know about minerals (sentence 5). In effect he is saying, 'I'm not as foolish as you think I am.'

រឺ simply represents a spoken form of ឬ 'isn't it? won't they? etc.' In these dialogues you have seen quite a lot of what is called 'eye dialect.' This means that words are spelled in a way that approximates the way everyone speaks them but which is different from their standard spelling. Such spelling - conventional in its own right - is used to show that the person speaking has a certain amount of education, is of a certain social class, or is playing a certain role. For instance the spelling gonna represents roughly the way most native speakers of American English pronounce the written sequence going to. However, when gonna appears in print, it tells the reader that the speaker is using a colloquial variety of English and perhaps even that he is not highly educated. Similarly spelling devices like ណ្ហើយ (នឹងហើយ) and រឺ (ឬ) indicate a colloquial context.

ADDITIONAL DRILLS

DRILL TWO: Response (Familiar Style)

NOTE: Note the use of the word ចង់ in sentence 2 in this drill. Here it means something like 'I don't seem to be able to...,' not 'I don't want to...'

គំរូ: ក. ម៉េចក៏ខំធ្វើការម៉្លេះរឺ? (រកគ្មានឃើញអី)
ខ. គ្នាធ្វើការរាល់ព្រឹករាល់ល្ងាច នៅតែរកគ្មានឃើញអី។

MODEL: T: Why do you work so hard? (can't find anything)

S: I work all day long and still can't find anything.

ក. ម៉េចក៏ខ្លួនឯងរវល់លក់គ្រឿងអលង្ការម៉េះ? (លក់មិនដាច់)
គ្នារវល់លក់រាល់ព្រឹករាល់ល្ងាច នៅតែលក់មិនដាច់។
ខ. ម៉េចក៏លោកខំរៀនពីគុណសម្បត្តិរ៉ែម៉េះ? (មិនចប់សោះ)
ខ្ញុំខំរៀនរាល់ព្រឹករាល់ល្ងាច នៅតែមិនចប់សោះ។
គ. ម៉េចក៏ពុកខំកិនធាតុជីដីម៉េះ? (លក់មិនទាន់)
អញកិនរាល់ព្រឹករាល់ល្ងាច នៅតែលក់មិនទាន់។
ឃ. ម៉េចក៏អ៊ំឯងខំជីកកំណាត់ត្បូងម៉េះ? (រកមិនបានមួយគ្រាប់)
អញជីករាល់ព្រឹករាល់ល្ងាច នៅតែរកមិនបានមួយគ្រាប់។
ង. ម៉េចក៏បងខំធ្វើការម៉េះ? (មិនទាន់)
បងធ្វើការរាល់ព្រឹករាល់ល្ងាច នៅតែមិនទាន់។
ច. ម៉េចក៏ឯងខំរៀនម៉េះ? (ប្រឡងមិនចង់ជាប់)
គ្នា (ខ្ញុំ) រៀនរាល់ព្រឹករាល់ល្ងាច នៅតែប្រឡងមិនចង់ជាប់។

DRILL THREE: Substitution

គំរូៈ គៈ ធ្វើម៉េចឱ្យរករ៉ែឃើញច្រើន គ្រាន់នឹងយកមកប្រើការ។
(ប្រេងកាត - លក់)
សៈ ធ្វើម៉េចឱ្យរកប្រេងកាតឃើញច្រើន គ្រាន់នឹងយកមកលក់។

MODEL: T: How can we find a lot of ore just to use? (petroleum - sell)
S: How can we find a lot of petroleum just to use?

ធ្វើម៉េចឱ្យរកប្រេងកាតឃើញច្រើន គ្រាន់នឹងយកមកលក់។
ក. ដីឥដ្ឋ , ធ្វើថ្នាំង
ធ្វើម៉េចឱ្យរកដីឥដ្ឋឃើញច្រើន គ្រាន់នឹងយកមកធ្វើថ្នាំង។
ខ. កំណាត់ធ្យូង , ដុត
ធ្វើម៉េចឱ្យរកកំណាត់ធ្យូងឃើញច្រើន គ្រាន់នឹងយកមកដុត
គ. ថ្មកំបោរ , ធ្វើស៊ីម៉ង់ត៍
ធ្វើម៉េចឱ្យរកថ្មកំបោរឃើញច្រើន គ្រាន់នឹងយកមកធ្វើស៊ី-
ម៉ង់ត៍។
ឃ. ដែក , ធ្វើគ្រឿងសំណង់
ធ្វើម៉េចឱ្យរកដែកឃើញច្រើន គ្រាន់នឹងយកមកធ្វើគ្រឿង
សំណង់។
ង. ត្បូង , ធ្វើអលង្ការ
ធ្វើម៉េចឱ្យរកត្បូងឃើញច្រើន គ្រាន់នឹងយកមកធ្វើគ្រឿង
អលង្ការ។
ច. កំណាត់រ៉ែ , យករ៉ែ
ធ្វើម៉េចឱ្យរកកំណាត់រ៉ែឃើញច្រើន គ្រាន់នឹងយករ៉ែ។

DRILL FOUR: Substitution

គ្រូ: ក: ស៊ូវទៅមុជរកខ្លួនឯងឲ្យឃើញ សុំឈប់ ។
(រកខ្លួនឯងដីឯងឲ្យបានច្រើន , យកទៅលក់)
ខ: ស៊ូវរកខ្លួនឯងឲ្យបានច្រើន សុំយកទៅលក់ ។

MODEL: T: It's better to go look for it ourselves before quitting.
(go hunt for it oneself to get a lot - take it and sell it)
S: It's better to go hunt for it oneself to get a lot before taking it and selling it.

ស៊ូវរកខ្លួនឯងឲ្យបានច្រើន សុំយកទៅលក់ ។
ក. ទៅរកអណ្តូងខ្លួនឯង , ឲ្យគេជីក
ស៊ូវទៅរកអណ្តូងខ្លួនឯង សុំឲ្យគេជីក ។
ខ. ចាំរកឲ្យឃើញ , ត្រឡប់ទៅផ្ទះ
ស៊ូវចាំរកឲ្យឃើញ សុំត្រឡប់ទៅផ្ទះ ។
គ. ធ្វើឲ្យហើយ , ទៅប្រាប់គេ
ស៊ូវធ្វើឲ្យហើយ សុំទៅប្រាប់គេ ។
ឃ. ឲ្យគេធ្វើឲ្យ , ឲ្យលុយគេ
ស៊ូវឲ្យគេធ្វើឲ្យ សុំឲ្យលុយគេ ។
ង. ចាប់ផ្តើមឥឡូវ , គិតលុយក្រោយ
ស៊ូវចាប់ផ្តើមឥឡូវ សុំគិតលុយក្រោយ ។
ច. ចាំរៀនឲ្យហើយ , ដើរលេងក្រោយ
ស៊ូវចាំរៀនឲ្យហើយ សុំដើរលេងក្រោយ ។

DRILL FIVE: Substitution

គ្រូ: ក: ស៊ូវមុជរកខ្លួនឯងឲ្យឃើញ កុំពឹងអ្នកណា ។
(ចាប់ផ្តើមឥឡូវ)
ខ: ស៊ូវចាប់ផ្តើមឥឡូវ កុំពឹងអ្នកណា ។

MODEL: T: It's better to look for it ourselves; don't depend on others.
(start now)
S: It's better to start now; don't depend on others.

ស៊ូវចាប់ផ្តើមឥឡូវ កុំពឹងអ្នកណា ។
ក. ចាំគេធ្វើឲ្យ
ស៊ូវចាប់ផ្តើមឥឡូវ កុំចាំគេធ្វើឲ្យ ។
ខ. ធ្វើឲ្យហើយ
ស៊ូវធ្វើឲ្យហើយឥឡូវ កុំចាំគេធ្វើឲ្យ ។
គ. ទុកស្អែក
ស៊ូវធ្វើឲ្យហើយឥឡូវ កុំទុកស្អែក ។

ឃ. ចាយឱ្យអស់
សូវចាយឱ្យអស់ឥឡូវ កុំទុកស្អែក ។
ង. ឱ្យវាខ្ចីថ្ងៃក្រោយ
សូវចាយឱ្យអស់ឥឡូវ កុំឱ្យវាខ្ចីថ្ងៃក្រោយ ។
ច. សងគេឱ្យអស់
សូវសងគេឱ្យអស់ឥឡូវ កុំឱ្យវាខ្ចីថ្ងៃក្រោយ ។

DRILL SIX: Substitution (Intimate Style)

គ្រូ: ក: បើអាស្រីឯងដឹងមិនទាំងច្បាស់ផង ឱ្យអ្នកណាដឹង?
(មើល ,ត្រូវ)
បើអាស្រីឯងមើលមិនទាំងត្រូវផង ឱ្យអ្នកណាមើល?

MODEL: T: If even you don't know for sure, who knows? (read - right)

S: If even you can't read it right, who can read it?

បើអាស្រីឯងមើលមិនទាំងត្រូវផង ឱ្យអ្នកណាមើល?
ក. កិន , បែក
បើអាស្រីឯងកិនមិនទាំងបែកផង ឱ្យអ្នកណាកិន?
ខ. បញ្ចូល , ចូល
បើអាស្រីឯងបញ្ចូលមិនទាំងចូលផង ឱ្យអ្នកណាបញ្ចូល?
គ. បើក , រួច
បើអាស្រីឯងបើកមិនទាំងរួចផង ឱ្យអ្នកណាបើក?
ឃ. រក , ឃើញ
បើអាស្រីឯងរកមិនទាំងឃើញផង ឱ្យអ្នកណារក?
ង. មុជ , ដល់
បើអាស្រីឯងមុជមិនទាំងដល់ផង ឱ្យអ្នកណាមុជ?
ច. ធ្វើ , ឆ្ងាញ់
បើអាស្រីឯងធ្វើមិនទាំងឆ្ងាញ់ផង ឱ្យអ្នកណាធ្វើ?

DRILL SEVEN: Response: NOTE: Use the verb in the teacher's sentence to tell you what body part to use in the student's sentence. For instance, if the verb is ស្តាប់ 'listen' in the teacher's sentence the body part in the student's sentence should be ត្រចៀក 'ear.'

គំរូ: ក: ខ្ញុំថាពាក្យហ្នឹងមិនទាន់ត្រូវសោះ ។
ខ: លោកថាឲ្យញយៗ ទាល់តែស៊ាំមាត់ទៅ វាត្រូវទៅហើយ ។

MODEL: T: I still don't say that word correctly.
S: Say it constantly, until you get used to it.

ក. ខ្ញុំដើរមិនទាន់ត្រូវជើងសោះ ។
លោកដើរឲ្យញយៗ ទាល់តែស៊ាំជើងទៅ វាត្រូវទៅហើយ ។

ខ. ខ្ញុំបាញ់មិនត្រង់ទេ ។
លោកបាញ់ឲ្យញយៗ ទាល់តែស៊ាំដៃទៅ វាត្រង់ទៅហើយ ។

គ. ខ្ញុំស្ដាប់មិនដែលទាន់សោះ ។
លោកស្ដាប់ឲ្យញយៗ ទាល់តែស៊ាំត្រចៀកទៅ វាទាន់ទៅហើយ

ឃ. ខ្ញុំមើលអក្សរក្នុងកុន មិនដែលទាន់សោះ ។
លោកមើលឲ្យញយៗ ទាល់តែស៊ាំភ្នែកទៅ វាទាន់ទៅហើយ ។

ង. ខ្ញុំទាត់មិនចូលទេ ។
លោកទាត់ឲ្យញយៗ ទាល់តែស៊ាំជើងទៅ វាចូលទៅហើយ ។

ច. ខ្ញុំរត់មិនលឿនទេ ។
លោករត់ញយៗ ទាល់តែស៊ាំជើងទៅ វាលឿនទៅហើយ ។

READING PASSAGE 2

តំបន់វាលកើតទន្លេមេគង្គ

ទន្លេមេគង្គនិងទន្លេសាបចែកដីប្រទេសខ្មែរជាបីផ្នែក គឺតំបន់វាលកើតទន្លេមេគង្គ ហើយនិងតំបន់វាលលិចដែលចែកជាពីរផ្នែកទៀតដោយទន្លេសាប ។

តំបន់វាលកើតទន្លេមេគង្គជាតំបន់មួយដីសខ្ពង់រាបកំពស់ពី២០០ម៉ែត្រឡើង ។ តំបន់នៅជិតដងទន្លេមេគង្គជាតំបន់រាបប្រកបដោយល្បាប់ចាស់ ។ នៅផ្នែកឦសាន មានប្រជុំភ្នំរតនគិរីនៅជិតស្រុកលាវ ហើយនិងប្រជុំភ្នំនៅក្នុងខេត្តមណ្ឌលគិរីដែលមានភ្នំព្រះបាទ កំពស់ ១១០០ម៉ែត្រ ។ នៅក្នុងខេត្តមណ្ឌលគិរីនិងខេត្តរតនគិរី ការធ្វើស្រែចំការមានកំរិតយ៉ាងតិចបំផុត ដោយដីប្រកបដោយថ្ម ហើយម្យ៉ាងទៀតមិនសូវមានកូនភ្នំដាច់ស្រយាល់ទេ តែផ្ទុយទៅវិញជាតំបន់ដែលមានសត្វព្រៃជាច្រើនដូចជាខ្លា ដំរី ឈ្លូស និងគោព្រៃជាដើម ។

នៅផ្នែកវាលកើតស្ទើរាងខាងត្បូងនៃទន្លេមេគង្គ ជាតំបន់មានដីជាតិជាងគេបង្អស់ ព្រោះជាដីទំនាបដែលជាផ្នែកសំខាន់មួយក្នុងវិស័យកសិកម្ម ។ នៅក្នុងខេត្តព្រៃវែងនិងស្វាយរៀង វាលស្រែលាតសន្ធឹងដាច់កន្ទុយភ្នែក តែផលិតកម្មប្រចាំឆ្នាំចាញ់នៅខេត្តបាត់ដំបងបន្តិច ។ ចំណែកឯខេត្តកំពង់ចាមវិញ ការធ្វើដំណាំស្រូវក៏បានផ្ដល់ផលិតកម្មច្រើនដែរ តែសំខាន់ជាងគេបំផុតគឺចំការកៅស៊ូ ដែលក្នុងមួយឆ្នាំៗ ផ្ដល់ផលយ៉ាងច្រើនសម្រាប់ការដឹកនាំចេញទៅ

ប្រទេសក្រៅ ។ ហេតុដែលបណ្តាលឲ្យគេអាចដាំដំណាំកៅស៊ូនៅខេត្តកំពង់ចាមបាន គឺពីព្រោះទីនោះមានដីល្បាប់ថ្មបាសាល់នៅក្រោមផ្ទៃ ហើយមានដីក្រហមនៅខាងលើ ។ ក្រៅពីដំណាំស្រូវនិងកៅស៊ូ នៅផ្នែកខាងកើតទន្លេមេគង្គ មានដំណាំបន្ទាប់បន្សំច្រើនទៀតដូចជា ពោត សណ្តែក ថ្នាំ ល្ង ដែលគេច្រើនដាំនៅតាមដងទន្លេមេគង្គ ។ តាមការពិតផលិតកម្មប្រចាំឆ្នាំនៅផ្នែកខាងកើតទន្លេមេគង្គមានចំនួនតិចជាងនៅផ្នែកខាងលិច ពីព្រោះទំហំដីវាលមានតិចជាងផ្នែកខាងលិច ។

READING PASSAGE 3

តំបន់ខាងលិចទន្លេមេគង្គ

ដោយសារទន្លេសាប តំបន់ខាងលិចត្រូវចែកជាពីរផ្នែក គឺតំបន់ខាងជើងទន្លេសាប និងខាងត្បូងទន្លេសាប ។ ប៉ុន្តែដីនៃតំបន់ទាំងពីរនេះផ្ទុយពីដីនៃតំបន់ខាងកើតទន្លេមេគង្គ ដូច្នេះហើយបានជាលក្ខណៈដីក៏ប្លែកពីលក្ខណៈដីនៃតំបន់ខាងកើតដែរ ។

នៅតំបន់ឧត្តរនៃទន្លេសាប ដីនៅជិតទន្លេសាប ឬបើនិយាយឲ្យចំទៅ ដីនៅជុំវិញទន្លេសាបជាដីទំនាបដែលពោរពេញទៅដោយល្បាប់ដីនៅរដូវប្រាំងនៅពេលដែលទឹកទន្លេសាបស្រកដកថយទៅវិញ ។ នៅផ្នែកខាងជើងទន្លេសាប លក្ខណៈដីមានសភាពខ្ពស់បន្តិចឡើងៗ ទៅកាន់ទល់ដែនថៃ-ខ្មែរ ដែលមានជួរភ្នំដងរែកកំពស់ ៧០០ ម៉ែត្រប្រហែល ។ ដំណាំសំខាន់បំផុតគឺស្រូវដែលច្រើនមានដាំនៅក្នុងខេត្តកំពង់ធំ ហើយនៅខេត្តកំពង់ចាមខាងលិច ។ តំបន់ខាងជើងទន្លេសាបនេះមានដីនៅសល់ទំនេរច្រើនដូចនៅក្នុងខេត្តព្រះវិហារនិងខេត្តឧត្តរមានជ័យ គេមិនអាចធ្វើដំណាំបានល្អទេ ព្រោះជាដីតំបន់កំពស់មធ្យម មានព្រៃក្រាស់ៗ ដែលជាកន្លែងក្សាន្តត្រាណនៃសត្វព្រៃដូចជាដំរី ខ្លា ប្រើស គោព្រៃ ជ្រូកព្រៃជាដើម ។

តំបន់ខាងត្បូងទន្លេសាបក៏ដូចតំបន់ខាងជើងទន្លេសាបដែរ លក្ខណៈដីទាបៗនៅជិតទន្លេសាប កំពស់ប្រហែល ១០០ ម៉ែត្រ ហើយខ្ពស់បន្តិចម្តងៗទៅកាន់ជួរភ្នំក្រវាញ ភ្នំដំរីដែលមានកំពស់ខ្ពស់បំផុត ១៥៦០ ម៉ែត្រ គឺភ្នំឱរ៉ាល់ ហើយសភាពដីក៏ចុះទាបបន្តិចទៅកាន់ឆ្នេរសមុទ្រសៀម ។ ដូចបាននិយាយពីលើមកហើយ ការដាំស្រូវនៅតែជាដំណាំសំខាន់នៃប្រទេសខ្មែរ ហើយខេត្តដែលបានផ្តល់ផលិតផលស្រូវច្រើនជាងគេ គឺខេត្តបាត់ដំបង ។ ក្រៅពីដំណាំស្រូវ គេមានដាំក្រូច ឪឡឹក ហើយដំណាំបន្ទាប់បន្សំច្រើនទៀតនៅតាមជុំវិញទន្លេសាប ។ ផ្លែម្នាស់ផ្សេងៗ ហើយនិងផ្លែធូរេន ច្រើនមកពីខេត្តកំពត ។ ចំណែកឯសត្វព្រៃវិញ ផ្នែកខាងត្បូងទន្លេសាបមានសម្បូណ៌ជាងតំបន់ឯទៀត ។

សំខាន់ជាងគេបំផុតនៅក្នុងតំបន់ខាងត្បូង គឺកំពង់ផែសមុទ្រក្រុងកំពង់សោមដែលអាចទទួលនាវាសមុទ្រធំៗពីបរទេស ហើយជាកន្លែងវិស្សមកាលមួយយ៉ាងប្រសើរសម្រាប់ជនជាតិបរទេសនិងខ្មែរជាច្រើន ។

VOCABULARY

កណ្ដៀង	sapphire
កិន	to grind, to mill
កូនភ្នំ	hill
* កួយ	Kuoy (name of a Montagnard tribe)
កំណប់ (< កប់)	something buried, deposit, lode
កំបោរ	lime
ក្បឿង	tile
ក្រៃល	a lot, much
ក្វាត	quartz
ខ្ពង់រាប	plateau
ខ្ពង់	a hump (extended)
* គិរីរម្យ	Kirirom (in Kompong Speu Province)
គុណសម្បត្តិ	quality
គុណ	merit, obligation
គ្រាន់នឹង	just for
គ្រឿងសំណង់	building equipment
គ្រឿងអលង្ការ	jewelry (formal)
អលង្ការ /əlaŋkaa/	jewelry (formal)
ចាប់ផ្ដើម	to begin
ផ្ដើម	to begin
ឆ្នេរ	shore, edge of a body of water
ជាតិរ៉ែ	mineral elements
រ៉ែ	ore, mineral
ញយៗ	constant
ញយ	constant
ដងរែក	carrying pole; Dang Rek (mountain range in northwest Cambodia)
រែក	to carry things suspended from both ends of a pole
ដាច់កន្ទុយភ្នែក	as far as the eye can see
ដីឥដ្ឋ	clay
ឥដ្ឋ	brick
ដែក	metal, esp. iron
ដុំ	piece
មួយដុំៗ	various areas
ត្បូង	stone, gem
ថ្មក្រៃ	sandstone

ថ្ម	stone, rock
ថ្មបាសាល់	basalt
ទទឹម	ruby, garnet
ទិសដៅ	goal, destination
ធូរេន	durian (a large tropical fruit with a spiny exterior, soft yellow pulp surrounding large seeds, and a strong smell)
ទួល	a hump
និល	a kind of black gem
* បរកែវ	Bokeo (place name)
បន្ទាប់បន្សំ	secondary
បន្ទាប់	next, next to
* បន្សំ	AC
បាយក្រៀម	porous volcanic rock
បាយអ /baay ɔɔ/	mortar
* ប៉ៃលិន	Pailin (place name)
ប្រជុំភ្នំ	mountain cluster
ប្រសើរ	very good, excellent
ប្រេងកាត	petroleum
ប្រាសាទ	ruins; ancient temple, fortress or citadel
ពេជ្រ	diamond
ពោរពេញ	filled (with)
* ពោរ	AC
ព្រៃវែង	Prey Veng (Cambodian province)
* ព្រះបាទ	Prabat (name of a mountain cluster)
ព្រះវិហារ	Preah Vihear (Cambodian province)
ភោគទ្រព្យ	property, resources
ទ្រព្យ	property
* ភ្នំគូលែន	Mt. Koulen (resort in Battambang Province)
* ភ្នំទំពរ	Mt. Tumpor
* ភ្នំឱរ៉ាល់	Mt. Oral
មណ្ឌលគិរី	Mondulkiri (Cambodian province)
មាស	gold
ម៉ែត្រ	meter (unit of measurement)
រតនគិរី /rotənaʔkirii/	Ratanakiri (Cambodian province)
របបទឹកស្រក	low water level
របបទឹកឡើង	high water level
លទ្ធភាព	result

លាតសន្ធឹង	to extend, to spread
លាត	to spread
* សន្ធឹង	to extend
លុកលុយ	to invade
លុក	to cross a forest
លុយ	to ford (a river)
លោហធាតុ /looha?thiat/	ore, minerals (formal)
* លោហៈ /looha?/(H)	mineral
ល្ង	sesame
ល្បាប់ = ល្បប់	alluvial soil
វាល់ព្រឹកវាល់ល្ងាច	all day
វាល់	to measure
វិស្សមកាល /vissəma?kaal/	vacation
* វិស្សមៈ /vissəma?/	recess
វ៉ែនតា	glasses, spectacles
សាង	to build
ស៊ីម៉ងត៍	cement
សូវ + verb (.សរ + verb)	rather + verb, better to + verb
សំណង់ (< សង់)	construction
សំណប៉ាហាំង	tin
សំណ	lead (metal)
ស៊ាំ + body part	to get used to
ស្ទង់រក	to survey
ស្ទង់	to estimate, probe
ស្ទឹងត្រែង	Stung Treng (Cambodian province)
ហ្មត់ចត់	careful; with attention
* ហ្មត់	to be pulverized, smooth
* ចត់	cc
ហ្វូស្វាត	phosphate
អណ្តូងរ៉ែ	mine, mine shaft
ឦសាន /ɛysaan/	northeast (Sanskrit)
អុបទិក	optics
ឯកទេស	specialist, expert (adj.)
ឧត្តរ	north (Sanskrit)
ឧត្តរមានជ័យ	Oddar Meanchey (Cambodian province)
ឧបករណ៍	instrument, tool

APPLICATIONS

1. Define or describe the following:

គីន	កូនភ្នំ	កំណាប់	ក្រាស
គុណសម្បត្តិ	សំណង់	ដងផែក	ដីកង្គ
ប្រសើរ	សុខភាព	លាត	លក់លុយ
លក	ល្បប់	លុយ	វិស្សមកាល
វាស់	សាង	ស្រូវ	ស្ព
ស្ទង់	ឯកទេស	ឧបករណ៍	ផ្ដើម
ផ្ទេរ	បន្ទាប់	ញាយ	គុណ
កង្ក	ត្បូង		

2. Use the following in a sentence:

ក្បៀង	កំបោរ	ក្រាស	១ង់រាប
គុណសម្បត្តិ	គ្រាន់នឹង	សំណង់	ចាប់ផ្ដើម
សំណង់	រ៉ែ	ដាច់កន្ទុយភ្នែក	ដែក
ថ	ទទឹម	ទីដោ	ទូល
ចង្អាប់ចន្ទុំ	បាយអ	ប្រដំភ្នំ	ប្រេងកាត
ប្រាកដ	ពេជ្រ	ពោរពេញ	មាស
ទ្រព្យ	ថ្មត្រ	របបទឹកភ្លៀង	លាតសន្ធឹង
លក់លុយ	វិស័យ	ស៊ាំ	ជីនតា
វាស់ព្រឹកវាស់ល្ងាច	ស្រូវ	ស្វែងរក	ហ្វាត់ចត់
អណ្ដូងរ៉ែ	ឯកទេស		

3. Give a word or phrase with contradictory meaning:

ក្រាស	គុណ	ចាប់ផ្ដើម	ប្រសើរ
របបទឹកភ្លៀង			

4. Give the verbs that correspond to the following nouns, and give the meaning of each verb:

a. សំណល់

b. សំណាក

c. ទំនិញ

d. ដំណើរ

e. ចំណង់

5. Translate the following into Cambodian:

   a. I bought a car just for driving to work.

   b. Have they ever measured that (unhusked rice)? (use either វាល់ or វាល់, whichever is correct)

   c. I'd rather go fishing than study.

   d. When we've been fishing all morning, then we can eat lunch.

   e. If even a specialist can't explain that word, who can?

   f. If you write a lot, you'll get used to it.

   g. I don't seem to be able to understand what he says.

6. Fill in the blank(s) with the appropriate word(s) below.

a. ខ្លួនជាតែ១០ដងទៅ វាសុំ ___ ទៅហើយ ។
(ដៃ, មាត់, ត្រចៀក)

b. ឃើ! ពីថ្ងៃណោះ ___ ជាគេរកកំណប់ឃ្លង់មួយ ___ ទេះ?
(និយាយ, បាន, ៣, ឃើញ, កើត)

c. ដែលគិតមិន ___ ឃើញ ___ ទៅឲ្យអញគិតចំណោទ ញ្ញឹងយ៉ាងម៉េច?
(ដែរ, សូវ, ទាំង, ផង, ត្រូវ)

d. ឥឡូវរដ្ឋការប្រាប់ថា គេយកឈ្លងកាត ___ ខ្លះហើយ ។
(ឃើញ, បាន)

e. កាលពីមុនគេមានអ្នកឯកទេស ___ គៀងសុបទឹកច្រើនគួរសម ។
(ខាង, ក្នុង)

f. ប៉ៃលិន (បាត់ដំបង) ជាកន្លែងមួយសម្បូណ៌ខាង ___ ។
(ជើង, ត្បូង, លិច)

g. ខ្លួនមានលុយច្រើនទេ ___ នឹងខ្ចីខ្លះ?
(ប្រហែល, គរ, គ្មាន)

h. កុំឲ្យជនដទៃរក ___ នាំគ្នាយើងទៅរកឲ្យទាល់តែឃើញ ។
(ស្ងូវ, ប្រហែល, ជាដាច់)

i. លោកជា ___ រកកើឃើញ ___ ម៉េចក៏មិនដឹកខ្លួនលោក ។
(នាក់, អ្នក, ផង, ស្រាប់)

7. Reorder the members of the following sets of words to make Cambodian sentences.

a. ខ្ញី, សួរ, ខ្លួនឯង, មិន, សូវ, ជឿ, គេ, ខ្ញុំ, ទៅ, ទេ ។

b. ឲ្យ, ពន្យល់, លោក, យ៉ាង, ម៉េច, កើត, ទាំង, មិន, យស់, ផង ?

c. ពាក្យ , ច្រើន , មាត់ , នេះ , វា , ជា,ទៅរបៀប,ត្រូវ , សុំ , ដងទៅ។
d. គិត , ដើរ , គ្រាន់ , ទិញ , មួយ , នឹង , បើក , ឡាន , លេង, ហើយ ។
e. វាល់ព្រែក , អ្នក , ធ្វើ , ដឹក , ការ , ជ័រ , វាល់ល្ងួច , កន្សូរ ។
f. ទេ , អាជ័ដង , ជ័រ , ពន្យល់ , គុណ , បេះ , ពាក្យ , សម្បត្តិ ?
g. គេ , រក , ទៅ , ឱ្យ , ខ្លួនយើង , ប្រាប់ , ទៅ , សឹម , ឃើញ ។
h. អ្នកណា , មិនដឹង , ឱ្យ , ដឹង , ថៃ , អស់គ្នា , ទាំង , យើង , ដង ។
i. ប្រពន្ធឯង , វា , ប្រាប់ , ហើយ , ឪពុកឯង , ទាំង , ប្រាប់ , ទៀត ។
j. វា , ចង់ , ទិញ , ទុក , ឱ្យ , ច្រើន , សឹម , បាន , លុយ , ឡាន ។

8. Find out from your teacher the answers to the following:
   a. What kinds of jewelry do Cambodians (men and women) wear?
   b. Where does it come from?
   c. Does Cambodia have oil deposits?
   d. Where does Cambodia get its oil?
   e. What non-food products does Cambodia produce?
   f. How could a Khmer (i.e., not a Chinese or Vietnamese) get into the import-export business in Cambodia?
   g. What resources and advantages do the many mountainous areas of Cambodia have?
   h. What are their disadvantages?
   i. What kind of land is good for rice farming?
   j. Can rice be grown in the hills? How?
   k. Are there any areas that get little rainfall?
   l. What can be grown in such areas?

ANSWERS

4.
a. សល់ b. សាក c. ទិញ d. ដើរ e. ចង់

5.
a. ខ្ញុំទិញឡានគ្រាន់នឹងបើកទៅធ្វើការ ។
b. គេមានដែលវាស់ស្រូវនោះទេ ?
c. ខ្ញុំសូវទៅស្ទូចត្រីវិញ ជាជាងនៅរៀន ។
d. ចាំយើងទៅស្ទូចត្រីវាល់ព្រែក សឹមញ៉ាំបាយ ។

e. ទាំងអ្នកឯកទេសមិនអាចពន្យល់ពាក្យនោះបានផង នរណាអាច ?
f. សរសេរច្រើនទៅ វាស្កាំដៃទៅហើយ !
g. ខ្ញុំចង់មិនយល់គេនិយាយ ។

6.
a. មាត់ b. ព , ឃើញ c. ទាំង , ផង d. បាន
e. វាង f. ក្បួន g. គ្រាន់នឹង h. ស្លូវ
i. អ្នក , គ្រាប់

7.
a. សូវខ្ញុំដើរខ្លួនឯង ខ្ញុំមិនទៅសួរគេទេ ។
b. លោកពន្យល់មិនខ្លាំងពេកផង ឲ្យយល់យ៉ាងម៉េច ?
c. គ្រូថាពាក្យនេះច្រើនដងទៅ វាស្កាំមាត់ទៅហើយ ។
d. គាត់ទិញឡានថ្មីហើយ គ្រាន់នឹងបើកដើរលេង ។
e. កម្មករអ្នកដឹកកើតធ្វើការរវល់ព្រឹករវល់លាច ។
f. តើឯងចេះពន្យល់អាដែងពាក្យគុណសម្បត្តិទេ ?
g. កុំខ្លួនឃើញឲ្យឃើញពាទៅ ស៊ីមទៅប្រាប់គេ ។
h. ហើយយើងទាំងអស់គ្នាមិនដឹងផង ឲ្យអ្នកណាដឹង ។
i. វាប្រាប់ខ្ញុំពាក់ឯងហើយ ប្រាប់ទាំងប្រពន្ធឯងទៀត ។
j. ចង់ទុកលុយឲ្យវាបានច្រើន ស៊ីមទិញឡាន ។

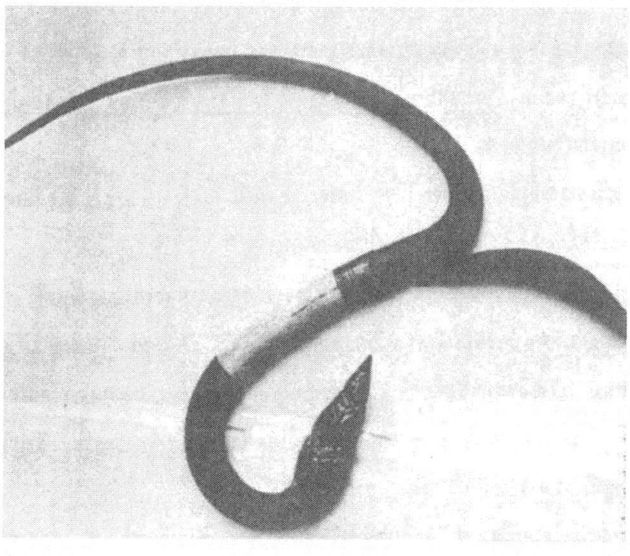

កណ្ដៀវ Traditional rice sickle

LESSON TEN

WHO IS A CAMBODIAN?

a. In what ways are the Khmer Loeu (montagnards) similar to the Khmer (appearance, customs, etc.)? In what ways are they different?

b. What is the legal standing of the montagnards? Do they have full citizenship?

c. What customs do Chams have that differ from those of the Khmer?

d. Where do most Chams live? What occupations do they have?

READING PASSAGE 1

ពួកខ្មែរលើ

គឺជាកុលសម្ព័ន្ធជនម្ចាស់ស្រុក ដែលមានអរិយធម៌មិនសូវជឿនលឿន ។ ពួកនេះជាសំណល់ជនជាតិដើម ឬពួកលុកលុយចាស់ៗដែលអ្នកឈ្នះក្រោយៗបានដេញទៅតំបន់ភ្នំ ឬព្រៃនៅជាយប្រទេស ។

* **កុលសម្ព័ន្ធឥណ្ឌូនេស៊ី** មានទីតាំងនៅប្រទេសខ្មែរខាងកើត គឺពួកខា ស្ទៀង និងភ្នង ។ ពួកនេះមានមាឌតូច សម្បុរសណ្ដែកបាយ ក្បាលតូចពេយ ថ្ងាសធ្លាក់ ភ្នែកខ្មៅ រាងមាំសម ទន់ភ្លន់ហើយស្លូត សក់ក្រាស់វែងត្រង់និងមានសរសៃធំៗ ។

ជីវភាពរស់នៅជាជីវភាពដាច់ដើមនៅក្នុងព្រៃ ។ ពួកនេះប្រកបអាជីវកម្មប្រមាញ់ នេសាទ ដំណាំស្រូវភ្លឺ នៅលើព្រៃដុត គោរពបាតុភូតធម្មជាតិ ហើយមានជំនឿច្រើនណាស់ ។

កុលសម្ព័ន្ធនានាចែកជាឃុំ ឃុំចែកជាគ្រួសារ ។ ឃុំនីមួយៗនៅក្រោមការត្រួតត្រានៃមេឃុំម្នាក់ ។

* **កុលសម្ព័ន្ធនេគ្រីតូ** មានដើមកំណើតខុសពីកុលសម្ព័ន្ធឥណ្ឌូនេស៊ី រស់នៅលើភ្នំក្រវាញ ក្នុងតំបន់វាលរេញ (ខាងលិចកំពត) ហើយនិងខាងជើងកំពង់ធំ ពួកនេះជាតំណាងគ្រកូលពួកនេគ្រីតូនៃឧបទ្វីបម៉ាឡេដែល គឺពួក ព័រ ស្អូច សំរែ គួយ ។ ពួកនេះមានមាឌតូច ច្រមុះសំប៉ែត ឆ្អឹងថ្ពាល់ស្រួចចេញក្រៅ ស្បែកក្រមៅ សក់ក្រញាញ់ ឬរួញអង្គាញ់ ។

ជីវភាពពួកនេះជាជីវភាពជំនាន់ដើម ។ ពួកព័ររស់នៅតំបន់ខាងលើនៃស្ទឹងពោធិ៍សាត់ ។ ពួកស្អូចរស់នៅខាងជើងសៀមរាប - ពួកគួយនៅខាងជើងកំពង់ធំ ។

NOTES FOR READING PASSAGE 1

Line 7. The term ព្រៃដុត 'burned off forest' refers to the method of agriculture practiced by the Khmer Loeu and other Southeast Asian aboriginal populations. This method is called 'slash and burn'. As the name suggests, people who practice it cut down and burn off areas of jungle plant, and move on to clear another patch when the original patch is exhausted.

ខ្មែរលើប្រជុំធ្វើបុណ្យ

Khmer Loeu ceremony

DIALOGUE

ដើមកំណើតខ្មែរ

១. សាន. ផែនផែនទៅ ខ្មែរមានដើមកំណើតពីណាមក? — In fact what is the origin of the Khmers?

លាយឡំ — to mix

សតវត្ស — century

២. សុន. ជនជាតិជាច្រើនទៅលាយឡំគ្នារាប់សតវត្ស ហើយពូជខ្មែរមានកំណើតពីនោះ ។ — Many different peoples have mixed for centuries, and the Khmer lineage originated from them.

ម៉េចក៏ — why

ល្បី — famous

ល្បីល្បាញ — famous, well-known

៣. សាន. ហើយម៉េចក៏ខ្មែរមានឈ្មោះល្បីល្បាញនឹងគេនឹងឯងដែរ? — And why are the Khmers so well known?

ប្រវត្តិ — history

ប្រវត្តិសាស្ត្រ — history

អារ្យធម៌ — civilization

អន់ — inferior, no good, low

៤. សុន. បើគិតពីប្រាសាទអង្គរ ប្រវត្តិសាស្ត្រ អារ្យធម៌ ខ្មែរមិនអន់ទេ ។ — If you think of Angkor, (its) history and civilization, the Khmers are by no means inferior.

ខ្មែរដើម — original Khmers

មាឌ — build (body)

ស្រឡះ — clear; completely, totally

៥. សាន. អញ្ចឹងត្រូវ ហើយខ្មែរដើមមានមាឌធំៗ ហើយខ្ពស់ស្រឡះ ។ — That's so; the original Khmers were tall and hefty.

ត្រង់ — honest, straightforward

ត្រង់នឹងគ្នា — honest, straightforward

បំបាត់ — to cheat

៦. សុន. មែន ហើយគេត្រង់នឹងគ្នាណាស់ មិនចេះបំបាត់គ្នាទេ ។ — That's true, and they were honest and didn't cheat each other.

		កាន់	to hold; to practice (religion)
		ពុទ្ធ	Buddha
		សាសនា	religion
		ពុទ្ធសាសនា	Buddhism
		កាន់សាសនា	to believe in a religion
		កាន់ពុទ្ធសាសនា	to be a Buddhist
		ខ្មែរលើ	montagnard, mountain tribes
៧.	សាន.	អើមែន ព្រោះខ្មែរកាន់ពុទ្ធ-សាសនា។ ចុះខ្មែរលើ កាន់សាសនាអីដែរ។	Yeah, because the Khmers are Buddhists. And the montagnards: what's their religion?
៨.	សុន.	ខ្មែរលើ! ខ្មែរលើនៅតែជឿធាតុភូតធម្មជាតិ ហើយខ្មែរយើងក៏ជឿដែរ។	The montagnards, they still worship nature, and so do we Khmers, by the way.
		មានតែ	there's no choice but, the only way is...
៩.	សាន.	មានតែខ្មែរក៏ដូចតែខ្មែរលើដែរ?	So the only answer is that the Khmers are like the montagnards?
		ចឹ ... មិនបាន	of course
១០.	សុន.	ចឹជាមិនបាន ព្រោះពូជខ្មែរមកពីខ្មែរលើ។	Of course! Because the Khmers originally came from montagnard stock.

NOTES FOR THE DIALOGUE

SENTENCE NO. 1

The term 'Cambodian' is used in these lessons to mean a citizen of the Khmer Republic. The term thus includes Chinese, Vietnamese, Chams and others, as well as people of Khmer origin. The term 'Khmer', on the other hand, refers to the people who built Angkor Wat and their descendents; the people whose mother tongue is Cambodian. Until fairly recently for the most part, though not exclusively, Khmers lived in the countryside and were farmers, while the cities had a disproportionate number of non-Khmers. Urban Khmers have tended to concentrate in the civil service.

SENTENCE NO. 6

This sentence expresses a very important part of the way Cambodians view themselves. The Cambodian sees himself as unaggressive, honest and decent, especially in comparison with the Vietnamese and to a lesser extent with the Chinese and Thai. No foreign (i.e., non-Khmer) nationality is totally approved of; the Vietnamese and the Thais are seen as threatening to Cambodian sovereignty and territorial integrity; the Chinese are respected for their industry but resented as commercially exploitative. The Lao are pretty much ignored, and the Cham are accepted but somewhat pitied because they no longer have a country of their own. The Khmer see the Cham as an example of what could happen to them if they do not defend their country. Europeans are known primarily through the French. The French for the most part are respected and not particularly resented, but on the other hand they no longer serve as models of civilization either. Americans are treated in much the same way as Europeans.

Cambodians consider tall, hefty men (sentence 5) and graceful women attractive. Light skin is admired, but not excessively, since the relatively dark-skinned Khmers identify Chinese and Vietnamese by their lightness.

SENTENCE NO. 7

When Cambodians talk about the Buddha, they say ព្រះពុទ្ធ /préh put/. The word ព្រះ precedes names of divinities, high-ranking royalty, or high-ranking clergy. It also precedes nouns that refer to such personages, e.g., ព្រះនាម which means ឈ្មោះ 'name' but refers to the name of a king or a member of his family (នាម is a word that means 'name' in certain contexts; it also means 'noun').

The name of the Buddhist religion is also frequently preceded by ព្រះ : ព្រះពុទ្ធសាសនា 'Buddhism' or, also, សាសនាព្រះពុទ្ធ Buddhism.'

SENTENCE NO. 8

The mountain tribes, many of which speak languages closely related to Cambodian, are tolerated but looked down upon as somewhat uncivilized. Probably before they were Hinduized, in the middle of the first millénium A.D., the Khmer belonged to tribes very similar to the ones the reading passages of this lesson call 'Negrito', a relationship many Khmer recognize but of which others are ignorant. The attitude of many Khmers to the montagnards is therefore something like that of a person toward his younger brothers and sisters. They are referred to as ខ្មែរលើ or 'Upper Khmer,' a name that further reflects the Khmer realization of the interrelationship.

As this sentence also indicates, many of the original Khmer beliefs that are shared with the montagnards have survived and have been incorporated into the variety of Buddhism practiced in Cambodia. The technical term for a religion like Buddhism which has assimilated such indigenous beliefs and practices on a local basis is 'folk (Buddhism),' which distinguishes it from the kind of ideal and abstract Buddhism that the theology outlines. To be sure, historically every great religion has assimilated many foreign beliefs and practices (e.g., pagan winter solstice celebrations adopted as Christian Christmas) and could therefore in a sense be called 'folk religions,' but when the practice is no longer localized but rather part of the religion almost everywhere it is practiced, the term 'folk religion' no longer applies as far as that practice is concerned.

SENTENCE NO. 9

The idiom មានតែ 'there's no choice but to' is usually followed by a verb, e.g., មានតែខ្ចីគេ ព្រោះយើងអស់លុយហើយ ។
There's no choice but to borrow, because we're out of money.

However, in sentence 9, the idiom is used before a clause: មានតែខ្មែរក៏ដូចតែខ្មែរលើដែរ? So the only answer is that the Khmers are like the montagnards.

DRILL ONE: Transformation

គ្រូ: ក: ខ្មែរជឿបូជាធម្មជាតិដែរ ។ (ខ្មែរលើ)
ខ: បើជឿអញ្ចឹង មានតែខ្មែរក៏ដូចតែខ្មែរលើដែរ

MODEL: T: The Khmers worship nature also. (montagnards)
S: If they have such beliefs, is the only answer that the Khmers are like the montagnards?

ក. ខ្មែរលើចូលចិត្តប្រមាញ់ ។ (ខ្មែរដើម)
បើចូលចិត្តអញ្ចឹង មានតែខ្មែរលើដូចតែខ្មែរដើមដែរ?
ខ. គាត់សម្រាន្តច្រើនណាស់ ។ (ឪពុកគាត់)
បើសម្រាន្តអញ្ចឹង មានតែគាត់ក៏ដូចតែឪពុកគាត់ដែរ?
គ. ជនជាតិនោះសម្បុរសណ្តែកបាយ ។ (កួយ)
បើសម្បុរអញ្ចឹង មានតែជនជាតិនោះក៏ដូចតែកួយដែរ?
ឃ. ពួកនោះរស់នៅលើភ្នំ ។ (ភ្នង)
បើរស់នៅអញ្ចឹង មានតែពួកនោះក៏ដូចតែភ្នងដែរ?
ង. ស្ទៀងបរិភោគបាយច្រើនណាស់ ។ (ពួកសំរែ)
បើបរិភោគអញ្ចឹង មានតែស្ទៀងក៏ដូចតែពួកសំរែដែរ?
ច. ពួកចារ៉ាយដាំស្រូវនៅកន្លែងព្រៃដុត ។ (ស្ទៀង)
បើដាំអញ្ចឹង មានតែពួកចារ៉ាយក៏ដូចតែស្ទៀងដែរ?

DRILL TWO: Response

គ្រូ: ក: មែនទែនទៅ ខ្មែរមានដើមកំណើតពីណាមក? (ខ្មែរលើ)
ខ: មែនទែនទៅ ខ្មែរមានដើមកំណើតពីខ្មែរលើ។

MODEL: T: In fact what is the origin of the Khmers?
(montagnards)

S: In fact, the Khmer originated as montagnards.

ក. មែនទែនទៅ ប្រាសាទអង្គរសង់នៅសតវត្សទីប៉ុន្មាន? (៩)
មែនទែនទៅ ប្រាសាទអង្គរសង់នៅសតវត្សទី៩។
ខ. មែនទែនទៅ ខ្មែរដើមមានមាឌយ៉ាងម៉េច? (ធំមាំ)
មែនទែនទៅ ខ្មែរដើមមានមាឌធំមាំ។
គ. មែនទែនទៅ ជនជាតិខ្មែរច្រើនធ្វើអ្វី? (ស្រែចំការ)
មែនទែនទៅ ជនជាតិខ្មែរច្រើនធ្វើស្រែចំការ។
ឃ. មែនទែនទៅ អរិយធម៌ខ្មែរយើងទទួលអនុភាពពីណាមក? (ឥណ្ឌា)
មែនទែនទៅ អរិយធម៌ខ្មែរយើងទទួលអនុភាពពីឥណ្ឌា។
ង. មែនទែនទៅ ពួកខ្មែរលើរកស៊ីធ្វើអ្វី? (ស្រែចំការនិងប្រមាញ់)
មែនទែនទៅ ពួកខ្មែរលើរកស៊ីធ្វើស្រែចំការនិងប្រមាញ់។
ច. មែនទែនទៅ ខ្មែរយើងច្រើនកាន់សាសនាអ្វី? (ពុទ្ធសាសនា)
មែនទែនទៅ ខ្មែរយើងច្រើនកាន់ពុទ្ធសាសនា។

DRILL THREE: Response

គ្រូ: ក: មែនទែនទៅ ខ្មែរមានដើមកំណើតពីណាមក?
(គិត, ពីខ្មែរលើ)
ខ: បើគិតឲ្យមែនទែនទៅ មានដើមកំណើតពីខ្មែរលើ។

MODEL: T: In fact, what is the origin of the Khmers?
(think, from the montagnards)

S: If you really think about it, they originated as montagnards.

ក. មែនទែនទៅ ប្រទេសខ្មែរមានប្រជាជនប៉ុន្មាននាក់?
(រាប់, ៧លាននាក់)
បើរាប់ឲ្យមែនទែនទៅ មានប្រជាជន៧លាននាក់។
ខ. មែនទែនទៅ ស្រែនោះមានទំហំប៉ុណ្ណា?
(វាស់, ប៉ុនស្រែយើង)
បើវាស់ឲ្យមែនទែនទៅ មានទំហំប៉ុនស្រែយើង។
គ. មែនទែនទៅ ស្រែនោះឆ្នាំនេះបានស្រូវប៉ុន្មានបាវ?
(វាល់, ១០បាវ)
បើវាល់ឲ្យមែនទែនទៅ បានស្រូវ១០បាវ។

ឃ. ម៉ែនទែនទៅ ស្រុកនោះមានកុលសម្ព័ន្ធប៉ុន្មាន?
(រក, ប្រហែល៥ពួក)
បើរកឲ្យម៉ែនទែនទៅ មានកុលសម្ព័ន្ធប្រហែល៥ពួក។
ង. ម៉ែនទែនទៅ ខ្មែរដើមមានសម្បុរយ៉ាងម៉េច?
(សង្កេត, សណ្តែកបាយ)
បើសង្កេតឲ្យម៉ែនទែនទៅ មានសម្បុរសណ្តែកបាយ។
ច. ម៉ែនទែនទៅ ខ្មែរដើមមានមាឌយ៉ាងម៉េច?
(ពិនិត្យ, ធំៗទៀបស្រឡះ)
បើពិនិត្យឲ្យម៉ែនទែនទៅ មានមាឌធំៗទៀបស្រឡះ។

DRILL FOUR: Substitution

គំរូ: ក: ជនជាតិជាច្រើន នៅលាយឡំគ្នារាប់សតវត្ស។ (ឆ្នាំ)
ខ: ជនជាតិជាច្រើន នៅលាយឡំគ្នារាប់ឆ្នាំ។

MODEL: T: Many nationalities have intermixed for centuries. (year)

S: Many nationalities have intermixed for years.

ជនជាតិជាច្រើន នៅលាយឡំគ្នារាប់ឆ្នាំ។
ក. ខ្មែរលើនិងខ្មែរ
ខ្មែរលើនិងខ្មែរជាច្រើន នៅលាយឡំគ្នារាប់ឆ្នាំ។
ខ. រកស៊ីជាមួយគ្នា
ខ្មែរលើនិងខ្មែរជាច្រើន រកស៊ីជាមួយគ្នារាប់ឆ្នាំ។
គ. ធ្លាប់ទាក់ទងគ្នា
ខ្មែរលើនិងខ្មែរជាច្រើន ធ្លាប់ទាក់ទងគ្នារាប់ឆ្នាំ។
ឃ. ប្រទេសយើងនិងប្រទេសខ្លះ
ប្រទេសយើងនិងប្រទេសខ្លះ ធ្លាប់ទាក់ទងគ្នារាប់ឆ្នាំ។
ង. រយឆ្នាំ
ប្រទេសយើងនិងប្រទេសខ្លះ ធ្លាប់ទាក់ទងគ្នារាប់រយឆ្នាំ។
ច. មិនត្រូវគ្នា
ប្រទេសយើងនិងប្រទេសខ្លះ មិនត្រូវគ្នារាប់រយឆ្នាំ។

DRILL FIVE: Transformation

គំរូ: ក: ខ្មែរមានឈ្មោះល្បីល្បាញ។ (និងគេនិងឯងដែរ)
ខ: ម៉េចក៏ខ្មែរមានឈ្មោះល្បីល្បាញនិងគេនិងឯងដែរ?

MODEL: T: The Khmer are as famous (as anyone)

S: Why are the Khmer as famous as anyone?

ក. ខ្មែរដើមមាឌធំៗ ហើយខ្ពស់ស្រឡះ ។ (ម្ល៉េះ)
ម៉េចក៏ខ្មែរដើមមាឌធំៗ ហើយខ្ពស់ស្រឡះម្ល៉េះ?
ខ. ខ្មែរលើរស់នៅជិតភ្នំ ។ (ជាយូរណាស់មកហើយ)
ម៉េចក៏ខ្មែរលើរស់នៅជិតភ្នំជាយូរណាស់មកហើយ?
គ. ខ្មែរយើងជឿព្រាតភូតធម្មជាតិ ។ (ដូចខ្មែរលើដែរ)
ម៉េចក៏ខ្មែរយើងជឿព្រាតភូតធម្មជាតិដូចខ្មែរលើដែរ?
ឃ. ខ្មែរលើដុតព្រៃធ្វើស្រែចំការ ។ (អញ្ចឹង)
ម៉េចក៏ខ្មែរលើដុតព្រៃធ្វើស្រែចំការអញ្ចឹង?
ង. គេដឹងថាខ្មែរមកពីខ្មែរលើ ។ (ប្រាកដម្ល៉េះ)
ម៉េចក៏គេដឹងថាខ្មែរមកពីខ្មែរលើប្រាកដម្ល៉េះ?
ច. ខ្មែរលើជាអ្នកប្រមាញ់ ។ (ល្បីល្បាញ)
ម៉េចក៏ខ្មែរលើជាអ្នកប្រមាញ់ល្បីល្បាញ?

DRILL SIX: Transformation

គំរូ: គ: បើគិតពីប្រាសាទអង្គរ, ខ្មែរល្បីល្បាញណាស់ ។ (សង់)
ស: ខ្មែរមិនអន់ទេខាងសង់ប្រាសាទអង្គរ ។

MODEL: T: If one thinks of Angkor, the Khmers are very famous. (to build)

S: The Khmer were not at all inferior in building Angkor.

ក. បើនិយាយពីចំបាត់គេ ចិនយួនប្រសប់ណាស់ ។ (ធ្វើជំនួញ)
ចិនយួនមិនអន់ទេខាងធ្វើជំនួញចំបាត់គេ ។
ខ. បើគិតពីស្រែចំការ ជនជាតិខ្មែរបេះណាស់ ។ (ធ្វើ)
ជនជាតិខ្មែរមិនអន់ទេខាងធ្វើស្រែចំការ ។
គ. បើនិយាយពីបាញ់សត្វព្រៃ ខ្មែរលើហ៊ានណាស់ ។ (ដើររក)
ខ្មែរលើមិនអន់ទេខាងដើររកបាញ់សត្វព្រៃ ។
ឃ. បើគិតពីសង្គ្រាមនឹងប្រទេសជិតខាង ខ្មែរដើមល្បីល្បាញណាស់ (ធ្វើ)
ខ្មែរដើមមិនអន់ទេខាងធ្វើសង្គ្រាមនឹងប្រទេសជិតខាង ។
ង. បើនិយាយពីទាមទារឯករាជ្យ ខ្មែរត្រូវគ្នាណាស់ ។ (រួបរួម)
ខ្មែរមិនអន់ទេខាងរួបរួមទាមទារឯករាជ្យ ។
ច. បើគិតពីការពាររដ្ឋការយើង ខ្មែរលើចង់ណាស់ ។ (ជួយ)
ខ្មែរលើមិនអន់ទេខាងជួយការពាររដ្ឋការយើង ។

DRILL SEVEN: Transformation

គំរូ: ក: ខ្មែរកាន់ពុទ្ធសាសនា ។ (ខ្មែរលើ)
ខ: ចុះខ្មែរលើកាន់សាសនាអីដែរ?

MODEL: T: The Khmer are Buddhists.
(montagnards)
S: And the montagnards, what is their religion?

ក. ជនជាតិថៃកាន់ពុទ្ធសាសនា ។ (ជនជាតិលាវ)
ចុះជនជាតិលាវកាន់សាសនាអីដែរ?
១. ជនជាតិនោះមានជំនឿនឹងបាតុភូតធម្មជាតិ ។ (ខ្មែរដើម)
ចុះខ្មែរដើមមានជំនឿនឹងអីដែរ?
គ. ខ្មែរលើប្រកបអាជីវកម្មបរបាញ់ ។ (ខ្មែរដើម)
ចុះខ្មែរដើមប្រកបអាជីវកម្មអីដែរ?
ឃ. កុលសម្ព័ន្ធនោះមានដើមកំណើតមកពីពួកនេគ្រីតូ ។ (ជនជាតិអាមេរិកាំង)
ចុះជនជាតិអាមេរិកាំងមានដើមកំណើតមកពីពួកណាដែរ?
ង. យើងកាន់សាសនាព្រះពុទ្ធ ។ (ជនជាតិលោក)
ចុះជនជាតិលោកកាន់សាសនាអីដែរ?
ច. ពួកនោះមានសម្បុរដូចសណ្តែកបាយ ។ (ជនជាតិអាមេរិកាំង)
ចុះជនជាតិអាមេរិកាំងមានសម្បុរដូចអីដែរ?

DRILL EIGHT: Transformation

គំរូ: ក: ខ្មែរលើជឿបាតុភូតធម្មជាតិ ។ (កាន់ពុទ្ធសាសនា)
ខ: ខ្មែរលើថីកាន់ពុទ្ធសាសនាមិនបាន តែគេជឿបាតុភូតធម្មជាតិជាង ។

MODEL: T: The montagnards worship nature. (to be Buddhists)

S: Of course the montagnards can be Buddhists, but they worship nature more.

ក. យើងចូលចិត្តធ្វើរង្គការ ។ (ធ្វើជំនួញ)
យើងថីធ្វើជំនួញមិនបាន តែយើងចូលចិត្តធ្វើរង្គការជាង ។
១. ពួកនេះប្រសប់ខាងបាញ់ ។ (ដាំស្រូវ)
ពួកនេះថីដាំស្រូវមិនបាន តែគេប្រសប់ខាងបាញ់ជាង ។
គ. ខ្មែរចូលចិត្តទិញ ។ (សម្លាប់សត្វយកសាច់)
ខ្មែរថីសម្លាប់សត្វយកសាច់មិនបាន តែគេចូលចិត្តទិញជាង ។
ឃ. ខ្មែរជំនាន់ដើមចង់ទៅបាញ់ ។ (ចិញ្ចឹមសត្វ)
ខ្មែរជំនាន់ដើមថីចិញ្ចឹមសត្វមិនបាន តែគេចង់ទៅបាញ់ជាង ។

ង. ខ្មែរជឿពុទ្ធសាសនា ។ (គោរពបាតុភូត)
ខ្មែរបើគោរពបាតុភូតមិនបាន តែគេជឿពុទ្ធសាសនាជាង ។

ច. ជនបរទេសចង់ជួលអូតែល ។ (នៅផ្ទះខ្មែរ)
ជនបរទេសបើនៅផ្ទះខ្មែរមិនបាន តែគេចង់ជួលអូតែលជាង។

READING PASSAGE 2

បណ្ដាជន

បើគេគិតមិនឲ្យលើសផែនទីនៃប្រទេសខ្មែរ គេយល់ថាប្រទេសនេះគ្មានបញ្ហាទេ ក៏និយាយអំពីបញ្ហានយោបាយ-សង្គម ។ តែបើទោះប្រទេសដែលមានទំហំ ៦៩៩០០ ម៉ាយក្រឡា ប្រទេសខ្មែរមានបញ្ហាមួយយ៉ាងធំហើយពិបាកដោះស្រាយទៀត ។ ស្រុកខ្មែរមានបណ្ដាជនប្រហែល៧លាននាក់ប៉ុណ្ណោះ គិតរួមទាំងសញ្ជាតិឯទៀត ។ មនុស្ស៧លាននាក់គឺតិចពេកដើម្បីនឹងប្រើទឹកដី ឬនឹងការពារប្រទេសឲ្យបានល្អ ។

បើគិតពីបណ្ដាជន ប្រទេសខ្មែរមានមនុស្សតិចជាងគេនៅអាស៊ីភាគអាគ្នេយ៍ លើកលែងតែប្រទេសលាវ ហើយបើគិតពីដង់ស៊ីតេវិញ ប្រទេសខ្មែរក៏ទាបជាងគេដែរ លើកលែងតែប្រទេសភូមានិងប្រទេសលាវ ។ ដោយសារបណ្ដាជនតិចពេកនេះហើយ បានជាប្រទេសខ្មែរមិនសូវលូតលាស់ល្អ គឺថានៅមានដីទំនេរច្រើនពេកដែលនៅសល់ឥតប្រយោជន៍ ។ កន្លែងដែលមានមនុស្សរស់នៅច្រើនជាងគេ គឺនៅជុំវិញទន្លេសាបនិងនៅផ្នែកខាងកើតឈៀងខាងត្បូង ចាប់ពីទីក្រុងភ្នំពេញទៅ ។ នៅតំបន់ខ្លះដូចជានៅតាមដងទន្លេមេគង្គ និងក្នុងខេត្តកំពង់ចាម, កណ្ដាល និងកំពង់ធំ ដង់ស៊ីតេមនុស្សមានប្រហែលទៅដល់ ៤២០ នាក់ក្នុងមួយគីឡូម៉ែត្រក្រឡា ហើយបើគិតសរុបទៅ ដង់ស៊ីតេមធ្យមនៅប្រទេសខ្មែរមាន ៣៨ នាក់ក្នុង ១ គ.ម.^{2} ។

បើគិតពីចំនួនមនុស្សប្រុសនិងចំនួនមនុស្សស្រី ស្រុកខ្មែរមានចំនួនមនុស្សប្រុសនិងចំនួនមនុស្សស្រីប្រហែលស្មើគ្នា គឺមួយទល់នឹងមួយ ។ ខ្មែរមានអាយុមធ្យមនៃជីវិតប្រហែល ៤៤ ឆ្នាំ តែខ្មែរមានមាឌខ្ពស់ស្គម គឺខ្ពស់ជាងជនជាតិវៀតណាម (កំពស់មធ្យមរបស់ប្រុស ១,៦២ ម៉ ស្រី ១,៥០ ម) ហើយស្បែកសម្បុរស្រអែម ច្រមុះធំ ថ្ពាល់ស្រួច បបូរមាត់ក្រាស់ សក់ខ្មៅ ។ ខ្មែរច្រើនកាន់ព្រះពុទ្ធសាសនាប្រហែល ៨៥ ភាគរយ ។

ក្នុងបណ្ដាជន៧លាននាក់ មិនមែនមានតែខ្មែរទាំងអស់ទេ គឺសញ្ជាតិដទៃច្រើនទៀត តែខ្មែរមានចំនួនជិត ៦ លាននាក់ ។ មានជនជាតិឯទៀតដែលចូលជាតិជាខ្មែរដែលគេហៅថាខ្មែរចូលជាតិ គឺពួកជា ចាម លាវ និងកុលាជាដើម ។ ចំណែកឯជនបរទេសវិញ គឺមានជនជាតិចិន ដែលបានស្គាល់ស្រុកខ្មែរមុនគេ ហើយជនជាតិចិនមាននៅសឹងតែគ្រប់តំបន់

នៅប្រទេសខ្មែរ ។ ជនជាតិវៀតណាមក៏មានច្រើនណាស់ដែរ ហើយច្រើនរស់នៅតាមដងទន្លេមេគង្គ នៅមួយដុំៗមិនលាយឡំជាមួយជនជាតិឯទៀតទេ ។ ជនជាតិឥណ្ឌាមានតិច ហើយខ្មែររាប់អានពួកនេះជាងគេ ។ គេឃើញជនជាតិនេះច្រើនតែនៅភ្នំពេញ គេធ្វើជាអ្នកជំនួញក្រណាត់ និងជំនួញលុយ ។ រីឯជនជាតិអឺរ៉ុបវិញ គឺមានតែមួយក្រុមតូចប៉ុណ្ណោះ គឺជនជាតិអេស្ប៉ាញ៉ុល ហូឡង់ ព័រទុយគ្គេ ហើយជនជាតិបារាំងដែលមានចំនួនច្រើនជាងគេ ។

ប្រទេសខ្មែរក៏ដូចប្រទេសឯទៀតដែរ គឺមានមនុស្សមួយផ្នែកតូចដែលមានអារ្យធម៌មិនសូវជឿនលឿន ។ បណ្ដាជនពួកនេះនៅស្រុកខ្មែរ គេហៅជាពួកខ្មែរលើ ។ ពួកនេះគេចែកជាពីរផ្នែកគឺ កុលសម្ព័ន្ធឥណ្ឌូនេស៊ីដែលច្រើននៅទិសខាងកើតគឺពួកចារា ស្ទៀង និងគួយ ។ ពួកនេះច្រើនជាអ្នកប្រមាញ់ នេសាទ ដាំស្រូវ ។ ផ្នែកមួយទៀតគឺកុលសម្ព័ន្ធនេគ្រីតនៅតំបន់ខាងលិច និងខាងជើង មានពួកព័រ ស្អូច សំរ៉ែ កួយ ។ បណ្ដាជនពួកទាំងពីរនេះគោរពបាតុភូតធម្មជាតិដែលជាជំនឿសាសនារបស់គេ ៕

READING PASSAGE 3

ប្រវត្តិជំណុះប្រជាជន

ប្រទេសខ្មែរជាប្រទេសមួយដែលទទួលឥទ្ធិពលអំពីអារ្យធម៌ពីរ គឺអារ្យធម៌ឥណ្ឌា និងអារ្យធម៌ចិន ។

ជាតិដើមពីកាលនោះ ប្រហែលជាមានកុលសម្ព័ន្ធឥណ្ឌូនេស៊ី ហើយក្រោយការលុកលុយនៃពួកកុលសម្ព័ន្ធនេគ្រីតមួយផ្នែក ដែលជាជាតិដោរវីឌ និងអារ្យ៉ង់ បានបណ្ដេញចេញពីឥណ្ឌាខាងត្បូង ។ អ្នកស្រុកដើមនៃប្រទេសខ្មែរបានរស់នៅលាយឡំជាមួយពួកកុលសម្ព័ន្ធនេះនៅតាមសើភ្នំខាងជើង និងដងទន្លេសាប ។ គឺដោយសារការកាត់ពូជជាមួយពួកនេគ្រីត ហើយបានជាអ្នកស្រុកនេះមានសម្បុរក្រមៅ និងសក់រួញ ។ បន្ទាប់មកមានជនជាតិឥណ្ឌាមកទៀតតាមនៅភូមិភាគអាស៊ីប៉ែកអគ្នេយ៍មិនដាច់ ។ ការទាក់ទងនេះហើយដែលពន្យល់ឲ្យឃើញថាជនជាតិខ្មែរមានដើមកំណើតចេញពីជាតិឥណ្ឌា និងអ្នកស្រុកដើម ។ នៅក្នុងប្រហែលសតវត្សទី១៣ មានការលុកលុយនៃពួកម៉ុងហ្គោលដែលជាហេតុបណ្ដាលឲ្យកុលសម្ព័ន្ធនៅប្រទេសចិនខាងត្បូងចូលលុកលុយប្រទេសឥណ្ឌូចិន ។ ការលុកលុយនេះបណ្ដាលឲ្យមានជនជាតិថៃ យួន ចូលមកនៅតាមទន្លេមេណាម និងតាមឆ្នេរសមុទ្រឥណ្ឌូចិន ដោយនាំយកមកជាមួយផងនូវអារ្យធម៌ចិន ។ ជំនួញរវាងប្រទេសទាំងពីរ ខ្មែរនិងចិនជំនាន់នោះធ្វើឲ្យមានការលាយឡំកាត់ជាតិកាន់តែច្រើនឡើង ហើយច្រើនតែអ្នកជំនួញចិនប្រុសៗដែលធ្វើដំណើរជំនួញនេះ ។ ហើយនៅរវាងសតវត្សទី១៣ និងទី១៧ ពួកចិននេះច្រើនតែយកប្រពន្ធនៅស្រុកដែលគេមកស្ថិតនៅ ដូច្នេះភាគច្រើនៗតែមានប្រពន្ធខ្មែរ ។

តាមការពិនិត្យ គឺជនជាតិចិននេះហើយដែលជាអ្នកបង្កាត់ពូជខ្មែរក្រោយបំផុត គឺបន្ទាប់ពីជនជាតិឥណ្ឌាដែលអ្នកស្រុកដើមមក។ ការបង្កាត់ពូជលើកក្រោយនេះហើយដែលបណ្ដាលឲ្យបណ្ដាជនខ្មែរមានសម្បុរស្បែកខ្មៅស្រអែមហើយសក់សែងរួញទៅវិញ។ ហើយទីបំផុត ក្រោយសតវត្សទី១៧មានជនជាតិខ្លះភៀសខ្លួនមកប្រទេសខ្មែរដោយនៅស្រុកគេមានសង្គ្រាម គឺចាម វៀតណាម និងខ្លះទៀតដោយសេដ្ឋកិច្ចជំនួញ គឺជនជាតិអឺរ៉ុប ភូមា និងឥណ្ឌាជាដើម។

VOCABULARY

កាត់ពូជ	to intermarry, to crossbreed
កាន់សាសនា	to have a religion, to believe in a religion
កុលសម្ព័ន្ធ	tribe
កុល	base; origin; family
សម្ព័ន្ធ	ally (n.)
កូនចៅចិន	descendents of the Chinese
* ករ៉ូម៉ង់	Coromandel (the east coast of India on the Bay of Bengal)
* កំពង់ឆ្នាំង	Kompong Chhnang (Cambodian province)
ក្រញាញ់	frizzy, tangled
ក្រម៉ៅ	dark brown, black; dark (color)
* ខា	Kha (name of a montagnard tribe)
ខ្មែរចូលជាតិ	naturalized Cambodian
គ្រប់គ្រង	to govern, to rule
គ.ម.២	square, kilometer
ចាម	Cham
ចូលជាតិជា	to become a ... citizen
ចំណុះ (< ចុះ)	something or someone dominated
ឆ្អឹង	bone
ជននិគម	settler, colonist (n.)
* និគម	colony
* ជ្វា	Java
ដង់ស៊ីតេ	density (French densite)
ដោះស្រាយ	to solve (a problem)
ស្រាយ	to untie
* ដ្រាវីឌ	Dravidian
តូចតាច	small, trivial, insignificant
* តាច	AC

តំណ (< ត)	something continued, a continuation
ត្រកូល	lineage, family
ត្រង់	honest, straightforward
ត្រលើស	wide (forehead)
ស៊ីមទាំង + verb	even + verb
ថ្ងាសញ្ញក់	forehead receding toward the top
ថ្ងាស	forehead
ថ្ពាល់	cheek
ទន់ភ្លន់	soft (refers to people's character)
ទន់	soft
* ភ្លន់	RC
ទាមទារ	to demand repeatedly
ទាម	to suck, to attach oneself like a leech
ទិស	direction
* នេក្រិត	Negrito
បង្កាត់ពូជ	to crossbreed
បន្តបន្ទាប់មក	following
បន្ត (< ត)	to continue
បបូរមាត់	lips
បបូរ	rim
ប្រវត្តិសាស្ត្រ /prəvóttəsah/	history
ប្រវត្តិ /provót/	history, biography
ពយ	refers to a head that extends out in the back
* ពារ៉ /póa/	Pear (name of a montagnard tribe)
ព័រទុយក្គេ	Portuguese
* ពួក	Puok (name of a montagnard tribe)
ព្រះ	sacred, holy; royal
ភ្នង	Phnong (name of a montagnard tribe); generally used to mean montagnards or savages but with derogatory connotation
មាឌ /miat/	form, shape, build
* ម៉ុងគោល	Mongol
មួយដុំៗ	various areas
មួយទល់នឹងមួយ	one-to-one
* មេណាម	Menam (River)
រាប់អាន	to be friendly, to seek out
រួញ	curly (hair); to be contracted or shrunken

	រួបរួម	to join, to unite
	រួប	to constrict
	លក្ខណៈមធ្យម	average characteristics
	លាយឡំ	to mix
	លាយ	to mix
*	ឡំ	AC
	ល្បីល្បាញ	well-known, famous
	ល្បី	famous, well-known
*	ល្បាញ	AC
	វង្ស	circle, family, clique; arena
*	វាលរេញ	place name in Kampot Province
	វិហារ	church, sanctuary
	សង្ហារ	proud, showing-off, vain
	សញ្ជាតិ	nationality
	សណ្ដែកបាយ	(green) bean
	សតវត្ស /satəvót/	century
*	សត /sataʔ/	hundred (Sanskrit)
	សម្បុរ /səbol/	skin color, complexion
	សរសៃ	thread, string, vein, sinew, strand
	សំណល់ (< សល់)	something left over
	សំប៉ែត	flat, to become flat (said of a thin object,e.g. a disc)
*	សំរែ	Samre (name of a montagnard tribe)
	ស្គម	thin, skinny (used only for humans and animals)
*	ស្ទៀង	Stieng (name of a montagnard tribe)
	ស្រអែម	dark brown (used only of skin)
	ស្រូវភ្នំ	upland rice
	ស្រួច	sharp and pointed
*	ស្អូច	Saouc (name of a montagnard tribe)
	ហុល្លង់	Dutch
	អង្គាដី	in tight waves (from the name of a kind of tree with tiny leaves arranged along a stalk
	អន់	inferior, low, no good
	អរិយធម៌ /aʔriyéʔthóa/	civilization
*	អរិយៈ /aʔriyéʔ/	proper, orderly, very good (literary)
	អាជីវកម្ម	a living, subsistence
*	អារ្យន់	Aryan
	អាយុមធ្យមនៃជីវិត	average life span
	អឺរ៉ុប	Europe

អេស្ប៉ាញ៉ុល	Spanish
អ្នកប្រមាញ់	hunter
ប្រមាញ់ (< បាញ់)	hunter

APPLICATIONS

1. Define or describe the following:

កាត់ពង	កុលសម្ព័ន្ធ	ត្រង់	ក្រញាញ់
សម្ព័ន្ធ	ក្រមៅ	គ្រប់គ្រង	ខ្ញុរស៊ើ
រូបរាង	ជននិគម	តូចតាច	តំណ
ត្រកូល	ប៉ាស	ច្បាស់	ទន់
ទាមទារ	ទន់ភ្លន់	ទាម	បន្តបន្ទាប់
បបរ	មាឡ	កប់អាន	ណាយ
ណាំយាឡូ	ល្បីល្បាញ	វង្ស	ល្បី
សតវត្ស	សម្បុរ	សំណល់	ស្រអែម
អង់	អរិយធម៌	អ្នកស្រុកដើម	ប្រមាញ់
ចំណុះ	វិហារ	ចាម	ប្រវត្តិ

2. Use the following in a sentence:

កាន់សាសនា	កនបោចិន	គ្រប់គ្រង	បាសជាតិជា...
ថ្លឹង	ជននិគម	ចំណុះ	ដង់ស៊ីតេ
ត្រដើល	ប៉ែមទាំង	ច្បាស់	បន្ត
រូបរាង	បន្តបន្ទាប់មក	បំបូរមាត់	រៀវត្ស
បោះឆ្នោត	ប្រវត្តិសាស្ត្រ	មួយដុំៗ	មួយទល់នឹងមួយ
កប់អាន	រួញ	លក្ខណៈមធ្យម	ណាយ
វង្ស	ល្បី	សញ្ជាតិ	សតវត្ស
សម្បុរ	សរសៃ	សំប៉ែត	សម
ស្វាក្ដី	ស្រួច	អាជីវកម្ម	អំរុប
អាយុមធ្យមនៃជីវិត		សង្ហា	

3. Give a word or phrase with contradictory meaning:

សមន៍	ក្រញាញ់	ងាយ	ចំណុះ
ដោះស្រាយ	តូចតាច	ស្រាយ	ទន់
រូបរាង	បបរ	កប់អាន	រួញ
លក្ខណៈមធ្យម	សំប៉ែត	ស្គម	អន់

4. Translate the following into Cambodian:

a. I heard that Cambodia has had an irrigation system for hundreds of years.

b. Everyone seems to be sick today; the only way is for all of us to take the day off.

c. Are montagnards Cambodians? Of course! They are where the Khmer came from.

d. If you really think about it, most religions have some nature worship.

e. The Chams are Moslems (សាសនាអ៊ីស្លាម), which is not inferior to Buddhism.

f. If you have no money, your only recourse is to go borrow from the bank.

5. Describe people you and your teacher both know using words like ស្គម 'thin,' រួញ 'curly' etc., that you have learned in this and preceding lessons. Try to see if you can describe people in such a way that your teacher can guess who they are.

6. To the teacher: Ask about the American Indians in the U.S. and about other ethnic groups. Use the following questions as a guide, but supplement them with your questions:

ចំពោះគ្រូ: ចូរសួរសិស្សអំពីជនជាតិក្នុងរស់នៅសហរដ្ឋអាមេរិក តាមប្រធានបទនិងគន្លឹះនាំខាងក្រោមនេះ ដោយបន្ថែមសំណួរខ្លួនឯង

១. ពួក: ប៉ុន្មានពួក? ពួកអ្វីខ្លះ? ពួកណាមានមនុស្សច្រើនជាងគេ?

២. កន្លែងនៅ: នៅឯណាខ្លះ? កន្លែងមានច្រើនជាងគេ (និង) ហេតុអ្វី? នៅយ៉ាងម៉េចខ្លះ?

៣. របររកស៊ី: គេធ្វើអ្វី? នៅឯណា? ដាំអ្វី? ។ល។

៤. ទំនៀមទម្លាប់និងសាសនា: ការទាក់ទងរវាងគ្នា, ពេលជួបគ្នា, មានជំនឿនឹងអ្វីខ្លះ? សាសនាអ្វីទេ?

៥. ភាសា: និយាយភាសាអ្វីខ្លះ? ពួកមួយទៅពួកមួយស្ដាប់គ្នាបានទេ?

7. Prepare a short talk on the ethnic group your ancestors (ជីដូនជីតា) come from, its history and present status in the U.S. Be prepared to answer your teacher's and classmates' questions.

8. Fill in the blank(s) with the appropriate word(s) below:

a. កុលសម្ព័ន្ធខ្មែរគ្រីគូមានដើម ____ ខុសពីកុលសម្ព័ន្ធកណ្ដាលនេះ ។
(ហេតុ , កំណើត , ជីវភាព)

b. ពួកនោះនៅក្រោម ____ នៃចៅហ្វាយស្រុកម្នាក់ ។
(កុលសម្ព័ន្ធ , កំណើត, ការត្រួតត្រា)

c. ឆ្អឹងថ្ពាល់ ____ ចេញក្រៅ ។
(មាំៗ , ច្រើន , ស្រួច)

d. សក់ពួកនោះ ____ ។
(សំប៉ែត , ស្រួច , ក្រញាញ់)

e. កុលសម្ព័ន្ធនេះមានមាឌធំនិងសក់ ____ ។
(សំប៉ែត, សណ្ដែកបាយ , រួញ)

f. ពួកនេះជា ___ ជនជាតិដើម ។
(កំណើត , ដើម , សំណល់)

g. ជនជាតិនេះជាតំណ ___ ពួកនេគ្រីតូ ។
(វង្សត្រកូល , ប្រមាញ់ , ជំនឿ)

h. កុលសម្ព័ន្ធនេះមានដើមកំណើតឡូពី ___ ឥណ្ឌូនេស៊ី ។
(តំបន់ , អាជីវកម្ម , កុលសម្ព័ន្ធ)

i. គេមានជំនឿ ___ បាតុភូតធម្មជាតិ ។
(ទៅ , នឹង , ដូច)

j. ជនជាតិព្នង ___ អាជីវកម្មនេសាទ ។
(រក , ប្រកប , ធ្វើ)

k. ខ្មែរយើង បើនិយាយឲ្យមែនទែនទៅនោះ ___ គ្នាជាមួយជនជាតិឯទៀតច្រើនណាស់ កាលពីដើម ។
(ចែក , លាយឡំ , ជិត)

l. ប្រាសាទអង្គរសង់ឡើងរាប់ ___ ឆ្នាំមកហើយ ។
(រយ , ពាន់ , ម៉ឺន)

m. ពួកខ្មែរលើមាន ___ មិនសូវជឿនលឿនទេ ។
(អរិយធម៌ , ប្រវត្តិសាស្ត្រ)

n. ពួកកុលសម្ព័ន្ធច្រើនជឿ ___ ជាង ។
(ពុទ្ធសាសនា , បាតុភូតធម្មជាតិ)

o. ខ្មែរ ៩៥% ___ ពុទ្ធសាសនា ។
(កាន់ , មាន , ជា)

p. ខ្មែរខ្លះដែលមិន ___ សាសនា គេក៏មិន ___ ពុទ្ធសាសនាដែរ ។
(មាន , ជឿ , ជួយ , កាន់ , រៀន)

q. ខ្មែរឥឡូវមិនដូចខ្មែរ ___ ទេ ព្រោះគេមានមាឌតូចជាង ។
(លើ , ដើម , ក្រោម)

r. តាម ___ ប្រទេសខ្មែរយើងចាស់ណាស់ ។
(អរិយធម៌ , ប្រវត្តិសាស្ត្រ)

s. ___ ត្រួតត្រាលើឃុំនីមួយៗក្នុងកុលសម្ព័ន្ធ ។
(មេឃុំ , គ្រួសារ)

9. Reorder the members of the following sets of words to make Cambodian sentences.

a. ដើម , សក់ , ស្រឡះ , មាន , ខ្មែរ , ខ្ពស់ , ហើយ , រួញ ។
b. ការ , សំខាន់ , ពីដើម , ជឿ , ធម្មជាតិ , ណាស់ , កាល , បាតុភូត ។
c. គេ , ចូលចិត្ត , ខ្មែរ , ណាស់ , ព្រោះ , ធ្វើ , នឹងគ្នា , មិន , ត្រង់ , ជំនួញ , ទេ ។
d. សាសនា , ជា , បាតុភូត , មួយ , តែ , មាន , ធម្មជាតិ , ដែរ ?
e. គេ , មិន , បំបាត់ , គ្នា , តែ , ចំ , បាន , មិន , ចង់ , គេ ។
f. ខ្មែរ , មាន , សក់ , លើ , ប្រមុះ , មាឌ , ក្រញាញ់ , សំប៉ែត , តូច ។

g. ក្ឫស , មិន , រស់នៅ , ទេ , ប៉ះ , ដាំ , ខ្មែរ , ក្នុង , ស្រុក ។
h. អ៊ា , ចិន , ចំពាក់ , ញៀង , គេ , អស់ , មិន , ទេ ។
i. ហើង , នឹង , ខ្មែរ , គ្នា , ត្រង់ , គេ , ណាស់ ។
j. ស្មោះ , ខ្មែរ , កាប់ , មក , មាន , ល្បាញ , រយ , ល្បី , ឆ្នាំ , ហើយ ។

Find out from your teacher the answers to the following:

a. What customs do the Chams have that are different from those of the Khmer? What about religion?

b. Where do most Chams live? What kinds of occupations do they have?

c. Do the Chams go to Cambodian schools or do they have their own? Do they have equal rights with Khmers?

d. Are there any special arrangements made by the Cambodian government on behalf of the Chams?

e. Do Chams and other Cambodians ever come into conflict with each other?

f. Do Chams speak Cambodian?

g. What are some of the most notable customs of the Khmer Loeu (montagnards) that are different from those of the Khmer?

h. In what ways are the montagnards and the Khmer similar? Which customs?

i. What is the legal standing of the montagnards (full citizens? specially protected minorities?)

j. What special arrangements have been made by the Cambodian government on behalf of the montagnards?

k. Do montagnard children go to school? In what language? Who runs the schools?

l. Do montagnards often come into the lowlands, especially the cities? What for?

m. Has your teacher ever met a montagnard? When? Where?

n. What kinds of position do the French who still live in Cambodia occupy?

o. Are there families with Dutch, Spanish, or Portuguese blood? What social status do members of such families have?

ANSWERS

4.

a. ខ្ញុំឮថាស្រុកខ្មែរមានបណ្ដាញអំណាចរាប់រយឆ្នាំហើយ។
b. ដូចជាសិរីទាំងអស់ណាទៅហើយថ្ងៃនេះ មានតែហៀងសព្វថ្ងៃនេះ។
c. ខ្មែរលើជាខ្មែរ? ថីបាមិនបាន! ខ្មែរតពូជមកពីខ្មែរលើនេះហើយ។
d. បើគិតឲ្យមែនទែនទៅ សាសនាភាគច្រើនមានជឿបាតុភូតធម្មជាតិខ្លះ។
e. ជនជាតិចាមកាន់សាសនាអ៊ីស្លាម សាសនានេះមិនអន់ជាងពុទ្ធសាសនាទេ។
f. ហើយឯងគ្មានសុបរ មានតែទៅឲ្យបង់។

8.

a. កំណើត b. ការត្រួតត្រា c. ស្រួច d. ក្រញាញ់
e. រួញ f. សំណល់ g. វង្សត្រកូល h. កុលសម្ព័ន្ធ
i. នឹង j. ប្រកប k. ណាយឡុំ l. ពាន់
m. អរិយធម៌ n. បាតុភូតធម្មជាតិ o. កាន់ p. ជឿ, កាន់
q. ដើម r. ប្រវត្តិសាស្ត្រ s. ថេយ៉ុំ

9.

a. ខ្មែរដើមមានសក់រួញ ហើយខ្ពស់ស្រឡះ។
b. ការជឿបាតុភូតធម្មជាតិសំខាន់ណាស់កាលពីដើម។
c. ខ្មែរមិនចូលចិត្តធ្វើជំនួញទេ ព្រោះគេត្រង់នឹងគ្នាណាស់។
d. មានតែបាតុភូតធម្មជាតិជាសាសនាមួយដែរ?
e. គេជីបបាត់ខ្លួនមិនបាន តែគេមិនចង់។
f. ខ្មែរលើមានច្រមុះសំប៉ែត សក់ក្រញាញ់ មាឌតូច។
g. កុយរស់នៅក្នុងព្រៃមិនចេះដាំស្រូវទេ។
h. អាទៀងចាំបាក់គេ ចង់មិនអស់ទេ។
i. ខ្មែរយើងគេត្រង់នឹងគ្នាណាស់។
j. ខ្មែរមានឈ្មោះល្បីល្បាញរាប់រយឆ្នាំហើយ។

LESSON ELEVEN

GROWING RICE

a. What are a farmer's most valuable possessions?

b. Where is rice normally stored?

c. Can rice be milled at home?

d. Why is it necessary to transplant rice?

READING PASSAGE 1

ឥឡូវដាច់ខែជេស្ឋចូលខែអាសាឍហើយ ពួកកសិករយើង បានសាបព្រួសរួចរាល់អស់ហើយ ស្រែនានាក៏ត្រូវបានភ្ជួររួចរាល់ហើយដែរ ។ អ្នកណាដែលបានសាបតាំងពីដើមខែពិសាខមក ហើយក្នុងស្រែមានទឹកល្មម ក៏បានស្ទូងខ្លះៗទៀតផង ។

ថ្ងៃនេះ មិនទាន់បានលើកគៀវដកសំណាបសំរាប់ស្ទូងស្រែដើមថ្ងៃតាំងពីមាន់រងាវម្ល៉េះ ឯពូប្រឹងក៏លើកគៀវប្រាប់ស្រែដែលត្រូវស្ទូងនៅថ្ងៃខាងមុខនេះ តាំងពីព្រលឹមដែរ ។ ថ្ងៃត្រង់ដាក់ពីភ្ជួរមកវិញ, ពេលបាយរួច, ពូយើងបាននាំកូនប្រុសទៅរែកកណ្តាប់សំណាបមកដាក់ក្រោមដើមដូងក្រោយផ្ទះ ទុកសំរាប់ដាក់ជី មុននឹងយកទៅស្ទូង ។

ពូប្រឹងជីកអន្លង់មួយរាងបួនជ្រុង ទំហំប្រហែលមួយម៉ែត្រ ជំរៅកន្លះម៉ែត្រ ហើយទៅកើបជីដែលគាត់ដឹកពីភូមិមកទុកឯក្រោមផ្ទះ យកមកដាក់ក្នុងអន្លង់ប្រហែលមួយតាំង រួចដាក់កំទេចដីល្អនៅដែលគាត់ជុះហើយបុកហោងហាត់ជួចកន្ទក់ ចំនួនពីរតៀវទៀតលាយនឹងជីដីក្នុង ឯសុភាព កូនប្រុសរបស់គាត់ បានចុះទៅមុជកើបភក់បាតត្រពាំងបានពីរតាំង មកដាក់លាយ

នឹងដីក្នុងអន្លង់ ហើយច្របល់បញ្ចូលគ្នាវិលវល់យ៉ាងហ្មត់ចត់ ពួកប្រើឱយកកណ្ដាប់សំណាប ទៅជ្រលក់គល់ប្រហែលកន្លះចំអាម រួចពួកឲ្យស្ងួតល្មម ហើយឲ្យកូនប្រុសគាត់ជញ្ជូនយកទៅរៀបនៅលើដីលើងទឹកខ្នែងក្រោមដើមដូងវិញយ៉ាងជិតគ្នា រួចយកស្លឹកដូងស្លឹកត្នោតមកគ្របកុំឲ្យភ្លៀងប្រសល់គល់ចេញដីបាន ។

ការដាក់ដីសំណាបសំរាប់យកទៅស្ទូងតាមបែបនេះ ពួកប្រើងក្ដី អ្នកនៅឃុំព្រៃកក្រើសឬអ្នកស្រុកកំពង់ត្រាបក្ដី តែងអនុវត្តធ្វើរាល់ឆ្នាំ ហើយបើកុំតែបានធ្វើតាមវិធីនេះ គេក៏មិនងាយនឹងបានផលស្រូវ សម្រាប់បរិភោគនិងលក់ដូរគ្រប់គ្រាន់ឡើយ ។ សន្ទូងដែលបានដាក់ដីតាមវិធីនេះ និងសន្ទូងដែលមិនបានដាក់ដី មានសភាពខុសគ្នាឆ្ងាយណាស់ ជាពិសេសបើគេគ្រាន់តែដាក់ដីក្លៃតែមួយមុខដោយមិនបានលាយនឹងដីកំទេចឆ្អឹងទេ ស្រូវក៏ពុំសូវល្អ បានផលណាស់ណាដែរ បើគេយកដីឆ្អឹងទៅលាយផង គេតែងបានផលរៀងរាល់ឆ្នាំ ទេមួយជាពីរ, ឯគ្រាប់អង្ករក៏មានទម្ងន់ហើយល្អថែមទៀត ។

បងប្អូនកសិករយើងបើគ្មានសោហ៊ុយនឹងទិញជីគីមីឲ្យបានគ្រប់គ្រាន់ទេ គួរតែប្រើដីតាមវិធីខាងលើនេះមើលនឹងជាបានផលប្រសើរមិនខាន ។

NOTES FOR READING PASSAGE 1

Line 1. In lesson 30 of the Introduction mention was made of the fact that two types of calendar are used in Cambodia. The calendar based on the sun is used in the cities for most secular activities; the calendar based on the phases of the moon is used in the Buddhist religion and for most activities in the country.

The months of the lunar calendar begin with the new moon. The full moon is in the middle of the month, and the old moon is at the end. Each month is divided into two two-week segments: ខ្នើត 'period of the waxing moon' and រនោច 'period of the waning moon.' Lunar dates give the day, the phase of the moon (កើត 'waxing moon' or រោច 'waning moon'), and the name of the month, e.g.,១᧣៖ថ្ងៃចន្ទ៣កើតខែពិសាខ 'Monday the third day of the waxing moon in the month of Pisakh'(which is the sixth month of the lunar calendar). Note that in a lunar calendar date the number written above the symbol ᧠ indicates a day in the two weeks of waxing moon, while a number under the symbol ᧠ indicates one of the fifteen days of waning moon, e.g.,១᧳៖ថ្ងៃចន្ទ៣រោចខែពិសាខ 'Monday the third day of the waning moon in the month of Pisakh.' (Also note that Monday is the first day of the Cambodian week).

The first month of the lunar year is មិគសិរ , which corresponds to the last half of November and the first half of December. The first day of this month is not celebrated as the Cambodian New Year; instead the New Year celebration occurs on the first day of ពិសាខ , which is really the sixth month. This date coincides with the season that the rice harvest is finished and a new farm cycle is ready to begin. The lunar months are presented below. You do not need to learn to produce them at this point, but you should be able to recognize them when you see them.

1. មិគសិរ	mid November-mid December	7. ជេស្ឋ	mid May -mid June
2. បុស្ស	mid December-mid January	8. អាសាឍ	mid June -mid July
3. មាឃ	mid January -mid February	9. ស្រាពណ៍	mid July -mid August
4. ផល្គុន	mid February-mid March	10. ភទ្របទ	mid August -mid Septembe
5. ចេត្រ	mid March -mid April	11. អស្សុជ	mid September-mid October
6. ពិសាខ	mid April -mid May	12. កត្តិក	mid October -mid November

Line 6. The term សើកញ្ចៀវ+ verb refers to a custom common in many rural areas in which neighbors come in to help with a task. The host supplies food and will participate in such events as a guest when his neighbors need help. During very busy seasons in the agricultural cycle like

transplanting or harvest, the people of a village may move as a group from farm to farm, the host in each farm supplying food. This custom is very much like the barn-raising custom in early rural America.

Lines 6,16,24 This passage is taken from a didactic novel called សាងអនាគត 'Building the Future.' It points out the advantages of the country over the city and the dishonesty and corruption of many city people. The main characters are ម៉ីងទ្រី 'Aunt Try.' ពូប្រឹង 'Uncle Strive' and their oldest son សុភាព 'Modest.' The names are part of the didactic message of the book and not typical of Cambodian names. The titles ម៉ីង and ពូ are used to indicate that the couple are simple people, not members of the elite, for whom លោក , លោកស្រី , or អ្នកស្រី would be used.

Line 9. The word ដាក់ here means to stop working on a task for the day.

Line 13. Earth brought in from the forested hills is particularly rich in organic matter because of many years worth of fallen leaves.

Line 14. A ថាំង is a unit in the traditional system used for measurement of grain that was used before the French introduced metric measurement and is still used in the country. A ថាំង is the equivalent of approximately a bushel and contains two តៅ or fifty or sixty គាស . If ស្រូវ is being measured, it has sixty គាស ; if អង្ករ is being measured, a ថាំង has fifty គាស . These words are given for reference, not for memorization.

Line 20. A ចំអាម is a unit in the traditional system of measuring length used before the French introduced the metric system and still used in the country. It is based on parts of the body, just as inches and feet were at one time. This means that these are approximate measurements, since people's hands and arms are of different sizes. The units of this system are given below for reference, not for memorization.

ធ្នាប់	width of a finger
ធ្នះ	width of a hand spread flat
ចំអាម	length from tip of middle finger to tip of thumb when the hand is flat and the fingers spread
ហត់	length from elbow to farthest knuckles of a clenched fist
ហត្ថ	length from elbow to fingertips of extended hand
ល្អឹក	length from armpit to extended fingertips
ព្យាម (ភាំង)	length from fingertip to fingertip if both arms are extended to each side

DIALOGUE

ម៉េចក៏ស្រូវស្ទូងល្អម៉េះ?

១.	សុខ.	ម៉េចតែសន្ទូងខំឯងល្អម៉េះ? យើងសាបព្រួសដំណាលគ្នា។	How come your rice seedlings are coming out so well? We sowed at the same time.
		មិន ... ណាស់ណា	not really, not very
២.	សៅ.	បើអ្នកសុខឯងដាក់ជីតិច ពេក អ្នកសុខឯងក៏មិន បានផលណាស់ណាដែរ។	If you put on too little fertilizer, you won't get much of a crop.
៣.	សុខ.	ខ្ញុំដាក់ជីដែរល្បងមុនស្ទូង។	But I put on fertilizer before transplanting.
		ឱ	Oh!
		អាចម៍	excrement, exudate, manure
		ប៉ុណ្ណឹង	that much
		បរិបូណ៌ (បរិបូណ៌)	plenty, enough
៤.	សៅ.	ឱអ្នកសុខ គ្រាន់តែដុតសំរាម ដាក់អាចម៍គោបន្តិចប៉ុណ្ណឹង វាមិនបរិបូណ៌ (បរិបូណ៌) ទេ។	Oh, just burning debris (and mixing it with) manure isn't enough.
		ហ៊ឺក	exclamation of surprise or disagreement (familiar)
		ណង់ (ហ្នឹង)	that (colloquial)
៥.	សុខ.	ហ៊ឺក! អាត់ស្រែណង់ហើយ ខ្ញុំដាក់ជីច្រើនជាងគេ។	Hey! But I put more fertilizer on that field than any other.
		គីមី	chemistry
		ជីគីមី	chemical fertilizer
៦.	សៅ.	ចុះ មានដែលឮជីគីមីទេ? ទិញយកទៅសាកល្បងមើល!	Well, have you ever heard of chemical fertilizer? Buy some and try using it.
៧.	សុខ.	ដែលឮល្បង តែមិនហ៊ាន ទិញប្រើទេ ព្រោះវាថ្លៃពេក។	I've heard of it, but I didn't dare buy it and use it because it's too expensive.
		ទ្វៀង ... ជា	...times as much
		ក៏មាន	even
៨.	សៅ.	ហ្នឹងហើយ តែវាឱ្យផល ច្រើនដែរ។ ផលទ្វៀងពីរ ជាពីរឬជាបី ក៏មានដែរ។	That's true, but it makes a good crop. You can get twice as much or even three times as much.

NOTES FOR THE DIALOGUE

SENTENCE NO. 2

Note that Saw uses a new address form with Soeuk: អ្នកសឿកបង. The use of អ្នក with a name indicates a degree of social distance, with the speaker showing a certain amount of respect for the addressee. On the other hand, use of បង indicates that the two speakers know each other quite well and are probably on friendly terms. Note that Soeuk calls Saw ល្អៀង(លោកបង). បង can be used reciprocally as an address form between friendly equals of the same sex and age. Saw is slightly more respectful to Soeuk than Soeuk is to Saw because Saw is younger.

SENTENCE NO. 4

The term អាចម៍ refers to any type of solid body exudate: hardened nasal mucus, ear wax, the substance that collects at the corners of one's eyes, and excrement. It is, however, most often used for the latter. The word អាចម៍ is also used to refer to the debris or displaced substance from a process, e.g., អាចម៍នង្គ័ល, which refers to the earth raised by a plow.

SENTENCE NO. 6

Note the various ways to render '... times as much' or 'double, triple etc.' In the dialogue you have (ទ្វៀង) + number +ជា+ number, e.g., (ទ្វៀង) ១ជា៣ 'three times as much.' In this drill you learn the formula:
1) ទ្វេ + number +ជា+ number, e.g., ទ្វេ១ជា៣ 'three times as much' or,
2) number +ទ្វេជា+ number, e.g., ១ទ្វេជា៣ 'three times as much.'
The word ទ្វេ literally means 'double,' so it can be used as in sentence ង of the following drill in the phrase ទ្វេជាពីរ 'twice as much,' and the word មួយ 'one' is understood. (This particular usage is rare in writing and less common in speech than the other uses of ទ្វេ described here.) In other cases, e.g., triple, quadruple, etc. ទ្វេ no longer means 'double' but rather marks the construction '...times as ...' Note that in such cases the expression must contain two numbers.

DRILL ONE: Response

គ្រូ: ក: មានដែលឮជីគីមីទេ វាឲ្យផលយ៉ាងម៉េច? (ទ្វេមួយជាពីរ)
ស: ដែលឮ វាឲ្យផលមួយជាពីរ ។

MODEL: T: Have you ever heard of chemical fertilizer? What kind of crop does it give? (twice as much)
S: I've heard of it. It yields twice as much.

ក. មានដែលប្រើឧបករណ៍ម៉ាស៊ីនធ្វើស្រែទេ វាបានប្រយោជន៍យ៉ាងម៉េច? (ទ្វេមួយជាបី)
ដែលប្រើ វាបានប្រយោជន៍ទ្វេមួយជាបី ។

ខ. មានដែលធ្វើតាមវិធីដាំស្រូវថ្មីទេ វាផ្តល់ស្រូវយ៉ាងម៉េច?
(ឡើងមួយជាបួន)
ដែលធ្វើ វាផ្តល់ស្រូវឡើងមួយជាបួន ។
គ. មានដែលភ្ជួរស្រែនឹងម៉ាស៊ីនទេ វាចំណេញពេលយ៉ាងម៉េច?
(ច្រើនណាស់)
ដែលភ្ជួរ វាចំណេញពេលច្រើនណាស់ ។
ឃ. មានដែលប្រើម៉ាស៊ីនច្រូតស្រូវទេ វាស្រួលយ៉ាងណា?
(មួយជាបី)
ដែលប្រើ វាស្រួលមួយជាបី ។
ង. មានដែលធ្លាប់ធ្វើស្រែអញ្ចឹងទេ វាឲ្យផលយ៉ាងម៉េច?
(ទ្វេមួយជាពីរ)
ដែលធ្លាប់ វាឲ្យផលទ្វេមួយជាពីរ ។
ច. មានដែលស្ទូងស្រែខ្លួនឯងទេ វាខាតពេលយ៉ាងម៉េច?
(មួយជាពីរ)
ដែលស្ទូង វាខាតពេលមួយជាពីរ ។

SENTENCE NO.8

The phrase ក៏មាន following a clause means 'it sometimes happens that...'

It is also translated 'even':

វាមិនត្រឹមតែផ្តល់សេចក្តីសប្បាយប៉ុណ្ណោះទេ វាផ្តល់សម្បត្តិទ្រព្យមកយើងក៏មាន ។

It doesn't only give us pleasure; it even increases our wealth.

DRILL TWO: Extension

គំរូ: ក: វាឲ្យផលស្រូវមួយជាពីរ ។ (ជាបី)
ខ: វាឲ្យផលស្រូវមួយជាពីរឬជាបីក៏មាន ។

MODEL: T: It yields a rice crop twice as large. (three times)

S: It yields a rice crop twice or even three times as large.

ក. ស្រុកខ្ញុំគេធ្វើស្រែពីរដង ។ (បីដង)
ស្រុកខ្ញុំគេធ្វើស្រែពីរដងឬបីដងក៏មាន ។
ខ. ឆ្នាំនេះគេលក់ស្រូវថ្លៃ២០០មួយបាវ ។ (២៥០)
ឆ្នាំនេះគេលក់ស្រូវថ្លៃ២០០មួយបាវឬ២៥០ក៏មាន ។
គ. មួយថ្ងៃខ្ញុំលក់ស្រូវដប់បាវ ។ (២០)
ខ្ញុំថ្ងៃខ្ញុំលក់ស្រូវ១០បាវឬ២០ក៏មាន ។
ឃ. ឪពុកខ្ញុំប្រើជីអាចម៍គោ ។ (ជីដីភ្នំ)
ឪពុកខ្ញុំប្រើជីអាចម៍គោឬជីដីភ្នំក៏មាន ។

ង. គេជ្រលក់គល់ប្រហែលកន្លះចំអាម ។ (មួយចំអាម)
គេជ្រលក់គល់ប្រហែលកន្លះចំអាម ឬមួយចំអាមក៏មាន ។
ច. នៅតាមមាត់ទន្លេគេដាំថ្នាំ ។ (ពោត)
នៅតាមមាត់ទន្លេគេដាំថ្នាំ ឬពោតក៏មាន ។

ADDITIONAL DRILLS

DRILL THREE: Response

គំរូ: ក: យើងសាបព្រួសដំណាលៗគ្នា ។ (សំណាបខ្ញុំដុះខ្ពស់)
ខ: ដំណាលគ្នាឯណា? បើសំណាបខ្ញុំដុះខ្ពស់ចេញភ្លើងហើយ ។

MODEL: T: We sowed at the same time. (my seeds have grown tall)

S: What do you mean at the same time if my seeds have grown really tall?

ក. យើងដកសំណាបដំណាលៗគ្នា ។ (សន្ទូងខ្ញុំបែកគុម្ព)
ដំណាលគ្នាឯណា? បើសន្ទូងខ្ញុំបែកគុម្ពចេញភ្លើងហើយ ។
ខ. យើងស្ទូងដំណាលៗគ្នា ។ (ស្រូវខ្ញុំដើម)
ដំណាលគ្នាឯណា? បើស្រូវខ្ញុំដើមចេញភ្លើងហើយ ។
គ. ស្រូវយើងដើមដំណាលគ្នា ។ (ស្រូវខ្ញុំផ្ទៃផ្កា)
ដំណាលគ្នាឯណា? បើស្រូវខ្ញុំផ្ទៃផ្កាចេញភ្លើងហើយ ។
ឃ. ស្រូវយើងផ្ទៃផ្កាដំណាលៗគ្នា ។ (ស្រូវខ្ញុំទុំ)
ដំណាលគ្នាឯណា? បើស្រូវខ្ញុំទុំចេញភ្លើងហើយ ។
ង. ស្រូវយើងទុំដំណាលៗគ្នា ។ (ខ្ញុំបោកបែនស្រូវ)
ដំណាលគ្នាឯណា? បើបោកបែនស្រូវចេញភ្លើងហើយ ។
ច. យើងច្រូតកាត់ស្រូវដំណាលៗគ្នា ។ (ខ្ញុំលក់ស្រូវបានលុយ)
ដំណាលគ្នាឯណា? បើខ្ញុំលក់ស្រូវបានលុយចេញភ្លើងហើយ ។

DRILL FOUR: Transformation

គំរូ: ក: ស្រែខ្ញុំទំនងមិនបានផលល្អទេ ។ (គ្រាន់បើ)
ខ: ទំនងស្រែខ្ញុំមិនគ្រាន់បើជាងស្រែល្បងទេ ។

MODEL: T: My rice field probably won't have a high yield. (pretty good)

S: Probably my rice field won't do better than yours.

ក. សំណាបខ្ញុំទំនងដុះល្អចេញភ្លើងហើយ ។ (នឹងបែកគុម្ព)
ទំនងសំណាបខ្ញុំនឹងបែកគុម្ពជាងសំណាបល្បង (ហើយ) ។
ខ. សន្ទូងខ្ញុំទំនងបែកគុម្ពគួរសម ។ (បែកគុម្ពហើយខ្ពស់)
ទំនងសន្ទូងខ្ញុំបែកគុម្ពហើយខ្ពស់ជាងសន្ទូងល្បង ។
គ. សន្ទូងខ្ញុំទំនងមិនដើមទេ ។ (ល្អ)
ទំនងសន្ទូងខ្ញុំមិនល្អជាងសន្ទូងល្បងទេ ។

ឃ. សន្ទូងទំនងដើមព្រោះយកគេហើយ ។ (ចេញផ្កាយឺត)
ទំនងសន្ទូងខ្ញុំចេញផ្កាយឺតជាងសន្ទូងល្បង ។
ង. ខ្ញុំទំនង "ច្រូតកាត់មិនទាន់គេឯងទេ ។ (ជួលគេច្រូតថ្លៃ)
ទំនងខ្ញុំមិនជួលគេច្រូតថ្លៃជាងល្បងទេ ។
ច. ខ្ញុំទំនងលក់ស្រូវបានថ្លៃ ។ (ទទួលផលអាក្រក់)
ទំនងខ្ញុំទទួលផលអាក្រក់ជាងល្បង ។

DRILL FIVE: Substitution

គំរូ: ក: ស្រែឯងមិនមែនបានផលណាស់ណាជាងស្រែអញទេ ។
(សំណាប - ល្អ)
ខ: សំណាបឯងមិនមែនល្អណាស់ណាជាងសំណាបអញទេ ។

MODEL: T: Your rice field won't do much better than mine.
(seedlings - good)

S: Your seedlings aren't much much better than mine.

សំណាបឯងមិនមែនល្អណាស់ណាជាងសំណាបអញទេ ។
ក. សន្ទូង - បែកគុម្ព
សន្ទូងឯងមិនមែនបែកគុម្ពណាស់ណាជាងសន្ទូងអញទេ ។
ខ. ចេញផ្កាមុន - សន្ទូង
សន្ទូងឯងមិនមែនចេញផ្កាមុនណាស់ណាជាងសន្ទូងអញទេ ។
គ. ស្រូវ - លក់បានថ្លៃ
ស្រូវឯងមិនមែនលក់បានថ្លៃណាស់ណាជាងស្រូវអញទេ ។
ឃ. ដំណាំ - បានផល
ដំណាំឯងមិនមែនបានផលណាស់ណាជាងដំណាំអញទេ ។
ង. មានជីបរិបូណ៌ - ស្រែ
ស្រែឯងមិនមែនមានជីបរិបូណ៌ណាស់ណាជាងស្រែអញទេ ។
ច. ស្រុក - ធ្វើស្រែច្រើន
ស្រុកឯងមិនមែនធ្វើស្រែច្រើនណាស់ណាជាងស្រុកអញទេ ។

DRILL SIX: Response

NOTE: Just budding fruits and vegetables are a favorite pickle for Cambodians. Commonly used for this purpose are watermelon and cucumber. Gourds and pumpkins are also used in some regions. The fruit buds are selected when the crop is being thinned.

គំរូ: ក: ម៉េចក៏ឯងមិនដាក់ជីក្នុងស្រែហ្នឹងឲ្យច្រើនដែរ?
ខ: អាស្រែណុងហើយ អញដាក់ជីច្រើនជាងគេ។

MODEL: T: Why don't you put a lot of fertilizer in that field?

S: I put more fertilizer on that rice field than on any other.

ក. ម៉េចក៏ឯងមិនខំថែរក្សាសំណាបហ្នឹងដែរ?
អាសំណាបណុងហើយ អញខំថែរក្សាជាងគេ។
ខ. ម៉េចក៏ឯងមិនឲ្យគេស្ទូងសន្ទូងហ្នឹងឲ្យប្រយ័ត្នដែរ?
អាសន្ទូងណុងហើយ អញឲ្យគេស្ទូងប្រយ័ត្នជាងគេ។
គ. ម៉េចក៏ឯងមិនមើលសត្វល្អិតល្អោចក្នុងស្រែហ្នឹងដែរ?
អាស្រែណុងហើយ អញមើលសត្វល្អិតល្អោចជាងគេ។
ឃ. ម៉េចក៏ឯងមិនខំច្រូតកាត់ស្រែហ្នឹងឲ្យលឿនដែរ?
អាស្រែណុងហើយ អញខំច្រូតកាត់លឿនជាងគេ។
ង. ម៉េចក៏ឯងមិនយកផ្ទុកកិបៗហ្នឹងទៅជ្រក់ឲ្យបានច្រើនដែរ?
អាផ្ទុកកិបៗណុងហើយ អញយកទៅជ្រក់ច្រើនជាងគេ។
ច. ម៉េចក៏ឯងមិនលក់ស្រូវហ្នឹងឲ្យបានច្រើនដែរ?
អាស្រូវណុងហើយ អញលក់ច្រើនជាងគេ។

DRILL SEVEN: Transformation

គំរូ: ក: គ្រាន់តែដុតសំរាមអាចម៍គោប៉ុណ្ណឹង! (ប្រើជីគីមីទៀត - បរិបូណ៌)
ខ: ប៉ុណ្ណឹងម៉េចបរិបូណ៌ ត្រូវប្រើជីគីមីទៀតបានបរិបូណ៌។

MODEL: T: Just burning debris and manure! (use chemical fertilizer, enough)

S: That much isn't enough; you have to use chemical fertilizer to get enough.

ក. គ្រាន់តែដាក់ជីបន្តិចប៉ុណ្ណឹង! (ភ្ជួរស្រែ - បរិបូណ៌)
ប៉ុណ្ណឹងម៉េចបរិបូណ៌ ត្រូវភ្ជួរស្រែទៀតបានបរិបូណ៌។
ខ. គ្រាន់តែលក់ថ្លៃប៉ុណ្ណឹង! (លក់ថ្លៃមួយជាពីរ - ចំណេញ)
ប៉ុណ្ណឹងម៉េចចំណេញ ត្រូវលក់ថ្លៃមួយជាពីរបានចំណេញ។
គ. គ្រាន់តែទិញដីពីគេប៉ុណ្ណឹង! (ដើរខ្លួនឯងខ្លះ - គ្រប់គ្រាន់)
ប៉ុណ្ណឹងម៉េចគ្រប់គ្រាន់ ត្រូវដើរខ្លួនឯងខ្លះទៀតបានគ្រប់គ្រាន់។
ឃ. គ្រាន់តែជួលមនុស្សពីរនាក់ប៉ុណ្ណឹង! (ជួល១០នាក់ - ស្រួល)
ប៉ុណ្ណឹងម៉េចស្រួល ត្រូវជួល១០នាក់បានស្រួល។
ង. គ្រាន់តែធ្វើស្រែដប់ប៉ុណ្ណឹង! (ធ្វើដូចគេដូចឯង - បរិបូណ៌)
ប៉ុណ្ណឹងម៉េចបរិបូណ៌ ត្រូវធ្វើដូចគេដូចឯងបានបរិបូណ៌។
ច. គ្រាន់តែប្រើគោក្របីប៉ុណ្ណឹង! (ប្រើគ្រឿងម៉ាស៊ីនទៀត - ឆាប់)
ប៉ុណ្ណឹងម៉េចឆាប់ ត្រូវប្រើគ្រឿងម៉ាស៊ីនទៀតបានឆាប់។

READING PASSAGE 2

អង្ករសម្រាប់ដាំបាយ

ពាក្យអង់គ្លេសថា 'rice' មានន័យច្រើនណាស់ គឺថាឆ្អិនឬមិនឆ្អិន មានសំបកឬគ្មានសំបក អង់គ្លេសគេនៅតែថា 'rice' ទាំងអស់ តែខ្មែរគេមានពាក្យមួយច្បាស់ គ្មានច្រឡំឡើយ ។

នៅពេលគេបោកបែនរួចស្រេចហើយ អ្នកស្រែត្រូវយកស្រូវទៅដាក់ក្នុងជង្រុកខ្លះ ហើយគេលក់ដូរខ្លះ ។ ធម្មតាស្រូវនៅក្នុងជង្រុកសំរាប់ចិញ្ចឹមគ្រួសារ ។ កាលណាគេអស់អង្ករសំរាប់ដាំបាយបរិភោគម្តងៗ គេទៅកេះស្រូវពីក្នុងជង្រុកយកទៅហាលលើកន្ទេលមួយ ។ គេត្រូវទៅរាចឱ្យស្តើង ហើយឱ្យស្មើ ដើម្បីឱ្យស្រូវនោះទទួលកំដៅស្មើគ្នា ដែលជាហេតុធ្វើឱ្យគ្រាប់អង្ករបានល្អ មិនបែកហើយរលោងទៀត ។ គេត្រូវហាលស្រូវពេញមួយថ្ងៃ ហើយទៅរើវាម្តងម្កាលផង ។ នៅពេលដែលស្រូវបានក្តៅល្មម គេទៅសាស្រូវនោះសំរាប់យកទៅកិន ។ នៅស្រុកស្រែគេកិនស្រូវនឹងត្បាល់កិន ដើម្បីនឹងយកសំបកស្រូវចេញពីគ្រាប់ ។ សំបកនេះហើយដែលគេហៅថាអង្កាម ។ ដើម្បីនឹងយកអង្កាមចេញ គេត្រូវយកស្រូវដែលគេកិនហើយនោះទៅបុកនឹងត្បាល់បុកម្តង ។ ម្តងនេះគេបានអង្ករសំរូបដែលគេយកទៅជាន់នឹងត្បាល់ត្បៀង ឬបុកនឹងត្បាល់បុក ។ គេជាន់អង្ករសំរូប ឬបុកអង្ករសំរូប ដើម្បីធ្វើឱ្យគ្រាប់អង្ករបានរលោងស្អាត ។ នៅក្រោយគេជាន់ឬបុកអង្ករ គេត្រូវយកវាទៅអុំម្តងទៀត ដើម្បីនឹងយកកន្ទក់នឹងចុងអង្ករចេញពីគ្រាប់អង្ករស្អាត ដែលគេហៅថាអង្ករសរ ឬអង្ករតែម្តង ។ តែនៅស្រុកខ្លះ ដើម្បីនឹងយកកន្ទក់នឹងចុងអង្ករនោះចេញពីអង្ករ គេរែង ។

NOTE FOR READING PASSAGE 2

Paragraph 2 (middle). The word ត្បាល់ត្បៀង usually refers to a kind of rice-pounding implement consisting of a head at the end of a long shaft on a fulcrum. The operator steps on and off the other end of the shaft, causing the head to pound the grain underneath. This implement is also called a ត្បាល់ជាន់ , and the term ត្បាល់ត្បៀង is used also for a large wooden hammer and a square wooden block with a depression in it for pounding grain in.

READING PASSAGE 3

ដំណាំអ្នកស្រែចំការ

ដូចយើងបានដឹងស្រាប់មកហើយថា ដំណាំសំខាន់ជាងគេបង្អស់នៅស្រុកខ្មែរ គឺដំណាំស្រូវ ។ គេធ្វើស្រែនៅគ្រប់ទីកន្លែង តែដែលខុសគ្នានោះគឺ កន្លែងខ្លះគេធ្វើស្រែច្រើន ហើយកន្លែងខ្លះគេធ្វើស្រែតិចតែប៉ុណ្ណោះទេ ។

នៅតំបន់ខ្លះ អ្នកស្រែអាចចាប់សាបព្រួសនៅខែពិសាខ គឺត្រូវនឹងខែឧសភា ហើយនៅតំបន់ខ្លះគេចាប់សាបព្រួសយឺតបន្តិច គឺនៅខែជេស្ឋត្រូវនឹងខែមិថុនា ។ រដូវច្រូតកាត់ក៏ខុសគ្នាប្រហែលមួយខែដែរ គឺគេចាប់ច្រូតកាត់នៅខែបុស្សបុមាឃត្រូវនឹងខែមករា ឬកុម្ភៈ ។ ជាធម្មតា គេច្រូតកាត់បណ្ដើរ គេបោកបែនបំពាក់បណ្ដើរ ឲ្យបានទាន់មុនអាទិត្យទីពីរនៃខែមេសាត្រូវនឹងខែចេត្រ ដែលប្រជារាស្ត្រខ្មែរទាំងមូលចាប់ធ្វើពិធីបុណ្យចូលឆ្នាំថ្មី ។ នេះមិនមែនបានសេចក្ដីថាខែចេត្រជាខែទីមួយទេតាមបកតិ តែពីព្រោះនៅខែនេះអ្នកស្រែត្រូវចប់ការងារដែលទាក់ទងក្នុងដំណាំស្រូវ ហើយគេត្រូវនាំគ្នាសប្បាយមុននឹងផ្ដើមសាបព្រួសថ្មងទៀត ។

នៅរវាងរដូវសាបព្រួសទៅរដូវច្រូតកាត់ អ្នកស្រែក៏មានពេលទំនេរខ្លះ ដើម្បីនឹងធ្វើការឯទៀតដែរ តែគេមិនសូវប្រើពេលនោះឲ្យខូចខាតទេ គេឆ្លៀតឱកាសនេះដើម្បីនឹងដាំដំណាំឯទៀតដូចជាពោត ថ្នាំ ល្ង កប្បាសជាដើម ។ អ្នកស្រែអាចទុកដីខ្លះដើម្បីដាំពោត ហើយជួនកាលនៅក្នុងចំការតែមួយ គេអាចឆ្លៀតដាំដំណាំមួយមុខពីរទៀត ។ ដំណាំថ្នាំច្រើនធ្វើនៅតាមមាត់ទន្លេ ឬព្រែក នៅរដូវក្រោយទឹកស្រកបានបន្តិច គឺនៅក្នុងខែមាឃ ឬផល្គុន ។

បើនិយាយសរុបឲ្យខ្លីទៅ អ្នកស្រែចំការគ្មានពេលនៅទំនេរទេ គឺចប់ពីដំណាំមួយចាប់ដំណាំមួយទៀត បន្ទាប់ពីគេទទួលផលដំណាំមួយហើយ គេផ្ដើមទទួលមួយទៀត ។ គឺពីព្រោះយ៉ាងនេះហើយបានជាអ្នកស្រែចំការមានផលដំណាំយកទៅលក់ដូរនៅគ្រប់រដូវ គ្រប់ខែ ។

NOTE FOR READING PASSAGE 3

Paragraph 2 (last third). In words borrowed from Pali, there are frequently two versions, one beginning with វ and the other with ព , both of which have the same meaning. For example, ពិធី and វិធី both mean 'ceremony, festival; method.'

VOCABULARY

កន្ទក់	powder that is produced by pounding rice grain
ក៏មាន	even, it sometimes happens that...
កើប	to scoop (grain)
កុំតែ	if (one) were not to...
កំទេច	shrapnel, shreds, broken pieces, particle
ទេច	shattered, completely broken
ក្ដឿង	a kind of rice pounding implement consisting of a head at the end of a long shaft on a fulcrum. The farmer steps on and off the other end of the shaft, causing the head to pound the grain underneath
ខាតពេល	to waste time
គល់	stump, base of a tree
គ្រប	to cover; a cover
ចន្ទគតិ /can kəteˀ/	lunar system
ចន្ទ /can/	moon
* គតិ /kəteˀ/ (H)	movement, progress of heavenly body
ចង្អង្ករ	small fragments of rice grains
ចូលឆ្នាំ	New Year
ចេញភ្លើង	really, a lot (colloquial)
ចំណេញ (< ចេញ)	profit, gain
* ចំអាម	measurement of length from tip of little finger to tip of thumb when hand is flat and fingers spread
ច្របល់	to mix
* ច្រោះ (ច្រស់)	to filter, to leach soil
ឆ្អឹង	bone
ជីគីមី	chemical fertilizer
គីមី	chemistry
ជំរៅ (< ជ្រៅ)	depth
ជ្រក់	to pickle
ជ្រលក់	to dip something
ដាស់ស្រែ	to plow a field for the first time in a growing cycle
ដីរលីង	barren land
រលីង	completely gone (restricted distribution)
ដើមដូង	coconut palm tree
ដំណាលគ្នា	together, same time

ដំណាល	equal, same
(negative clause) + ... ណាស់ណា	not really, not very
ណាង (= ហ្នឹង)	that (spoken)
ត្នោត	sugar palm
ត្បាល់	a mill, a grinding machine
ថែមទៀត	in addition
* ថាំង	old grain-measuring container, measurements
ថ្ងៃខាងមុខ	in future days
ទុំ	ripe, mature
ទំនង	probably (colloquial); appearance, way
នឹងជា (= នឹង)	will
បក់	to fan, to wag (tail), to winnow
បញ្ជាន់ (ជាន់)	to thresh by having animals walk on grain stalks
បរិបូណ៌ /bɔɔbou/	plenty, enough
បុក	to pound, to poke, to hit
ប៉ុណ្ណឹង	that much
បែកគុម្ព	to branch out, to spread (plant)
គុម្ព	a bush, a clump of plants
បែន	to thresh (by foot)
បំណុល	debt
ប៉ុល	to borrow goods for return at double rate; not usually used for money (rural)
ប្រែ	to plow for the second time in a growing cycle; to turn
ផើម	pregnant
ផ្លែក្តិបៗ	budding fruit
ក្តិប	bud (young fruit)
ផ្លែផ្កា	to flower and bear fruit
ពិធី (វិធី)	method; ceremony (formal)
ពូត	to wring out
ព្រលឹម	early morning; early in the morning
ព្រោះ	to sow, to spray saliva
រងាវ	to crow
រលោង	smooth and polished, shine
រាំក	exclamation of surprise or disagreement
រួចរាល់	completely finished
រៀងរាល់	each and every; consecutive
* រែង	to sieve (in order to separate broken bits of rice from the large grains)

សើកភ្ញៀវ + verb	to have neighbors in to help with a task
វស់វក់	up-and-down and in-and-out, thoroughly
រាច (: រៃ)	to spread thin (by straight movements of arm)
វិធី	method
រៃ (: រាច)	to spread thin (by circular motion of arm)
សត្វល្អិតល្អោច	insects
សត្វល្អិត	insects
ល្អិតល្អោច	fine, tiny, unimportant
ល្អិត	fine, tiny
ល្អោច	fine, tiny
សន្ទូង	something transplanted; young rice plant
សា	to bring in something exposed to the sun; to turn over
សាប	to sow
សោហ៊ុយ	fare, expense, fee, cost, price, tuition (money)
សំណាប (< សាប)	seedlings before transplanting
សំបក	shell, husk, rind, skin
បក	to peel; to translate
អង្ករសំរិត	completely milled rice
សំរិត	to refine, to discard
ស្ទូង	to transplant
ហាល	to expose to the sun, to dry
(ឡើង) ... ជា ...	...to..., ...times as much
អង្ករសំរូប	milled but unpolished rice, brown rice
អង្កាម	chaff
អន្លង់	hole, ditch
អនុវត្ត /a?nuvót/	to execute, to apply, to follow through
អាចម៍ /ac/	excrement, exudate
ឱ	Oh!

APPLICATIONS

1. Define or descrive the following:

ខ្ទប	ចង្កុ	ចូលឆ្នាំ	ចេញភ្លើង
ជីអាម	ប្រើប្រស់	ជ្រក	ជ្រលក់
ដាក់ស្រែ	រលីង	ទំនង	បកាន់
ពែន	ចំណាល	ព្រលឹម	ស្រែស្រូវ
ដើម	ក្ដិប	ព្រួស	រលាវ

រៀងរាល់	សើកក្សៀរ	សត្តស្លិត	សង់
ឆា	សាប	សោហ៊ុយ	សំបក
ល្អិត	អង្ករសំរិត	ហាល់	អង្ករសំរូប
អង្កាម	អនុវត្ត	ដំណាល	

2. Use the following in a sentence:

ក៏មាន	កើប	កុំតែ	កំទេច
ថ្លឹង	ក្លៀង	វាតពោល	គ្រប
ចិន្តគតិ	ច្បូងអង្ករ	បលឆ្នាំ	ចំណេញ
ជ្រើស	ក្ដីថ្មី	ដំណើរ	ជ្រូក
ដីរសើង	ដើមដូង	ជ្រលក់	ដំណាលគ្នា
មិន ... ណាស់ណា	តោក	ត្បាល់	ថែមទៀត
ថ្ងៃខាងមុខ	នឹងជា	បញ្ចាំង	បក
ប៉ែកកុម្ភ	ខែន	បុស៍	ផ្លែក្តិប
ពិធី	ពូក	ព្រួស	រងាវ
រណោង	រួចរាល់	រែង	សើកក្សៀរ
រាច	សត្តស្លិតលោច	សន្ទង	សា
សោហ៊ុយ	សំណាប	សំបក	បក
ហាល់	អន្លង់	អនុវត្ត	អាចម៍

3. Give a word or phrase with contradictory meaning:

វាតពោល	ដីរសើង	ណាស់ណា	ថ្ងៃខាងមុខ
បរបូណ៌	ល្អិត	ហាល	សាប
សំបក			

4. Give the name of the official month in which the following lunar months begin, e.g., the lunar month មិគសិរ begins in the solar month វិច្ឆិកា (November).

a. អស្សុជ b. ស្រាពណ៍ c. ជេស្ឋ d. ចេត្រ
e. មាឃ f. ពិសាខ g. កត្តិក h. បុស្ស
i. ភទ្របទ j. ផល្គុន k. អាសាឍ

5. Translate each of the following into Cambodian in three different ways:
   a. If you don't give a discount, you'll make twice as much money.
   b. I work five times as hard after I've eaten lunch.
   c. Using the new strain (ពូជ) of rice you'll get an increase in a ratio of 3 to 2.

6. Translate the following into Cambodian:

   a. It's time for the harvest; let's call in the neighbors to help bring in the crop.

   b. After harvesting, you have to thresh before you can use the rice.

   c. If you weren't to keep some rice aside for use as seed, you would have nothing to sow the next year.

   d. Planting on barren land is a waste of time.

   e. When is the New Year according to the lunar calendar?

7. Describe the process of growing rice and preparing it for eating.

8. If you are familiar with the way some crop is grown in the U.S., describe it.

9. Fill in the blank(s) with the appropriate word(s) given below.

a. សព្វថ្ងៃនេះគេប្រើគោក្របីដើម្បីភ្ជួរដី ហើយប្រើម៉ាស៊ីន ____ ដែរ។
(ក៏បាច់ , ក៏មាន , ក៏ដោយ)

b. មាស់តែស្រុកមានបញ្ហាទេ កុំអីបានផលស្រូវ ____ មួយជាពីរ។
(ឡើង , ថែ , ចុះ)

c. គេលក់ថ្លៃណាស់ តែខ្ញុំលក់ថ្លៃតែ១០រៀល ____ ។
(ប៉ុណ្ណឹង , ឡើង , ទៀត)

d. ស្រែខ្ញុំមិនដែលឲ្យផល ____ ណាទេឆ្នាំនេះ។
(ច្រើន ណាស់ , បរបូណ៌)

e. ការ៉ាន់ឡើងថ្លៃមួយ ____ ជាបី។
(ទ្វេ , បី)

f. ហើយបើ ____ តែបាននៅតាមគេក៏មិនបានឃើញដែរ។
(កុំ , មិន , ពុំ)

g. សព្វថ្ងៃគាត់ធ្វើស្រែ ____ ស្ទូវបានផលទេ។
(កុំ , ពុំ , សែង)

h. សព្វថ្ងៃគាត់ធ្វើស្រែ ____ ស្ទូវបានផលហើយ។
(កុំ , មិន , សែង)

i. គេតែងតែបានផល ___ រាល់ឆ្នាំ ។
(គ្រប់ , រាប់ , ទៀង)

j. គេ ___ គ្នាដើម្បីភ្ជួរស្រែ ។
(អញ្ជើញ , លើក , កេណ្ឌ)

10. Reorder the members of the following sets of words to make Cambodian sentences.

a. នៅ , ស្រែ , អ្នក , តែង , សាប , ខែអាសាឍ , ចាប់ , តែ , ព្រួស ។
b. របៀប , គេ , បាន , ស្រែ , ទ្វេជា , ផល , ពីរ , ធ្វើ , តាម , ថ្មរ , ថ្មី ។
c. ចំណីង , ថ្ងៃ , ណាស់ , ថ្លៃ , ណា , ជា , មិន , ទេ ។
d. មនុស្ស , សម្លាប់ , សត្រូវ , ហើយ , ជួនកាល , ក៏មាន , ផល , មក , យក , ស្រូវ ។
e. ឆ្នាំ , ល្អ , ថា , នេះ , ទៀង , ផល , ជា , មួយ , ស្រូវ ។
f. ក៏ , ស្ទូង , នា , ស្រែ , ត្រូវ , ស្រប , នា , ដែរ ។
g. មាន , ជី , ដែល , ល្បង , សាក , ទេ , គីមី ?
h. សន្ទូង , គេ , ណាង , ល្អ , ហើយ , អា , ដែល , ដាង ។
i. ខ្ញុំ , មិន , ល្បង , សំណាប , ដូច , ទំនង , ល្អ , របស់ , ទេ ។
j. សំណាប , ល្បង , ទំនង , ដំណាលៗ , សព្វឹង , ខ្ញុំ , ដែរ , ខ្ញុំ , ស្ទូង ។

11. Find out the answers to the following:

a. Do most Cambodian farmers own their own land?

b. Does it happen that they get so deeply in debt that they have to sell their land and become tenants? Does this happen often?

c. What other factors could make a Cambodian farmer sell his land?

d. What are the farmer's most valuable possessions?

e. Can a farmer make most of the tools he needs to grow rice?

f. What things can't he avoid buying?

g. How does the farmer choose his seed rice? Does he ever buy it?

h. In a farm family are there some tasks in rice-growing and processing normally performed only by men? by women? by both? by children? by anyone? What tasks in particular?

i. Where is rice usually stored?

j. Who owns most of the rice mills? Where are they located? Can rice be milled at home?

k. Why is it necessary to transplant rice?

ANSWERS

4.

a. អស្សុជ - កញ្ញា b. ស្រាពណ៍ - កក្កដា c. ជេស - ឧសភា
d. ចេត្រ - មិនា e. មាឃ - មករា f. ពិសាខ - មេសា
g. កត្តិក - តុលា h. បុស្ស - ធ្នូ i. ភទ្របទ - សីហា
j. ផល្គុន - កុម្ភៈ k. អាសាឍ - មិថុនា

5.

a. បើមិនលក់ចុះថ្លៃ ចំណេញមួយជាពីរ ។
b. ខ្ញុំធ្វើការមួយរម្លងឆ្នាំពេលញ៉ាំបាយថ្ងៃត្រង់រួច ។
c. បើប្រើពូជស្រូវថ្មី បានផលពីរដាច់ ។

6.

a. ដល់ពេលច្រូតកាត់ហើយ ហៅអ្នកជិតខាងមកជួយប្រមូលផល ។
b. បន្ទាប់ពីច្រូតកាត់មក យើងត្រូវបោកបែនទៀតទើបបានជាស្រូវ ។
c. បើមិនទុកស្រូវខ្លះធ្វើពូជទេ មុខជាគ្មានអីសាបព្រួសឆ្នាំក្រោយហើយ ។
d. ដាក់សេះដឹករទេះនាំឲ្យទាក់ពេល គ្មានប្រយោជន៍ទេ ។
e. ចូលឆ្នាំថ្មីនៅពេលណា តាមចន្ទគតិ ?

9.

a. ក៏មាន b. ទៀង c. ប៉ុណ្ណឹង
d. ណាស់ e. ទេ f. ក្ដី
g. ពុំ h. តែង i. ព្យង
j. លើក

10.

a. អ្នកស្រែតែងតែចាប់សាបព្រួសនៅខែអាសាឍ ។
b. គេធ្វើស្រែតាមរបៀបថ្មី បានផលមួយទ្វេជាពីរ ។
c. ថ្លៃប៉ុណ្ណឹង មិនជាថ្លៃណាស់ណាទេ ។
d. ជួនកាលសត្វមកស៊ីមាច់មនុស្សហើយ យកផលស្រូវក៏មាន ។
e. ផលស្រូវឆ្នាំនេះល្អទៀងមួយដាច់ ។
f. ស្រែនានាក៏ត្រូវតែស្ទូងដែរ ។
g. ល្បងមានដែលសាកជីគីមីទេ ?
h. អាសនងណាងឡៀបដែលល្អជាងគេ ។
i. សំណាបខ្ញុំទំនងមិនល្អដូចរបស់ល្បងទេ ។
j. អញ្ចឹងខ្ញុំទំនងត្រូវ សំណាបខ្ញុំដំណាសារល្បងដែរ ។

LESSON TWELVE

GROWING VEGETABLES AND FRUITS

a. To whom do truck farmers sell their produce? Do they use middlemen?

b. Do they make a living from truck farming alone?

c. In a given field how many different crops can be planted at once? What, for example?

d. Why is it necessary to thin a crop?

READING PASSAGE 1

ពូប្រឹង ធ្វើការក្រៅផ្ទះ ។ ស្រែដើមក្រសាំង១ កាលគាត់ច្រូតស្រូវកន្ទះហើយ ក៏ចាប់ភ្ជួររាស់ហើយ ហើយបានដាំបន្លែក្រសក់ផ្ទុះប្រវែង១ ចំការមួយលូកទៀតទៅហើយ ។ ពូកសិករយើង ក៏ដូចអ្នកឯទៀតក្នុងស្រុកកំពង់ត្រាចដែរ កាលដាំបន្លែហើយក៏ប្រឹងរកប្រមូលដីអាចម៍គោក្របី ស្លឹកល្អិតល្អួច មកលាយចូលគ្នាហើយដុតចំបេញ្ញាំយ៉ាងហ្មត់ ទើបយកទៅដាក់នឹងរងបន្លែម្តងទៀតពីដាក់ដីធំ ៗ គាត់ដកដើមបន្លែណាតូច ១ ចោល មួយគុម្ពទុកតែពីរបីទងយ៉ាងច្រើន ។

កាលត្រូវដីធំហើយ បន្លែកោះទងហើយចេញក្តិបគោរពោស កូនស្រីតូចរបស់គាត់មួយ ពង់ចៀតភ្ជាយបន្ថែលសារិកាកែវកុំឲ្យបោះក្តិបបន្លែ ឯពូប្រឹង ដើរបេះក្តិបណាដែលស្គៀត ១ តូច ១ ទំនងមិនសូវមានកម្លាំងនឹងរីកបញ្ចេញទំហំយកមកឲ្យប្រពន្ធធ្វើជ្រក់ ទុកតែក្តិបធំ ១ ហើយគាត់កាត់ទង

ណាដែលទ្រៀនខ្ពស់ ៗ ពេលទុកតែទងដែលផ្កាសធំ ៗ ។ មួយដើមទុកតែមួយទងឬ២ ហើយមួយទងទុកតែក្តិបផ្កាស ១ ២ ឬ ៣ ប៉ុណ្ណោះ ។

ឪឡឹកមានអាយុ តែ២ខែ ៨ថ្ងៃ ឬ ១០ថ្ងៃ នឹងទុំល្មមបរិភោគហើយ ។ កាលណាវាមានអាយុ ២ខែហើយ ចាប់គិតពីថ្ងៃដាំមក ត្រូវប្រឹង ដើរកាត់ចុងទងពេលចាំងអស់ ដើម្បីទុកឲ្យផ្លែមានកម្លាំងនឹងធំពេញទំហំបាន ។ ការធ្វើពិសោធយ៉ាងនេះ គេតែងបានទទួលផលឪឡឹកយ៉ាងល្អប្រសើរ ហើយបានផ្លែធំសាច់ផ្អែមនៅលើដីអន់ថយទៀតផង ទោះជាវាមានទំហំតិចជាងឪឡឹកសៀមរាប ក៏មានរសជាតិជាងដែរ ។

NOTES FOR READING PASSAGE 1

Line 1. Fields are often named for physical features of the land nearby. Thus, for instance, there is a field called ស្រែអំពិល - plant field;' in lesson 11 Puu Preng also had a field named for the coconut palm: ស្រែដើមដូង

Line 7. The phrase ដាក់ជីធំ refers to the time of the year when the most fertilizer is added to the crop.

Line 20. Note the spelling difference between the verb ពិសោធ 'to experience' and the noun ពិសោធន៍ 'experience, experiment.'

DIALOGUE

បេះឪឡឹក

(Intimate Style)

A father and his child are preparing to go out to work in their watermelon field.

		អានាង	you (to a child)
		ដល់ណា	how long? (time)
		ទឹម	to yoke
១.	ឪពុក.	អានាងក៏អានាង ចាំដល់ណា ទៀតមិនយកគោមកទឹមឲ្យហើយទៅ?	Hey, child! How much longer are you going to take to get the cows yoked up?
		បរ	to drive (an animal)
		បង្កើយ	near, close
		ជិតបង្កើយ	very close
២.	កូន.	ទឹមហើយ រួចចាំបាច់បររទេះទៅធ្វើអី ចំការនៅជិតបង្កើយ។	They're already yoked. But what do we need to take the cart for? The field is very close.
		សែន + adj.	very
៣.	ឪពុក.	អានេះចំល្ងង់ល្ងើយសែនពើ ចុះដឹកឪឡឹកមកផ្ទះម៉ើចកើត?	You're really dumb. How do you expect to get the watermelons back to the house?
៤.	កូន.	យើងគិតបេះទាំងអស់អេះឪ? រួចយកទៅលក់ម៉េចនឹងអស់?	Are we going to pick all of them, Pop? How can we sell them all?
		ក្មេងសាលា	school children
៥.	ឪពុក.	បេះតែអាណាទុំបោសៗ ហើយបើលក់មិនអស់ទុកឲ្យក្មេងសាលាទិញ។	No, we'll just pick the big, ripe ones, and if we can't sell them all, we'll keep them for the school children to buy.
		សាកាកែវ (សារិកាកែវ)	mynah bird
		ជាប់	to be stuck at, to be unable to get away
៦.	កូន.	អូ! ថ្ងៃណោះសាកាកែវមកចោះកិបខ្ចីៗ តែខ្ញុំជាប់រៀន មិនបានដេញ។	Oh! The other day the mynah birds came and were eating the young buds, but I was busy studying and couldn't go chase the birds.
		បានការ	to be of use, to be productive

៧. ឪពុក.	អាហ្នឹងក៏គ្មានបានការអីតែមួយ ។ មើលរើសបេះអាស្លៀតៗចោលទៅថ្ងៃហ្នឹង ។	You're no use at all! See that you throw out the deformed fruits today.
៨. កូន.	អញ្ចឹងឪឯងបេះចុះ ហើយខ្ញុំកាត់អាស្លៀតៗចោល ។	Then why don't you pick water-melons and I'll cut the bad ones out.
៩. ឪពុក.	អឺ! ព្រោះតែឯងមិនចេះបេះទេ ។	Yeah. Because you don't know how to pick.

NOTES FOR THE DIALOGUE

SENTENCE NO. 1:

Note that នាង may be a nickname for a specific child, or it can be used by an adult to address any child or by an old person to address a much younger one. Here it is used by the child's father, though the child's name could also be used. The entire dialogue is quite informal: the child does not use បាទ and calls his father ឪ or ឪឯង. A city child would be more likely to use បាទ or ពុក, and even a country child would be more respectful on a more formal occasion.

The apparently insulting way the father addresses the child is characteristic of most Cambodian families. It does not mean that the parents or older siblings do not care for their children or younger siblings. This is simply the way small children are talked to, and as the children get older, they talk the same way to their own younger siblings and their own children.

SENTENCE NO. 6:

The word ជាប់ means basically 'to be stuck, to stick to, to adhere, to be busy,' e.g., សៀវភៅនេះជាប់គ្នា ។

These books are stuck together.

The meaning has been extended to 'to be caught, to be confined,' e.g., ជាប់គុក 'to be in prison' or ជាប់អន្ទាក់ 'to be trapped.' It has the same meaning when it precedes a verb: 'to be stuck, to be caught, to be unable to get away from,' e.g.,

ខ្ញុំជាប់ធ្វើការបានជាខ្ញុំចេញលេងយប់នេះមិនបាន ។

I'm stuck working, that's why I can't go out tonight.

DRILL ONE: Transformation

គំរូ: ក: ខ្ញុំទៅរៀនថ្ងៃហ្នឹង ។ (ដេញ)
ខ: ខ្ញុំជាប់ទៅរៀន បានជាមិនបានដេញ ។

MODEL: T: I'm going to school today. (to chase away)
S: I'm stuck going to school, so I can't chase (birds).

ក. គាត់ភ្ជួររាស់ពីព្រលឹមមិញ ។ (បេះ)
គាត់ជាប់ភ្ជួររាស់ បានជាមិនបានបេះ ។

១. ពូប្រឹងទៅមើលស្រូវរសៀលនោះ ។ (ប្រមូលដី)
ពូប្រឹងជាប់ទៅមើលស្រូវ បានជាមិនបានប្រមូលដី ។

គ. មិញខ្ញុំបេះក្ដិបខ្ទឹក ព្រឹកមិញ ។ (នៅផ្ទះ)
មិញខ្ញុំដាច់បេះក្ដិបខ្ទឹក បានមិនបាននៅផ្ទះ ។
ឃ. អ៊ុំខ្ញុំច្រូតស្រូវថ្ងៃមុន ។ (ដាក់ជី)
អ៊ុំខ្ញុំដាច់ច្រូតស្រូវ បានមិនបានដាក់ជី ។
ង. ខ្ញុំដឹកខ្ទឹក ។ (ទៅដាំ)
ខ្ញុំដាច់ដឹកខ្ទឹក បានមិនបានទៅដាំ ។
ច. គាត់ខ្ញុំចាំបង្កើលសាកាកែវកាស់ថ្ងៃ ។ (ដឹង)
គាត់ខ្ញុំដាច់ចាំបង្កើលសាកាកែវ បានមិនបានដឹង ។

SENTENCE NO. 7:
ចោល 'to throw away, to abandon' is used as an adverbial with the meaning of 'out' or 'away' in 'throw out' or 'throw away.' It ordinarily follows the subject of the main verb, e.g. ខ្ញុំចាយលុយចោល 'I spent money wastefully.' As an adverbial it can also mean 'to abandon,' e.g. ប្រពន្ធគាត់រត់ចោលគាត់ ។ 'His wife ran away and abandoned him.'
In this case it precedes the object, since the adverbial phrase is ចោល+ object. In the above example, the phrase ចោលគាត់ 'abandoned him' is attributive to រត់ 'run.'

DRILL TWO: Extension

គំរូ: ក: ខ្ញុំកាត់អាស្អុយចោល ។ (ទុកយកមកធ្វើជ្រក់)
ខ: កុំកាត់អាស្អុយចោលអី ទុកយកមកធ្វើជ្រក់ ។

MODEL: T: I cut the bad ones and threw them out. (keep them for pickling)

S: Don't cut them and throw them out; keep them for pickling.

ក. ខ្ញុំត្រូវបោះខោអាវចាស់ចោល ។ (ប្រហែលធ្វើការបាន)
កុំបោះខោអាវចាស់ចោលអី ប្រហែលធ្វើការបាន ។
ខ. គេត្រូវស៊ីបាយចោលគាត់ ។ (ចាំគាត់ផង)
កុំស៊ីបាយចោលគាត់អី ចាំគាត់ផង ។
គ. ខ្ញុំឲ្យឡានឈ្នួលចេញចោលវា ។ (ព្រោះវាប្រញាប់ដែរ)
កុំឲ្យឡានឈ្នួលចេញចោលវាអី ព្រោះវាប្រញាប់ដែរ ។
ឃ. ខ្ញុំត្រូវបង្រៀនចោលកូនសិស្សខ្ញុំ ។ (អាណិតវាផង)
កុំបង្រៀនចោលកូនសិស្សហ្នឹងអី អាណិតវាផង ។
ង. ខ្ញុំប្រហែលរត់ចោលប្រពន្ធខ្ញុំ ។ (ព្រោះគាត់ឈឺផង)
កុំរត់ចោលប្រពន្ធលោកអី ព្រោះគាត់ឈឺផង ។
ច. ខ្ញុំចង់លក់ទូកហ្នឹងចោល ។ (វានៅធ្វើការបាន)
កុំលក់ទូកហ្នឹងចោលអី វានៅធ្វើការបាន ។

SENTENCE NO. 7:

The use of អាហ្នឹង and វា in the first sentence of this item is a very insulting and depersonalizing way to address the child.

SENTENCE NO. 7:

The idiom មើល៍ + verb means 'see that you don't...' and implies that the addressee has failed to do right before. Thus in this sentence, for example, the implication is that the child has helped pick watermelons before but has forgotten to discard the unsatisfactory fruits.

General note on the word for 'to carry':

There is no single way to translate the word 'to carry' into Cambodian. Some of the ways to translate 'to carry' are:

សែង	two or more people carry an object
ពុន	to carry suspended from one end of a stick over the shoulder
ស្ពាយ	to carry suspended from the shoulder
ក្លៀក	to carry under the arm, in the armpit
កាន់	to carry in the hand
យួរ	to carry suspended from the hand, e.g., a purse
បី	to carry in both hands like an infant
លី	to carry propped up against the shoulder, e.g., a rifle
រែក	to carry on both ends of a pole over the shoulder
ទ្រ	to carry supporting from the bottom
សៀត	to carry in the belt
កណ្ដៀត	to carry on the hip
ពរ	to carry a child on the hip
ទូល	to carry on the head
ស្ទួយ	to carry supporting from underneath and by lifting from below

The term យក can sometimes be used in the most general sense for carry, but it really means to take, to bring which is less specific than carry even in English.

DRILL THREE: Extension

គំរូៈ ក: ឪឡឹកផ្លែច្រើនណាស់ ។ (បេះយកទៅលក់)
ខ: ឪឡឹកផ្លែយកតែមែនទែន បេះយកទៅលក់សឹងតែមិនទាន់ ។

MODEL: T: My father's watermelon plants have given a lot of fruit. (cut and sell them)

S: My father's watermelon plants have really given a lot of fruit. We almost couldn't pick them and sell them in time.

ក. ត្រឡាចញាំងដុះស្កុណាស់ ។ (ជើរនើង)
ត្រឡាចញាំងដុះយកតែមែនទែន ជើរនើងសឹងតែមិនទាន់ ។
ខ. សត្វស៊ីកិបឪឡឹកកាល់ថៃ ។ (ដេញវា)
សត្វស៊ីកិបឪឡឹកយកតែមែនទែន ដេញវាសឹងតែមិនទាន់ ។
គ. អង្ករឡើងថ្លៃសម្បើមហោយប៉ុន្មានថ្ងៃនេះ ។ (រកលុយ)
អង្ករឡើងថ្លៃយកតែមែនទែន រកលុយសឹងតែមិនទាន់ ។
ឃ. ឪឡឹកលក់ដាច់ណាស់ ។ (ទុំ)
ឪឡឹកលក់ដាច់យកតែមែនទែន ទុំសឹងតែមិនទាន់ ។
ង. ក្មេងសាលាមកទិញច្រើនណាស់ ។ (បេះលក់)
ក្មេងសាលាមកទិញយកតែមែនទែន បេះលក់សឹងតែមិនទាន់
ច. ទឹកឡើងសម្បើមណាស់ ។ (រៀបចំទុកការ)
ទឹកឡើងយកតែមែនទែន រៀបចំទុកការសឹងតែមិនទាន់ ។

DRILL FOUR: Transformation

គំរូៈ ក: ភ្លើអស់ហើងហើយ បេះអាផ្លែល្អៗចោល ។
ខ: អ៊ីងមើសបេះអាផ្លែល្អៗចោលទៅ !

MODEL: T: You're really stupid! You pick the good ones and throw them out.

S: Don't you pick the good ones and throw them out!

ក. គ្មានគិតតែម្តង ហៅពួកម៉ាកមកស៊ីឪឡឹក ។
អ៊ីងមើសហៅពួកម៉ាកមកស៊ីឪឡឹកទៅ !
ខ. មិនគិតស៊ីសោះ ដើរចោលចំការឲ្យសត្វស៊ីដំណាំ ។
អ៊ីងមើសចោលចំការឲ្យសត្វស៊ីដំណាំទៅ !
គ. មិនបេះមើលតែម្តង បេះតែផ្លែខ្ចីៗ ។
អ៊ីងមើសបេះតែផ្លែខ្ចីៗទៅ !
ឃ. ភើណាស់ បណ្តោយឲ្យសាកាកែវបោះក្អិបឪឡឹក ។
អ៊ីងមើសបណ្តោយឲ្យសាកាកែវបោះក្អិបឪឡឹកទៅ !
ង. អ៊ីងក៏ភើម៉េះ ឲ្យក្របីចូលស៊ីសំណាប ។
អ៊ីងមើសឲ្យក្របីចូលស៊ីសំណាបទៅ !

ច. អ៊ែងមិនមើលទេ បរអាទេះលើថ្នាលត្រឡាច ។
អ៊ែងមើលបរអាទេះលើថ្នាលត្រឡាចទៅ!

DRILL FIVE: Transformation

គ្រូ: ក: គ្រាន់តែបេះឪឡឹកក៏ភ្លើដែរ ។ (យកទៅណា)
ស: ភ្លើសែនភ្លើ បេះឪឡឹករួចមិនដឹងយកទៅណា?

MODEL: T: Even if it's only picking watermelons, you're stupid. (take where)

S: You're really stupid. You pick watermelons and then don't know where to take them.

ក. គ្រាន់តែសាបព្រួសស្រូវប៉ុណ្ណឹងក៏វិលដែរ ។ (ធ្វើអីទៀត)
វិលសែនវិល សាបព្រួសស្រូវរួចមិនដឹងធ្វើអីទៀត?
ខ. គ្រាន់តែជីកអន្លង់ ក៏ស្អកស្អាញដែរ ។ (ដាក់អី)
ស្អកស្អាញសែនស្អកស្អាញ ជីកអន្លង់រួចមិនដឹងដាក់អី?
គ. គ្រាន់តែរុំលុយគេក៏ពិបាកដែរ ។ (យកទៅធ្វើអី)
ពិបាកសែនពិបាក រុំលុយរួចមិនដឹងយកទៅធ្វើអី?
ឃ. គ្រាន់តែច្រូតកាត់ប៉ុណ្ណឹង ក៏វិលដែរ ។ (គិតដាំអីទៀត)
វិលសែនវិល ច្រូតកាត់រួចមិនដឹងគិតដាំអីទៀត?
ង. គ្រាន់តែដាក់ជី ក៏ភ្លើដែរ ។ (ដាំអី)
ភ្លើសែនភ្លើ ដាក់ជីរួចមិនដឹងដាំអី?
ច. គ្រាន់តែកាត់ទងចោល ក៏ពិបាកដែរ ។ (ធ្វើអីទៀត)
ពិបាកសែនពិបាក កាត់ទងចោលរួចមិនដឹងធ្វើអីទៀត?

DRILL SIX: Substitution

គ្រូ: ក: ចាំដល់ណាទៀត មិនយកគោមកទឹមឲ្យហើយទៅ?
(ដេញសារិកាកែវ - កាត់ទងខូចៗ)
ស: ដេញសារិកាកែវដល់ណាទៀត មិនកាត់ទងខូចៗឲ្យហើយទៅ?

MODEL: T: How much longer will it be before you get the cows yoked up? (chase the mynah birds-cut the ruined stems)

S: How much longer are you going to chase the mynah birds before you get to cutting the ruined stems?

ដេញសារិកាកែវដល់ណាទៀត មិនកាត់ទងខូចៗឲ្យហើយទៅ?
ក. កាត់ទងខូចៗ - ស្រោចថ្នាល
កាត់ទងខូចៗដល់ណាទៀត មិនស្រោចថ្នាលឲ្យហើយទៅ?

ខ. ស្រោចថ្នាល - ដាក់ជី
ស្រោចថ្នាលដល់ណាទៀត មិនដាក់ជីឱ្យហើយទៅ?

គ. ដាក់ជី - ដាំកូនត្រឡាច
ដាក់ជីដល់ណាទៀត មិនដាំកូនត្រឡាចឱ្យហើយទៅ?

ឃ. ដាំកូនត្រឡាច - ធ្វើទ្រើង
ដាំកូនត្រឡាចដល់ណាទៀត មិនធ្វើទ្រើងឱ្យហើយទៅ?

ង. ធ្វើទ្រើង - ធ្វើថ្នាល
ធ្វើទ្រើងដល់ណាទៀត មិនធ្វើថ្នាលឱ្យហើយទៅ?

ច. ធ្វើថ្នាល - បង្ហើយទ្រើងហ្នឹង
ធ្វើថ្នាលដល់ណាទៀត មិនបង្ហើយទ្រើងហ្នឹងឱ្យហើយទៅ?

READING PASSAGE 2

ការដាំបន្លែ

ផ្ទះភូមិទាំងអស់ ត្រូវមានច្បារដាំបន្លែ ហៅថា(សួនគ្រួសារ) ឱ្យបានគ្រប់ផ្ទះឡើងជាលំដាប់ ។

ខ្ញុំយល់ឃើញថា គួរតែបង្គួនទាំងអស់ផ្លាស់ដើមផ្កាដែលដាំតាមរបង និងក្បាលទ្វារផ្ទះ ដោយដាំនូវបន្លែ ដែលមានដើមកើរ ដូចជាននោង ត្រឡាច ម្រះ ឃ្លោក និងល្ពៅ ជាដើមនោះជំនួសវិញ ។

ឯសួនច្បារក្នុងភូមិត្រូវឱ្យក្លាយទៅជាសួនបន្លែដែរ ។

វិធានការទាំងនេះ សូមឱ្យបានជ្រួតជ្រាបតទៅ គ្រប់ផ្ទះ គ្រប់តំបន់ មិនថាផ្ទះភូមិឯកជនធម្មតា ឬក៏គ្រឹះស្ថានសិក្សា បន្ទាយកងទ័ពឡើយ ។

ដើម្បីញ៉ាំងឱ្យវិធានការនេះ បានសម្រេចលទ្ធផលជាបន្ទាន់ អ្នកឧកញ៉ាខ្ញុំសូមឱ្យបងប្អូនប្រជាពលរដ្ឋ អនុវត្តបញ្ហានេះ ចាប់តាំងពីថ្ងៃដែលផ្សាយសេចក្តីអំពាវនាវនេះ តទៅ ។ រដ្ឋការក្រុងនឹងចាត់ឱ្យក្រុមពិនិត្យទៅមើលដល់ទីកន្លែង បើឃើញម្ចាស់ផ្ទះមិនបានរៀបចំចិញ្ចឹមសត្វ និងដាំបន្លែដូចលក្ខណៈដែលមានរៀបរាប់ខាងលើនេះទេ ឱ្យបានសម្រេចក្នុងរយៈ ១ ខែ គឺចាប់តាំងពីថ្ងៃទី ២០ ខែសីហា ទៅដល់ថ្ងៃទី ២០ កញ្ញា ឆ្នាំ ១៩៧០ ខាងមុខនេះទេ ម្ចាស់ផ្ទះទាំងនោះនឹងត្រូវទុកដូចជាខ្វះសម្បជញ្ញៈជាតិ ប្រឆាំងនឹងខ្មាំង ក្នុងបច្ចុប្បន្នកាលដ៏លំបាកនេះ ។

VOCABULARY

កង់	to carry held up to the chest
កណ្ដៀត	to carry on the hip
កណ្ដៀវ	scythe
កប្បាស	cotton plant
ការធ្វើពិសោធន៍	experiment, experience
* ក្រសាំង	a plant whose fruit is used as a sour ingredient in cooking
* ក្ដាប់	door frame
* ខ្ទី	wrinkled, curled up in a spiral
* ខ្ទៀន	crooked, curled up in a spiral
គ្រឹះស្ថាន	building
* គ្រឹះ	foundation
ឃ្លោក	a kind of gourd
ចបកាប់	hoe
ចប	hoe or shovel
ចបជីក	shovel
ចិញ្ច្រាំ	to mince, to chop up
ចោះ	to pierce, to make a hole in
ជាប់ + verb	to be busy at, to be stuck at, to be unable to get away
ជាបន្ទាន់	immediately
បន្ទាន់	immediate
ជាលំដាប់	consecutively, respectively
លំដាប់	order, sequence
ជិតបង្កើយ	very close
* បង្កើយ	close, near
ជ្រួតជ្រាប	to infiltrate
ជ្រួត	to infiltrate
ញុំាងឲ្យ	to cause to
ដល់ណា	how long? (time)
ក្ដៀក	to carry under the arm, in the armpit
ត្រសក់	cucumber, melon
ត្រឡាច	a kind of gourd
ត្រីចង្វា	any small-scaled fish, usually from fresh water
ចង្វា	oar
ថ្នាល	mound for a row of plants

ថ្លោស	fat, husky, big
ទង	stem
ទឹម	to yoke
ទូល	to carry on the head
ទ្រនើង (ទ្រើង)	trellis
នង្គ័ល	a plow
បង្ហើយ (< ហើយ)	to complete, to finish
បច្ចុប្បន្នកាល	the present time
បច្ចុប្បន្ន /paccəbɔn/	present
បញ្យួរ (< យួរ)	to carry suspended from the forearm, e.g., a purse
បាន"ការណ៍"	to be of use, to get results, to be productive
បី	to carry in both hands like an infant
បោះទង	to grow out
បផ្អើល	to scare away
ផ្អើល	to be scared and run (usually used for animals)
ព	to carry a child on the hip
ពុន	to carry suspended from one end of a stick over the shoulder
ពោរពាស	all, completely
ម្រះ	bitter melon
យកតែកថែនថែន	really
យួរ	to carry suspended from the hand, e.g., a purse
រង	a row
រង្វាន់	gift, reward
រនាស់	a harrow
* រនោង	a kind of gourd
រសជាតិ	flavor
* រស (: ជាតិ)	essence
លី	to carry propped up against the shoulder, e.g., a rifle
លំបាក (: ពិបាក)	hard, difficult
ល្ពៅ	pumpkin, squash
វារ	to crawl
សម្បជញ្ញៈ /səmpacəñéʔ/	conscience, consciousness
សារិកាកែវ	mynah bird
សិក្សា	to study (formal)
សួនច្បារ	garden
សួន	garden
ច្បារ	vegetable garden

ស្សៀក	to carry in the belt
សែន + adjective	very..., really...
សែង	to carry (two...people)
ស្ទួយ	to carry supporting from bottom and by lifting from below
ស្ពាយកោងខ្នង	to carry in a sack over the shoulder
ស្លៀត	misshapen, deformed
* ស្រូវកន្ទះ	a fast-growing variety of rice with a low yield
អន់ថយ	inferior, no good
អំពាវនាវ	to appeal, to ask
ឪឡឹក	watermelon
* អ្នកឧកញ៉ាខ្ញុំ	I, a (high) civil servant,...
* អ្នកឧកញ៉ា	old title for a high civil servant

APPLICATIONS

1. Define or describe the following:

ក្ដង	កណ្ដៀត	កណ្ដៀវ	ខ្ទរដាប់
គ្រឹះស្ថាន	យៅក,	ចប	បណ្ដើយ
ចង្ក្រាំ	ជាបន្ទាន់	សំដាប់	ព្រោស
ជ្រូត	ញាំញីខ្មែរ	ចង្វា	ថ៍
ទួល	នង្គ័ល	ចបឫស្ស	រនាស់
បណ្ដើល	កោរកោស	រង្ហឹន	សែន
សំប៉ាក	សម្បជញ្ញៈ	សួនច្បារ	
ស្លៀត	អន់ថយ		

2. Use in a sentence:

កប្បាស	ការធ្វើពិសោធន៍	ក្លាង	ខ្សៀន
ជាសំដាប់	បោះ	ដាច់	ដឹកបណ្ដើយ
ញាំងឲ្យ	ត្បៀត	ត្រីចង្វា	ប៉ាល
ទ្រនើង	នង្គ័ល	ទំ	ជីង
បញ្ជូរ	ជោះមង	ជើល	ពូន
យរ	ព	រង	រនោង
រសជាតិ	ស៍	ច្បារ	សៀក
សែន + adj.			

3. Give a word or phrase with contradictory meaning:

ខ្សៀន	ជាបន្ទាន់	បណ្ដើយ	ប្លោស
សំបាក	អន់ថយ		

4. Translate the following into Cambodian:

   a. How much longer will you men carry that trunk before you use a cart?

   b. You're always busy cleaning the house. Trying to get you to go out for a good time is no use at all.

   c. You throw away more paper than you use; see that you're more careful in the future.

   d. It will be more useful if you cut the vegetables up fine before cooking.

5. How many different ways to say 'very' can you think of?

6. Fill in the blanks:

a. ខ្ញុំឃើញមនុស្សម្នាក់មានឥវ៉ាន់នៅលើក្បាល ។ មនុស្សនោះ ____ ឥវ៉ាន់ ។
b. ថ្មមួយដុំមានទម្ងន់ជាង៣០០គីឡូនៅកណ្ដាលផ្លូវ ។ គេត្រូវការមនុស្ស៥នាក់ ដើម្បី ____ ថ្មនោះចេញពីផ្លូវ ។
c. នៅដៃគាត់ខ្ញុំឃើញសាច់គោមួយដុំធំ ប្រហែល១០គីឡូ ។ គាត់ ____ សាច់គោនោះពីផ្សារ ។
d. បើខ្ញុំលើកបាវស្រូវហ្នឹងដាក់លើស្មាខ្ញុំរួច ខ្ញុំអាច ____ បាវនោះរួចដែរ ។
e. កូនហ្នឹងដាក់ពីចង្កេះមិនបានទេ ។ ទៅណាមកណាម៉ែវាត្រូវ ____ វាជានិច្ច ។
f. គាត់លីកាំភ្លើងចុងទៅខាងក្រោយ ។ នៅចុងកាំភ្លើងមានឥវ៉ាន់ ។ គាត់ ____ ឥវ៉ាន់នោះយូរហើយ ។
g. គាត់លីកាំភ្លើង នៅចុងកាំភ្លើងគាត់ខាងមុខនិងខាងក្រោយមានឥវ៉ាន់ច្រើនណាស់ ។ គាត់ ____ ឥវ៉ាន់នោះពីកន្លែងមួយទៅកន្លែងមួយ ។
h. ជើងតុហ្នឹង ____ តុនោះមិនរួចទេ ។
i. គាត់ច្រើហើយលើកតុនោះទៀត ។ គេ ____ តុនោះធ្វើអី ?
j. ទៅណាមកណា គាត់យកកាំភ្លើងដែងគាត់ទៅជាមួយជានិច្ច គាត់មិនសូវកាន់បុសិទេ គាត់ចូលចិត្ត ____ ជាង ។

7. Rearrange the members of the following sets of words into Cambodian sentences:

a. អា , ឯង , បោល , អ្នកណា , ម្ដងនេះ , ទុំ , បេះ , ស្លៀត , ផ្លែ , ឲ្យ ?
b. ខ្ញុំ , មើល , ផ្ទះ , ទៅ , ដាច់ , កូន , ខ្ញុំ , មិន , បាន , ធ្វើការ ។
c. ទៅ , ណា , មិន , អង្គុយ , ញ៉ាំ , ដល់ , នៅ , បាយ , ទៀត ។
d. យើង , នឹង , សែន , ចំណោទ , មួយ , ទើប , ពិបាក , ធ្វើ ។
e. គោ , គិត , យក , ហើយ , ឲ្យ , មក , ក្រោយ , សិម , ទឹម ។
f. ស្រូវ , នេះ , ដាំ , ថ់ , ពិបាក , ជា , ឆ្នាំ , មែន ។

g. ខ្ញុំ , ទុក , ជាមួយ , បើ , ទៅ , ជួយ , មិន , យក , ឲ្យ , រស់ ។
h. ខ្ញុំ , ទៅ , តែ , ចង់ , ដាច់ , ខ្ញុំ , រៀន , ដែរ ។
i. ប្រពន្ធ , កុំ , ធ្វើ , បោល , ម៉េច , តែ , ឃាំង , រត់ , ក៏ដោយ ។
j. តែង , បេះ , តែ , ទុំឡើក , គ្មាន , ម្តង , បេះ ។

8. Find out the answers to the following from your teacher:

   a. To whom do truck farmers sell their produce? Do they use middlemen?

   b. Do they make a living from truck farming alone or do they have other ways to make a living?

   c. In a given field how many different crops can be planted at once? What, for example?

   d. Why is it necessary to thin a crop?

   e. How can one tell if watermelons are ready to pick? Ripe enough to buy?

   f. Where in Cambodia are watermelons grown for the most part? On what kind of land?

   g. Why are Siem Reap watermelons especially well-known?

   h. Are gourds, bitter melons, and beans planted and cared for in the same way as watermelons?

   i. Who makes the tools used on the farms?

   j. What kinds of thing must a farm family be able to make for itself?

ANSWERS

4.

a. ពួកឯងតែងគាស់សារីណាស់ប៉ុន្មានម៉ាងទៀត បានដាក់រទេះ?
b. ឯងរស់បោសសំអាតផ្ទះជាថ្មីជានិច្ច រកតែនាំទៅលេងឯណាក៏មិនបាន ។
c. ឯងចោលក្រដាសច្រើនជាងថ្ងៃ ថ្ងៃស្អែកចោលឲ្យច្រើនទៀតទៅ!
d. ចើកាត់បន្លែតូចៗ មុនដាំស្ល ប្រហែលស្រួលដាំ ។

6.

a. ទូល	b. តែង	c. យរ	d. សិ
e. ពា	f. ពន	g. តែក	h. ខ្មែ
i. ស្មុយ	j. ស្តាយ		

7.

a. ផ្ទង់ឲ្យអ្នកណាបេះអាស៊ីស្មៀតចោលម្ដងនេះ?
b. ខ្ញុំទៅធ្វើការមិនបាន ព្រោះខ្ញុំជាប់មើលក្មួន ។
c. នៅអង្គុយដល់ណាទៀត មិនទៅញ៉ាំបាយ ។
d. យើងទើបនឹងធ្វើចំណោទ សែនពិបាកថយ ។
e. យកគោមកទុកឲ្យហើយ សឹមគិតក្រោយ ។
f. ឆ្នាំនេះចំជាពិបាកដាំស្រូវមែន ។
g. បើយកទៅជាមួយមិនអស់ ទុកឲ្យខ្ញុំជួយ ។
h. ខ្ញុំចូលទៅដែរ តែខ្ញុំជាប់រៀន ។
i. ធ្វើយ៉ាងម៉េចក៏ដោយ ក៏គេរត់ចោលប្រពន្ធ ។
j. កែងគ្មានចេះបេះត្បៀកតែម្ដង ។

ច្រូតស្រូវ Harvesting rice

LESSON THIRTEEN

THE GOVERMENT'S ROLE IN THE ECONOMY

a. What kinds of businesses need to have licenses?

b. Are there any government owned and operated businesses?

c. What kinds of government control are there of banks? Moneylenders?

d. Are there government programs for helping farmers and animal husbandmen?

READING PASSAGE I

ដើម្បីសម្រេចគោលការណ៍ផ្សេងៗ ប្រយោជន៍រាំងរងការផ្គត់ផ្គង់ គ្រឿងភស្តុភារ ក្នុងរដ្ឋធានី និង ក្នុងទីរួមខេត្ត នៅពេលណាដែលសង្គ្រាមសព្វថ្ងៃមិនទាន់ផុតរលត់ រដ្ឋាភិបាលបានចាត់ឲ្យមានការចិញ្ចឹមសត្វ និង ដាំបន្លែគ្រប់បែបយ៉ាង នៅក្នុងមណ្ឌលសន្តិសុខ ក្នុងរដ្ឋធានី និង ក្នុងទីរួមខេត្តដោយឲ្យប្រជាពលរដ្ឋក្នុងទីក្រុង ដែលមានកន្លែងទួលល្មមអាចស្ថាបនា ទ្រុងជ្រូក-មាន់-ទា ដើម្បីធ្វើបសុកម្មប្រចាំគ្រួសារឲ្យហើយស្រេចក្នុងរយៈពេលមួយខែ ចាប់តាំងពីថ្ងៃ ទី ១៨ សីហា ១៩៧០ ដោយចាត់ឲ្យមានផ្តល់យោបល់ និងផ្សាយប្លង់ទ្រុងមាន់-ទា-ជ្រូកប្រកបដោយបែបផែនស្តីពីវិធីចិញ្ចឹមមាន់-ទា និងជ្រូក, ដោយចាត់ឲ្យអគ្គស្នងការខាងបសុកម្មមានកូនមាន់ និងកូនជ្រូកគ្រប់គ្រាន់ សម្រាប់ចែកដោយគិតថ្លៃជូនប្រជាពលរដ្ឋ ក្នុងទីក្រុងដែលចាប់អារម្មណ៍ ក្នុងរឿងនេះ តាមសេចក្តីអំពាវនាវ របស់រដ្ឋាភិបាល ក្នុងក្របខ័ណ្ឌនៃកំណែនទូទៅប្រយោជន៍ចិញ្ចឹមជ្រូក-មាន់-ទា សម្រាប់បំពេញសេចក្តីត្រូវការរបស់គ្រួសារ និង ដោយចាត់ឲ្យក្រសួងអភិវឌ្ឍនសហគមន៍បំពេញនាទីជាអ្នកចាត់ចែងអប់រំ ពន្យល់ប្រជាពលរដ្ឋ ក្នុងសាខានៃផលិតកម្មនេះជាមួយនឹងបុគ្គលិករបស់ខ្លួន ផ្នែកសេដ្ឋកិច្ច ។

ដើម្បីឲ្យស្របនឹងបសុកម្មប្រចាំគ្រួសារនេះ បសុកម្មសម្រាប់ធ្វើពាណិជ្ជកម្មក៏នឹងធ្វើក្នុងអនាគតកាលដែរ ។

ចំពោះរឿងដាំបន្លែវិញ ទីចាត់ការកសិកម្មនឹងផ្តល់ដោយគិតថ្លៃនូវគ្រាប់បន្លែផ្សេងៗ, នូវផលិតផលសម្រាប់ថែរក្សាបន្លែឲ្យបានល្អ ព្រមទាំងជួយអប់រំណែនាំដោយផ្សាយសៀវភៅ និងបែបផែនស្តីពីរបៀបដាំ ហើយនឹងបញ្ជាក់ផ្ទះលក់គ្រាប់ផង ។

ចំណែកក្រសួងអភិវឌ្ឍនសហគមន៍ ត្រូវបំពេញនាទីជាអ្នកចាត់ចែងអប់រំពន្យល់ប្រជារាស្ត្រ ក្នុងវិស័យផលិតកម្មនេះដែរ។

NOTES FOR READING PASSAGE I

Paragraph 1. This entire paragraph consists of only one sentence. Such a long sentence, and a one-sentence paragraph, are acceptable style in Cambodian writing even though not in standard written English. As formidable as this sentence looks at first, you will find that it breaks down quite easily into a small number of simple components. We can apply the techniques described in lesson 3:

1. What does the text seem to be about?
   1. Government measures to relieve a food crisis

2. What is the main clause?
   (line 3) រដ្ឋាភិបាលបានចាត់ឲ្យមានការចិញ្ចឹមសត្វនិងដាំបន្លែគ្រប់យ៉ាងនៅក្នុងមណ្ឌលសន្តិសុខ...

3. What are the subordinate components?
   There are six subordinate clauses. The first precedes the main clause and introduces the paragraph, the other five follow the main clause, and each of these five begins with ហើយ.

4. Have you figured out as many details as you can? Does each clause make sense alone?

5. Have you guessed wherever possible before looking up new words?

ដើមម្រេច (ខេត្តកំពត) Pepper plants in Kampot Province

DIALOGUE

បញ្ហានៃគ្រឿងភស្តុភារ

ចាត់ចែង	to arrange, to set up
ភស្តុភារ	tribute, gift
គ្រឿងភស្តុភារ	foodstuffs, supplies (formal)
១. ភ្នាក់ងារកាសែត - រដ្ឋាភិបាលបានចាត់ចែងពីគ្រឿងភស្តុភារអ្វីទេ ទាន ?	Has the government taken any measures for (supplying) foodstuffs, please?
គាំទ្រ	to assume responsibility for
បសុកម្ម	animal husbandry
២. ចៅហ្វាយក្រុង - យើងបានសុំឲ្យអគ្គស្នងការខាងបសុកម្មជួយគាំទ្រហើយ ។	We have asked the High Commissioner for Animal Husbandry to help assume responsibility.
សហគមន៍	community (literary)
អភិវឌ្ឍន៍	development (literary)
ក្រសួងអភិវឌ្ឍន៍សហគមន៍	Ministry of Community Development
ផ្គត់ផ្គង់	to take care of, to supply
៣. ភ្នាក់ងារកាសែត - សុំទោសលោក ចុះក្រសួងអភិវឌ្ឍន៍សហគមន៍ជួយផ្គត់ផ្គង់យ៉ាងម្ដេចដែរ?	Excuse me, sir. What is the Ministry of Community Development doing to help take care of this?
ប្រចាំគ្រួសារ	for the family
៤. ចៅហ្វាយក្រុង - ក្រសួងទាំងពីរអំពាវនាវសុំឲ្យដាំបន្លែនិងចិញ្ចឹមសត្វប្រចាំគ្រួសារហើយ ។	Both ministries have appealed to people to plant vegetables and raise animals for the family.
៥. ភ្នាក់ងារកាសែត - អ្នកភៀសខ្លួនមានកាន់តែច្រើន ៗ តើយើងមានកន្លែងល្មមធ្វើយ៉ាងនោះទេ ?	There are more and more refugees. Will we have enough space to do this?
៦. ចៅហ្វាយក្រុង - យើងមានកន្លែងសល់ដល់ទៅអាចដាំបន្លែនិងចិញ្ចឹមសត្វធ្វើជំនួញទៀតផង ។	We have so much space left that we could raise vegetables and animals commercially.
សមត្ថកិច្ច	capacity
ក្រសួងមានសមត្ថកិច្ច	the competent agency, the involved agency

៧. ភ្នាក់ងារកាសែត. ក្រសួងមានសមត្ថកិច្ចទាំងពីរនេះមានការទាក់ទងគ្នាយ៉ាងដូចម្ដេចខ្លះ ?	What is the nature of the connection between the two involved agencies?
នាទី	duty, field of competence
៨. ចៅហ្វាយក្រុង. ត្រង់ចំណុចនេះ ខ្ញុំពុំអាចជំរាបបានទេ ព្រោះមិនមែនជានាទីខ្ញុំ ។	On this point I can't tell you, since it isn't my field.

NOTES FOR THE DIALOGUE

SENTENCE NO. 2

Note in four compound words in this sentence that the attribute precedes the head, e.g., អគ្គស្នងការ , in which អគ្គ 'high' modifies ស្នងការ 'commissioner.' As you have learned almost from the first day, ordinarily Cambodian attributives follow their heads even in compound words (e.g., កប៉ាល់ហោះ airplane,' literally 'boat that flies'). However, in Sanskrit and Pali, the sources of much of the Cambodian learned vocabulary, attributes normally precede heads, as in English. This pattern has been kept for Cambodian compounds where both components of the compound come from Pali or Sanskrit. Thus sentence 2 not only has អគ្គស្នងការ 'high commissioner' but also បសុកម្ម (បសុ+កម្ម) 'animal husbandry,' អភិវឌ្ឍន៍ (អភិ + វឌ្ឍន៍) 'development,' and សហគមន៍ (សហ+គមន៍) 'community,' all of which can be analyzed as consisting of an attribute plus a head. On the other hand, note that the name of the Ministry of Community Development អភិវឌ្ឍនសហគមន៍ reverts to Cambodian word order. The head អភិវឌ្ឍន៍ 'development' comes before the attribute សហគមន៍ 'community.'

SENTENCE NO. 4

You have seen ប្រចាំ used with a time word to mean 'every,' e.g., ប្រចាំខែ 'monthly, every month.' In this lesson you learn that it can also be used with an ordinary noun to mean 'permanently based at or connected with,' e.g., សៀវភៅប្រចាំថ្នាក់ classbook.'

DRILL ONE: Substitution

គំរូ: ក: យើងអំពាវនាវសុំឲ្យគេដាំបន្លែនិងចិញ្ចឹមសត្វប្រចាំគ្រួសារហើយ ។
(ធ្វើស្រែ)
ខ: យើងអំពាវនាវសុំឲ្យគេធ្វើស្រែប្រចាំគ្រួសារហើយ ។

MODEL: T: We have appealed to (them) to raise vegetables and animals for their families. (grow rice)

S: We have appealed to (them) to grow rice for their families.

យើងអំពាវនាវសុំឲ្យធ្វើស្រូវប្រចាំគ្រួសារហើយ ។
ក. ធ្វើបសុកម្ម
យើងអំពាវនាវសុំឲ្យធ្វើបសុកម្មប្រចាំគ្រួសារហើយ ។
ខ. ចិញ្ចឹមត្រី
យើងអំពាវនាវសុំឲ្យចិញ្ចឹមត្រីប្រចាំគ្រួសារហើយ ។
គ. ការពារ
យើងអំពាវនាវសុំឲ្យការពារប្រចាំគ្រួសារហើយ ។
ឃ. ដាំដំណាំ
យើងអំពាវនាវសុំឲ្យដាំដំណាំប្រចាំគ្រួសារហើយ ។
ង. ធ្វើខោអាវ
យើងអំពាវនាវសុំឲ្យធ្វើខោអាវប្រចាំគ្រួសារហើយ ។
ច. រកស៊ី
យើងអំពាវនាវសុំឲ្យរកស៊ីប្រចាំគ្រួសារហើយ ។

DRILL TWO: Transformation

NOTE: The phrase ដល់ទៅ means 'all the way to.' It has an implication of exceeding expectations.

គំរូ: ក: មានកន្លែងមិនល្មមចិញ្ចឹមសត្វទេ ។ (សល់ - ដាំបន្លែទៀត)
ខ: មានកន្លែងសល់ដល់ទៅដាំបន្លែទៀត ។

MODEL: T: There isn't enough space to raise animals. (remain - grow vegetables)
S: There's space enough to raise vegetables as well.

ក. រដ្ឋាភិបាលចែកអង្ករឲ្យមិនសូវច្រើនទេ ។
(ច្រើន - យកទៅលក់ទៀត)
រដ្ឋាភិបាលចែកអង្ករឲ្យច្រើនដល់ទៅយកទៅលក់ទៀត ។
ខ. មានភ្នាក់ងារកាសែតតិចណាស់នៅកន្លែងនោះ ។
(ទៅ - រកកៅអីអង្គុយគ្មាន)
មានភ្នាក់ងារកាសែតទៅ ដល់ទៅរកកៅអីអង្គុយគ្មាន ។
គ. ស្រុកយើងមានគ្រឿងភស្តុភារច្រើនណាស់ឥឡូវ ។
(មិនល្មម - រកទិញពីគេទៀត)
ស្រុកយើងមានគ្រឿងភស្តុភារមិនល្មមដល់ទៅរកទិញពីគេទៀត ។
ឃ. យើងដាំស្រូវបានតិចណាស់ឆ្នាំនេះ ។
(បរិបូណ៌ - លក់មិនអស់)
យើងដាំស្រូវបានបរិបូណ៌ដល់ទៅលក់មិនអស់ ។
ង. យើងដាំបន្លែដូចមិនបានផលសោះ ។
(បានផល - បានលក់ទៀត)
យើងដាំបន្លែបានផលដល់ទៅបានលក់ទៀត ។

ច. អ្នកភៀសខ្លួនមានបញ្ហាបន្តិចបន្តួចទេ តើឬ ។
(ច្រើន - និយាយមិនបាន)
អ្នកភៀសខ្លួនមានបញ្ហាច្រើនដល់ទៅនិយាយមិនបាន ។

DRILL THREE: Substitution

គំរូ: ក: អគ្គស្នងការខាងបសុកម្ម ជួយរ៉ាប់រងហើយ ។ (អំពាវនាវ)
ខ: អគ្គស្នងការខាងបសុកម្មជួយអំពាវនាវហើយ ។

MODEL: T: The High Commissioner for Animal Husbandry has helped assume responsibility. (to appeal)
S: The High Commissioner for Animal Husbandry has helped appeal.

អគ្គស្នងការខាងបសុកម្មជួយអំពាវនាវហើយ ។
ក. អ្នកភៀសខ្លួន
អគ្គស្នងការខាងអ្នកភៀសខ្លួនជួយអំពាវនាវហើយ ។
ខ. ផ្គត់ផ្គង់
អគ្គស្នងការខាងអ្នកភៀសខ្លួនជួយផ្គត់ផ្គង់ហើយ ។
គ. អ្នកទទួលបន្ទុក
អ្នកទទួលបន្ទុកខាងអ្នកភៀសខ្លួនជួយផ្គត់ផ្គង់ហើយ ។
ឃ. គ្រឿងភស្តុភារ
អ្នកទទួលបន្ទុកខាងគ្រឿងភស្តុភារជួយផ្គត់ផ្គង់ហើយ ។
ង. ក្រសួងមានសមត្ថកិច្ច
ក្រសួងមានសមត្ថកិច្ចជួយផ្គត់ផ្គង់ហើយ ។
ច. ចាត់វិធានការ
ក្រសួងមានសមត្ថកិច្ចជួយចាត់វិធានការហើយ ។

DRILL FOUR: Substitution

គំរូ: ក: រដ្ឋាភិបាលបានចាត់ចែងពីគ្រឿងភស្តុភារអ្វីទេ ទាន ?
(ការផ្គត់ផ្គង់)
ខ: រដ្ឋាភិបាលបានចាត់ចែងពីការផ្គត់ផ្គង់អ្វីទេ ទាន ?

MODEL: T: Has the government arranged for any foodstuffs, sir? (care)
S: Has the government arranged for any care, sir?

រដ្ឋាភិបាលបានចាត់ចែងពីការផ្គត់ផ្គង់អ្វីទេ ទាន ?
ក. គ្រឿងសម្ភារៈ
រដ្ឋាភិបាលបានចាត់ចែងពីគ្រឿងសម្ភារៈអ្វីទេ ទាន ?
ខ. គ្រឿងអប់រំ
រដ្ឋាភិបាលបានចាត់ចែងពីគ្រឿងអប់រំអ្វីទេ ទាន ?

គ. ផែនការ
រដ្ឋាភិបាលបានចាត់ចែងពីផែនការអ្វីទេ ខាន?
ឃ. គំរោងការណ៍
រដ្ឋាភិបាលបានចាត់ចែងពីគំរោងការណ៍អ្វីទេ ខាន?
ង. ការរ៉ាប់រង
រដ្ឋាភិបាលបានចាត់ចែងពីការរ៉ាប់រងអ្វីទេ ខាន?
ច. វិធីចិញ្ចឹមសត្វ
រដ្ឋាភិបាលបានចាត់ចែងពីវិធីចិញ្ចឹមសត្វអ្វីទេ ខាន?

DRILL FIVE: Transformation

គំរូ: ក: បាទ អគ្គស្នងការខាងបសុកម្មបានផ្គត់ផ្គង់ហើយ។
(ក្រសួងអភិវឌ្ឍន៍សហគមន៍)
ខ: ចុះក្រសួងអភិវឌ្ឍន៍សហគមន៍បានផ្គត់ផ្គង់យ៉ាងដូចម្ដេចដែរ?

MODEL: T: Yes, the High Commissioner for Animal Husbandry has taken care of it already. (the Ministry of Community Development)

S: And how has the Ministry of Community Development taken care of it?

ក. ក្រសួងអភិវឌ្ឍន៍សហគមន៍ជួយរ៉ាប់រងហើយ។
(ក្រសួងការពារប្រទេស)
ចុះក្រសួងការពារប្រទេសជួយរ៉ាប់រងដូចម្ដេចដែរ?
ខ. ក្រសួងការពារប្រទេសបានចាត់វិធានការហើយ។
(ក្រសួងឃោសនាការ)
ចុះក្រសួងឃោសនាការបានចាត់វិធានការដូចម្ដេចដែរ?
គ. ក្រសួងឃោសនាការបានទទួលខុសត្រូវហើយ។
(ក្រសួងការបរទេស)
ចុះក្រសួងការបរទេសបានទទួលខុសត្រូវយ៉ាងដូចម្ដេចដែរ?
ឃ. ក្រសួងការបរទេសបានអំពាវនាវហើយ។
(អគ្គស្នងការខាងអប់រំ)
ចុះអគ្គស្នងការខាងអប់រំបានអំពាវនាវយ៉ាងដូចម្ដេចដែរ?
ង. អគ្គស្នងការខាងអប់រំជួយរៀបចំហើយ។
(ក្រសួងមានសមត្ថកិច្ច)
ចុះក្រសួងមានសមត្ថកិច្ចជួយរៀបចំដូចម្ដេចដែរ?
ច. ក្រសួងមានសមត្ថកិច្ចគិតគូរហើយ។
(អគ្គស្នងការខាងសន្តិសុខជាតិ)
ចុះអគ្គស្នងការខាងសន្តិសុខជាតិគិតគូរយ៉ាងដូចម្ដេចដែរ?

READING PASSAGE 2

ករណីនៃការចិញ្ចឹមសត្វនិងដាំបន្លែនៅភ្នំពេញ

សេចក្ដីអំពាវនាវរបស់រដ្ឋការក្រុង ចំពោះពលរដ្ឋក្នុងរដ្ឋធានី

ចាប់តាំងពីថ្ងៃទី ១៨ មីនា ១៩៧០ មកដល់ថ្ងៃនេះ ប្រជាពលរដ្ឋក្នុងរដ្ឋធានីភ្នំពេញ បានកើនពី ៧សែននាក់ទៅ១លាន៨សែននាក់ ឃើញថា ចំនួននេះ ឡើង១ជាង២ ដោយហេតុមកពីមានការភៀសខ្លួននៃប្រជាពលរដ្ឋមកពីតំបន់កើតអសន្តិសុខ ដែលបណ្ដាលមកពីការឈ្លានពានយ៉ាងព្រៃផ្សៃនៃពួកទមិឡយៀកកុង-យៀកណាមខាងជើង ។

ត្រង់ណេះ បញ្ជាក់ឲ្យឃើញច្បាស់ថា រដ្ឋធានីយើង ទោះបីជាសត្រូវប៉ុនប៉ងយាយីជាសកម្មយ៉ាងណាក៏ដោយ ក៏យើងអាចរក្សាសេចក្ដីសុខបរិបូណ៌ ព្រមទាំងប្រកបដោយសោភណភាព និងភាពរីកចំរើនរហូតមកដល់សព្វថ្ងៃនេះ ។

លទ្ធផលយ៉ាងគាប់ប្រសើរនេះ គឺជាកើតឡើងដោយការរួបរួមគ្នា របស់ព្រះសង្ឃ និងយុទ្ធជនគ្រប់ជាន់ថ្នាក់ ។ ដោយការប៉ុនប៉ងយាយីរដ្ឋធានីយើង មិនបានសម្រេចលទ្ធផល ទមិឡឈ្លានពាននេះ មានបំណងនឹងបង្អត់ស្បៀងអាហារយើង ដោយកាត់ស្ពានផ្លូវគមនាគមន៍ទាំងពួងមកភ្នំពេញ ។ ក្នុងគ្រប់ខណៈនេះ ការប្រយុទ្ធនៃយើង ក៏ត្រូវមានសកម្មភាពយ៉ាងមុតមាំដែរ ។ ក្នុងករណីនេះ រដ្ឋការក្រុងបានចាប់ការម្ហណ៍ជាគន្លឹក ព្រមទាំងបានចាត់ការផ្សេងៗជាហូរហែមក ដើម្បីទប់ទល់ការខ្វះខាត និងកុំឲ្យទំនិញឡើងថ្លៃហួសហេតុ ។ ទោះបីមានការខិតខំយ៉ាងណាក៏ដោយក៏ពុំអាចនឹងជៀសវាងគ្រោះថ្នាក់ទៅថ្ងៃក្រោយបានឡើយ ។

NOTES FOR READING PASSAGE 2

Line 4. It may help in reading this first sentence to note that if this were an English sentence there would be a semicolon on line 4 between នាក់ and រឃើញថា, since this is where the break occurs between two parallel clauses neither of which is subordinate to the other.

VOCABULARY

	កំណែន (< កេណ្ឌ)	mobilization, draft
	ខិតខំ	to strive
	ខិត	to move over, to move closer to
	គាប់ប្រសើរ	to be good
*	គាប់	to satisfy, to be good
	ចាត់ចែង	to arrange, to set up
*	ចែង	to say, to declare, to express (formal)
	ចាប់អារម្មណ៍	to be interested, to be of interest
	ចង់ការ	interest, profit
	ជាពន្លឹក	a lot, very
*	ពន្លឹក	mnemonic
	ជាសកម្ម	actively
	ជាហូរហែ	in an orderly manner
	ហែ	to accompany in a procession
	ជៀសវាង	to avoid
	វាង	to avoid, to go out of the way
	ដោយបែបផែន	systematically
	បែបផែន	plan, system
	ណែនាំ	to lead, to guide
*	ណែ	AC
	តឹងតែង	critical
*	តែង	AC
	ទីរួមខេត្ត	province capital
	ទាំងពួង	all
	ទ្រុង	cage
	ធួនល្មម	enough
*	ធួន	enough (rare)
	បង្អត់ (< អត់)	to deprive, to cause to lack
	បសុកម្ម /paʔsokam/	animal husbandry (formal)
*	បសុ- /paʔsoʔ/ (H)	animal

	បសុពេទ្យ	veterinary
	បុគ្គលិក	employee, personnel (formal)
	បុគ្គល	individual (formal)
	ប៉ុនប៉ង	to wish, to want
*	ប៉ុន	AC
*	ប៉ង	to want, to intend
	ប្រចាំគ្រួសារ	for the family
	ប្រហារជីវិត	to sentence to death, to execute
	ប្រជាពលរដ្ឋ	the populace, the people of a nation
	ប្លង់	plan, map
	ផ្គត់ផ្គង់	to take care of, to supply, to give aid and comfort to
*	ផ្គត់	to shelter (rare)
	គត់	to be sheltered, safe
*	ផ្គង់	to cause to remain (rare)
	គង់	to remain, to last long
	ពឹងពាក់	to depend on
	ព្រាត់	to be separated from a loved one
	ព្រៃផ្សៃ	savage, fierce
	ព្រះសង្ឃ (= លោកសង្ឃ) /préh sɔŋ/	Buddhist monk
	សង្ឃ /sɔŋ/	a Buddhist monk, a member of the Sangha
	ភស្តុភារ /phos(d)əphia/	tribute, gift, cause, thing
*	ភស្តុ /phosdoʔ/	residence, place, thing, property
*	ភារ	AC
	ភ្នាក់ងារ	agent, employee
	យាយី	to haunt, to be chronic (disease) (neither component has independent meaning)
	យុទ្ធជន /yuttəcún/	fighter, combatant
	រ៉ាប់រង	to assume responsibility for
	រ៉ាប់	to take responsibility
	រង	to protect oneself against
	រឹងត្អឹង	hard and stiff
*	ត្អឹង	RC
	សហគមន៍ /sahaʔkum/	community (literary)
	សាខាបុគ្គលិក	personnel branch
	សាខា	branch (literal and figurative)
	សុទ្ធសាធ	absolutely
*	សាធ	AC

សោភណភាព	goodness, high quality, beauty (literary)
សោភណ	good, grand, beautiful (literary)
ស្ថាបនា /sthapənaa/	to build (formal)
ស្នេហាជាតិ	patriotic (literary)
ស្នេហា /snaɛ haa/	to love (poetic), to devote
ហួសហេតុ	beyond reason
ឡើងមួយជាពីរ	more than twice as much
អគ្គស្នងការ /akkéʔsnɔŋ kaa/	High Commissioner
អគ្គ /akkéʔ/ (H)	high, exalted, general (e.g., secretary-general)
ស្នងការ	commissioner
ស្នង	to represent, to be in the image of
អនាគតកាល	future time
អនាគត /aʔnaakút/	future
អភិវឌ្ឍនៈ /aʔphivɔ́tenaʔ/	development (literary)
* អភិ /aʔphiʔ/	very
អាស្រ័យហេតុនោះ	for that reason
អាស្រ័យ	to depend on, to eat

APPLICATIONS

1. Define or describe the following:

ទឹក	កំណែន	ចែង	ចាប់អារម្មណ៍
ជាពន្លឹក	ជាហូរហែ	រាង	បែបផែន
តឹងតែង	ទាំងពួង	ជួន	បង្កត់
បសុកម្ម	មុតមាំ	បិនបាំង	ប្រជាការជាតិ
ប្រជាពលរដ្ឋ	បង់	ផ្គត់ផ្គង់	ជេជាតិ
គង់	ព្រៃឈើ	ព្រះសង្ឃ	យុទ្ធជន
កំបរង	កាប់	រង	សាខា
បុគ្គលិក	សោភណ	ស្ថាបនា	ស្នងការ
អតិ	ស្នង	អនាគត	អាស្រ័យ
សំភារនាវ	ភ្ជក់ដារ		

2. Use in a sentence:

កំណែន	ទឹកទំ	កាន់ប្រសើរ	ចាត់ចែង
ជាសកម្ម	ចាប់អារម្មណ៍	ជាពន្លឹក	ជាហូរហែ
ជៀសវាង	ណែនាំ	ដោយបែបផែន	តឹងតែង

ខាន	និរទេក្ត	ទាំងពាង	ជួនសម
បង្អត់	បសុកម្ម	មុខតាំ	ទ្រុង
មតិ	ចុះចិញ	ប្រចាំគ្រួសារ	ប្រហារជីវិត
បង់	ប្រជាពលរដ្ឋ	ផ្គត់ផ្គង់	កត់
ផ្ញើជីវិត	ពុំធុរ	ព្រះសង្ឃ	ភស្តុភារ
ភ្នាក់ងារ	បរាជ័យ	បរទេស	កាំប៉ុង
រឹងប៉ឹង	សាខាបុគ្គលិក	ចត្តិលាក	បុគ្គល
សុខសាធ	ស្ថាបនា	ស្នេហាជាតិ	ហាសិហោត
ស្ទឹង	អគ្គស្នងការ	អនាគតកាល	អាស្រ័យហេតុនោះ
អំពាវនាវ	អំពារ		

3. Give a word or phrase with contradictory meaning:

ចិត្តទំ	ចាប់អារម្មណ៍	ជាពន្លឹក	ជៀសវាង
ទាំងពាង	ជួនល្មម	បង្អត់	ពុំធុរ
បរាជ័យ	ស្ថាបនា	ស្នេហាជាតិ	

4. Make compounds from the following Sanskrit and Pali components: For instance បសុ 'animal' and កម្ម 'act' can be combined to give បសុកម្ម 'animal husbandry.'

a. កសិ	and	act
b. វឌ្ឍនៈ	and	state of being
c. កម្ម (labor)	and	person
d. ស្នងការ (commissioner)	and	place

5. Translate the following into Cambodian:
   a. The competent ministry will charge (យក) a fee for giving permission to raise animals here.
   b. Are the agents of the Community Development Ministry employees of the High Commissioner?
   c. Do they execute (ប្រហារជីវិត) people who give aid and comfort to the enemy nowadays?
   d. If the government does not arrange to distribute food, the fighting will deprive many people.
   e. The situation is critical because we didn't plan in an orderly manner.
   f. The rice growers have united into a cooperative and are trying to get the government to arrange for them to borrow money at low interest(ការ).

6. Fill in the blanks:

a. គេដាំ ____ នៅក្នុងមណ្ឌលសន្តិសុខ ។
   (ត្រី , បសុកម្ម , ដំណាំ)

b. រដ្ឋការសុំឱ្យប្រជា ____ រដ្ឋផ្ញើបសុកម្មប្រចាំគ្រួសារ ។
   (ជន , ពល , រាស្ត្រ)

c. ក្រសួងមានសមត្ថកិច្ចបានរៀបចំវិធានការនោះ ____ ចិញ្ចឹមសត្វ ។
   (ប្រយោជន៍ , យក , ត្រូវ)

d. អគ្គស្នងការខាងបសុកម្មបានល្អក់ចែងពី ____ ចិញ្ចឹមមាន់ហើយ ។
   (សេចក្ដី , ភាព , វិធី)

e. គាត់ជាអ្នកទទួលខុសត្រូវ ____ ផ្ញើប្អូនដាំបន្លែ ។
   (ប្រើ , ក្នុង , ខាង)

f. ដីនោះជាដីរបស់ខ្មែរកាលមុន ដូច្នេះត្រូវបានដីនោះ ____ ។
   (ហើយ , ស្រេច , វិញ)

g. រដ្ឋការនឹង ____ ថ្លៃជូនចិនខាន ។
   (ឱ្យ , គិត , យក)

h. ផែនការនេះ ____ អំពីរបៀបដាំបន្លែ ។
   (គិត , រៀប , ស្ដី)

7. Reorder the members of the following sets of words to make Cambodian sentences:

a. ក្រុង , បាន , រាប់រង , អភិបាល , គ្រឿង , អាច , សេ , ភស្តុភារ , ពាំ , ទេ ។

b. តាម , សមត្ថកិច្ច , ក្រសួង , យើង , សេចក្ដី , ផ្ញើ , របស់ , មាន , បាន , សុំ , ហើយ ។

c. ខ្ញុំ , ធ្វើអី , ទៅហើយ , ទៅ , ដឹង , ដល់ , លុយ , មិន , មាន , ជាមួយ ។

d. ប្រជារាស្ត្រ , ប្រចាំ , រដ្ឋាភិបាល , ផ្ញើ , គ្រួសារ , សុំឱ្យ , សួន , បាន ។

e. ពីរថ្ងៃ , សត្វ , បាន , ចិញ្ចឹម , ហើយ , រដ្ឋាភិបាល , ចាត់ចែង ។

f. ប្រជារាស្ត្រ , ពន្យល់ , អ្នកចាត់ , បាន , ក្នុង , ចែង , ផលិតកម្ម , ដែរ , វិស័យ ។

g. យើង , ពន្យល់ , គ្រាប់បន្លែ , ទាំង , ការដាំ , ព្រម , ជួយ , ជួល , ពី , ទៀត ។

h. រដ្ឋាភិបាល , ចិញ្ចឹម , គ្រួសារ , សត្វ , និមួយៗ , នឹង , ឱ្យ , របស់ , ស្រប , ការសុំ ។

8.

a. What kinds of business needs to have licenses?

b. Who is responsible for issuing permits? Is it necessary to pay a fee?

c. What penalties are imposed for failure to get proper permission to do business?

d. Are there government owned and operated businesses?

e. What portion of the government is responsible for such businesses?

f. Do government enterprises compete with privately owned businesses?

g. What kinds of government control are there of banks? Moneylenders?

h. How does the government control foreign businesses? Does it encourage foreign investment?

i. Does the government have a savings bond program? Does it encourage citizens to save money or to go into business?

j. Are there government programs for helping farmers and animal husbandmen?

ANSWERS

4.

a. កសិកម្ម b. វឌ្ឍនភាព c. កម្មករ d. ស្នងការដ្ឋាន

5.

a. ក្រសួងមានសមត្ថកិច្ចយកថ្លៃ មុននឹងអនុញ្ញាតឲ្យបើកហាងលក់នៅកន្លែងនេះ ។

b. តើភ្នាក់ងារនៃក្រសួងអភិវឌ្ឍន៍សហករណ៍ ២ ជាភ្នាក់ងារនៃអគ្គស្នងការដ្ឋានឬទេ?

c. គេប្រហារជីវិតជនណាដែលជួញដូរថ្នាំញៀនដែរទេ ក្នុងស្រុកនេះ?

d. បើរដ្ឋាភិបាលមិនចាត់ចែងជួយផ្គត់ផ្គង់ចំណីអាហារ ច្បាស់ជានឹងបង្អត់មនុស្សច្រើននាក់ ។

e. ស្ថានការណ៍តឹងតែងណាស់ ព្រោះយើងមិនបានរៀបចំឲ្យស្រួលបួល ។

f. កសិករបានរួបរួមគ្នាជាសហករណ៍ ហើយទាមទារឲ្យរដ្ឋាភិបាលជួយចាត់ចែងឲ្យបានខ្ចីលុយដោយមានប្រាក់ការថោក ។

6.

a. ដំណាំ b. ពាស c. ប្រយោជន៍ d. រំដៃ
e. ខាង f. វិញ g. កិត h. ស្តុ

7.

a. អភិបាលក្រុងពុំអាចរ៉ាប់រងសម្ភារភស្តុភារបានទេ ។

b. យើងបានផ្ញើតាមសេចក្ដីសុំរបស់ក្រសួងមានសមត្ថកិច្ចហើយ ។

c. ខ្ញុំមានលុយដល់ទៅមិនដឹងធ្វើអ្វីជាមួយទៅហើយ ។

d. រដ្ឋាភិបាលបានសុំឱ្យប្រជារាស្ត្រផ្ញើសន្សំប្រចាំគ្រួសារ ។
e. រដ្ឋាភិបាលបានចាត់ចែងពីវិធីចិញ្ចឹមសត្វហើយ ។
f. អ្នកចាត់ចែងបានពន្យល់ប្រជារាស្ត្រក្នុងវិស័យជលកសិកម្មដែរ ។
g. យើងផ្តល់គ្រាប់បន្លែពូជទាំងជួយពន្យល់ពីការដាំទៀត ។
h. គ្រួសារនិមួយៗចិញ្ចឹមសត្វឱ្យស្របនឹងការសុំរបស់រដ្ឋាភិបាល ។

ភ្ជួរស្រែមុនពេលស្ទូង

Plowing the ricefield before transplanting

LESSON FOURTEEN

THE DISTRIBUTION OF MONEY AND GOODS

a. When people go into business, where do they usually get their capital from?

b. Can an ordinary person borrow from a bank?

c. How do wealthy people invest their money?

d. What happens to a person who cannot pay his debts?

READING PASSAGE 1

តាមគោលគំនិតរបស់លោក «ផែលវែរ» គម្រោងការធំ ៗ សម្រាប់អនាគតរបស់សាធារណរដ្ឋខ្មែរ មានដូចតទៅនេះ ៖

· ការបង្កើនផលដំណាំស្រូវ ដោយត្រូវជ្រើសរើសនូវពូជស្រូវណាដែលផ្តល់ផលច្រើន ដូចជាពូជស្រូវនៅប្រទេស «ហ្វីលីពីន» ដែលអាចឲ្យផលជាមធ្យមក្នុង ១ ហិកតា ពី ៤ តោន ចំពោះដីក្សត់ជាតិ ទៅ ១៤ តោនចំពោះដីល្អសម្បូរណ៍ដោយជីជាតិ ។

– ការដាំកប្បាសនិងអំពៅ សម្រាប់រោងចក្រតម្បាញនិងរោងចក្រធ្វើស្ករ ។

– ផលិតកម្មព្រៃឈើ និងការចិញ្ចឹមសត្វសម្រាប់យកសាច់ ពីព្រោះប្រទេសខ្មែរសម្បូណ៌ទៅដោយព្រៃឈើណាស់ ហើយកសិករខ្មែរក៏ប៉ិនប្រសប់ខាងចិញ្ចឹមគោណាស់ដែរ ។ ការនាំចេញនូវឈើនិងគោសម្រាប់យកសាច់នឹងនាំមកសាធារណរដ្ឋខ្មែរនូវរូបិយប័ណ្ណដ៏ច្រើន ។

សារុបសេចក្តីទៅ ប្រទេសនីមួយ ៗ មិនអាចរស់ដោយសារតែទេសចរណ៍ទេ ប៉ុន្តែត្រូវរៀបចំឲ្យមានតុល្យភាពរវាងប្រជាជននៅគ្រប់ជនបទ ។ ជាពិសេស រដ្ឋាភិបាលត្រូវលៃលកយ៉ាងណា ដើម្បីកុំឲ្យចម្ងន់នៃសង្គ្រាមធ្លាក់ទៅលើតែអ្នកស្រែចំការ ។

គោលគំនិតរបស់លោកចំពោះសេដ្ឋកិច្ចនៃសាធារណរដ្ឋខ្មែរ ស្ថិតនៅលើការពិតច្រើន ។ យើងសូមសរសើរចំពោះការដែលលោកបានទិតទំស្រាវជ្រាវនូវហេតុការណ៍ដែលទាក់ទងនឹងសេដ្ឋកិច្ចខ្មែរ ។

ហេតុនេះ យើងសូមស្នើដល់រដ្ឋាភិបាលស្រោចស្រង់ជាតិ សូមមេត្តារិះរកមធ្យោបាយយ៉ាងណា ដើម្បីទាក់ទាញមូលធនឯកជនក្នុងប្រទេសនិងក្រៅប្រទេសឲ្យមកធ្វើវិនិយោគក្នុងស្រុកយើងឲ្យបានច្រើន ជាហេតុនាំឲ្យមានការលូតលាស់ខាងផ្នែកសេដ្ឋកិច្ច ដែលជាជំហរនៃឯករាជ្យរបស់ប្រទេសយើង ។

NOTES FOR READING PASSAGE 1

Line 4. Reference is made here to the IR-8 rice strain, which was developed in the Philippines. This and later strains of rice have sometimes been called 'miracle rice' because of their high yield.

Lines 13 and 14. Note the use of លោក as a third-person pronoun. លោក serves as a third-person pronoun for people held in high respect and especially for Buddhist monks.

រហាត់ទឹកស្រោចស្រៀបរាប

Waterwheel for irrigation

DIALOGUE

ស្រុកយើងឥឡូវ

		មិនសូវអី	no problem
		អី	and the like
១.	ចច.	ម៉េចនៅស្រុកយើងឥឡូវមិនសូវអីទេនេះ៖ រឿងម្ហូបចំណីអី!	How's our country now? No problem with food and the like.
		ធូរ	loose, lax, relaxed
២.	ចក.	ទើបនឹងបានធូរបន្តិចទេ។ ដំណាំអីដូចប្រពៃល្អគ្រាន់បើ។	Things have just eased up. The crops and things seem to be pretty good.
		ខុស	wrong, to be the matter
		បានអញ្ចឹង	so that way it's that
៣.	ចច.	វាខុសអីកាលមុន? ហើយឥឡូវមានបង់ដីថ្មីឬ បានអញ្ចឹង?	What was the matter before? And now is there some new plan to make (things better)?
		មិនទាន់	not yet
		ខ្វល់ខ្វាយ	to worry
		ត្រូវ	to happen
៤.	ចក.	មុន គេមិនទាន់ខ្វល់ខ្វាយអី តែត្រូវឥឡូវមានបង់ដីថ្មី ដូចមានសង្ឃឹមគួរសម។	Before, no one worried, but now it happens that we've got the new plan, so things are looking pretty good.
		មានផ្លូវ	there's a way, there's a chance
		រកស៊ី	to start up a business
៥.	ចច.	និយាយអញ្ចឹង មានផ្លូវរកស៊ីអីបានទេ ឥឡូវ?	By the way, is there a chance of starting up a business?
		ដើម	capital, principal
		យកដើមទៅរកស៊ី	to invest
៦.	ចក.	រកស៊ី! មានផ្លូវច្រើនណាស់។ មានគេពីស្រុកក្រៅយកដើមទៅរកស៊ីច្រើន។	Business! There are lots of ways to get into it. Lots of foreigners are investing, too.
៧.	ចច.	ចុះអ្នកមានស្រុកយើង គេនៅតែដូចមុនអញ្ចឹងឬ?	How about the rich people in our country, are they the same as before?

		កណ្ដៀរ	termite
		ក្រឡាត	cockroach
៨.	ចក.	ទេ ខុសពីមុនឆ្ងាយណាស់។ គេមិនទុកលុយឲ្យកណ្ដៀរស៊ី ក្រឡាតកាត់ទៀតទេ។	No, things are very different. They don't keep their money for the termites to eat and the cockroaches to chew any more.
		សន្សំ	to save
		ធ្វើដើម	to use as capital
		ទុន	capital, principal
		ដើមទុន	capital, principal
៩.	ចប.	ខ្ញុំក៏ត្រូវគិតសន្សំលុយទុកដាក់បន្តិចដែរ គ្រាន់ធ្វើដើមទុនរកស៊ី។	I'm planning to save my money to invest, too.
១០.	ចក.	គិតទៅរកស៊ីអីដែរទៅ?	What do you think you'll invest in?
១១.	ចប.	គិតថាទៅចិញ្ចឹមសត្វ ដាំបន្លែមើលទៅ។	Maybe I'll go raise animals and plant vegetables.

NOTES FOR THE DIALOGUE

SENTENCE NO. 4

មានដែរ means 'to have...yet' and connotes incredulity or contradiction. It is used either interrogatively, usually in rhetorical questions, or in sentences negated by **គ្មានដែរ** or by **ឯណា** 'what do you mean...?!' It may be used either before the clause or preverbally. When **មានដែរ** comes at the beginning of the clause, the subject must include a question word or an indefinite word, e.g.,

> **មានដែរអ្នកណាបើកលុយឲខ្ញុំទេ?**
> so who's paid me any money?
> **គ្មានដែរសំបុត្រណាមកដល់ទេ។**
> There's been no letter that arrived.

This means that pronominals can be used with **មានដែរ** only if **មានដែរ** is preverbal, as in sentence 4, since the subject of such a clause need not include an indefinite or question word.

> **ខ្ញុំមានដែរទទួលលុយឯណា?**
> Have I received any money?
> (I haven't received any money)

> **អ្នកណាមានដែរបើកលុយឲ្យខ្ញុំទេ?**
> Has anyone paid me any money yet?

Note that when **គ្មានដែរ** is used with a question word, it must precede the question word:

គ្មានទាន់អ្នកណាបើកលុយឲ្យខ្ញុំទេ។

Nobody's paid <u>me</u> any money.

On the other hand, គ្មានទាន់ must follow a pronominal:

ខ្ញុំគ្មានទាន់ជួបលោកគ្រូយើងទេ។

I haven't yet met our teacher.

Note also that មានទាន់ can be used as an ordinary question or negative; for instance, the example មានទាន់អ្នកណាបើកលុយឲ្យខ្ញុំទេ? can also mean 'Has anyone cashed my check for me yet?' The ambiguity is resolved in speech by the fact that the rhetorical question would be asked in a higher-pitched, tenser voice throughout.

<u>DRILL ONE</u>: <u>Transformation</u>

គំរូ: ក: ប្លង់ថ្មីបានរៀបចំហើយ។
ខ: មានទាន់ប្លង់(ថ្មី)ណាបានរៀបចំហើយរឺទេ?

MODEL: T: The new plan is ready.
S: Is there a new plan prepared yet?

ក. ស្រែភ្ជួរហើយ។
មានទាន់ស្រែណាភ្ជួរហើយទេ?
ខ. ស្រុកច្រើនជួយផ្គត់ផ្គង់គ្រឿងភស្តុភារ។
មានទាន់ស្រុកណាជួយផ្គត់ផ្គង់គ្រឿងភស្តុភារទេ?
គ. ផ្លូវបានស្ថាបនាហើយ។
មានទាន់ផ្លូវណាបានស្ថាបនាហើយទេ?
ឃ. រោងចក្រផ្តល់ផលគ្រប់គ្រាន់។
មានទាន់រោងចក្រណាផ្តល់ផលគ្រប់គ្រាន់ទេ?
ង. ខេត្តទាំងអស់ចាប់ផ្តើមធ្វើការច្រូតកាត់។
មានទាន់ខេត្តណាចាប់ផ្តើមធ្វើការច្រូតកាត់ទេ?
ច. ក្រសួងច្រើនណាស់យកប្លង់ថ្មីនេះមកប្រើ។
មានទាន់ក្រសួងណាយកប្លង់ថ្មីនេះមកប្រើទេ?

<u>DRILL TWO</u>: <u>Response</u>

គំរូ: ក: ក្រែងឮថាយើងមានប្លង់ថ្មីសម្រាប់ធ្វើឲ្យបានផលស្ហ?
(យកទៅប្រើ)
ខ: ប្លង់អី មានទាន់អ្នកណាយកទៅប្រើអី។

MODEL: T: I think I heard that we have a new plan for getting the crop, right? (put into effect)
S: What plan - no one's put it into effect yet.

ក. ឮក្រែងៗថាស្រុកយើងបានសាន្តត្រាណហើយឬ?
(បានសប្បាយ)
សាន្តត្រាណអី មានទាន់អ្នកណាបានសប្បាយអី ។
ខ. ឮក្រែងៗថាគេធ្វើការស្រាវជ្រាវខាងកសិកម្មច្រើនណាស់ឬ?
(យកចិត្តទុកដាក់)
ការស្រាវជ្រាវអី មានទាន់អ្នកណាយកចិត្តទុកដាក់អី ។
គ. ឮក្រែងៗថាស្រុកយើងបានស្រូវច្រើនណាស់ឆ្នាំនេះឬ?
(ខិតខំធ្វើ)
ស្រូវអី មានទាន់អ្នកណាខិតខំធ្វើអី ។
ឃ. ឮក្រែងៗថាស្រុកយើងមានទេសចរទៅលេងច្រើនណាស់ឬ?
(ហ៊ានទៅលេង)
ទេសចរអី មានទាន់អ្នកណាហ៊ានទៅលេងអី ។
ង. ឮក្រែងៗថាគេធ្វើការស្រាវជ្រាវខាងជីជាតិច្រើនណាស់ឬ?
(ធ្វើជាជំហរឱ្យធ្វើ)
ការស្រាវជ្រាវអី មានទាន់អ្នកណាធ្វើជាជំហរឱ្យធ្វើអី ។
ច. ឮក្រែងៗថាគេធ្វើជំនួញច្រើនណាស់ឬ?
(មានដើមទុននឹងធ្វើ)
ជំនួញអី មានទាន់អ្នកណាមានដើមទុននឹងធ្វើអី ។

DRILL THREE: Transformation

គំរូ: គ: មានទាន់អ្នកណាបើកលុយឱ្យលោកសារេតទេ? (ខ្ញុំ)
ស: ខ្ញុំគ្មានទាន់បើកលុយឱ្យគាត់ (លោកសារេត) ឯណា ។

MODEL: T: Has anyone paid Mr. Sareth yet? (I)
S: How can I have paid him yet?!

ក. មានទាន់ក្រសួងណារៀបចំប្លង់ថ្មីទេ? (ក្រសួងយើង)
ក្រសួងយើងមានទាន់រៀបចំប្លង់ថ្មីឯណា ។
ខ. មានទាន់ស្រុកណាជួយផ្គត់ផ្គង់ស្រុកយើងទេ? (ស្រុកខ្លះ)
ស្រុកខ្លះមានទាន់ជួយផ្គត់ផ្គង់ស្រុកយើងឯណា ។
គ. មានទាន់ផ្លូវណាធ្វើដំណើរស្រួលទេ? (ផ្លូវច្រើន)
ផ្លូវច្រើនមានទាន់ធ្វើដំណើរស្រួលឯណា ។
ឃ. មានទាន់រោងចក្រណាផ្តល់ផលល្អទេ? (រោងចក្រកំពង់ចាម)
រោងចក្រកំពង់ចាមមានទាន់ផ្តល់ផលល្អឯណា ។
ង. មានទាន់ខេត្តណាដាំស្រូវតាមរបៀបថ្មីទេ? (ខេត្តខ្លះ)
ខេត្តខ្លះមានទាន់ដាំស្រូវតាមរបៀបថ្មីឯណា ។
ច. មានទាន់ស្រុកណាយកដើមទៅរកស៊ីស្រុកយើងទេ? (ស្រុកច្រើន)
ស្រុកច្រើនមានទាន់យកដើមទៅរកស៊ីស្រុកយើងឯណា ។

SENTENCE NO. 8

In Cambodia cockroaches grow very large, sometimes reaching a length of two inches and a width of 2/3 inch. They sometimes gnaw on clothing or paper, which is why this sentence says that កន្លាតកាត់.

DRILL FOUR: Substitution

គ្រូ: ក: ម៉េចទៅស្រុកយើង មិនសូវអីទេឬរឿងម្ហូបចំណីអី?
(គោក្របី)
ស: ម៉េចទៅស្រុកយើង មិនសូវអីទេឬរឿងគោក្របីអី?

MODEL: T: How are things in our country? There's no problem about food?
(cattle and water buffaloes)

S: How are things in our country? There's no problem about cattle and water buffaloes?
ម៉េចទៅស្រុកយើង មិនសូវអីទេឬរឿងគោក្របីអី?

ក. ស្រូវអង្ករ
ម៉េចទៅស្រុកយើង មិនសូវអីទេឬរឿងស្រូវអង្ករអី?

ខ. មណ្ឌលខាងនោះ
ម៉េចទៅមណ្ឌលខាងនោះ មិនសូវអីទេឬរឿងស្រូវអង្ករអី?

គ. ប្រជាជន
ម៉េចទៅមណ្ឌលខាងនោះ មិនសូវអីទេឬរឿងប្រជាជនអី?

ឃ. ការរស់នៅ
ម៉េចទៅមណ្ឌលខាងនោះ មិនសូវអីទេឬរឿងការរស់នៅអី?

ង. ខាងស្រុកនោះ
ម៉េចទៅខាងស្រុកនោះ មិនសូវអីទេឬរឿងការរស់នៅអី?

ច. ត្រីសាច់
ម៉េចទៅខាងស្រុកនោះ មិនសូវអីទេឬរឿងត្រីសាច់អី?

DRILL FIVE: Response

NOTE: The second អី in student's sentence means 'what do you mean...?' It is used like ឯណា (cf. Lesson 54) at the end of a clause to indicate incredulousness, disbelief, or dismissal of a preceding statement. Note that it is used to give a negative answer to a question ending in ឬ , which, as you may remember from Lesson 54, normally expects a positive answer. Note that this អី differs from the one at the end of sentence 1 of the dialogue which means '... and the like, etc.' It also differs from អី in sentence 4 of the dialogue which is an indefinite. The clause គេមានទាន់ខ្វល់ខ្វាយអី is literally 'did people worry about anything.'

គំរូ: ក: ម៉េចទៅស្រុកយើង មិនសូវអីទេឬ រឿងម្ហូបចំណីអី?
(ពិបាករក)
ខ: មិនសូវអី អី! ពិបាករកម្ហូបចំណីចង់ងាប់ហើយ។

MODEL: T: How are things in our country? There's no problem about food?
(hard to find)
S: No problem! It's darned hard to find food there.

ក. ម៉េចទៅស្រុកយើង មិនសូវអីទេឬ រឿងស្រូវអង្ករអី?
(ខ្វះខាត)
មិនសូវអី អី! ខ្វះខាតស្រូវអង្ករចង់ងាប់ហើយ។
ខ. ម៉េចទៅខាងនោះ: មិនសូវអីទេឬ រឿងត្រីសាច់អី?
(ពិបាករក)
មិនសូវអី អី! ពិបាករកត្រីសាច់ចង់ងាប់ហើយ។
គ. ម៉េចទៅថ្មីនោះ: មិនសូវអីទេឬ គោក្របីអី?
(ពិបាកចិញ្ចឹម)
មិនសូវអី អី! ពិបាកចិញ្ចឹមគោក្របីចង់ងាប់ហើយ។
ឃ. ម៉េចទៅខាងស្រុកនោះ: មិនសូវអីទេឬ រឿងទឹកអី?
(ពិបាករក)
មិនសូវអី អី! ពិបាករកទឹកចង់ងាប់ហើយ។
ង. ម៉េចទៅខាងនោះ: មិនសូវអីទេឬ រឿងដំណាំអី?
(ពិបាកដាំ)
មិនសូវអី អី! ពិបាកដាំដំណាំចង់ងាប់ហើយ។

DRILL SIX: Substitution

គំរូ: ក: ចុះវាខាតអីបានអញ្ចឹង ក្រែងឮថាយើងមានប្លង់ឬ?
(ស្រាផឹក)
ខ: ចុះវាខាតអីបានអញ្ចឹង ក្រែងឮថាយើងមានស្រាផឹកឬ?

MODEL: T: Then what's the problem if, as I've heard, we have a plan?
(liquor to drink)
S: Then what's the problem if, as I've heard, we have liquor to drink?

ចុះវាខាតអីបានអញ្ចឹង ក្រែងឮថាយើងមានស្រាផឹកឬ?
ក. ប្រសប់ផឹកស្រា
ចុះវាខាតអីបានអញ្ចឹង ក្រែងឮថាយើងប្រសប់ផឹកស្រាឬ?
ខ. ប៉ិនរបាករគ
ចុះវាខាតអីបានអញ្ចឹង ក្រែងឮថាយើងប៉ិនរបាករគឬ?

ក. ប្រសប់ថ្លឹងតែកគេ
ចុះវាទាស់អីបានអញ្ចឹង តែងតែថាយើងប្រសប់ថ្លឹងតែកគេឬ?
ឃ. មិនលេងបៀ
ចុះវាទាស់អីបានអញ្ចឹង តែងតែថាយើងមិនលេងបៀឬ?
ង. ប្រសប់សែលក
ចុះវាទាស់អីបានអញ្ចឹង តែងតែថាយើងប្រសប់សែលកឬ?
ច. មានលុយច្រើន
ចុះវាទាស់អីបានអញ្ចឹង តែងតែថាយើងមានលុយច្រើនឬ?

DRILL SEVEN: Response

In sentence ១ note the use of មុត 'sharp, to get cut' as a resultative verb following ភ្ជួរ The phrase ភ្ជួរមិនមុត indicates that the blade of the plow cannot cut into the earth.

គំរូ: ក: ចុះអ្នកមានស្រុកយើង គេនៅតែមិនរកស៊ីអញ្ចឹងឬ?
(សុខចិត្តទុកលុយឱ្យកណ្ដៀរស៊ី)
ខ: នៅតែមិនរកស៊ីអញ្ចឹង អ្នកមានខ្លះសុខចិត្តទុកលុយឱ្យកណ្ដៀរស៊ី។

MODEL: T: And are the rich people in our country still not going into business? (They're content to keep their money for the termites to eat.)

S: They still aren't going into business, and some of the rich people are content to keep their money for the termites to eat.

ក. ចុះកប្បាសស្រុកយើងនៅតែដាំមិនបានអញ្ចឹងឬ?
(យកទៅធ្វើការអីមិនកើតដង)
នៅតែដាំមិនបានអញ្ចឹង កប្បាសខ្លះយកទៅធ្វើការអីមិនកើតដង។

១. ចុះដីស្រែនៅម្ដុំភូមិយើង នៅតែភ្ជួរមិនមុតអញ្ចឹងឬ?
(គ្មានស្មៅដុះទេ)
នៅតែភ្ជួរមិនមុតអញ្ចឹង ស្រែខ្លះគ្មានស្មៅដុះទេ។

ក. ចុះស្រូវស្រែខាងលិចផ្ទះ នៅតែមិនទាន់ច្រូតអញ្ចឹងឬ?
(ទុំជ្រុះដីអស់ហើយ)
នៅតែមិនទាន់ច្រូតអញ្ចឹង ស្រូវខ្លះទុំជ្រុះដីអស់ហើយ។

ឃ. ចុះតម្បាញនៅស្រុកយើង នៅតែមានគេធ្វើអញ្ចឹងឬ?
(គេធ្វើល្អណាស់)
នៅតែមានគេធ្វើអញ្ចឹង តម្បាញខ្លះគេធ្វើល្អណាស់។

ង. ចុះស្ករអំពៅនៅមុំហើយ នៅតែមានលក់អញ្ចឹងឬ?
(គ្រាប់ជាំជាងមុនដង)
នៅតែលក់អញ្ចឹង ស្ករអំពៅខ្លះគ្រាប់ជាំជាងមុនដង។

DRILL EIGHT: Substitution

គំរូ: គ: គិតថាសន្សំលុយកាក់អន្លិច គ្រាន់នឹងយកទៅធ្វើដើម។
(រក , ឲ្យប្រពន្ធ)
ស: គិតថារកលុយកាក់អន្លិច គ្រាន់នឹងយកទៅឲ្យប្រពន្ធ។

MODEL: T: I plan to save my money until I have enough to use as capital.
(earn, give my wife)

S: I plan to earn money until I have enough to give my wife.
គិតថារកលុយកាក់អន្លិច គ្រាន់នឹងយកទៅឲ្យប្រពន្ធ។

ក. ប្រមូល , សងគេ
គិតថាប្រមូលលុយកាក់អន្លិច គ្រាន់នឹងយកទៅសងគេ។
ខ. ស្រូវ , ធ្វើពូជ
គិតថាប្រមូលស្រូវអន្លិច គ្រាន់នឹងយកទៅធ្វើពូជ។
គ. កិន , ឲ្យជ្រូកស៊ី
គិតថាកិនស្រូវអន្លិច គ្រាន់នឹងយកទៅឲ្យជ្រូកស៊ី។
ឃ. ប្រមូល , លក់យកលុយធ្វើដើម
គិតថាប្រមូលស្រូវអន្លិច គ្រាន់នឹងយកទៅលក់យកលុយធ្វើដើម។
ង. លុយ , ជីកស្រះ
គិតថាប្រមូលលុយអន្លិច គ្រាន់នឹងយកទៅជីកស្រះ។
ច. សន្សំ , នាំស្រីដើរលេង
គិតថាសន្សំលុយអន្លិច គ្រាន់នឹងយកទៅនាំស្រីដើរលេង។

DRILL NINE: Substitution

គំរូ: គ: ទាល់តែស្រុកអសន្តិសុខអញ្ចឹង កុំអីមិនខ្វះអ្នកមានពីស្រុកក្រៅទេ។ (ស្រុកពិបាកចេញចូល, ទេសចរ)
ស: ទាល់តែស្រុកពិបាកចេញចូលអញ្ចឹង កុំអីមិនខ្វះទេសចរទេ។

MODEL: T: If it weren't that the country is unsafe, there would be many rich people from abroad. (hard to enter and leave the country, tourists)

S: If it weren't that the country is hard to enter and leave, there would be lots of tourists.

ទាល់តែស្រុកពិបាកចេញចូលអញ្ចឹង កុំអីមិនខ្វះទេសចរទេ។

ក. ដឹកនាំចេញមិនបាន , រូបិយប័ណ្ណ
ទាល់តែដឹកនាំចេញមិនបានអញ្ចឹង កុំអីមិនខ្វះរូបិយប័ណ្ណទេ។

ខ. មិនសូវប៉ិនប្រសប់ , ប្រពន្ធញើ
ទាស់តែមិនសូវប៉ិនប្រសប់អញ្ចឹង កុំអីមិនខ្វះប្រពន្ធញើទេ ។

គ. មិនចេះខិតខំ , គំនិត
ទាស់តែមិនចេះខិតខំអញ្ចឹង កុំអីមិនខ្វះគំនិតទេ ។

ឃ. គ្មានអ្នកណាជាជំហរ , អ្នកស្រាវជ្រាវ
ទាស់តែគ្មានអ្នកណាជាជំហរអញ្ចឹង កុំអីមិនខ្វះអ្នកស្រាវជ្រាវទេ ។

ង. មិនចេះសៃលក , លុយបាយ
ទាស់តែមិនចេះសៃលកអញ្ចឹង កុំអីមិនខ្វះលុយបាយទេ ។

ច. មិនចេះស្និទ្ធនឹងគេ , មនុស្សសរសើរទេ
ទាស់តែមិនចេះស្និទ្ធនឹងគេអញ្ចឹង កុំអីមិនខ្វះមនុស្សសរសើរទេ ។

READING PASSAGE 2

ប្រយុទ្ធនឹងការឡើងថ្លៃ

យើងទាំងអស់គ្នាដឹងច្បាស់នូវដើមហេតុនឹងរឿងផ្សេងៗ ដែលបណ្ដាលឲ្យរបស់របរឧបភោគបរិភោគទាំងឡាយនៅរដ្ឋធានីខ្មែរយើងឡើងថ្លៃលក់មិនដល់ ។ ឥឡូវនេះនៅក្នុងចំណោមដើមហេតុនឹងរឿងទាំងនោះ យើងសង្កេតឃើញថា សង្គ្រាមជាមេក្រមិចជាងគេដែលនាំមកនូវវិបត្តិសេដ្ឋកិច្ចនេះ ។

តាមប្រវត្តិសាស្ត្រសកលលោកយើងនេះ ស្រុកប្រទេសណាក៏ដោយឲ្យតែមានសង្គ្រាមកើតឡើងហើយ ស្រុកប្រទេសទាំងនោះ តែងតែទទួលនូវហេតុការណ៍មួយដ៏ទម្ងន់ គឺការឡើងថ្លៃ ។ ចំពោះហេតុការណ៍នេះ តាមយោបល់ផ្ទាល់របស់យើង ប្រសិនបើប្រទេសខ្មែរស្ថិតនៅក្នុងស្ថានការណ៍ខ្សត់ខ្សោយ ដែលបណ្ដាលមកពីសង្គ្រាមឈ្លានពានបែបនេះ! យើងនៅតែមានមធ្យោបាយដែលអាចញ៉ាំងឲ្យការឡើងថ្លៃនេះថយចុះទៅក្នុងមធ្យមភាពវិញបាន ។ តែជំហរនៃការកិច្ចដែលធ្វើឲ្យមធ្យោបាយនោះបានសម្រេច អាស្រ័យនៅលើការប៉ិនប្រសប់សៃលក ការខិតខំ និងសេចក្ដីមុតមាំទុកចិត្តលើខ្លួនឯងរបស់រដ្ឋាភិបាលព្រមទាំងប្រជាជាតិទាំងអស់ ។

ក្នុងពេលនេះ យើងត្រូវតែមានចិត្តមុតមាំនឹងសេចក្ដីទុកចិត្តលើខ្លួនយើងថា អ្វីដែលយើងបានសម្រេចនឹងអនុវត្តទៅហើយ នឹងបានសម្រេចជាដាច់ខាត ។ ដូច្នេះ ឥឡូវនេះយើង រដ្ឋាភិបាលរដ្ឋ ត្រូវប្រយុទ្ធ វាតលយកាក់បន្តិចតី រដ្ឋាភិបាលគឺទទួលទិញរបស់របរឧបភោគបរិភោគ ជាពិសេស អង្ករត្រីសាច់គឺរបស់យើង ដោយឲ្យគេមិនហ៊ានថ្លៃ ទាស់តែប្រជាជនយើងនោះ ហ៊ានប្រថុយយករបស់ដែលយើងត្រូវការនោះមកលក់ឲ្យយើង ទោះជាមានការហាមឃាត់ ក៏រាមក៏ហែងមិនឲ្យយកមក

លក់ឲ្យយើងពីទាំងស្រូវ យ៉ាងណាក៏ដោយ ។ លុះយើងទិញបានរបស់របរទាំងនោះហើយ យើងយកទំនិញទាំងនោះមកលក់ឲ្យប្រជាជនស្ថិតនៅក្នុងទីក្រុងដែលជាទីសុខសាន្ត ដោយយកថ្លៃថោកល្មមដល់ទៅប្រជាជនយើងនោះដែលភាគច្រើនជាអ្នកក្រខ្សត់ទុទ្ទោរអាចទិញយកទៅផ្គត់ផ្គង់ជីវិតបានដូចធម្មតា ។ ចំណុចត្រង់នេះដែលនឹងទទួលជោគជ័យទៅបាន ស្ថិតនៅលើការប៉ិនប្រសប់លែលក្រៃលែងបំផុតនៃរដ្ឋាភិបាលស្រោចស្រង់ជាតិទាំងមូល ។

ដូច្នេះយើងត្រូវតែការនារីខិតខំរកជនអ្នកស្នេហាជាតិពិតៗ មកជួយធ្វើការទិញស្រូវនឹងអនុវត្តច្បាប់បញ្ជាឲ្យបានត្រឹមត្រូវល្អ នៅពេលដែលទំនិញត្រូវលក់ទៅវិញ ។ តាមយោបល់ផ្ទាល់របស់ខ្ញុំ, ពេលនេះអ្នកដែលយើងសង្ឃឹមថាបំរើជាតិឲ្យបានផលប្រយោជន៍ក្នុងវិស័យនេះបាន ក្រៅពីយុវជនទំនេរ គឺសិស្សានុសិស្ស ព្រោះយុវជនពួកនេះភាគច្រើនមានចិត្តបើកមាត់ស្លូតស្មោះត្រង់នឹងជាតិ ព្រមទាំងមានចំណេះវិជ្ជានឹងបច្ចេកទេសខ្លះៗដែរ ។ ហើយម្យ៉ាងទៀតចំពោះសិស្សនេះ មិនមែនគ្រាន់តែមានការរវល់ក្នុងការរៀនប៉ុណ្ណោះទេ រដ្ឋាភិបាលមិនបាច់ចំណាយលុយច្រើននឹងជួយទ្រទ្រង់ ។

តាមខ្ញុំយល់, បើយើងហ៊ានអនុវត្តមធ្យោបាយនេះ យើងមុខជាបានសម្រេចនូវគោលបំណងយើងមិនខាន ។

VOCABULARY

កណ្ដៀរ	termite
ការស្រាវជ្រាវ	research
ស្រាវជ្រាវ	to do research
កន្លាត	cockroach
ខាត	to suffer a loss, to lose
ខ្វល់ខ្វាយ	to worry
* ខ្វាយ	AC
ខ្សត់ (< អត់)	poor
គម្រោងការ	project, plan
បង្អាក់	to forbid, to ban
ងើប	to rise
ចំណាយ (< ចាយ)	to spend (money, time, strength, etc.)
ជាមធ្យម	on the average
ជំពូក	category, type
ជំហរ (< ឈរ)	a support
ជ្រុះ	to fall
ដើមហេតុ	basic reason
* ដែលវែរ	Delvert (name of a French expert on Southeast Asian geography)

កម្បាញ	weaving; a loom
ត្បាញ	to weave
តម្លៃ (ថ្លៃ)	price, value
តុល្យភាព	equilibrium (literary)
* តុល្យ (H)	equal
តោន	ton
ទាស់	wrong, (what's the) matter
ទាក់ទាញ	to attract interest, to influence people
ទាក់	to trap; to attract
ទុន	capital, principal
ធានា	to guarantee, to promise
ធូរ	loose, easy, relaxed
ធ្វើការ	to hold a government job
ធ្វើដើម	to use as capital
ដើម	capital, principal
បញ្ញត្ត /paññat/	to order to
ប៉ិន	skillful, clever
ប្រើការ	to use
មានទាន់	yet
មានផ្លូវ	there's a way, there's a chance
មិនស៊ីវអី	it's nothing, no problem
មុតមាំ	firm, hard, sharp and decisive
មុត	sharp (blade)
មូលធន	tycoon, capitalist
ធន /thún/	property, possession, wealth
យកដើមទៅរកស៊ី	to invest
យុវជន	young people, youth
យុវៈ /yuvéʔ/ (H)	young
រកស៊ី	to start up a business
រូបិយប័ណ្ណ /ruupeyəban/	currency
រូបិយ /ruupey/	concrete (opp. of abstract)
ប័ណ្ណ /ban/	ticket, check, printed form (formal)
លាតត្រដាង	to expose
លាត	to unfold, to expose
* ត្រដាង	to expand, to unfold, to open up
លូកដល់ (. លូកចុះ)	to be able to afford
រៃលក	to manage, to arrange, to find a way

វិនិយោគ	investment
* វិនិ- (H)	to clothe, to surround
* យោគ	to earn a living; property, construction (literary)
វាងវៃ	sharp, clever, quick-witted
* វាង	AC
វៃ	intelligence
សន្សំ	to save
សរសើរ	to praise
សរុបសេចក្តីទៅ	in short, to make a long story short
សាកលលោក (សកលលោក)	the whole world, the universe
* សាកល (សកល)	universe
សិស្សានុសិស្ស (សិស្ស)	students (collective)
ស៊ូខ្លួន	to volunteer
ស្នើ	to suggest, to advise
ហិកតា	hectare (unit of metric land measurement)
ហេតុការណ៍	problem, cause
* ហ្វីលីពីន	Philippines
អេ	used at the end of a negative answer to a question ending in ឬ
អំពៅ	sugar cane

APPLICATIONS

1. Define or describe the following:

ឧស្ម៍	គ្រោងការ	ភាគ	ឃាត់
ដើម	ចំណាយ	ដំពក	ដំហរ
ដើមហេតុ	កម្រៃ	ទុន	ធានា
បញ្ញាត	ចំការ	ផលជន	យុវជន
រូបិយប័ណ្ណ	លក់ដល់	វាងវៃ	វៃ
សន្សំ	ស៊ូខ្លួន	ហេតុការណ៍	

2. Use in a sentence:

ស្រាវជ្រាវ	គ្រឿងក្បាក	ឧស្ម៍	ភាគ
គ្រោងការ	ដើម	ហាងឈ្មួញ	ដំពូក
កញ្ចាញ	កម្រៃ	ត្បាញ	កសិភាព
ចាស់	ធានា	ឈើដើម	ប៉ុន
មានទាន់	ចិនសូវៀត	រូបិយប័ណ្ណ	លាត
លាតត្រដាង	លក់ប៉ុនដល់	វិនិយោគ	វាងវៃ
សន្សំ	សរសើរ	សរុបសេចក្តីទៅ	ស្នើ

សាកលលោក   សុំខ្លួន   សស្រាក់សស្រស់   សំពៅ

3. Give a word or phrase with contradictory meaning:

ខ្សត់	ខាត	បាត់	ឈប់
ចំណាយ	ជាមធ្យម	ថ្មីន	មានផ្លូវ
បុរជន	សាកក្រដាស	សែលក	រាងចៃ
សរសើរ	ធ្ងូរ		

4. Answer the following questions, which are based on the reading passage that follows. The following words will be new to you:

តម្កើង	to raise up, to glorify
ធនាគារ	bank
ទីស្នាក់ការ	office, working place
វិថី	avenue
មហាវិថី	boulevard
វិថី	road
កម្មករ	laborer
គេហដ្ឋាន	building, residence
អំបិល	salt
ប្រាស្រ័យ	to deal with, to have relations with

Proper Names

ក្រមួនស
សុធារស

1. What is the purpose of this passage?
2. What is described in it?
3. What does the writer suggest that the reader do with his money?
4. What broad benefits would such a course of action have, according to the passage?
5. How many offices does the bank have in Phnom Penh?
6. How would I go about writing to the bank?
7. If I were to call 2419, who would answer?
8. In how many provinces could I find branches?
9. Where is the provincial office nearest to Phnom Penh?
10. Is there an office in Kompong Cham?
11. If I want to make a deposit from abroad, can I do so, according to what is written here?

5. Fill in the blanks:

a. សាធារណរដ្ឋខ្មែរមានគ្រោងការធំៗ ដូច ____ ទៅ ៖
(ពីមុន , មក , ត)

b. ដីនោះដាំអីមិនសូវដុះ ព្រោះ ____ ជីរជាតិ ។
(មាន , ខ្វះ , សម្បូណ៌)

c. នៅស្រុកយើងការចិញ្ចឹមសត្វ ____ សាច់មិនទាន់មានគ្រប់គ្រាន់ទេ ។
(យក , កាប់ , សម្លាប់)

d. ប្រទេស ____ ៗ អាចរស់ដោយខ្លួនឯងបាន ។
(ទាំងអស់ , គ្រប់ , នីមួយ)

e. ប្រទេសយើងសម្បូណ៌ទៅ ____ ដំណាំស្រូវណាស់ ។
(ដោយ , នឹង , ភាព)

f. យើងមានព្រៃឈើក៏ច្រើន នឹងស្រែ ____ ច្រើនដែរ ។
(ដោយ , ភាព , ក៏)

g. ការធ្វើស្រែ ____ ពឹងផ្អែកទៅលើភ្លៀងមិនសូវមានសង្ឃឹមទេ ។
(ភាព , ដោយ , នឹង)

h. កុំឱ្យរឿងនេះធ្លាក់ទៅ ____ ជនជាតិយើង ។
(ក្នុង , លើ , នៅ)

i. សរុប ____ ទៅ ស្រុកយើងស្រួលណាស់ ។
(ការ , នយ័ , សេចក្ដី)

j. ហេតុនេះសូមស្នើ ____ លោកអំពីរឿងនេះម្ដងទៀត ។
(ពី , ដល់ , ភាព)

6. Reorder the members of the following sets of words to make Cambodian sentences.

a. ស្រុកយើង , លក់ , ប្រទេស , ទៅ , មាន , គ្រឿងចក្រ , ណា , ទាន់ , ទេ ?

b. ខ្ញុំ , ទុក , ប្រពន្ធ , គ្រាន់នឹង , សង្ឃឹមថា , ផ្ញើ , លុយ , ឲ្យ , បន្តិច ។

c. ទាស់តែ , មិន , មាន , បន្លែ , កុំអី , ដាំ , អសន្តិសុខ , ស្រុក , ទេ ។

d. គ្មាន , ខ្ញុំ , ទាន់ , មាន , ប្ដី , ទិញ , អី , ទៅ ។

e. គ្មាន , អី , ច្រើន , មិនសូវ , ផ្ញើទុក , ណាស់ , ហ្នឹង , អី ! ។

f. លោក , បានជា , នេះ , គ្មាន , ទាស់ , មិន , វា , អី ?

g. យើង , ផ្ញើអី , បាន , ឲ្យ , ខាន់ , គេ , ទេ , គ្មាន ។

h. ស្រុក , ត្រី , ទៅ , សរុប , យើង , សម្បូណ៌ , ណាស់ , សេចក្ដី ។

i. អាឡៀង , យើង , អី , នៅ , មិនសូវ , ខាច់ , ទេ , ស្រុក , ត្រី ។

j. ស្រុក , អ្នកណា , គ្មាន , មក , ទាន់ , យើង , រកស៊ី , ទេ ។

7. Find out the answers to the following from your teacher:

a. When people go into business, where do they usually get their capital from?

b. Can an ordinary person borrow from a bank?

c. What kind of interest is usually charged on loans?

d. What do people use as collateral?

e. Are loans handled differently in the country and the city?

f. How do wealthy people invest their money?

g. What ways are there for an ordinary person to get rich if there is no stockmarket?

h. What happens to a person who cannot repay his debts?

i. Is moneylending considered an honorable occupation? Why?

j. Is there government regulation of financial transactions? Of what sorts?

k. Does Cambodia have an income tax? What kinds of other tax does it have?

l. Are tax laws firmly enforced?

ANSWERS

5.

a. ក b. ខ្ចត់ c. យក d. និមួយ

e. ដោយ f. ក៏ g. ដោយ h. សើ

i. សេចក្ដី j. ដល់

6.

a. មានទាន់ប្រទេសណាលក់គ្រឿងចក្រទៅស្រុកយើងទេ?

b. ខ្ញុំសង្ឃឹមថាទុកលុយបន្តិចគ្រាន់នឹងផ្ញើឱ្យឪពុកបាន ។

c. កុំអីមិនដាំបន្លែទេ ទាល់តែស្រុកមានអសន្តិសុខ ។

d. ខ្ញុំមានទាន់ទៅទិញឡានថ្មីអី ។

e. មិនសូវអី អី! ឡានហ្នឹងផ្ញើទុកច្រើនណាស់ ។

f. វាខាស់អីបានជាឡានលោកមិនឆេះ?

g. គេគានទាន់បានផ្ញើអីឱ្យយើងទេ ។

h. សរុបសេចក្ដីទៅ ស្រុកយើងសម្បូណ៌ត្រីណាស់ ។

i. នៅស្រុកយើងមិនសូវអីទេ អាឡៀងត្រីសាច់ ។

j. គ្មានទាន់អ្នកណាមករកស៊ីស្រុកយើងទេ ។

ការបោកស្រូវ Threshing rice

LESSON FIFTEEN

ANIMAL HUSBANDRY

a. What animals are generally raised on Cambodian farms?

b. Are they raised for family use or for bringing in cash?

c. Is there usually a middleman involved in sales?

d. Is meat a large part of the Cambodian diet?

READING PASSAGE 1

ការចិញ្ចឹមមាន់

ទ្រុងមាន់៖ ទ្រុងមាន់ត្រូវ៖

ក– ឲ្យងាយធ្វើ ស្រួលប្រើ ហើយមានតម្លៃថោក ៗ ដូច្នេះ យើងចាយអស់ប្រាក់តិចក្នុងការសង់ទ្រុង ហើយប្រាក់ដើមក្នុងការចិញ្ចឹមនឹងឆាប់បានមកវិញ ។

ខ– ឲ្យស្រួលធ្វើផែបក្ការកេត ហើយសង់របៀបយ៉ាងណា ដើម្បីឲ្យបានស្អាតជានិច្ច ព្រោះទ្រុងជាកន្លែងសំណាក់នៃមាន់ក្នុងពេលរាត្រី ដូចជាពេលភ្លៀង ខ្យល់ព្យុះ ក្តៅខ្លាំង ។

សេចក្តីពណ៌នាខាងក្រោមនេះ ជាលក្ខណៈល្អផ្សេងៗ នៃទ្រុងមាន់ ដែលគស់លោកអ្នកគួរធ្វើតាម ។

ដីសម្រាប់សង់ទ្រុង៖ ដីដែលត្រូវដាក់ក្នុងទ្រុងមាន់ គឺជាដីបំបែកយ៉ាងល្អិត ស្អាតល្អ ក្រាលទៅដោយអាចម៍រណារលាយនឹងចំបើងកាត់ខ្លីៗ ឬលាយដោយអាចម៍ផែកល្អួស ៗ គេអាចយកចំបើងកាត់ខ្លីៗ លាយនឹងដីខ្សាច់ ធ្វើជាកម្រាលក៏បានដែរ ។ កម្រាលដូចការពណ៌នាខាងលើនេះ អាចធ្វើនៅលើបេតុងៗ ធ្វើរបៀបនេះអាចមានផលល្អ គ្រង់សត្វកណ្តុរមិនអាចចូលក្នុងទ្រុងបាន ប៉ុន្តែមានផលអាក្រក់យ៉ាងធំ គ្រង់ទឹកមិនអាចជ្រាបទៅក្រោមបាន ។ ទឹកទាំងអស់នឹងប្រមូលផ្តុំនៅក្រោមកម្រាល បណ្តាលឲ្យទ្រុងមាន់សើមជានិច្ច ។ សំណើមនេះ ធ្វើឲ្យមានផលអាក្រក់

ទៅលើការឲ្យពងនៃមេមាន់ ។

ទីធ្លា: ចំពោះការចិញ្ចឹមនៅផ្ទាល់ដី យើងត្រូវមានទីធ្លាជាចាំបាច់ ។ ដើម្បីកុំឲ្យស្មៅនៃទីធ្លាវិនាសអស់ ត្រូវដាក់មាន់ ១ ក្បាលក្នុងផ្ទៃទីធ្លាចំនួន ១០ ម២ ។ យើងអាចធ្វើរបងខណ្ឌទីធ្លាជាជុំៗ ហើយផ្លាស់មាន់ពីជុំមួយទៅជុំមួយ ។ ធ្វើយ៉ាងនេះ ស្មៅនៃជុំទីធ្លាដែលនៅទំនេរ អាចមានពេលនឹងលូតលាស់ឡើងវិញ ។ ក្នុងទីធ្លាត្រូវដាំដើមឈើយកម្លប់ៗត្រូវកាត់ស្មៅណាដែលខ្ពស់ពេក ។ ស្មៅខ្ចីជាចំណីយ៉ាងប្រសើរសំរាប់មេមាន់ ។

របង : បង្គោលដែលមានតម្លៃថោកកឬតម្បាញ ឫស្សី អាចធ្វើជារបងយ៉ាងល្អបាន ។ នៅលើរបងមិនត្រូវដាក់ឈើមូលឡើយ ដើម្បីកុំឲ្យមាន់ទៅទំពីលើបាន ។

របងត្រូវមានកំពស់ ១,៨០ ម យ៉ាងច្រើន ចំពោះមាន់ពូជស្រាល និង ១,៣០ យ៉ាងច្រើនចំពោះមាន់ពូជធ្ងន់ ។

NOTES FOR READING PASSAGE 1

Column 1, line 13. As you know, there is no single translation for the English second-person pronoun 'you' in Cambodian. In speech the form used depends on the relative age, status, and degree of familiarity of the person being addressed. However, a writer does not know who may read what he is producing, so he must find a relatively neutral form. Preferring to err, if at all, on the side of politeness, Cambodian writers address their readers as លោកអ្នក or លោកអ្នកនាង or លោកអ្នកកញ្ញា. These are literally something like 'gentlemen and ladies' or 'gentlemen, ladies, and misses.' The word អស់ makes the expression explicitly plural, e.g., អស់លោក 'you (gentlemen).'

អ្នកលក់ចំណី (ភ្នំពេញ) Phnom Penh food vendors

DIALOGUE

ប្រឹងខុយទាល់តែវាជោះ

(Familiar Style)

		បែកប្រាជ្ញា	to develop new ideas, to become more intelligent
១.	បុរស-	ខុនដែបបែកប្រាជ្ញាគ្រាន់បើ អារឿងចិញ្ចឹមមាន់ចិញ្ចឹមទាហ្នឹង ។	You seem to have some new ideas about raising poultry.
		មិនជោះ	no use, no result (familiar)
		មានឯណា	on the contrary (connotes overcoming an obstacle)
		ខូច	to pass away
២.	ចន-	ស្មានតែមិនជោះ តែមានឯណា ក្រោយម្តាយគ្នាខូច ប្រឹងយកតែមែនទែន ។	I thought I couldn't do it, but I could. Since my motner died, I've really worked at it.
		សែងអីមិន ...	of course, naturally; it bounds to, to get to
		ប្រាក់ដើម	capital
៣.	បុរស-	ប្រឹងយ៉ាងហ្នឹង សែងអីមិនកើត ។ អាស្អីស្រួលចិញ្ចឹម ឆាប់បានប្រាក់ដើមមកវិញ?	If you work like that , of course you'll make it. What's easy to raise and get back your investment quickly?
		ស៊ាំ	to be accustomed to
៤.	ចន-	គ្នាដូចជាស៊ាំនឹងមាន់ ព្រោះ មិនសូវអស់លុយ តែក្របាន ប្រាក់ដើមវិញ ។	I've gotten used to (raising) chickens, because it doesn't cost much, but it takes a while to get your capital back.
		សែងលេច	to be unable to figure out
៥.	បុរស-	ក្រៅពីមាន់មានសត្វអីទៀតទេ? គ្នាដូចជាគិតសែងលេចហើយ ។	Are there any other animals besides chickens? I can't seem to figure it out.
		ពង	eggs
៦.	ចន-	សាកចិញ្ចឹមទាមើល ព្រោះ វាឆាប់ឱ្យពង ។	Try ducks, because they give eggs quickly.
		មេ	adult female animal
		ម៉្លឹងៗ	this much, that much
៧.	បុរស-	មុនដំបូង មានមាន់ប៉ុន្មាន មេ បានបានដល់ម៉្លឹងៗ?	At first, how many hens did you have to give the yield you got?

		ចំនួនជា	approximately
		មិនខាន	will really be, without doubt
៨.	ចន.	ចំនួនជា៥០មេ ។ មួយឆ្នាំមុនដំបូងចិញ្ចឹមពិបាកមិនខាន តែកុំព្រួយ ។	Something like fifty. The first year is very hard, but don't worry about that.

NOTES FOR THE DIALOGUE

SENTENCE NO. 7:

The first of the two repetitions of បាន in this passage is the បាន that connects two clauses and means 'not ... until.' The second is the verb that means 'to get.'

SENTENCE NO. 7:

The word មេ is used for an adult female animal, especially one that has given birth. The corresponding term for a male animal is បា , which refers especially to an animal used for breeding, e.g., ជ្រូកបា 'breeder boar.' The terms មេ and បា refer to human beings only in poetry. Note that in this sentence and in sentence 8 មេ is a classifier for female domestic animals. ក្បាល can be used as classifier for any animals, male or female, domestic or wild, and and will be used if the animal's sex is not relevant in the context.

DRILL ONE: Response

គំរូ: ក: ក្នុងទ្រុងហ្នឹង អាចដាក់មាន់បានប៉ុន្មានអា? (២៥)
ខ: មិនទៀងទេ ទ្រុងហ្នឹងដាក់មាន់បានចំនួនជា២៥ ។

MODEL: T: How many chickens can you put in that pen? (25)
S: It depends. In that pen you can get about twenty-five chickens.

ក. ក្នុងក្រោលហ្នឹង អាចចងដាក់គោប៉ុន្មានអា? (១០)
មិនទៀងទេ ក្រោលហ្នឹងដាក់គោបានចំនួនជា១០ក្បាល ។
ខ. អាចធ្វើក្រោលសេះហ្នឹង ចំរុងដាក់សេះប៉ុន្មានអា? (៣)
មិនទៀងទេ ក្រោលសេះហ្នឹងដាក់សេះបានចំនួនជា៣ក្បាល ។
គ. គេធ្វើផ្ទះហ្នឹង ចំរុងចែកបានប៉ុន្មានបន្ទប់អា? (៥)
មិនទៀងទេ ផ្ទះហ្នឹងចែកចំនួនជា ៥បន្ទប់ ។
ឃ. ក្នុងរោងហ្នឹង ដាក់ដំរីបានប៉ុន្មានអា? (២)
មិនទៀងទេ រោងហ្នឹងដាក់ដំរីចំនួនជា ២ក្បាល ។
ង. ក្នុងអាងហ្នឹង គេចិញ្ចឹមត្រីបានប៉ុន្មានអា? (១០០)
មិនទៀងទេ អាងហ្នឹងចិញ្ចឹមត្រីបានចំនួនជា១០០ ។

ច. ក្នុងទ្រុងហ្នឹង គេដាក់សត្វបានប៉ុន្មានអាំ? (២០)
មិនទៀងទេ ទ្រុងហ្នឹងដាក់សត្វបានចំនួនជា ២០ ក្បាល ។

Pronouns and Pronoun Equivalents

	0 %	Intimate 15 %	Familiar 45%- 50%	Ordinary 75% - 80%	Formal 100%
1st person		អញ	យើង គ្នា	ខ្ញុំ	ខ្ញុំ ខ្ញុំបាទ នាងខ្ញុំ
2nd person		អាឯង (អ៊ែង,អ៊ែហ្លង)	kinship term	← លោក	——→
		អានាង (to child)	name + ឯង	← លោកស្រី	——→
		name	←—— ឯង ——→	← អ្នកស្រី	——→
		អាប្រុស		← នាង	——→
		អាស្រី		អ្នក + name	(អស់) លោកអ្នក (នាង)
	អាហ្នឹង អានេះ វា			← អ្នកឯង → ← លោកឯង →	
3rd person		វា	គេ ← name ——→	គេ, គាត់	គាត់, លោក

DRILL TWO: Transformation

គំរូ: ក: ចិញ្ចឹមជ្រូកឆាប់បានប្រាក់ដើមមកវិញ ។
ខ: ចិញ្ចឹមជ្រូកឲ្យតែបានច្រើន មិនលែងឆាប់បានប្រាក់ដើមមកវិញទេ ។

MODEL: T: Raising pigs, you'll quickly get your investment back.

S: In raising pigs, if only you raise a lot of them, there's no doubt you'll get your investment back.

ក. ចិញ្ចឹមមាន់ទាឆាប់បានពងយកទៅលក់។
ចិញ្ចឹមមាន់ទាឲ្យតែបានច្រើន មិនតែងឆាប់បានពងយកទៅលក់ទេ។

ខ. ដាំដើមចេកឆាប់បានត្រយូងស៊ី។
ដាំដើមចេកឲ្យតែបានច្រើន មិនតែងឆាប់បានត្រយូងស៊ីទេ។

គ. ដុតព្រៃឆាប់បានដីធ្វើស្រែ។
ដុតព្រៃឲ្យតែបានច្រើន មិនតែងឆាប់បានដីធ្វើស្រែទេ។

ឃ. ចិញ្ចឹមសត្វឆាប់បានសុខសាយ។
ចិញ្ចឹមសត្វឲ្យតែបានច្រើន មិនតែងឆាប់បានសុខសាយទេ។

ង. ធ្វើម្ហូបលក់ឆាប់បានចំណេញ។
ធ្វើម្ហូបលក់ឲ្យតែបានច្រើន មិនតែងឆាប់បានចំណេញទេ។

ច. ដាំឃ្លោកដាំត្រឡាចឆាប់បានផ្លែលក់។
ដាំឃ្លោកដាំត្រឡាចឲ្យតែបានច្រើន មិនតែងឆាប់បានផ្លែលក់ទេ។

DRILL THREE: Response

គំរូ: ក: គាត់ចិញ្ចឹមមាន់ទាដូចជាមិនបានចំរើនសោះ។ (ខំចិញ្ចឹម)
ខ: ខ្លួនខំចិញ្ចឹមឲ្យតែមែនទែនទៅ ដែលអីមិនបានចំរើន។

MODEL: T: I seem to have been raising poultry without profit. (to make an effort to raise)

S: If you really make an effort to raise them, you'll surely make a profit.

ក. គាត់ដូចជាគ្មានបានផលល្អសោះឆ្នាំនេះ។ (ប្រឹង)
ខ្លួនប្រឹងឲ្យតែមែនទែនទៅ ដែលអីមិនគ្មានផលល្អ។

ខ. គាត់ខំរកដូចជាមិនប្រទះឃើញសោះ។ (សួរគេសួរឯង)
ខ្លួនសួរគេសួរឯងឲ្យតែមែនទែនទៅ ដែលអីមិនប្រទះឃើញ។

គ. គាត់លក់ឪឡឹកមិនដាច់សោះ។ (ដើរចុះដើរឡើង)
ខ្លួនដើរចុះដើរឡើងឲ្យតែមែនទែនទៅ ដែលអីមិនដាច់។

ឃ. គាត់ដាំឪឡឹកមិនដុះសោះឆ្នាំនេះ។ (ដាក់ជី)
ខ្លួនដាក់ជីឲ្យតែមែនទែនទៅ ដែលអីមិនដុះ។

ង. គាត់បង្កាត់ពូជមាន់មិនបានល្អសោះ។ (ខំរកមេមាន់)
ខ្លួនខំរកមេមាន់ឲ្យតែមែនទែនទៅ ដែលអីមិនបានល្អ។

ច. គាត់ព្យាបាលសត្វចិញ្ចឹមមិនរស់សោះ។ (បាញ់ថ្នាំ)
ខ្លួនបាញ់ថ្នាំឲ្យតែមែនទែនទៅ ដែលអីមិនរស់។

DRILL FOUR: Substitution

គំរូ: ក: ខ្ញុំមិនដឹងចិញ្ចឹមសត្វអីទេ គិតលែងចេញហើយ!
(ទៅរកឯណា - ទាល់គំនិត)
ខ: ខ្ញុំមិនដឹងទៅរកឯណាទេ ទាល់គំនិតហើយ!

MODEL: T: I don't know what animals to raise; I have no ideas. (where to look - to be out of idea)

S: I don't know where to look; I'm out of ideas.

ខ្ញុំមិនដឹងទៅរកឯណាទេ ទាល់គំនិតហើយ!
ក. នឹកលែងឃើញ - ប្រមូលប្រាក់ដើមឯណា
ខ្ញុំមិនដឹងប្រមូលប្រាក់ដើមឯណាទេ នឹកលែងឃើញហើយ!
ខ. លក់ថ្លៃប៉ុន្មាន - ស្មានលែងត្រូវ
ខ្ញុំមិនដឹងលក់ថ្លៃប៉ុន្មានទេ ស្មានលែងត្រូវហើយ!
គ. ពន្យល់យ៉ាងម៉េចទៀត - អស់ប្រាជ្ញា
ខ្ញុំមិនដឹងពន្យល់យ៉ាងម៉េចទៀតទេ អស់ប្រាជ្ញាហើយ!
ឃ. លក់លែងដាច់ - យកទៅលក់ឯណា
ខ្ញុំមិនដឹងយកទៅលក់ឯណាទេ លក់លែងដាច់ហើយ!
ង. រកលែងបាន - បានអីធ្វើរបង
ខ្ញុំមិនដឹងបានអីធ្វើរបងទេ រកលែងបានហើយ!
ច. ដាំរបៀបណា - គិតលែងចេញ
ខ្ញុំមិនដឹងដាំរបៀបណាទេ គិតលែងចេញហើយ!

DRILL FIVE: Transformation

គំរូ: ក: មួយឆ្នាំមុនដំបូង ពិបាកណាស់។ (ចិញ្ចឹមសត្វ)
ខ: បើមិនដែលចិញ្ចឹមសត្វ មួយឆ្នាំមុនដំបូងមុខជាពិបាកមិនលែង។

MODEL: T: The first year, it was very difficult. (raise animals)

S: If you've never raised animals, the first year will really be difficult.

ក. លើកទីមួយ ស្រូវមិនល្អទេ។ (ធ្វើស្រែ)
បើមិនដែលធ្វើស្រែ លើកទីមួយស្រូវមុខជាមិនល្អមិនលែង។
ខ. ខែមុនដំបូង រវល់ច្រើនណាស់។ (ធ្វើចំការ)
បើមិនដែលធ្វើចំការ ខែមុនដំបូងមុខជារវល់ច្រើនមិនលែង។
គ. ថ្ងៃទីមួយ ពិបាកណាស់។ (រៀនភាសាបរទេស)
បើមិនដែលរៀនភាសាបរទេស ថ្ងៃទីមួយមុខជាពិបាកមិនលែង។
ឃ. មួយភ្លែតមុនដំបូង ជាស្រួលណាស់។ (លីបាវស្រូវ)
បើមិនដែលលីបាវស្រូវ មួយភ្លែតមុនដំបូងមុខជាស្រួលមិនលែង។

ង. មួយម៉ោងមុនដំបូង ភ្ជួរដីពិបាកណាស់ ។ (ធ្វើចំការ)
បើមិនដែលធ្វើចំការ មួយម៉ោងមុនដំបូងភ្ជួរដីមុខជាពិបាក មិនលែង ។

ច. មួយភ្លែតមុនដំបូង ជាជិះរទេះស្រួលណាស់ ។ (ជិះរទេះ)
បើមិនដែលជិះរទេះ មួយភ្លែតមុនដំបូងមុខជាជិះរទេះស្រួល មិនលែង ។

DRILL SIX: Substitution

គំរូ: ក: ខ្ញុំប្រឹងយកកែតែមែនទែន មានឯណាមាន់ទាលក់មិនអស់ ។
(ថែដំណាំ . បន្លែ)
ស: ខ្ញុំថែដំណាំយកកែតែមែនទែន មានឯណាបន្លែលក់មិនអស់ ។

MODEL: T: For all my striving and working, I have more poultry than I can sell.
(to care for crops - vegetables)

S: For all my care of my crops, I have more vegetables than I can sell.

ខ្ញុំថែដំណាំយកកែតែមែនទែន មានឯណាបន្លែលក់មិនអស់ ។
ក. ឪឡឹក . ដាក់ជី
ខ្ញុំដាក់ជីយកកែតែមែនទែន មានឯណាឪឡឹកលក់មិនអស់ ។
ខ. ចិញ្ចឹមជ្រូក . ជ្រូក
គាត់ចិញ្ចឹមជ្រូកយកកែតែមែនទែន មានឯណាជ្រូកលក់មិនអស់ ។
គ. ស្រូវ . ធ្វើស្រែ
គាត់ធ្វើស្រែយកកែតែមែនទែន មានឯណាស្រូវលក់មិនអស់ ។
ឃ. ទិញ . របស់របរ
គាត់ទិញយកកែតែមែនទែន មានឯណារបស់របរលក់មិនអស់ ។
ង. ដំឡូង . ជីកកកាយ
គាត់ជីកកកាយយកកែតែមែនទែន មានឯណាដំឡូងលក់មិនអស់ ។
ច. ចិញ្ចឹមមេមាន់ . ពងមាន់
ខ្ញុំចិញ្ចឹមមេមាន់យកកែតែមែនទែន មានឯណាពងមាន់លក់មិន
អស់ ។

READING PASSAGE 2

ការចិញ្ចឹមសត្វ

ការចិញ្ចឹមសត្វនៅប្រទេសខ្មែរជាការចិញ្ចឹមសត្វតូចតាច ពោលគឺការចិញ្ចឹមសត្វក្នុងគ្រួសារ ដែលមិនសូវមានចំនួនសត្វច្រើនប៉ុន្មានទេ ។ ចំពោះការចិញ្ចឹមគោនិងក្របីវិញ គេច្រើនតែចិញ្ចឹមសំរាប់យកទៅប្រើការក្នុងស្រែចំការ គឺពុំមែនសំរាប់យកទឹកដោះឬយកសាច់នោះទេ ។

* គោ.— បើប្រៀបទៅនឹងគោអឺរ៉ុបដែលមានទំងន់ពី ៨០០ គ.ក. ទៅទល់នឹង ១ ០០០ គ.ក. គោខ្មែរមិនសូវធ្ងន់ប៉ុន្មានទេ គឺមានទម្ងន់ពី ៣៥០ គ.ក. ទៅទល់នឹង ៥៥០ គ.ក. ។ សត្វគោទាំងអស់មានចំនួនប្រហែល ១ ៨០០ ០០០ក្បាល ដែលគេច្រើនតែចិញ្ចឹមនៅក្នុងខេត្តកណ្ដាល កំពង់ចាម និងបាត់ដំបង ។ ក្នុងមួយឆ្នាំៗគោសំរាប់កាប់យកសាច់មានចំនួនប្រហែល ១២ ០០០ ក្បាល ។ មានគោចំនួនប្រហែលជាង ៣០ ០០០ ក្បាលដែលលក់ចេញទៅបរទេស ។

* ក្របី.— នៅតំបន់ណាដែលមានវាលភក់ច្រើន គេចូលចិត្តប្រើក្របី ។ ខេត្តដែលចិញ្ចឹមក្របីច្រើនជាងគេគឺខេត្តព្រៃវែង កំពង់ធំ និងកំពង់ឆ្នាំង ។ ក្នុងចំណោមក្របី ៦៨៥ ០០០ ក្បាលដែលប្រទេសខ្មែរមានសព្វថ្ងៃ មានក្របីចំនួន ២០ ០០០ ក្បាលដែលគេលក់ចេញទៅបរទេស ។

* ជ្រូក.— ជ្រូកមានចំនួន ១ ០៧៨ ០០០ ក្បាល ។ គេចិញ្ចឹមច្រើននៅតាមខេត្តកណ្ដាល ស្វាយរៀង តាកែវ និងកំពង់ចាម ។ គេលក់ជ្រូកចេញទៅបរទេសក្នុងមួយឆ្នាំៗប្រហែលពី ១០០ ០០០ ទៅ ១៣០ ០០០ ក្បាល ។

គេច្រើនយកទៅលក់នៅហុងកុងនិងយៀកណាម ។

* បក្សីស្រុក.— គេច្រើនចិញ្ចឹមមាន់ ទា ក្ងាន ។ ខេត្តដែលសំខាន់ជាងគេគឺ ស្វាយរៀង កំពង់ចាម កណ្ដាល ។ ចំនួនបក្សីទាំងអស់មានប្រហែល ៥ ០០០ ០០០ ក្បាល ។ ឯផលិតផលស៊ុតវិញមានគ្រប់គ្រាន់សំរាប់សេចក្ដីត្រូវការក្នុងប្រទេស ។

ក្នុងមួយឆ្នាំៗ គេលក់សត្វប្រហែលជាង ៦០០ ០០០ ក្បាលចេញទៅប្រទេសយៀកណាម ។

VOCABULARY

កណ្ដុរ /kədao/	rat, mouse
កម្រាល (< ក្រាល)	a covering, carpet, paving
ក្ងាន	goose
ក្រោល	barn
ងាប់	to die (colloquial)
គ.ក. : គីឡូក្រាម	kilogram
ចង្រៃ	pernicious, evil
ចំនួនជា	approximately
ចំបើង	hay
ជាដុំៗ	in pieces, in areas
ជានិរន្តរ៍ /cia ni?rɔndɔɔ, cia ni?rɔn/	forever, in the future
ត្រយូងចេក	banana flower pod
ថោកទាប	trivial, contemptible, unimportant
ទឹកដោះ	milk
ដោះ	breast, udder
ទីធ្លា	yard, grounds
ធ្លា	yard, grounds
ទំ	to perch
បង្កាត់ (< កាត់)	to crossbreed
បង្ការ	to keep just in case, to prevent (disease)
បង្គោល (< គោល)	main post, post, support
បក្សីស្រុក	domestic bird, poultry
បក្សី /ba?sɛy/	bird (formal)
បសុដ្ឋាន /pa?so?thaan/	place for raising animals
បា	male animals, sire
បាញ់ថ្នាំ	to spray (a chemical)
បេតុង	concrete (French béton)
បើកប្រាជ្ញា	to become more intelligent, to develop new ideas
បែងចែក	to divide
បែង	to divide
ប្រាក់ដើម	capital, principal
ពង្រីក	to expand (transitive)
រីក	to expand, to burgeon, to bloom
ពណ៌នា /póarənia/	to describe

ពោលគឺ	that is to say
ម^2	square meter
មានឯណា	on the contrary (connotes overcoming an obstacle)
មិនជេះ	to get no results, to get nowhere(familiar)
មិនលែង	really, without doubt
មួយឆ្នាំៗ	every year
មេ	female animal that has given birth; woman (poetic)
មេមាន់	hen
ម្លប់	shade
របង	fence
រិចរិល	used up
រិច	cropped short (grass)
រិល	dull (edge)
រោគ	disease, illness
លែងលេច	to be unable to figure out
លែងអីមិន...	of course, naturally
លោកអ្នក	you (pl.) (formal)
សន្តាន	family, breed
ស៊ុត	egg
សំណាក់	place one lives occasionally
ស្នាក់	to live at, to dwell
សំណើម (< សើម)	humidity, dampness
សំបុក	nest
ស៊ាំ	to be accustomed to
ស្លែ	algae, slime mold
ហ្វូង /vouŋ, fouŋ, pouŋ/	herd
អាចម៍ដែកឈូស	shavings
ដែកឈូស	plane (a tool)
ឈូស	to plane (wood)
អាចម៍រណារ	sawdust
រណារ (< អារ)	a saw

APPLICATIONS

1. Define or describe the following:

ក្រាល	ខួច	ចង្រៃ	ចំនួនជា
ចោកទាច	ទុំ	ឆ្កុង	បង្កាត់
បក្សី	បសុដ្ឋាន	ឋា	បេតុង

បែកប្រាជ្ញា	បែង	ពង្រីក	ពណ៌នា
មិនលែង	មេ	ឈប់	វិចវិល
រោគ	លែងលេប	ស្ថាន	លែងអីមិន
ស៊ុត	សំណាក់	សំចុក	ស្អាក់
ស្ងួត	ញាប់	រណារ	សំណើម
បក្សីស្រុក			

2. Use the following in a sentence:

កម្ចាល	ចំបើង	ជានិរន្តរ៍	ទុំ
បង្ការ	បណ្ដោល	ប្រាក់ដើម	មានឯណា
រីក	របង	លោកអ្នក	ស្ល
អាចម៍ដែកស្ទូស	មិនដេះ:	ពោលគឺ	

3. Give a word or phrase with contradictory meaning:

ខូច	ចង្អៀត	ញា	បែងចែក
ឈប់	វិល	ស្ងួត	

4. What are the classifiers for the following nouns? (S.2.1.2. in the Grammatical Sketch)

a. a pencil

b. your neighbor's child

c. the ten houses in a hamlet

d. the elephants at the royal palace

e. the dishes you are buying

f. letters of the alphabet

g. a dairy cow

h. a string of beads

i. words in a sentence

5. Translate the following into Cambodian:

a. I'm accustomed to killing pests in my garden by spraying.

b. No matter what you do, it's no use. Why don't you try another line of business?

c. I thought I wouldn't get my capital back so quickly, but on the contrary I'm making a big profit.

d. Be careful the mice don't come under the fence and eat all the goose eggs.

e. The dampness in the shady areas is likely to lead to disease. You should be sure your chickens get some sun.

6. Answer the questions on the following passage. These words are new:

ក្រុមហ៊ុន	(commercial) company
វាយនភណ្ឌ	textile (literary)
អតិថិជន /atethicún/	client, customer
អំបោះ	cotton (thread, cloth)
ក្រណាត់ = កំណាត់	cloth
គ្រាំ	heavy-duty cloth used for army fatigues, jackcloth
កាគី	khaki
ផាឌិប	coarse cotton cloth
ទេសឯក	thin cotton cloth
លក់ដុំ	to sell wholesale
លក់រាយ	to sell retail

a. What does the company manufacture?

b. Can I get color-print cloth there?

c. If I need a few yards of cloth to make clothes for my family, can I buy them at the factory or do I have to go to a store?

d. Is the factory located in Phnom Penh?

e. Can a government official buy cloth for army uniforms there?

f. Where is the Phnom Penh office located?

g. Can I telephone to them? At what number?

7. Reorder the members of the following sets of words to make Cambodian sentences. There is often more than one possible sentence that can be made from a set of words.

a. លោក , សត្វ , សូម , ឲ្យ , អ្នក , ចិញ្ចឹម , អស់ , ទំ , មែនទែន ។
b. ស្រុក , មាន , ទា , នៅ , ស៊ែ , ចិញ្ចឹម , ការ , ស្រូវ , ណាស់ , ចិញ្ចឹម ។
c. បាន , ខ្លួន , លក់ , ថ្ងៃៗ , បាន , មិន , ទំ , អស់ ។
d. ត្រូវ , ទិញ , មិន , ឲ្យ , លែង , ឆ្នោត , ច្រើន , អី ។
e. មេ , ខ្ញុំ , ចំនួន , ដំបូង , ចិញ្ចឹម , ២០ , ជាប់ , ជា ។
f. ខ្ញុំ , ស្រែងសេច , ចំនាន , អី , គិត , ដៃ , គែមូប , នេះ ។
g. គាត់ , មាន , ជាំ , ឯណា , មួយ , ទៅ , ភ្ជួរ , ថៅក , ក្អែក ។
h. លែងអី , តែ , លោក , បេះ , ទំ , ឃើ , ឲ្យ , ទេន , មិន , មែន ។
i. ទេ , គាត់ , សុំ , ទៅ , គាត់ , មិនលែង , ព្រម , ច្រើន , ឲ្យតែ , ដង ។
j. មុខជា , ជ្រើ , ស្រួល , បន្តិច , វា , លែង , មិន ។

8. Fill in the blanks:

a. ផ្ទះភាគច្រើនសង់ _____ ដី ។
(លើ , ផ្ទាល់ , នៅ)
b. ដើម្បីកុំ _____ ស្មៅដុះបាន ។
(បាន , បណ្តោយ , ឲ្យ)
c. ទ្រុងមាន់ជាកន្លែង _____ របស់មាន់ ។
(ដេក , រស់ , សំណាក់)
d. ការចិញ្ចឹមមាន់ធ្វើឲ្យគាត់ _____ ប្រាក់ដើមមកវិញ ។
(មាន , បាន , ចំណេញ)
e. វាមិនទាន់ដើរ _____ ខ្ញុំវិញទេ ។
(ទៅ , មក , ជាមួយ)
f. ជ្រូកពីរនៅក្នុងទ្រុង _____ ។
(ដដែល , ជាមួយគ្នា , គោ)
g. _____ លោកអ្នកគួរធ្វើតាម ។
(ទាំងអស់ , ទាំង , អស់)
h. ទ្រុងទា _____ ជាកន្លែងមួយដែលត្រូវតែស្អាតដូចទ្រុងមាន់ដែរ ។
(ជា , មិន , គឺ)
i. កាលណាខ្ញុំ _____ ខ្ញុំកាត់ស្មៅទីធ្លាផ្ទះខ្ញុំ ។
(ទទេ , ជាប់ , ទំនេរ)
j. នៅស្រែរបស់ចិនត្រូវដាក់ស្មៅមូល _____ ។
(ហើយ , ទៀត , ស្រេច)

9. Find out from your teacher the answers to the following:
   a. What animals are generally raised on Cambodian farms?
   b. Are there animals raised in city households?
   c. Are these animals raised for family use only or for bringing in extra cash? What kinds of animal husbandry bring in the most cash?
   d. How are sales arranged? Is there usually a middleman involved?
   e. Are animals often sold wholesale? By whom? To whom?
   f. Is meat a large part of the Cambodian diet? What kinds of meat are most popular? Where do they come from?
   g. Are there many veterinarians in Cambodia? Where do veterinarians study? Can they study in Cambodia?
   h. Are there animal vaccination programs in Cambodia?
   i. What are domestic animals fed?
   j. When the government institutes agriculture measures, who enforces them?
   k. What means are used to let the people know about such measures?

ANSWERS

4.
a. ដើម b. នាក់ c. ខ្ទង់ d. មួយ, ក្បាល
e. មុខ f. គូ g. មេ, ក្បាល h. ខ្សែ
j. ម៉ាត់

5.
a. ខ្ញុំធ្លាប់តែបាញ់ថ្នាំសម្លាប់សត្វក្នុងសួនខ្ញុំ ។
b. ទុកតែឯងធ្វើហើយម៉េចក៏មិនជោះដែរ ។ ម៉េចមិនសាកមុខរបរផ្សេងទៀតទៅ?
c. ខ្ញុំគ្រាន់តែមិនបានប្រាក់ដើមមកវិញឆាប់អញ្ចឹងទេ តែផ្ទុយទៅវិញខ្ញុំចំណេញហើយច្រើន ។
d. ប្រយ័ត្ន កសិករមិនវិលមកតាមពាក្យរបស់ពេទ្យសត្វក្រាំងទេ!
e. សំណើមនៅកន្លែងមានម្លប់អាចបង្កើតរោគបាន ។ ឯងត្រូវធ្វើយ៉ាងម៉េចឲ្យមាន់ឯងត្រូវថ្ងៃខ្លះផង ។

7.

a. សូមអស់លោកអ្នកខំចិញ្ចឹមសត្វឲ្យមែនទែន ។
b. នៅស្រុកស្រែការចិញ្ចឹមមាន់ទាស្រួលណាស់ ។
c. ខ្ញុំខំថ្លឹងៗបាន ប្អូនលក់មិនអស់ ។
d. "ទិញឆ្នោតឲ្យច្រើនសែងគឺមិនត្រូវ ។
e. ដំបូងខ្ញុំចាប់ចិញ្ចឹមចំនួនជា២០ទេ ។
f. ប៉ុន្មានថ្ងៃនេះខ្ញុំគិតគឺសែងលេបតែម៉ង ។
g. ចាំមួយភ្លែតទៅ មានឯណា គាត់មិកភាម ។
h. បើលោកខំឲ្យតែមែនទែន សែងគឺមិនបោះ ។
i. សុំគាត់ឲ្យតែច្រើនដងទៅ មិនសែងគាត់ព្រមទេ ។
j. ធ្វើវាបន្តិចទៅ ចុះជាស្រួលមិនសែង ។

8.

a. ជាស់ b. ឲ្យ c. ដេក d. បាន
e. មក f. ជាមួយគ្នា g. អស់ h. គឺ
i. ទំនេរ j. ឡើយ

ក្របី

Water buffaloes

Questions for Comprehension Supplements (on tape)

LESSON 1

1. Whom is this passage about? (1)[1]
2. What is the passage about? (1)
3. What does the person think about this topic? (1)
4. Why? (1)
5. What was the life of such people like? (2)
6. What did the main character of this passage have? (4)
7. Where does her money come from? (1) For example? (2)
8. How does she value her own occupation? (1)
9. Why? (2)
10. How do the people she contrasts herself with operate? (1)
11. What do they have to look for? (1)
12. What difficulties can they have? (3)
13. What advantage does the main character of this passage have? (1)
14. What has happened to this person? (1)
15. What didn't she tell whom? (2)
16. What did she tell? (1) To whom? (1)

LESSON 2

1. Whom is this passage about? (2)
2. Why did they originally come to Cambodia? (1)
3. What were they like? (1)
4. What detail supports this? (1)
5. What did they start off doing? (1)
6. What didn't they fear? (2)
7. What were their goals? (2)
8. How did they differ from the Khmers? (1)
9. What did the Khmers do for the most part? (2)
10. What about the newcomers? (1)
11. In this activity what did they do? (1)
12. For example how did they treat customers and suppliers? (2)
13. What did they accept from customers and suppliers? (1)
14. How do Khmers feel about this? (2)
15. What other difficulty do commercial people have? (1)
16. Who benefits from this? (1) How? (1)
17. How do Khmers view this situation? (2)
18. What is the result of all the above factors? (1)

LESSON 3

1. What does the narrator like? (1) How? (2)
2. How does the subject of this article rate with respect to eating? (2)
3. Despite what? (1)
4. Where did the narrator catch fish when he was a child? (2)
5. How often? (1)

1. Parenthesized numbers indicate the approximate number of items or units to be included in the answer to the question.

6. When did he do this on schooldays? (2)
7. What are there plenty of in his country? (1)
8. How do they differ from those in the U.S.? (2)
9. What isn't necessary when it's hot? (1)
10. With what result for the narrator? (1)
11. What seasons does he name? (3)
12. What was done with his catch? (3)
13. Under what circumstances did they make [illegible] ? (1)
14. What kind of child was the narrator? (1)
15. With respect to what? (2)
16. But not with respect to what? (1)

LESSON 4

1. What languages is the name of the country given in? (3)
2. How old is the name of the country? (1)
3. How is that earlier time described? (1)
4. What is the old name? (1)
5. What is the new official name? (1)
6. Since what date? (1)
7. What is the shape of the country not like? (3)
8. Is it far from one city to another? (1)
9. What do villages have? (1)
10. What are these like? (2)
11. Who owns the land? (1) Except for where? (1)
12. What do some people have? (1)
13. What are cities like? (2)
14. What are buildings used for? (2)
15. What does Cambodia have a lot of? (1)
16. How do they know this? (2)
17. What does Cambodia lack? (1)
18. What can attract people to the country? (1)

LESSON 5

1. What is the climate of Cambodia like? (1)
2. For example? (2)
3. What place does the narrator take as an example? (1)
4. How well does he know it? (1)
5. What is it like? (1)
6. What isn't necessary? (1)
7. What do who wear to where? (3)
8. What is done in other regions? (1)
9. Especially where? (1) By what percentage? (1)
10. How do country people keep warm? (1) When? (2)
11. When is it coldest? (1)
12. But then what happens? (1)
13. How do city people feel about rain? (1) Why? (1)
14. What do they say about it?
15. How do country people feel about rain? (1) Why? (2)
16. What advantage does rainwater have? (1)
17. Why are country people sometimes displeased with rain? (2)
18. Who likes it best? (1) Why? (1)

LESSON 6

1. Why is water travel important? (1)
2. Three cities are named. What are they (3), and what do they have in common? (1)
3. What do they use water routes for? (1)
4. In spite of what? (1)
5. What is necessary for roads to be of use? (1)
6. Where is Kratie located? (1)
7. From what other place is Phnom Penh accessible? (1)
8. By what routes? (2) By what types of means of transportation? (2)
9. When is Kompong Cham accessible this way? (1)
10. What transportation is available to towns that are not on the Mekong? (2)
11. What happens in the dry season? (1)
12. What are the dimensions of the Tonle Sap? (2)
13. What kinds of tributaries does the Tonle Sap have? (2)
14. What is the seacoast like? (1)
15. But what is mostly used for transportation? (1)
16. Why? (1)

LESSON 7

1. What is one of the first things one notices about Cambodia? (1)
2. What conclusion can be drawn from this? (1)
3. What is the life of the farmer like? (2)
4. Why? (1)
5. What other occupation is frequently practiced? (1)
6. Where? (2)
7. What do they use? (1)
8. What is done with the product? (2)
9. What is used for agriculture? (1)
10. Why? (2)
11. With what result? (1)
12. But what is happening in some provinces? (1)
13. Such as where, for example? (1)
14. What are some of the activities going on there? (3)
15. What can be done with the product? (1)
16. How can agriculture be characterized? (1)
17. Why? (2)

LESSON 8

1. What is it necessary to know (2) before doing what? (1)
2. Then what do they do? (1)
3. Then what? (1) With the aid of what? (1)
4. What is the name given to the product of these operations? (1)
5. What is difficult? (1)
6. What means may be used? (2)
7. For what purpose? (1)
8. What quantities are tied together? (1)
9. With what? (1)
10. What are they made into? (1)

11. What happens to these? (1)
12. What time is this limited to?
13. Why?
14. What is sometimes used for what? (2)
15. Where does the wood go first? (1)
16. Why? (2)

LESSON 9

1. What accounts for half of Cambodia's territory? (1)
2. What percentage is under water? (1)
3. What is the remainder? (1)
4. Of this, what portion is arable? (1)
5. Thus, what percentage of all the area is arable? (1)
6. Does the jungle have an effect on Cambodian life? (1)
7. What does the jungle yield? (3)
8. When do they cut lumber? (1)
9. What happens to it? (2)
10. What are there a lot of along the Mekong? (1)
11. Why? (1)
12. What was Cambodia like formerly? (1)
13. Then what happened? (2) With what result? (1)
14. What effect has this had on Cambodian geography?
15. What effect has it had on Cambodian climate?
16. What is located in the northeast? (1)
17. Which mountain is the highest? How high? (2)
18. What contributions do the Mekong and Tonle Sap make? (2)
19. What is the primary agricultural product? Where is it grown? (2)
20. What are the secondary products? (3)
21. What is found especially in Kompong Cham province? (1)
22. What is done with it? (1)
23. What isn't very plentiful? (1)
24. Why? (1)
25. What minerals can be found? (4)
26. How do we know? (1)
27. What are plentiful? (1)
28. For example? (2)

LESSON 10

1. Where do most of Cambodia's people live? (1) Why? (1)
2. Approximately what percentage? (1)
3. How is Cambodia similar to other countries? (1)
4. Such as where, for example? (1) How is this place described? (1)
5. How is the situation in Phnom Penh described? (1)
6. What 'nationalities' are represented most of all? (3)
7. What do they do for a living? (2)
8. What other group is mentioned? (1) What are they like? (1)
9. What do the Chinese control? (1)
10. Including what, as well? (2)
11. What about the Vietnamese? (1)
12. What are their products like? (2)
13. What else do the Vietnamese do? (2)

14. How do the Chinese and Vietnamese live? (2)
15. With what result? (1)
16. What separate institutions do they maintain? (2)
17. With what results? (2)
18. What do most Khmers do? (1)
19. Only in Phnom Penh? (1)
20. What about Khmers in business? (2)
21. What other occupations do Khmers have in Phnom Penh? (3)
22. Are there Khmer restaurants? (1) What are they like? (1)
23. What is the law about the language for public dealings? (1)

LESSON 11

1. What is the introductory question? (1)
2. What is the answer? (1)
3. What is controlled by whom? (2)
4. Especially where? (1)
5. Why? (2)
6. Who brings what to the farmers? (2)
7. What things do they bring, for example? (5)
8. Why do they bring them? (2)
9. What are the people who bring the things not interested in getting in exchange? (1)
10. What do they want in exchange? (1)
11. What kind of value do they set on what they take in exchange?
12. What things other than food may the Chinese offer? (1)
13. In exchange for what? (1)
14. What happens at harvest? (1)
15. Will the Chinese accept money in payment of the debt? (5)
16. Why? (1)
17. What about the portion of the harvest that remains to the farmer? (1)
18. What else is lacking? (2)
19. Then what happens? (1)
20. What kinds of profit do the Chinese make? (2)
21. What is the result of all this? (1)
22. What major cause does the passage ascribe? (1)

LESSON 12

1. With respect to what do countries differ from each other? (1)
2. What two groups of countries are described? (2)
3. What tasks are named? (4)
4. What is used by the second group of countries for these tasks? (1)
5. How is Cambodia described? (2)
6. What is used for plowing? (2)
7. What types of this implement are there? (4)
8. How do they differ? (2)
9. Why? (2)
10. What tool is used after plowing in a vegetable plot? (1) For what? (1)
11. Then what? (1) Describe it. (2) What is it for? (2)
12. Then what is done? (2)
13. How does preparation of a rice field differ from that of a vegetable plot? (1) Why? (1)

14. What is the main source of energy at harvest time? (1)
15. What is the tool used for harvesting rice? (1)
16. What types of this tool are named? (2)
17. How is the hand described? (1)
18. What is it used to harvest? (3)
19. What are some other tools that are in domestic use? (2)
20. What is the annual harvest in Cambodia like? (1)
21. Why? (1)

LESSON 13

1. What is the country's situation? (1)
2. How widespread is it? (1)
3. What have many people done in response? (1)
4. For what purpose? (1)
5. What is the source of information named here? (1)
6. What period is discussed? (1)
7. How many people have been affected? (1)
8. Whose attention should be attracted by these conditions? (1)
9. Who has already commented on them? (1)
10. What is their opinion? (1)
11. This might happen in spite of what? (1)
12. What do the refugees lack? (2)
13. What are there a lot of? (1)
14. Why do they cry? (3)
15. What is yet another problem? (1)
16. For example, what has happened to the price of noodles? (1)
17. What else has been affected? (4)
18. How much? (1)
19. What is the present situation with respect to prices? (1)
20. Is this the total number of problems? (1)
21. What is the first obligation of the country? (1)
22. According to whom? (3)
23. Why is this so? (2)
24. What is inadequate for what purpose? (2)
25. So what else is needed? (1)

LESSON 14

1. What emotional state do most Cambodians appear to have? (1)
2. Why? (1)
3. In spite of what? (1)
4. What response have individuals made? (1)
5. What is the title of the plan described here? (1)
6. What does the government need to do? (1)
7. In order to do what? (1)
8. What must the government do first? (1)
9. In order to get what effect? (1)
10. In spite of what? (1)
11. What should the government do next? (1)
12. At what kind of price? (1)
13. What should the government do in addition? (1)
14. What will be the effect of this? (1)

15. How will this affect producers of goods? (2)
16. What effect can it have on production? (1)
17. Then what can the government do? (1) For what purposes? (1)
18. What additional good effect will these measures have? (1)
19. What could result from these measures? (2)
20. What is the first possible problem? (1)
21. What is the second possible problem? (1)
22. What must be done to prevent these problems? (1)
23. What qualities should government representatives have? (4)
24. What would their duties be? (1)
25. What would they watch for? (2)

LESSON 15

1. What kinds of animal husbandry are there? (2)
2. How is the business of raising animals described? (2)
3. What do most Cambodians raise livestock for? (1)
4. Why? (1)
5. What makes it easy? (1)
6. But what don't most Cambodians raise livestock for? (2)
7. Why? (1)
8. Formerly what was done? (1) With what kind of cow? (2)
9. What do they have now? (1)
10. For what? (2)
11. What is this considered? (1)
12. Why? (1)
13. What is the next topic? (1)
14. What is seen where? (3)
15. What isn't necessary? (2)
16. What is easy about chickens? (2)
17. But what do they need? (1) For what purpose? (1)
18. What do ducks need? (3)
19. What isn't necessary? (1)
20. What must be provided? (1)
21. Why? (3)
22. What do people who have ducks do in the morning? (1)
23. If there are no eggs, what do they do? (1)
24. Why? (1)

សទ្ទានុក្រម

ខ្មែរ-អង់គ្លេស

CAMBODIAN-ENGLISH

GLOSSARY

INTRODUCTION

This glossary contains approximately 3500 entries introduced in the 60 lessons of *Contemporary Cambodian: Introduction*, and in the fifteen lessons of the *Land and Economy* module.

Entries for words whose pronunciation is not predictable from the Cambodian orthography include romanization.

Abbreviations and Signs Used in This Glossary

n.	noun
v.	verb
adj.	adjective
B	Introduction
E	The Land and The Economy
R	reading passage
L	listening passage
AC	alliterating component (of compound)
CC	component of compound with no independent meaning
RC	rhyming component (of compound)
(H)	bound form occurring only as part of a word
(= ...)	can also be written as ..., equivalent to ...
(< ...)	is a derivative of ...
... (...)	the word in the parentheses is optional
1, 2, 3, ...	the number found after B or E refers to the lesson number in that module, e.g., E4 is lesson 4 in *The Land and The Economy*, B33R is lesson 33 in the *Introduction* (reading passage)

ក

ក	B19	neck
កក	B19	neck
ក	B23L	collar
ក៏	B17	so, then
ក៏បាន	B20	is O.K., will do
ក៏...ដែរ	B28L	any...
ក៏ដោយ...ក៏ដោយ	B47R	whether...or...
ក៏មាន	B55R	even, it sometimes happens that
ក៏មាន	B55R	even, it happens that
ក៏ហឺទេ	E4	too bad, t.s.
កក្កដា	/ka?kedaa/ B30	July
កកាយ	E3	to scratch like a chicken or dig like a dog
កង	E12	to carry held up to the chest
កង	B49	unit (military)
កងពលធំ	B49	division (military)
កងទ័ព	B49 B49	troops, armed forces
កងទ័ពពិសេស	B49	special forces
កងទ័ពព្រៃ	B49	guerrilla
កងវរសេនាតូច	/kɔɔŋ vóoré?seenaa touc/ B49	battalion
កងវរសេនាធំ	B49	regiment
កងពលតូច	B49	brigade
កងពលធំ	B49	division
កងយកការសម្ងាត់	B49	reconnoissance platoon, intelligence company
កងវិស្វករ	/kɔɔŋ vihsəva?kɔɔ/ B49	engineer corps
កងអនុសេនាតូច	/kɔɔŋ annu?seenaa touc/ B49	platoon
កងអនុសេនាធំ	B49	company
កង់	B13	bicycle
កង់	B13	wheel
កង់ឡាន	B14	wheel, tire (vehicle)
កញ្ចប់	B34	bag (grocery)
កញ្ចែ	B60	whistle
កញ្ឆា	B36L	marijuana
កញ្ជ្រឹល	B20	a kind of rash that does not suppurate
កញ្ញា	B10	Miss (title)
កញ្ញា	B30	September
កណ្ដាប់	E3	a handful, a classifier for measuring quantities of things held in the hand
កណ្ដាប់ដៃ	E3	grip
កណ្ដាល	B15	middle
កណ្ដាលមុខគេ	E4	in front of everyone
កណ្ដុរ	/kədao/ E15	rat, mouse
កណ្ដៀង	E9	jade
កណ្ដៀត	E12	to carry on the hip
កណ្ដៀរ	E14	termite
កណ្ដៀវ	E12	sickle, scythe
កត់	E5	to make a note, to note
កត់សំគាល់	E5	to notice, to single out

Khmer	Pronunciation	Ref.	Meaning
កត្តា	/kataa/	E5	factor
កត្តិក	/kadek/	E11	name of twelfth month (mid October to mid November)
កន្ត្រក		B58R	a (marketing) basket
កន្ទក់		E11	powder that is produced by pounding rice grain
កន្ទេល		B23	mat
កន្លែង		B7	place
កន្លែងធ្វើការ		B7	office, place of work
កន្លះ		B7	half (1/2)
កន្សែង		B22	towel
កន្សែងយ័ន្ត		B57R	a scarf over which spells have been said which protects the wearer from harm
កប់		B53	to bury, to be buried or hidden
កប់មីន		B53	to set a mine
កប៉ាល់		B11	boat
កប៉ាល់ហោះ		B10	airplane
កប៉ាល់ហោះប្រតិកម្ម	/···prɔte?kam/	B55	jet plane
កប្បាស		E12	cotton plant
កម្ម	/kam/	E1	action, consequence result
កម្មករ	/kammekɔɔ/	E8	laborer, coolie
កម្រាល (<ក្រាល)		E15	a covering, a carpet, a paving
កម្លាំង ⇐កំឡាំង (<ខ្លាំង)		B33	strength, power
ករ		E7(H)	agentive suffix with certain roots
ករណ៍		E7(H)	nominalizing suffix (limited distribution)
ករណីយ	/kɔrəney/	E7	duty, something required; matter, act, cause, reason
ករណីយកិច្ច		E7	duty, function, role
កល់		E7	to make even, level
កល		E8	trick
កលល្បិច		E8	trick
កសិ	/ka?se?/	E1(H)	pertaining to land and farming
កសិកម្ម	/ka?se?kam/	E1	agriculture
កសិករ	/ka?se?kɔɔ/	E7	farmer, peasant
កាច		B55	fierce
កាច់		B60	to break (a stick)
កាណាដា		B4	Canada
កាណុង		B47	cannon
កាណូត		B47	motorboat
កាត		B6	card, ID card
កាត់		B28	to cut; briefly
កាត់ពូជ		E10	to intermarry, to crossbreed
កាត់សក់		B28	to cut hair, get a hair cut
កាត់សេចក្ដី		B55L	to render a judgement, to give a verdict, to sentence
កាន់		E5	towards
កាន់		B56	to grasp, to carry in the hand, to hold
កាន់កាប់		B56	to be in charge of, to run (e.g. a business)

កាន់សាសនា	/kan sahsnaa/ E10	to have a religion, to believe in a religion
កាន់តែ	B38	increasingly
កាន់តែ...ឡើងៗ	B38	increasingly
កាប់	B33L	to cut, hack (with an ax or cleaver)
កាប៉ុក	E8(H)	small, little; a small jar
កាប៉ិកកាប៉ុក	E8	trivial, unimportant
ការ	B30	wedding, to marry; work, affair, activity
ការ	B9	work, matter; nominalizes verbs
ការកិច្ច	E7	work, job, matter
ការខូចខាត	B52	damage, casualty
ការងារ	B38L	labor, work, job
ការជប់លៀង	B38R	a party
ការធ្វើពិសោធន៍	/kaa thee pesaot/ E12	experiment
ការពិសោធន៍	B48L	experiment
ការស្រាវជ្រាវ	E14	research
ការហាត់	B3	a drill
ការណ៍	B9L	business
ការពារ	B50	to defend, protect
ការពារកុំឲ្យ	B52L	to prevent... from + verb
កាល	B12	when (past); time
កាលណា	B20	when, whenever;
កាលពីប៉ុន្មាន... → នេះ	B50	in the past few...
កាលបើ	E3	if
កាលៈទេសៈ	/kaalé?teesa?/ E8	circumstance
កាសែត	B6	newspaper
កាហ្វេ	B4	coffee
កិច្ច	/kec/ E1	work, job, nominalizer
កិច្ចការ	/keckaa/ B49	job, work, matter
កិត្តិយស	/ketiyuoh/ B47R	honored, of honor
កិន	E9	to grind, to mill
កីឡា	B43	sports
កុន	B5	moving picture
កុម្ភៈ	/komphé?/ B30	February
កុម្មុយនិស្ត	B57	Communist
កុល	E10	family
កុលសម្ព័ន្ធ	/kol sampón/ E10	tribe
កូន	B8	child, small
កូនកោះ	E6	small island
កូនក្មេង		children
កូនចៅចិន	E10	descendents of the Chinese
កូនទាហាន	B47	enlisted man
កូនប្រសា	B18	son- or daughter-in-law
កូនភូមិ	B25	villagers
កូនភ្នំ	E9	hill
កូនសិស្ស	B3	student, pupil
កូនសោ	B42	key
កូរ៉ូម៉ង់	E10	Coromandel (a place on the east coast of India on the Bay of Bengal)
កូឡាប	B45	rose (flower)
កួយ	E9	Kuoy (name of a montagnard tribe)
កើង	E14	high (rare)
កើត	B13	can, to be able; possible (resultative verb)

កើត	B8	to be born
កើតកូនបានតទៅ	E3	to reproduce
កើតឡើង	B50R	to arise, to come about
កើតអី	B19	what's the matter
កើន	E3	to increase, to become more
កើនឡើង	E3	to increase (upwards)
កើប	E11	to scoop (large quantity)
កេណ្ឌ	/kaɛn/ B38	to draft, mobilize
កែងដៃ	B52	elbow
កែន	B38	to draft, mobilize
កែវ	B7	glass
កែវយឹត	B60	binoculars, spy-glass
កោរ	B32	to shave; to cheat (colloquial)
កោះ	B53	island
កៅសិប	B6	ninety
កៅស៊ូ	B44	rubber
កៅអី	B18	chair
កោណ	E4	corner (literary)
កុំ	B6	don't
កុំតែ	E11	if (one) were not to...
កុំអាលទាន់	B27	don't...yet
កំភ្លៀញ	B53	to intimidate, threaten
កំដៅ	B32R	to heat something; heat
កំណប់ (<កប់)	E9	something buried, deposit, lode
កំណាត់ (<កាត់)	E8	something cut, a piece; cloth
កំណើត (<កើត)	E6	birth; to originate
កំណែន (<កែន)	E13	mobilization, draft
កំទេច (<ខ្ទេច)	E11	shrapnel, sherds, broken pieces
កំប៉ុង	E3	a can
កំបោរ	E9	lime
កំប្លែង	E4	funny, amusing; to make fun of
កំពង់ឆ្នាំង	E10	Kompong Chhnang (Cambodian province)
កំពង់ធំ	E6	Kompong Thom (Cambodian province)
កំពង់សោម	E6	Kompong Som (formerly Sihanoukville), a port city in Cambodia
កំពង់ស្ពឺ	E6	Kompong Speu (Cambodian province)
កំពត	E6	Kampot (Cambodian province)
កំពស់	E5	height
កំពុង	B8	to be in the process of
កំពុងតែ	B8	be in the process of
កំពឹស	B34	fresh water shrimp
កំពូល	E5	summit, high point
កំភួន	B52	piece of muscle
កំភួនជើង	B52	calf (leg)
កំភ្លៅ	B52	thigh
កំរិត (<ក្រិត)	E5	limit; to limit
កំរិតមធ្យម	E6	an average limit
កំសត់	E2	sad, troubled
កំសាកញើ	B49R	a coward
កំហែង	E5	to intimidate by shouting at
កំឡោះ	B43	young man, bachelor

កំឡាំង(=កម្លាំង) (=ភ្លឹះ)	B33	strength, energy
កាំជ្រួច	B55	missile, rocket
កាំបិត	B32	knife
កាំភ្លើង	B44	gun, firearm
កាំភ្លើងខ្លី	B44	handgun, pistol
កាំភ្លើងការ៉ាប៊ីន	B48	carbine
កាំភ្លើងបាញ់គ្រាប់បែក	B48	grenade launcher
កាំភ្លើងបាហ្ស៊ូកា	B48	bazooka
កាំភ្លើងស្វ័យប្រវត្តិ	/··· svaay pəvót/ B47	automatic gun
កាំភ្លើងយន្ត	B47	machine gun
កាំមីញ៉ុង	B42	truck
ក្ងាន	E15	goose
ក្ដាម	B34	crab
ក្ដារ	B27	board, plank
ក្ដារខៀន	B7	blackboard
ក្ដិប	E11	bud (fruit)
ក្ដៀង	E11	a kind of rice-pounding implement
ក្ដៅ	B19	hot, warm; to have a fever
ក្នុង	B6	in; during +(time word).e.g at the time
ក្នុងចំណោម	B54	among
ក្នុងពេលថ្មីៗនេះ	B37	recently, lately
ក្នុងរយៈ	/knoŋ rəyéʔ/ B54	during
ក្បត់ (=បត់)	B52	to betray
ក្បត់ជាតិ	B52	to betray one's country
ក្បាល	E8	classifier for animals
ក្បាល	B19	a head
ក្បាលជង្គង់, ជង្គង់	B52	knee
ក្បាលម៉ាស៊ីន	B39L	faucet
ក្បាលល្ងាច	B19	early in the evening
ក្បូន	E8	raft
ក្បួន		rule, generality, formula, book used by sooth-sayers
ក្បឿង	E9	tile
ក្បែរ	B28	near by, next to
ក្មួយ	B18	nephew or niece
ក្មេក	B18	designating an in-law of an ascending generation
ក្មេង	B36	to be young; child, young person
ក្មេងៗ	B36	children (in general), young people; the younger generation
ក្មេងបំរើ		servant
ក្រ	B18R	poor
ក្រ	B4	seldom; takes a long time
ក្រខ្វក់	B18	dirty
ក្រចក	B28	nail, claw, talon, hoof
ក្រចកដៃ	B28	fingernail
ក្រចេះ	E6	Kratie (province of Cambodia)
ក្រញាញ់	E10	frizzy, tangled
ក្រដាស	B6	paper
ក្រដាសកាត	B27	a form for applying for an ID card
ក្រប	E7	frame
ក្របខ័ណ្ឌ	/krɔɔp khan/ E7	framework
ក្របី	B39L	water buffalo
ក្រពិត	B42L	dented

ក្រដី	E2	chicken louse; (figuratively any germ, virus, or other disease causing agent)
ក្រមៅ	E10	dark brown, black; dark (color) e.g. dark red
ក្រមុំ	B43	mature girl (unmarried), virgin
ក្រវាញ	E5	cardamom
ក្រសួង	B54	Ministry
ក្រសួងការបរទេស		Foreign Ministry
ក្រសួងការពារប្រទេស	E7	Defense Ministry
ក្រសួងគយ	B47R	Customs Bureau
ក្រសួងឃោសនាការ	B45	Information Ministry
ក្រសាំង	E12	a plant whose fruit is used as a sour ingredient
ក្រហម	B10	red
ក្រឡា	E4	a square, a spot
ក្រឡាត	E14	cockroach
ក្រឡែត	E7	very clear, wide-open
ក្រអូប	B34	pleasant smelling fragrant
ក្រាប		to be prone; to brood (bird)
ក្រាប!		hit the dirt (military)
ក្រាប	B60R	to prostrate oneself
ក្រាល	E6	to cover, to be paved, to be floored
ក្រាស់	B31	thick
ក្រិត	E5	to mark
ក្រឹត្យ	E7	rule (literary), law
ក្រុម	B48	group (formal)
ក្រុមកាំភ្លើងធំ	B58L	artillery platoon
ក្រុមទាហាន	B47	troops, a military group
ក្រូច	B31	citrus fruit, orange
ក្រូចឃ្វិច	B31	tangerine
ក្រូចឆ្មារ	B31	lemon, lime
ក្រូចថ្លុង		grapefruit
ក្រូចពោធិសាត់		orange
ក្រួស	B50L	gravel
ក្រែង, ក្រែងលោ	B23	probably, lest, in case
ក្រែល	E9	a lot, much
ក្រៃលែង	E2	extremely, very much
ក្រោក	B42R	to stand up, get up
ក្រោម	B29	under, below
ក្រោយ	B3	back
ក្រោយ	B3	after
ក្រោយទៀត	B3	later (future)
ក្រោយបង្អស់	B55	last of all
ក្រោយមក	B3	later on (past)
ក្រោល	E15	barn, stable
ក្រៅ	B47	outside
ក្រៅផ្លូវការ	B57	unofficial
ក្រៅពី	B46	besides, in addition to
ក្លាយ	E2	to change, to change into
ក្លែងក្លាយ	B28	to forge (a signature), to counterfeit, to fake; something false
ក្លិន	B34	odor, smell
ក្លោង	E12	door frame, gate
ក្វាត	E9	quartz
ក្សត់ (< សត់)	E14	poor

ក្អក	B20	to cough
ក្អួត	B34	vomit (v. and n.)

ខ

ខណ្ឌ	/khan/ E7	limit, period, partition
ខា	E10	Kha (name of a montagnard tribe)
ខាង	B8	side
ខាងក្រោម		below, beneath, downstairs
ខាងឆ្វេង	B29	left side
ខាងមុខ		in front
ខាងលើ		on, above, upstairs
ខាងស្តាំ	B29	right side
ខាត	E14	to suffer a loss, to lose
ខាតពេល	E11	to waste time
ខាន	B25	to fail, to miss
ខិត	E13	to move closer to
ខិតខំ	E13	to strive
ខុស	B3	wrong, incorrect, different
ខុសគ្នា	B43	different from each other
ខុសពី	B31L	different from
ខូច	B14	broken, lost, not operating; bad; naughty
ខូចខាត	B52	to damage; to be damaged
ខូចប្រយោជន៍	E1	to have an adverse effect on one's interests, to be damaging to one's interests
ខ្ចូច	E15	to die (colloquial)
ខួរក្បាល	B43R	brains
ខៀវ	B23	blue, green
ខេត្ត	/khaet/ B8	province
ខេត្តក្រៅ	B45R	the provinces, the countryside, the hinterland
ខេមរដ្ឋ	/khaemeròt/ E6	Khemmarat (town in Thailand on the Mekong River)
ខែ	B30	month
ខែក្រោយ	B3	next month
ខែមុន	B16	last month
ខែវិច្ឆិកា	/···viccekaa/ B30	November
ខេត្រ	/khaet/ B8	province
ខោ	B22	pants, lower garment
ខោន	E6	Khone (place name on Lao-Cambodian border)
ខំ	B8	to try, to make an effort
ខ្ចី	B28	to borrow
ខ្ចី	B45	green, young, fresh
ខ្ជាប់ (<ជាប់)	E5	durable, firm (rare)
ខ្ជាប់ខ្ជួន	E5	long-lasting, recurrent, persistent
ខ្ជិល	B36	lazy
ខ្ញុំ	B1	I, me, mine (ordinary or formal style)
ខ្ញុំបាទ	E7	I (male) (deferent)
ខ្ទម	B59	hut
ខ្ទឹម	B34	a member of the onion family

ខ្ទឹមបារាំង	B34	onion (round)
ខ្ទឹមស	B34	garlic
ខ្ទេច	E11	shattered, completely broken
ខ្នង	B52	back
ខ្នង់	E9	an extended hump of land
ខ្នង់រាប	E9	plateau
ខ្ពស់	B59	tall, high
ខ្មាស	E4	to be ashamed
ខ្ញួរ	E12	wrinkled, curled in a spiral
ខ្មែរ	B2	Cambodian, Khmer
ខ្មែរចូលជាតិ / ចូលជាតិខ្មែរ	E10	naturalized Cambodian
ខ្មែរលើ	E10	Khmer Loeu, montagnard, mountain tribes
ខ្មែរសេរី	B52	Free Khmer (name of an anti-Sihanouk group that worked out of South Vietnam)
ខ្មោច	B60	corpse, ghost, dead person; the late... e.g. ខ្មោចលោកសុខ the late Mr. Sok
ខ្មៅ	B23	black
ខ្មៅដៃ	B6	pencil
ខ្មាំង	B48	enemy
ខ្យល់	B24	wind, breeze, air
ខ្យល់កួច	B51	tornado
ខ្យល់ព្យុះ	B51	typhoon, hurricane, storm
ខ្លា	B44	tiger
ខ្លាឃ្មុំ	B44	bear
ខ្លាច	B19	to fear, to be afraid
ខ្លី	B23	short
ខ្លឹម	E8	the woody part of a tree; figuratively, essence, main paint
ខ្លួន	E4	body; you (fam.)
ខ្លួន	B13L	oneself
ខ្លួនឯង		(by) oneself
ខ្លាំង	B14	strong
ខ្លះ	B6	some (pluralizer)
ខ្វល់	E5	to worry
ខ្វល់ខ្វាយ	E14	to worry
ខ្វៀន	E12	crooked, curled in a spiral
ខ្វៃ	B33	to roast (Chinese style, on a spit)
ខ្វះ	B7	to miss, to lack
ខ្សាច់	E6	sand
ខ្សែ	E4	line, string
ខ្សែបណ្តោយ	E4	vertical line, longitude, meridian.
ខ្សែស្រប	E4	horizontal line, latitude, parallel
ខ្សោយ	B6	weak

គ

គ.ក. = គីឡូក្រាម	E15	kilogram
គក់	E11	length from elbow tip to knuckles of clenched fist
គ.ម. = គីឡូម៉ែត្រ	E4	kilometer
គង់	E13	to remain, to last long
គត់	E13	to be sheltered, safe
គត់	B23	exactly
គតិ	/katé?/ (H) E11	movement, manner of moving

គមន៍	/kum/ (H) E1	act of going (literary)
គម្រោង (គ្រោង)	E2	plan
គម្រោងការណ៍	/karouŋ kaa/ B58	plan
គយ	B47R	customs
គរ	E5	to pile
គល់	E11	stump, base of a tree
គាត់	B4	he, him, she, her, they, them, one
គាប់	E13	to satisfy, to be good
គាប់ប្រសើរ	E13	good
គិត	B3	to intend, to think
គិតគូរ	E3	to ponder; to achieve an end by bribéry
គិតឃើញ	B3L	to realize, to see (mentally)
គិតទៅសិនហើយ	B15L	so long
គិតឲ្យមែនទែនទៅ	B35L	in fact; to really think
គីមី	E11	chemistry
គិរីរម្យ	E9	Kirirom (in Kompong Speu Province)
គីឡូ	B17	kilogram
គីឡូ	B46	kilometer
គឺ	B18L	is; that is
គឺជា	E7	to be
គុក	B37L	prison, jail
គុណ	B1	gratitude, merit, obligation, good outcome
គុណសម្បត្តិ	/kun sambat/ E9	quality
គុម្ព	/kum/ E11	a bush, a clump of plants
គុយបា	B4	Cuba
គូ	B16	a pair
គូទ, គូថ	B52	back or rear e.g. គូថឡាន rear of a car
គូទ, គូថ	B52	one's behind, bottom, buttocks
គួរ	B40	proper, correct
គួរសម	B60	rather well
គួរសម	E2	polite
គួរឲ្យ	E5	worthy of...ing, one should + verb
គេ	B4	he, him, she, her they, them
ប+គេ+ប+ឯង	B38L	to (verb) people
គេង	B8	to sleep, to be lie down
គេងមិនលក់	B24	can't sleep
គេហដ្ឋាន	/keeha?thaan/ E14	building, residence
គោ	B3	cow, ox
គោព្រៃ	B44	wild bull
គោក	B24	ground, land
គោក	E4	dry (land, food)
គោប៊យ	B6	cowboy
គោរព	B47L	to respect, to honor, to obey
គោល	B54R	purpose, goal; main
គោលការណ៍	E2	purpose, goal
គោលដៅ	E2	purpose
គោលបំណង	B54R	intention
គំនរ	E5	a pile
គំនាប់	B56	to salute
គំនិត	B60	idea, thought
គំនិតមារយាទ	B57	character

គំរាម	E5	to intimidate (in normal voice or by gestures)
គំរាមកំហែង	E5	to threaten, to intimidate
គាំង	B55	to stick
គ្នា	B13	together, each other; people
មានគ្នា	B13	to be altogether; to have company
គ្នា	E4	I, me (familiar)
គ្មាន	B4	doesn't have; no; there isn't/aren't
គ្មានបាន...សោះ	B15	to have not...at all
គ្រង	E3	to take care of, to watch over
គ្រប	E11	to cover; a cover
គ្រប់	B27	all of , every
គ្រប់គ្នា	E7	all (used for people)
គ្រប់គ្រង	E10	to govern, to rule
គ្រប់គ្រាន់	B54	enough, plentiful
គ្រប់តែ (=គ្រប់)	E6	all, every, each
គ្រា	B60	to support and help walk
គ្រាន់	E8	pretty good, quite good, enough
គ្រាន់តែ	B15	just, only
គ្រាន់នឹង	E9	just for
គ្រាន់បើ	B20	better, pretty good, quite good
គ្រាប់	B20	grain; kernel, ammunition
គ្រាប់បែក	B45	a bomb
គ្រាប់បែកដៃ	B54	a hand grenade
គ្រាប់បែកផ្សែង	B55	a smoke bomb
គ្រាប់ព្រាយ	B42	buckshot
គ្រឹះ	E12	foundation
គ្រឹះស្ថាន	/krɨhsthaan/ E12	building
គ្រុន	B19	fever, to have fever
គ្រុនចាញ់	B20	malaria
គ្រូ	B1	master of an art or science
គ្រូខ្មែរ	B57R	sorcerer, practitioner of traditional rituals
គ្រូទាយ	B40R	soothsayer, oracle
គ្រូបង្រៀន	B9	teacher
គ្រូពេទ្យ	B9	doctor
គ្រូពេទ្យសត្វ		veterinarian
គ្រួសារ	B21	family
គ្រឿង	E3	ingredient, component; classifier for machinery
គ្រឿងចក្រ	E3	machinery
គ្រឿងម៉ាស៊ីន	B59	mechinery
គ្រឿងអលង្ការ	/...aʔlaŋkaa/ E9	jewelry
គ្រឿងអាវុធ	B55	weapon
គ្រេច	B19	sprained
គ្រេចក	B19	to have a sprained neck
គ្រែ	B22	a bed, a stand
គ្រោង	E2	to plan
គ្រោងការ	E14	project, plan
គ្រោះថ្នាក់	B36	danger, accident
មានគ្រោះថ្នាក់		to be dangerous, have an accident

ឃ

ឃាត	B37	killing (n)

ឃាតកម្ម	/khiatəkam/	
	B37	murder, assassination
ឃាតករ	/khiatəkɔɔ/	
		murderer
ឃាត់	E14	to forbid, to ban, to stop
ឃើញ	B10	to see, catch sight of
ឃោសនា	B45	to campaign, to make propaganda
ឃោសនាការ	B45	information, propaganda, advertisement
ឃុំ	E8	warm; figuratively confident
ឃុំ	B25	town, township; country
ឃុំ	B36	custody; to detain (police)
ឃុំគ្រង	E3	to preserve, to keep, to reserve
ឃាំង	B51	to block, to obstruct
ឃ្លា	B6	sentence
ឃ្លាន	B33	to be hungry
ឃ្លោក	E12	a kind of gourd
ឃ្លាំមើល	B53	to watch from a hidden place, to observe
ឃ្លាំង	B51	warehouse, cache, treasure

ង

ងងឹត	B51	dark
ងាក	B39R	to turn (the body or head), to change (direction)
ងាប់	B34R	(nonformal) die
ងាយ	E4	easy
ងុយដេក	E4	sleepy
ងើប	E14	to rise

ច

ចក្រ	/caʔ/	
	E3	wheel, engine, machine (lit.)
ចង	B54L	to tie
ចងភ្នែក		to blindfold
ចង់	B3	to want
ចង់ = ជិត	E2	about to
ចង្កឹះ	/cəkəh/	
	B32	chopsticks
ចង្កៀង	B14	lamp
ចង្កេះ	B52	waist, hips
ចង្រៃ	E15	pernicious, evil, bringing bad luck
ចង្អៀត	E6	narrow, constricted, cramped, crowded
ចតុ	/catoʔ/	
	E6	four (Sanskrit)
ចតុមុខ	/catoʔmuk/	
	E6	Chattomuk (four faces - name of the junction of rivers at Phnom Penh)
ចន្ទ	/can/	
	E11	moon
ចន្ទគតិ	/can kəteʔ/	
	E11	lunar system
ចន្លោះ	E4	area of land, geographic interval
ចប	E12	a hoe or shovel
ចបកាប់	E12	hoe
ចបជីក	E12	a shovel
ចប់	B25	to finish, come to the end of
ចម្ងាយ (< ឆ្ងាយ)	B17	distance; far

ចម្ពួមកៅស៊ូ	B44	sling shot
ចម្លង (< ឆ្លង)	B25	to copy; to help someone to cross an area
ចម្លើយ (< ឆ្លើយ)	B4	an answer
ចម្លែក (< ប្លែក)	B56	strange, unfamiliar
ចរណ៍	/cɔɔ/ E6(H)	nominal suffix designating an activity (limited distribution)
ចលាចល	/cəlaacɔl/ B36	trouble, disturbance
ចា៎	/caah/ B1	yes (said by a woman)
ចាក់	B14	to inject, insert, pour, deposit
ចាក់កៅស៊ូ	B59	to pave in asphalt
ចាក់ថ្នាំ		to inject, inoculate
ចាក់សាំង	B17L	to fill up with gas
ចាញ់		to be allergic to
ចាញ់	B36	to lose, be defeated, to be less than
មិនចាញ់	B43	equal to
ចាញ់បោក	B49L	to be cheated, to be outsmarted
ចាត់	B56	to order, assign
ចាត់ចែង	E13	to arrange, set up
ចាត់វិធានការ	E7	to take measures
ចាន	B20L	dish, plate, bowl
ចាប់	B32	to catch, get, capture
ចាប់អារម្មណ៍	/cap erɔm/ E13	to be interested; to be of interest
ចាប់	B32	to begin (+ verb)
ចាប់កំណើត	E6	to originate
ចាប់ផ្តើម	E9	to begin
ចាម	E10	Cham
ចាយ	B37	to spend
ចាស់	B8	old
ចាស់ៗ	B43	the older generation, older people
ចិញ្ចឹម	B41R	to raise, to care for, to adopt e.g.
កូនចិញ្ចឹម		adopted child
ចិញ្ច្រាំ	E12	to mince, to chop
ចិតសិប	B6	seventy
ចិត្ត	E7	heart, spirit, mind
ចិត្តថ្លើម	E7	one's heart and mind
ចិន	B2	Chinese
ចុង	B40	last; end
ចុងកាត់មាត់ញក	E8	the country, the area outside of town
ចុងការ	E13	interest, profit
ចុងក្រោយ	B51	last of all
ចុងអង្ករ	E11	small fragments of rice grains
ចុងអាទិត្យ	B40	week-end
ចុច	E2	to press a button, to poke
ចុះ		to be able e.g.
ចូលចុះ		to be able to get in
ចុះ	B51	to go down; and as for
ចុះវិក្រាង	B55	it seems to me (introducing a contradiction)
ចុះណាស់	B41	a lot (resultative verb connoting waste)
ចុះថ្លៃ	B6	to discount, to lower the price

ចុះឈ្មោះ	B25	to register one's name
ចូល	B20	to get in, to enter
ចូលដេកពីព្រលប់	B20	to go to bed early
ចូលគេងយប់បន្តិច	B20	to go to bed little late
ចូលឆ្នាំ	E11	New Year
ចូលជាតិ	E10	to be naturalized
ចូលជាតិជា	E10	to become a ... citizen
ចូលដៃ(នឹង), ចូលដៃ(ជាមួយ)	B52	to collaborate (with)
ចូលលេង	B30	to pay a visit, drop by
ចូលចិត្ត	B5	to like (appreciate)
ចៀន ឬ ឆៀន	B33	to fry (fish, meat or vegetable alone in shallow fat), to sauté
ចៀម	B34	sheep
ចេក	B31	banana
ចេញ	B9	to leave, to get out
ចេញចូល	B9	to shuttle, to go in and out
ចេញដំណើរ	B9	to leave on a trip
ចេញទៅ	B9	to leave
ចេញភ្លើង	E11	really, a lot (colloquial); to spark
ចេញ	B4L	to pay for
ចេញថ្លៃ	B4L	to pay for e.g. ចេញថ្លៃបាយ to pay for a meal
ចេញលុយ	B32	to pay
ចេត្រ	/caet/ E11	name of fifth lunar month (mid March to mid April)
ចេះ	B9	know how to, to do without being told
ចេះតែ	E2	always
ចែក	B51	to divide
ចែង	E13	to say, to declare, to express (formal)
ចែវ	B44	to row (standing)
ចោទ	B37L	to accuse, to put on the defensive verbally
ចោរ	B41	thief
ចោល	B47	to throw, to throw away, discard, to abandon
ចោះ	E12	to pierce, to make a hole in
ចៅ	B18	grandchild
ចៅទួត	B18	great grandchild
ចៅលួត	B18	great great grandchild
ចៅលា	B18	great great great grandchild
ចៅហ្វាយ	B26	boss, chief, head
ចៅហ្វាយក្រុង	B28	city governor, mayor
ចៅហ្វាយខេត្ត	B26	provincial governor
ចៅហ្វាយស្រុក	B26	chief executive of a district (ស្រុក)
ចំ	E1	right at
ចំការ	B24	farm (excluding rice field)
ចំជា	E1	indeed, really
ចំណាយ	E14	to spend (money, things, time, strength) N.B. ចាយ is only used for money
ចំណី	E3	snack, food

ចំណុច (< ចុច)	E2	a point
ចំណុះ (< ចុះ)	E10	something dominated; to be submitted; capacity (volume)
ចំណេញ (< ចេញ)	E11	profit, gain
ចំណេះ (< ចេះ)	B41	education, knowledge
ចំណែក (< ចែក)	B39	section, part
ចំណែក(ឯ)...វិញ	B39	as for, on the other hand
ចំណោទ	B25	problem, exercise (arithmetic)
ចំនួន	B41L	amount
ចំនួនជា	E15	approximately
ចំបើង	E15	hay
ចំបាំង (< ច្បាំង)	B44	fighting, war
ចំបាំងលោក	B44	world war
ចំពោះ	B41	about, for, towards
ចំរើន	B36L	to prosper, increase, advance, progress
ការចំរើន	B36L	progress, success
ចំហុយ (< ហុយ)	B33	to steam
ចំហៀង	B29	a half, side
ចំហៀងភ្នំ	B59	flank of a mountain
ចំលង (< ឆ្លង)	B25	to copy
ចំឡែក (< ប្លែក)	E8	strange, different, odd
ចំអាម	E11	measurement of length from tip of little finger or middle finger to tip of thumb when hand is flat and fingers spread
ចំអិន (ចំអឹន)	B33R	to cook
ចាំ	B9	to wait, remember
ចាំតែ	B54	wait and...
ចាំបាច់	B39	necessary
ច្បាប់	B9	law, custom; copy (of a newspaper); permission
ច្បាប់ទម្លាប់	B47	regulations
ច្បារ	E12	vegetable garden
ច្បាស់	B50L	clear, sure, certain
ច្បាស់ក្រឡែត	E7	clear as black on white
ច្បាស់លាស់	E7	clear
ច្រក	B54	passage, pass; to force-feed
ច្រកភ្នំ	B60	mountain pass
ច្របល់	E11	to mix
ច្រមុះ	B52	nose
ច្រោះ	E11	to filter, to leach (soil)
ច្រឡំ	E3	to be confused, to be mixed up
ច្រូត	E7	to harvest, reap
ច្រូតកាត់	E7	to cut in order to harvest
ច្រើន	B6	much, many
ច្រើនតែ	B58	usually, mostly
ច្រាំង	B59	cliff

ឆ

/chat/

ឆ័ត្រ	B16	umbrella, parachute
ឆប់ស៊ុយ	B32	chop suey
ឆា	B33	to fry (usually meat mixed with vegetable)
ឆាប់	B41	to be quick, fast
ឆាមីមេង	B32	chow mein

ឆែក	B35	to check
ឆៅ	B45	raw (not cooked)
ឆ្ការ	B55	to clear (forest)
ឆ្កែ	B44	dog
ឆ្ងល់	B42L	to wonder
ឆ្ងាញ់	B32	to be tasty, delicious
ឆ្ងាយ	B4	far
ឆ្ងាយពី		away from
ឆ្នេរ	E9	edge (of a body of water), shore
ឆ្នាំ	B8	year
ឆ្នាំក្រោយ	B3	next year
ឆ្នាំមុន	B3	last year
ឆ្នាំង	B32	pot, kettle, pan
ឆ្មា	B44	cat
ឆ្លង	B20	to contaminate, to be contaminated
ឆ្លង	B20	to cross
ឆ្លងទន្លេ	B50	to give birth
ឆ្លាត	B58L	be smart, clever
ឆ្លើយ	B3	to answer, reply
ឆ្លៀតពេល	B41	to profit, to gain, to take advantage of an opportunity, to go out of one's way
ឆ្វេង	B10	left (side)
ឆ្អាប	B34	fishy (smell)
ឆ្អិន	B45	cooked, done
ឆ្អឹង	E10	bone
ឆ្អែត	B33	to be satiated; full (of foods said of people)

ជ

ជង្គង់	B52	knee
ជង្រុក	E7	granary
ជជែក	B58R	to argue, to discuss
ជញ្ជូន	B48	to transport, move (transitive)
ជន	/cŭn/ E1	person, people
ជនជាតិ	/cŭn ciat/ E7	the population of a country
ជននិគម	/cŭn nikum/ E10	colonist, settler
ជនបទ	/cŭnəbɔt/ E8	urban area, town, especially a remote one
ជន់	E3	to flood
ជប់លៀង	B38R	to have a party; party; to hold a feast, have a banquet
ជំងឺ	B20	illness, disease, sickness
អ្នកជំងឺ		patient, sick person
ជំងឺឆ្លង	B20	contagious disease
ជម្រាប ឬ ជំរាប	B1	to inform
ជម្រាបលា	B1	good bye; to say good bye
ជម្រាបសួរ	B1	hello
ជម្រុញ (< រុញ)	E2	a push; to push
ជម្រៅ (< ជ្រៅ)	E6	depth
ជា	B1	to be
ជា	B1	well, healthy
ជា	B4	in (a language)
ជាខ្មែរ	B4	in Cambodian

ជាដើម	B26L	for example
ជាដុំៗ	E15	in pieces, in plots
ជាលំដាប់	E12	consecutively, respectively
ជា	E1	adverb phrase former
ជាចាំបាច់	B39	necessary, necessarily
ជាពិសេស	B37L	especially
ជាច្រើន	B51 ·	many
ជាដាច់ខាត	B38	definitely, at any cost
ជានិច្ច	B31	always
ជានិរន្តរ៍	/cia ni?rɔndɔɔ, cia ni?rɔn/ E15	for ever, in the future
ជាបន្ទាន់	E12	immediately
ជាពន្លឹក	E13	a lot
ជាមធ្យម	/cia mətyum/ E14	on the average
ជាយូរមកហើយ	E1	for a long time now
ជាសកម្ម	/cia sakam/ E13	activity
ជាហូរហែ	E13	in an orderly manner
ជាង	B11	(more) than
ជាងគេ	B11	the most, the ...est (superlative marker)
ជាងគេបង្អស់	B33	the most...of all
ជាង	B14	skilled worker, artisan
ជាងកាត់ដេរខោអាវ		a tailor
ជាងកាត់សក់		a barber
ជាតិ	B4	nation; national; nationality
ជាតិ	E3	flavor, essence, trace
ជាតិរ៉ែ	/ciat raɛ/ E9	mineral element
ជាញ់		competitive; to complete
ជាន់	B13	floor, story; level, stage
ជាន់	B42	to step on
ជាប់	B57	firm, durable, to be stuck
ជាប់	E12	to be busy at; to be stuck at, to be unable to get away
ជាប់គ្នា	B36	consecutive
ជាប់ឃុំ	B36	to be in custody
ជាប់គុក	B37L	to be in prison
ជាមួយ	B4	with, together with
ជាយ	E8	edge
ជិត	B4	to be close, near
ជិតជិត	B21	close (friendship), intimate
ជិតបង្កើយ	B12	very close
ជិះ	B13	to ride
ជិះជាន់		to oppress
ជិះបាន	B14L	to hold (vehicle)
ឡាននេះជិះបានពីរនាក់		this car can hold two persons
ជី	E4	fertilizer; mint (plant)
ជីគីមី	E11	chemical fertilizer
ជីជាតិ	/cii ciat/ E7	fertilizer
ជីដូន	B18	grandmother
ជីដូនមួយ	B18	designating a first cousin
ជីតា	B18	grandfather
ជីវភាព	/civəphiap/ E8	way of life; standard of living

ជីវិត	B43R	life
ជូត	B22	to dry, to wipe
ជូន	B13	to accompany; to give, to offer (formal)
ជូរ	B31	sour
ជួញ		to deal in, to have a business in e.g.
ជួញគោ		to deal in cattle
ជួន		some; by coincidence
ជួនកាល	B7	sometimes
ជួនថ្ងៃណា(មួយ)	B35R	some days, sometime
ជួប	B7	to meet
ជួបជុំ	B38R	to meet, to hold a meeting
ជួរ	E5	row, column
ជួរភ្នំ	E5	mountain range
ជួរភ្នំក្រវាញ	E5	Cardamom Mountain
ជួល	B11	to rent, hire
ជួស	B50R	to replace; instead of
ជួសជុល	B56	to repair
ជើង	B13	foot, leg
ជើងខោ	B23R	pants leg
ជើងភ្នំ	B58	foot of the mountain
ជើងសក់	B29	sideburns
ជើង	B48	classifier for trips
ខាងជើង	B51	north
ជើងក្រាន ឬ ចង្ក្រាន	B34R	stove, oven, gas stove
ជឿ	B40	to believe
ជឿន	E3	progress, speed to advance (intr.)
ជឿនលឿន	E6	prosperous, developed

ចៀន ឬ ចៀន	B33	to fry (fish, meat or vegetable alone in shallow fat)
ជៀស	E2	to avoid
ជៀសវាង	E13	to avoid
ជេស្ឋ	/ceeh/ E11	name of seventh lunar month (mid May to mid June)
ជោក	E5	completely permeated, soaked; thoroughly
ស្រវឹងជោក		soused
ជោកជាំ	E5	completely soaked and saturated
ជោគជ័យ	/cook cεy/ B51R	success, victory
ជុំវិញ	B18	around
ជំនន់ (<ជន់)	E3	flood
ជំនាញ		skillful, able
អ្នកជំនាញ		an expert
ជំនាន់ (<ជាន់)	B47L	stage, level, generation
ជំនួញ (<ជួញ)	B54	business, buying and selling
ជំនួយ (<ជួយ)	E6	aid, help
ជំនួស (<ជួស)	B50R	to replace; instead of
ជំនឿ (<ជឿ)	E8	belief
ជំពាក់	B28	to owe, to be in debt
ជំពូក	E14	type, category
ជំរាប (<ជ្រាប)	B1	to tell (formal), to inform
ជំរាបលា	B1	good bye, to say good bye
ជំរាបសួរ	B1	hello
ជំរឿន (<ជឿន)	E3	to speed up, to increase

ជំរៅ (<ជ្រៅ)	E11	depth
ជំរំ	B48	camp
ជំហរ (<ឈរ)	E14	support
ជាំ	E5	to be bruised; saturated ,e.g. ខ្ញុំជាំដៃ bruised my arm. ដីជាំទឹក the ground is saturated
ជ្រក់	E11	to pickle
ជ្រលក់	E11	to dip
ជ្រលង	E3	path of water
ជ្រាប	B1	to know, to be aware (formal)
ជ្រាប	E7	permeable; to permeate
ជ្រួតជ្រាប		to be saturated, absorbed
ជ្រុង	E4	corner; something angular; classifier for an angular piece, e.g. cake, land
ជ្រុល	E4	too much, overdone, out of line
ជ្រុះ	E14	to fall
ជ្រូក	B14L	pig
ជ្រួត	E12	almost dry
ជ្រួតជ្រាប		to permeate; to be saturated, absorbed, aware of
ជ្រេ	B59	to lean, leaning
ជ្រោះ	E3	depression between mountains, small valley
ជ្រោះ	E6	waterfall
ជ្រៅ	B53R	deep, profound
ជ្រាំ	E1	dirty, trampled mud mixed with garbage
ជ្វា	E10	Java

ឈ

ឈប់	B9	to stop
ឈប់!	B14L	(wait) just a moment
ឈប់ឈរ	E2	to stop, to cease
ឈរ	B29	to stand; standing up
ឈាម	B50	blood
ឈឹម	E8	stupid, dummy, blockhead
ឈឺ	B13	to be sick, sore, to get hurt; painful
ឈូង	E4	gulf
ឈូងសមុទ្រ	E4	gulf (in an ocean), e.g. Gulf of Mexico
ឈូស	E15	to plane (wood)
ឈើ	B44	wood, tree
ឈើហ៊ុប	E5	lumber
ឈៀង	E1	towards
ឈៀង	B51	used to form compound direction
ឈ្ងុយ	B32	to smell delicious (food)
ឈ្នួល	B41	servant; something rented, someone hired; the rent (money)
ឈ្នះ	B36	to win, to overcome; as resultative verb: to be successful
ឈ្មួញ	E8	businessman
ឈ្មោះ	B9	name; to be named
ឈ្លានពាន	B53	to violate, to be aggressive

ឈ្លូស	B44R	antelope
ឈ្លើយ	B53	to be odd; out of tune
ឈ្លើយសង្គ្រាម	B53	prisoner of war
ឈ្លោះគ្នា	B43L	to quarrel

ញ

ញញឹម	B47L	to smile
ញយ	E9	constant
ញយៗ	E9	constant
ញាក់	E1	to guide an animal, to lead
ញាក់	E1	to tremble
ញាប់	B8	rapidly
ញឹក	B56	close to each other, narrow, often
ញឹកញាប់	B56	often
ញុះញង់	B57	to instigate, incite
ញ៉ាំ	B4	to eat; to smoke
ញ៉ាំងឲ្យ	E12	to cause to

ដ

ដ៏	E6	very (literary), introduces an adjective clause
ដក	B54	to pull, withdraw
ដកថយ	B54	to retreat, to pull back
ដកធ្មេញ	B28	to extract teeth
ដង	B5	time, instance
ដង	E6	a pole, a stick, a handle, main part
ដងទន្លេ	E6	the body of the river, the length of the river
ដងប៉ាកកា	B7	a pen
ដងរែក	E9	carrying pole; Dang Rek - name of mountain range along northwest border of Cambodia
ដងសន្ទូច	B54	fishing pole
ដង់ស៊ីតេ	E10	density (French loan)
ដដែល	B9	the same (identical) one
ដទៃ	E1	other
អ្នកដទៃ	E1	other people, another person
ដប	B7	bottle
ដប់	B6	ten
ដប់មួយ	B6	eleven
ដម្កល់ (=តម្កល់)	E7	to store; to put a wedge under
ដម្លើង (=តម្លើង)	B52	to assemble; to set, to mount
ដរាប	E1	always
ដរាបណា ... ដរាបហ្នឹង	B38	whenever...then; as long as... then
ដរាបណាដរាបហ្នឹងទៅ. កាលណាកាលហ្នឹងទៅ	B38	when the time comes
ដល់	B3L	to arrive; at; when; until; ដល់ + time word= at; it's + noun, e.g. ដល់វេនលោក it's your turn.
ដល់ណា	E12	how long? (time); where
ដល់ថ្នាក់ហ្នឹង	B42	at this stage
ដល់ទៅ	B30R	up to, as many as

ដល់យ៉ាងហើយ	E4	extremely, really, very
ដល់ហើយ	E3	very, a lot
ដល់អាយុ		of age; to become mature, to come of age
ដាក់	B20	to put
ដាក់	B24L	(slang) to eat; to drink
ដាក់គុក	B37L	to put in jail, to imprison
ដាក់ទោស	B36	to punish
ដាក់ធ្មេញ	B28	to bridge teeth
ដាច់	E1	resultative verb, with លក់ 'to sell'
ដាច់	B12	to break apart (intr.); to be able to read (as a resultative verb e.g.)
ដាច់កន្ទុយភ្នែក	E9	as far as the eye can see
ដាច់ខែ	B57	last days of the month
ដាច់មុខ	E3	monopoly, alone, exclusive
ដាច់ស្រយាល	E4	isolated, far away
ដាញ	E5	to interweave
ដាស់	B13	to wake (somebody)
ដាស់ស្រែ	E11	to plow a field for the first time in a growing cycle
ដី	B7	soil; ground, earth, land
ដីគោក	E4	dry land
ដីរលីង	E11	barren land
ដីស	B7	chalk
ដីសណ្ដ	E6	river delta
ដីឥដ្ឋ	E9	clay
ដឹក	B48	to transport, to lead
ដឹកនាំ	B35L	to transport, to lead
ដឹង	B3	know something; be aware of
ដឹងជា	B11	not to know that
ដុត	B36	to burn, set on fire
ដុល្លារ	/doulaa/ B13	dollar
ដុស		to scrub, rub
ដុសធ្មេញ	B22	to brush teeth
ដុះ	B40L	to grow, to be able to grow, e.g. can grow (something)
ដូង	B31	coconut
ដើមដូង		coconut palm
ដូច	B16	to be like, be similar
ដូចគ្នា	B16	alike, same, the same kind of thing; to be like each other
ដូចជា	B16	to look like, to seem; such as
ដូចតែ	B21	just like
ដូចនេះ	B19L	to be like this,
ដូច្នេះ	B19L	therefore, thus
ដូច្នេះហើយ (មានជា)	B17	that's why
ដូន	B18	grandmother, respectful term for an old woman
ដូរ	B14	to change
ដួល	B45	to fall down
ជំពប់ដួល, ចប់ដួល	B45	to stumble
ដួល	B45	to fail (business), to go bankrupt
ដួស	B33R	to serve food, to scoop up

ដើម	E14	principal (money), capital
ដើម	B47	stem; classifier for long thin objects like stick guns, rifles, trees, pencils; origin
ដើម		beginning, origin; original, first; stalk
ដើមខែ	B57	beginning of the month
ដើមឈើ		tree, plant
ដើមដូង	E11	coconut palm tree
ដើមផ្កា	B45	flower plant
ដើមហេតុ	E14	basic reason
ដើម្បី	B22	in order to, for
ដើរ	B5	to walk
ដើរលេង	B5	to go for a walk, to stroll
ដេក	B7	to sleep (non-formal)
ដេកមិនលក់		to be unable to sleep
ដេកពេទ្យ	B18L	to stay in the hospital (non-formal)
ដេញ	B44L	to chase, to pursue; to kick out
ដេរ	B56R	to sew
ដែរ	B4	also, too
ដែក	E9	metal, especially iron
ដែកឈូស	E15	plane (tool)
ដែល	B17L	that, who, which (relative pronoun)
ដែលតែឮ	B24L	(I've) only heard (about it)
ដែល	B12	to have ever, to have done at least once
ដែលវែរ	E14	Delvert (name of a French expert on South-east Asian geography)
ដៃ	B13	hand, arm
ដៃទន្លេ	E3	tributary of a river
ដៃបឹង	E3	inlet of a lake
ដោយ	E4	along, following
ដោយ	E2	by, with, because
ដោយរបបវិធាន	E13	systematically
ដោយឡែក	B33L	separately
ដោះ	E15	breast, udder
ដោះ	B54	to take off, to release, e.g. ដោះខោអាវ to take off clothing
ដោះចេញ	B54	to release
ដោះលែង	B54	to release
ដោះស្រាយ	E8	to solve (a problem)
ដៅ	E2	to mark; a marked place, target
ដុំ	B56	lump; wholesale
លក់ដុំ		wholesale
ដំណាល	E11	same time
ដំណាលគ្នា	E11	same time
ដំណឹង	B21	news, information
ដំណឹងក្នុងស្រុក		domestic news
ដំណាំ	B40L	plants, vegetables, crops
ដំបន់ ឬ តំបន់	E6	region, zone
ដំរី	B54	elephant
ដំរៀបជួរ	B56	to form ranks
ដំឡូង	B31	tuber, potato
ដំឡូងជ្វា		sweet potato

ដំឡូងបារាំង		potato
ដំឡើង (<ឡើង)	B52	to assemble, mount
ដាំ	B34R	to grow, to plant (something)
ដាំបាយ	B60	to cook rice
ដ្ឋាន (ស្ថាន)	/thaan/ E2	place
ទ្រាវិឌ	E10	Dravidian

ឋ-ដ្ឋ

ឋាន, ដ្ឋាន, ស្ថាន	/thaan/ or /sthaan/ E2	place

ណ

ណា៎		...you hear! (attention-calling particle) (non-formal)
ណា	B2	where; which; any
ណាខ្លះ		which ones
ណាមួយ	B20L	which one; some, any one
ណាមួយ... ណាមួយ	B40	on one hand...and on the other hand
នរណា		who, anyone (person)
អ្នកណា		who, anyone (person)
ណាស់	B5	very
...ណាស់ណា	E11	not really, not very
ណឹង (=ហ្នឹង)	B2	that is, the
ណុង (=ហ្នឹង)	E11	that (spoken)
ណែ	E8	vocative attention-getting particle, hesitation particle
ណែនាំ	E13	to lead, to guide
ណោះ	E6	that, there

ត

ត	B60	to connect, continue; continuous, further
ត	B51	to argue, reply
តទល់	B51	to resist, to go against
តង់	B48	tank (vehicle)
តម	B20	to abstain from, to be on a diet
តម្កើង (<កើង)	E14	to raise up, to glorify
តម្បាញ	E14	weaving; a loom
តម្រួត (<ត្រួត)	E1	police
តម្រួតយោធា	E1	military police
តម្លើង (<ឡើង)	B52	to elevate, to raise
តម្លើងស័ក្តិ	B52	to promote, to raise rank
តម្លៃ	E14	price, value
តា	B18	grandfather, respectful term for an old man
តាខ្មៅ	E6	Takhmau (capital city of Kandal Province, south of Phnom Penh)
តាក់	B18L	tax
តាក់ស៊ី	B10	taxi
តាម	B10	by, according to;
តាម	B52	to follow, to go after (someone or something)
តាមខ្ញុំ		after me; according to me

តាមខ្ញុំស្មាន	B16	I guess, I think
តាមចិត្ត	E3	as one wishes, according to desire
តាមទាន់		to catch up
តាមវិបបថ	E2	following (it's) course
តាមផ្លូវការ	B57	official; officially
តាមពិត	B34R	in fact, in truth, actually
តាមយោបល់ខ្ញុំ	B60	according to (my) opinion
តាមឡាន		by car; to go after a car
តិច	B18	little, few; a little
តិច(តែ)	E6	it's likely that...
តិច(តែ) ... ចុះ		I hope (it) won't ...don't...
តឹង	B46L	tight, firm, strict, tense, full
តឹងច្រមុះ		stuffy nose
តឹងតែង (<តឹង)	E13	crititcal
តុ	/toʔ/ B29	table
តុល្យ	/tol/ B14(H)	equal
តុល្យភាព	/tollĕʔphiap/ E14	equilibrium (lit.)
តុលា	/toʔlaa/ B30	October
តុលាការ	B60	court (of law)
តុលាការជាន់ខ្ពស់		supreme court
តុលាការសឹក	B29	military court
តូច	B7	small
តូចចិត្ត	E4	to feel bad, to feel small, to be humiliated
តូចតាច	E10	small, trivial, insignificant
តូប	E1	kiosk
តួឯក	/tuo aɛk/ B6	leading actor or actress
តើ	B28	if; question particle
តេឡេហ្វូន	/telefoun/ B42L	a telephone
តែ	B9	but,only,if
តែម្តង	B35	directly, at once, without stopping
តែរាល់ (=រាល់តែ=រាល់)	E5	every, each
តែ (<តែងតែ)	B31	always
តែន្និស	B43	tennis
តែមប្រី	/taɛm/ B26	postage stamp
តោន	E14	ton
តៅ		bushel
តំណ	/dɔmnɔɔ/ E10	something continued, a continuation; a knot
តំណាង (<តាង)	B50	to represent
អ្នកតំណាង		representative
អ្នកតំណាងរាស្ត្រ		representative, congressman
តំបន់	B51	region, zone
តំបន់ហាមមិនឲ្យ-ដាក់ទ័ព	B51	demilitarized zone
តាំងពី	B19	since
ត្នោត	E11	sugar palm, sugar palm fruit
ត្បាញ	E14	to weave
ត្បាល់	E11	a mill, grinding machine
ត្បូង	E9	stone, gem

ក្លៀក	E12	to carry under the arm, in the armpit
ត្រកូល	E10	lineage, family
ត្រង់	E2	place; right at
ត្រង់ណា	B29	where?, which place?
ត្រង់	E10	honest, straight forward
ត្រង់សេ	B50	trench
ត្រដែស	E10	wide (forehead), bumpy, convex
ត្រចៀក	B52	ear
ត្រជាក់	B24	cool, cold
ត្រដាង	E14	to expand, to unfold, to open up
ត្រពាំង	B44L	pond
ត្រយូង(ចេក)	E15	banana flower pod
ត្រសក់	E12	cucumber, melon
ត្រឡប់	B9	to return, to be back, turn upside down, reverse direction
ត្រឡាច	E12	a kind of gourd
ត្រាក់	B51	tract, leaflet
ត្រី	B34	fish
ត្រីឆ្អើរ	B51	smoked fish
ត្រីងៀត	B51R	dried fish
ត្រីចង្វា	E12	any small scaled fish, usually found in fresh water
ត្រីប្រា	E3	a large fresh-water fish without scales that Cambodians like to eat
ត្រឹម	E3	exact, even, e.g. ត្រឹមនេះ at this point
ត្រឹមតែ	E3	only, just at
ត្រឹមត្រូវ	B45R	proper, true, honest
ត្រូពិក	E4	tropic (French)
ត្រូវ	B3	must
ត្រូវតែ		to have to
ត្រូវ	B3	to be correct, right; to happen
ត្រូវ		to undergo an experience
ត្រូវគ្នា	E1	to be on good terms, get along well
ត្រូវគ្រាប់	B52	to be shot
ត្រូវជា...នឹង	B37	to be related as...to...
ត្រូវជាអ្វី?	B37	what relation? (in the family)
ត្រូវនឹង	B39R	to get along with
ត្រូវរបួស	B51	to be wounded
ត្រូវរ៉ូវ(នឹង)	E8	to collaborate with, to be hand-in-glove with
ត្រូវហើយ		that's right
ត្រូវការ	B3	need
ត្រួត	B59	to supervise, govern, control
ត្រើយ	B60	bank, edge
ត្រេក	E7	to want (polite)
ត្រេកអរ	E7	delighted, very happy
ត្រែ	B60	a horn (for blowing)

ថ

ថត	B27	to take picture, to record, to photograph
ថយ		to withdraw, to go backward, to

		get out of the way
ថវិកា	/tha?vikaa/ E6	budget
ថា	B1	to say
ថាតាម (ខ្ញុំ)	B1	repeat after (me)
ថាឲ្យ		to blame, to pick on
ថាឲ្យឮ	B8	to say aloud
ថា	B16	that (introduces a quotation or indirect discourse)
ថ្វីបើ... ក៏ដោយ	B55	even though, although
ថ្វីមិន + verb	B10	of course + verb
ថែ	E6	to take care of
ថែរក្សា	E6	to take care of
ថែម	B18	to add, to increase, again more, in addition
ថែមទៀត	B18	in addition
ថែមទាំង	E10	even + verb
ថោក	B15	cheap
ថោកទាប	E15	trivial, contemptible, unimportant, cheap
ថៅកែ	E8	businessman, capitalist, tycoon, owner of a business concern
ថាំង	E11	old grain measuring container, measurement (= 2 bushels). It has 2 តៅ (a តៅ has 50 to 60 [illegible])
ថ្ងាស	E10	forehead
ថ្ងាសឆ្លក់	E10	forehead receding toward the top
ថ្ងៃ	B7	daytime; day
ថ្ងៃខាងមុខ	E11	in future days
ថ្ងៃចន្ទ	B30	Monday
ថ្ងៃលិច	B56R	the sun set
ថ្ងៃត្រង់	B56R	noon
ថ្ងៃនេះ	B3	today
ថ្ងៃអង្គារ	B30	Tuesday
ថ្ងៃពុធ	B30	Wednesday
ថ្ងៃព្រហស្បតិ៍	/ŋay prɔhɔh/ B30	Thursday
ថ្ងៃសុក្រ	B30	Friday
ថ្ងៃសៅរ៍	B30	Saturday
ថ្ងៃអាទិត្យ	B30	Sunday
ថ្ងៃ	B56R	the sun
ថ្នាក់	B6	class
ថ្នាំ	B15	medicine, drugs, substance
ផ្ទះលក់ថ្នាំ		drugstore
ថ្នាល	E12	mound for a row of plants
ថ្ពាល់	E10	cheek
ថ្កន	E8	to use sleight of hand
ថ្ម	E9	stone, rock
ថ្មភក់	E9	sandstone
ថ្មបាសាល់	E9	basalt
ថ្មី	B21	new, recent
ថ្លា	B39L	clear (substance)
ថ្លឹង	B31	to weigh
ថ្លើម	E7	liver; fig. mind, heart, soul, spirit
ថ្លៃ	B6	expensive; price; the cost of
ថ្លៃ	B18R	designating an in-law of the same generation,
ប្អូនថ្លៃ		younger brother-in-law
ថ្លោស	E12	fat, husky, big, plump, pleasingly plump
ថ្វីបើ	B55	although

ទ

ទង	E12	stem
ទទឹង	E4	width
ទទឹម (ត្បូង)	E9	ruby, garnet
ទទួល	B11	to receive, to meet, to pick up, accept
ទទួលខុសត្រូវ	B48R	take responsibility
ទទួលទាន	B51L	to eat (formal, impersonal)
ទទួលទោស	B36L	to be punished
ទទួលបន្ទុក	B54	to be in charge, to take responsibility
ទទេ	B44R	free of charge; as is, unadorned, alone
ទន់ភ្លន់	E10	soft (refers to people's character)
ទន្លេ	B35L	river
ទន្លេក្នុង	E6	interior river (closer to Phnom Penh)
ទន្លេក្រៅ	E6	exterior river (farther from Phnom Penh)
ទន្លេសាប	E3	Tonle Sap - name of the great lake in the middle of Cambodia and the short river that leads to it from Phnom Penh
ទន្សាយ	B44	rabbit
ទប់	E5 s	to barricade, to stop
ទប់ទល់	E5	to bear, to support, to defend, to withstand
ទ័ព	B48	army, armed forces, troops
ទមិឡ	/təmɨl/ E7	savage, barbarous, uncivilized
ទមិឡអន្សុតិរ្ថីយ៍	/təmɨl ɔndaretɛy/ E7	savage and bestial
ទម្ងន់ (<ធ្ងន់)	B34R	weight
ទល់	B29	facing, face to face; to confront; adjacent
ទល់ដៃនឹងដៃ	B57	hand-to-hand
ទល់នឹង	E4	right up against, facing
ទ័ល (=ទាល់)	E1	to run out of, to be poor
ទា	B33	duck
ទាខ្វៃ	B33	roast duck
ទាព្រៃ	B44	wild duck
ទាក់	E14	to trap; to attract
ទាក់ទាញ	E14	to attract interest; to influence people
ទាក់ទង	B48R	to relate to, to connect with, to have relations with
ទាញ	E2	to pull
ទាញនេះជាប់នោះ ទាញនោះជាប់នេះ	E2	to pull out one hand and get the other stuck; to get all tangled up
ទាញអារម្មណ៍	/tiañ erɔm/ E8	to attract attention, to be of interest
ទាត់	B43	to kick
ទាត់បាល់	B43	to play soccer
ទាន	E7	very deferent particle; charity
ទាន់	B3	to be on time, to catch up with; as resultative-verb: do on time, to be able to do (in time)

ធ្វើមិនទាន់		to not have time to do
ទាន់ម៉ោង	B17	on time
ទាប	B59	low
ទាម	E10	to suck, to attach oneself like a leech
ទាមទារ	E10	to demand repeatedly, to claim
ទាយ	B40R	to forecast, soothsay, cast a horoscope
ទារ	B49L	to demand, ask for
ទារតាក់	B53	to collect taxes
ទារពន្ធ	B53	to collect taxes
ទាល់ (= ទល់)	E1	to run out of, to be poor
ទាល់គំនិត	B45	to be speechless, to be lost, cannot think of any thing; to be stuck
ទាល់តែ	B38	until
ទាស់	E14	wrong, (what's) the matter
ទាស់តែ...កុំអី	B39	if it weren't for the fact that + clause, + clause 2; otherwise
ទាស់អី?	B39	what's wrong?
ទាហាន	B35	soldier, military
ទាហានឆ័ត្រយោង /tahian chat yooŋ/	B49	paratrooper
ទាហានជើងគោក	B46	army man
ទាហានជើងទឹក	B46	marine (soldier)
ទាហានថ្មើរជើង	B46	infantry
ទាហាននាវា	B46	navy
ទាហានពិសេស	B49	special forces
ទាហានសេះ	B46	cavalry
ទាហានអាកាស	B46	Air Force member
ទិញ	B4	to buy
ទិញទុក	B11	to buy in advance
ទិដ្ឋ /tɨthéʔ/ (H)	E6	something seen
ទិដ្ឋភាព /tɨdəphiap/	E6	view, aspect, appearence
ទិព្វ /tɨp/	E8	magic
ទិស	E5	direction
ទី	B13	a place; ordinalizing prefix
ទីក្រុង	B26L	city, town
ទីដៅ	E9	goal, destination
ទីណាត់ទីណែង /tənaat tənaeŋ/	E1	all mixed up, confused, helter-skelter (because of some trouble)
ទីទាល់ក្រ	E1	very poor
ទីធ្លា	E15	yard, grounds
ទីបី	B13	third
ទីប្រជុំខេត្ត	E6	capital city of a province
ទីប្រជុំជន	E1	population cænter
ទីពីរ	B13	second
ទីមួយ	B13	first
ទីរួមខេត្ត	E13	province capital
ទីស្នាក់ការ	E14	office, working place
ទីបេ	E6	Tibet
ទឹក	B4	liquid, water, juice
ទឹកកក	B24	ice, snow
ទឹកជ្រោះ	E6	rapids
ទឹកដោះ	E15	milk
ទឹកដោះគោ	B32	milk
ទឹកជំ	E6	flood
ទឹកម៉ាស៊ីន	B29	fountain water, faucet water

ទឹកដី	B51	territory, land
ទឹកសាប	E3	fresh water
ទឹកស្រក	E6	floods recede
ទឹកឡើង	E5	to flood, to rise (water)
ទឹកចិត្ត	B54	morale
ទឹកប្រាក់	E8	money
ទឹកលុយ	E8	money
ទឹម	E12	to yoke
ទុក	B20	to keep, to put; to leave
ទុកចិត្ត (លើ)	B47	to trust
ទុកឲ្យ...វិញ	B39	to leave it to... instead, to put it back
ទុក្ខ	/tuk/ B56	sadness; grief
ទុច្ចរិត	/tuccarɨt/ E8	dishonest, without principles
ទុន	E16	capital, principal
ទូ	B32R	cabinet
ទូទឹកកក	B32R	refrigerator
ទូក	B44	a boat
ទូកក្តារ	E6	small boats made of planks
ទូរសព្ទ	/tuorəsap/ B55	a telephone
ទូរលេខ	/tuoraleek/	a telegram
ទូរទស្សន៍	/tuorətuoh/	a television
ទូរេន	E9	durian (a large tropical fruit with a spiny exterior, soft sweet yellow pulp surrounding seeds, and a strong smell)
ទូល	E12	to carry on the head
ទួល	E9	hump
ទួល	E5	hill
ទើប (នឹង)	B56	just
ទើប	B55	not...until, only then
ទៀង	B48	sure, certain accurate
ទៀងទាត់	E5	accurate
ទៀត	B7	again, more
ទេ	B1	no
ទេ	B1	contradictive particle; final negative particle; final emphatic particle; final question particle
ទេស	E6	place (formal)
ទេសចរ	/tehsecɔɔ/ B45	tourist
ទេសចរណ៍	/tehsecɔɔ/ E6	tourism
ទេស	E3(H)	technique, way
ទោស	B36L	guilt, blame, punishment
		guilty
ទោះ... ក៏ដោយ ទោះ... ក៏ដោយ ទោះជា... ក៏ដោយ	B38	even though
ទោះជាយ៉ាងណា-ក៏ដោយ	E6	anyway, nevertheless
ទៅ	B2	to go; to; forward
ទៅ	B6L	go ahead and,..., imperative particle
ទៅដល់	B7	until; to arrive
ទៅណាមកណា	B13L	to come and go, to go places
ទៅលេង	B5	to go visit, go for a walk
ទៅជា	B59	to become
ទៅទៀត	B30L	even more
ទុំ	E11	ripe, mature

ទំ	E15	to perch
ទំនង	E11	probably; appearance, way
ទំនប់ (ទឹក)	B60	a dam
ទំនាប (<ទាប)	E1	low and flat, a low flat place
ទំនិញ (<ទិញ)	E6	goods, merchandise
ទំនៀមទម្លាប់	B40R	custom, habit
ទំនេរ	B35L	vacant, free, not busy
ទំពាំងបាយជូរ (ផ្លែ)	B31	grape
ទំរាំ	B25	as soon as, by the time that; until
ទំលាក់	B52	to drop, to cause to fall
ទំលាក់សក្តិ	B52	to demote
ទំហំ (<ធំ)	E3	size
ទាំង	B41	even (adv.), all (as in all three), including, as many as
ទាំង	E8	the whole
ទាំង...ទាំង	B49	both...and..., including...and...
ទាំងនេះ	E4	all of these
ទាំងនោះ		all of those
ទាំងប៉ុន្មាន	B30L	all
ទាំងពួង	E13	all
ទាំងមូល	E4	all
ទាំងឡាយ	E5	pluralizer for preceding noun
ទាំងអស់	B19L	all
ទះ	E11	width of a hand
ទ្រ		to support, to carry from the bottom
ទ្រទ្រង់	B58	to support
ទ្រនើង (ទ្រើង)	E12	trellis

ទ្រព្យ	/tróp/	E9	property
ទ្រវែង		E4	extended
ទ្រុង		E13	cage
ទ្រុឌ		E6	shabby, dented
ទ្រុឌទ្រោម		E6	shabby and old
ទ្រូង		B52	chest (body)
ទ្រោម		E6	fallen like a cake, collapsed
ទ្វារ		B42L	door
ទ្វីប		B43	continent
ឧបទ្វីប			peninsula

ធ

ធន	/thún/	E14	property, capital (money)
ធនាគារ	/thé?niakia/	E14	bank
ធម្ម = ធម៌	/thɔmm/ (H)	E3	virtue; scripture
ធម្មជាតិ	/thɔmmeciat/	E3	nature, natural
ធម្មតា	/thɔmmedaa/	B14	usual; usually, normally, ordinary
ធម៌	/thóa/	E1	virtue, generosity; scriptures (dharma)
ធម៌រក្ត		B58L	toughness, rigor
ធាក់		B35L	to kick, to pedal a bike
ធាត់		B14L	fat
ធាតុ	/thiat/	E5	element; temperature
ធាតុអាកាស	/thiat əkah/	B51	weather, climate

ធានា	E14	to guarantee, to promise
ធឹងស្រាង	E3	light-headed, to feel light
ធុន	B55	type, kind, caliber
ធូរ	E14	relaxed, easy, loose
ធួន	E13	enough, (rare)
ធួនល្មម	E13	enough
ធេងស្រាង	E3	to feel light, light-headed
ធុំ	B34	to smell (intran.)
ធំ	B7	big, large
ធំ	B18	designating an aunt or uncle older than one's parent, e.g. older aunt
ធ្ងន់	B36L	to be heavy; serious
ធ្នាប់	E11	width of a finger
ធ្នូ	B44	bow (for shooting)
ធ្នូ (ខែ~)	B30	December
ធ្មេញ	B20	tooth
ធ្លា	E15	yard, grounds
ធ្លាក់	B24	to fall
ធ្លាក់ទឹកកក		it's snowing
ធ្លាក់ព្រិល		hail is falling
ធ្លាក់សក្តិ	B52	to be demoted
ធ្លាប់	B13	habit, used to, accustomed to, have ever (done)
ធ្វើ , ធើ	B2	to do, to make
ធ្វើការ	B7	to do, to work
ធ្វើឃាត	B37	to murder, to assassinate
ធ្វើជា	B42	to pretend to..., to do the work of a...
ធ្វើដើម	E14	to use as capital
ធ្វើដំណើរ	B32R	to take a trip
ធ្វើទុក្ខ	E3	to cause trouble for
ធ្វើបាប	B53	to give a hard time to
ធ្វើម៉េចនឹងរួច	B40	what can (I) do?; (he) can't help it
ធ្វើសក់	B28	to do someone's hair, to get a hair do
ធ្វើអ៊ីចេះទៅអ៊ីចុះ ធ្វើអ៊ីចុះទៅអ៊ីចេះ	E2	to do something and get the wrong result, to be unable to get a desired result no matter what is done
ធ្វើឲ្យ	B12R	to cause, to make

ន

នង្គ័ល	/naŋkól/ E12	a plow
ន័យ	/nɛy/ B5	meaning
មានន័យយ៉ាងម៉េច?	B5	what does it mean?
នយោបាយ	/nayoobaay/ B30R	policy, politics, political science
នយោបាយទឹក	E5	water development policy
នាក់	B8	person, people (classifier), e.g. មនុស្ស៤នាក់ four persons
នាង	B1	Miss (title); 2nd, 3rd person pronoun for a woman who is younger than the speaker

នាងខ្ញុំ	E7	I (female) (deferent)
នាទី	E7	scope, domain, time of power
នានា	E3	each, various
នាយ	B46	chief, head
នាយចៅហ្វាយ		boss, chief
នាយទាហាន	B46R	officer (military)
នាយទាហានបម្រុង	B46L	reserve officer
នាយទោ	B57	corporal
នាយឯក	B57	chief corporal
នាវា	B46	ship
នាវាផ្ទុកកប៉ាល់ហោះ នាវាផ្ទុកយន្តហោះ	B55	aircraft carrier
នាវាចរណ៍	/niaviacɔɔ/ E6	navigation
នាឡិកា	B25	watch, clock
និគម	/niʔkum/ E10	commune (lit.)
និង ឬនឹង		and; to be still, stagnant
និងថា	B35R	if it were to be said
និងមាល	B27	then
និយម	/niʔyum/ B44	accustomed to; normally; to prefer
និយាយ	B2	to talk, to speak
	B48R	to talk to, to seek out, to be friendly with
និរតី	/niʔredɛy/ E5	southwest (lit.)
និល	E9	a kind of black gem, shiny black
នីមួយៗ	B26L	each, each one
នឹក	E3	to think of, to imagine, to miss
នឹង		by; by means of
នឹង	B15	with; will
នឹងជា	E11	will
នូវ	B47R	a particle that can precede the object of a verb (literary)
នឿយហត់	B55	to be tired; hard (life)
នេគ្រីតូ	E10	Negrito
នេប៉ាល់	E4	Nepal
នេះ	B4	this; here
នែ៎ ប្អិណ៎	B34	hesitation particle
នៃ	E2	of (literary)
នោះ	B4	over there, there, that
នៅ	B2	at; to stay, to live
នៅពេលដែល	B53	at the time when, when
នៅ	B2	still
នៅតែ	B17L	still
នៅ...នៅឡើយ	B45	not yet
នៅសល់	B23	to be left out, there remain(s)
នៅឡើយ	B57	not yet
នំ	B34	pastry, cake, cookie
នំបុ័ង	B34	bread
នំបុ័ងដាក់សាច់	B45	sandwich
នាំ	B50	to bring, take
នាំស្គាល់	B49L	to introduce to
ដឹកនាំ		to lead
ការដឹកនាំ		leadership
អ្នកដឹកនាំ		leader

ប

បក់		E5	to blow (wind)
បក់		E11	to fan, to wag (tail), to winnow
បក		E11	to peel; to translate, to reverse
បកប្រែ		B41	to interpret, translate
អ្នកបកប្រែ		B41	translator
បរកែវ		E9	Bokeo (place name)
បក្សី	/ba?sɛy/	E15	bird (literary)
បក្សីស្រុក		E15	domestic bird, poultry
បង		B8	older sibling; older
បងគេបង្អស់		B18	oldest sibling
បងថ្លៃ		B18	older sibling-in-law
បងប្អូន		B8	relative; brothers and sisters (siblings)
បងប្អូនជីដូនមួយ		B18	first cousin
បង់		B26	to pay out, to pay a tax or fee; to lose; to throw in, to put in
បង់		B4	bank (money)
ប៉ង		E13	to want
បង្កង		B33	lobster, prawn
បង្កាត់		E15	to crossbreed
បង្កាត់ពូជ		E10	to crossbreed
បង្ការ			to keep just in case; to prevent (disease)
បង្កើត (<កើត)		B57L	to give birth to, to originate
បង្កើន (<កើន)		E3	to increase (transitive)
បង្កើយ		E12	close, near
បង្ខំ (<ខំ)		B40	to force
បង្គន់		B10	toilet, toilet bowl
បង្គា		B34	salt water shrimp
បង្គាប់		B34R	order, command
បង្គោល (<គោល)		E15	main post, post support
បង្រៀន		B2	to teach
គ្រូបង្រៀន		B9	teacher
បង្ហាញ		B42	to show, exhibit
បង្ហាត់		B48	to train
បង្ហូត (<ហូត)		B35	to pull (string or rope through a hole), to raise (a flag)
បង្ហួត		B35	through, non-stop
បង្ហូរ		B39L	to cause to flow
បង្ហើយ		E12	to complete, to finish
បង្អត់ (<អត់)		E13	to deprive, to cause to lack
កុំបង្អត់បាយគេ			Don't deprive them of food.
បង្អួច		B20	window
បង្អើល		E12	to scare away
បង្អែក		B42L	chair back, support
បច្ចុប្បន្ន	/paccebɔn/	E12	present
បច្ចុប្បន្នកាល		E12	the present time
បច្ចេកៈ	/paceeka?/(H)	E3	one, alone
បច្ចេកទេស	/pacceeketeeh/	E3	technical
បញ្ចុះបញ្ចូល		B54	to persuade

បញ្ចូល (<ចូល)	E5	to cause to enter, to put into
បញ្ចូល (<ចូល)	B40L	to charge (electricity)
បញ្ចេញ (<ចេញ)	B52	send out, take out; show off
បញ្ចេញកំដៅ		to heat, to warm
បញ្ច្រាស	B42	backwards; in opposite directions
បញ្ច្រាសផ្លូវ	B42	the wrong way (in a one-way street); to go the wrong way
បញ្ជល់	B43	to cause to fight
បញ្ជល់មាន់		cock fighting
បញ្ជាក់	B36R	to clarify, promise; to attest, certify, verify, prove, show
បញ្ជាន់ (<ជាន់)	E11	to thresh by having buffaloes or cows walk on grain stalks
បញ្ជី	B32	list, document, record
បញ្ជីជាតិ	B25	birth certificate
បញ្ជីមុខម្ហូប	B32	menu
បញ្ជូន	B47	to transfer (of persons, property) (mil. and adm.); to send
បញ្ឈប់	B42	to stop (someone or something)
បញ្ញត្តិ	/paññat/ E14	to order to
បញ្យួរ (<យួរ)	E12	to carry suspended from the forearm
បញ្ហា	B32L	problem, difficulty
បណ្តា	E5	all the..., the group of...
បណ្តាជន	E5	populace, the people, population
បណ្តាច់ (<ដាច់)	E8	to cause to break, to stop
បណ្តាញ (<ដាញ)	E5	something interwoven, a mesh, a network
បណ្តាញបំណាច	E5	irrigation network
បណ្តាល	B59	to cause
បណ្តាលមកពី	B59	caused by
បណ្តើរ	B52	to walk (trans.), to escort
បណ្តើរ...បណ្តើរ	B60	to both (verb 1 and verb 2) at the same time
រៀនបណ្តើរធ្វើការបណ្តើរ		to go to school while working
បណ្តែត	E8	to cause to float
បណ្តោយ	E4	length
បណ្តោយ (ឱ្យ)	B56	to let, to allow
បត់	B10	to turn, to fold
បត់ឆ្វាត់ឆ្វៀង	B59	to wind (road)
បត់ឆ្វេង	B10	to turn left
បត់បែន	E6	to wind
បត់ស្តាំ	B10	to turn right
បទ	E2	matter, work; an act; song, musical piece, classifier for musical pieces
បន្ត (<ត)	E10	to continue
បន្តបន្ទាប់មក	E10	following
បន្តិច	B44	a little, a little bit, slightly
បន្តិចបន្តួច	B14	a little bit
បន្តិចម្តងៗ	B57	a little at a time, little by little
បន្ថែម	B51	to add, increase
បន្ទប់	B13	room
បន្ទប់ក្មេងឈ្នួល	B13	servant's room
បន្ទប់ដាក់អីវ៉ាន់	B13	storeroom
បន្ទប់ដេក	B13	bedroom

បន្ទប់ទទួលភ្ញៀវ B13 living room
  បន្ទប់ទឹក B9 bathroom
  បន្ទប់បាយ B13 dining room
  បន្ទប់សំរាប់ភ្ញៀវ B13 guest-room; living-room

បន្ថយ (ថយ) E5 to cause to retreat, to pull back

បន្ទាន់ E12 immediate

បន្ទាប់ E9 next; next to
  បន្ទាប់បន្សំ E9 secondary
  បន្ទាប់ពី B14R next to

បន្ទាយ B47 fortress, barracks, post

បន្លា B55 thorn

បន្លែ B34 vegetable

បន្លំ B41 to cheat, confuse, to trick

បបូរ E10 rim
  បបូរមាត់ E10 lips

បម្រាមគោចរ B36 curfew

បម្រុង B58L to intend, to plan

បម្រើ B41 to serve

ប័រទុយហ្គ៏ E10 Portugal

បរទេស B42 foreign

បបរ B32 rice gruel, rice grit

បរមា /pa?remaa/
E3 tiny (literary), minute (small)

បរិបូរណ៍ /babou/
E11 plenty, enough

បរិភោគ B18R to eat, consume (general, neutral word)

បរិវេណ /pa?reveen/
E1 perimeter, edges

បសុ /pa?so?/(H)
E13 animal

  បសុកម្ម /pa?so?kam/
  E13 animal husbandry (formal)

  បសុដ្ឋាន /pa?so?thaan/
  E15 place for raising animals (formal)

ប័ណ្ណ E14 ticket, check, printed form

បា E15 male animal, sire

បាក់ B19 to be broken
  បាក់ផ្លូវ E3 the road is cut (by weather)

បាច E5 to bail water

បាញ់ B37 to shoot (firearms)
  បាញ់ថ្នាំ E15 to spray (a chemical)
  បាញ់សត្វ B44 to hunt

បាត E3 bottom

បាត់ B42R to lose, to disappear

បាត់ដំបង E6 Battambang (Cambodian province)

បាតុ E8 to be manifest, apparent
  បាតុកម្ម B37L demonstration, march
  បាតុភូត /patu?phuut/, /batu?···/
  E8 phenomenon, miracle, event

បាទ B1 polite response particle used by men; yes

បាន B10 O.K., all right

បាន B21 past-time indicator when placed before verb

បាន B10 resultative verb denoting possibility or ability to do something (translated as can)

បាន	B18L	to have, to get
បានការណ៍	E8	to be of use, to get results, to have effect, to be productive
បានចិត្ត	B40R	to get a swollen head, to be spoiled
បានសម្រេច	E3	to be successful; to be decided
បានសេចក្ដីថា	E8	to mean
បាប	B48	sin (opposite of បុណ្យ)
បាយ	B4	cooked rice, a meal, food
(ថ្ម)បាយក្រៀម	E9	porous volcanic rock
បាយទឹក	B16L	a meal
បាយលីង	B 32	fried rice
បាយអ	/baay ɔɔ/ E9	mortar
បារី	B4	cigarette, tabacco
បារាំង	B2	French, France
បាល់	B43	ball
បាល់ទាត់	B43	soccer
បាល់ទះ	B43L	volleyball
បាល់បោះ	B43	basketball
បាវ	B51	bale, bag
បាសាក់	E6	Bassac (name of an arm of the Mekong river)
ប៉ាកកា		pen
បិទ	B22	to close, to block (a road)
ប៉ិន	E14	skillful, clever
បី	E12	to carry in both hands like an infant
បី	B6	three
ប៊ីយែរ	/byɛɛ/ B26	beer
បឹង	B44	lake
បឹងបួ	E3	lake
បុក	B42	to pound, to hit, to bump, to poke
(ឡាន)បុក		to run over
(ឡាន)បុកគ្នា		to collide with
បុក(ស្រូវ)		to pound
បុគ្គល	/bokŭl/ E13	individual (formal)
បុគ្គលិក	/bokəlɨk/ E13	employee, personnel (formal)
បុណ្យ	/bon/ B57	feast; ceremony
បុល	E11	to borrow goods for return at double rate, not usually used for money (rural)
បុស្ស	/boh/ E11	name of second lunar month (mid December to mid January)
ប៉ុណ្ណឹង	B49	that much,...and that's all, only, to that extent, that much, this much
ប៉ុនប៉ង	E13	to wish, to want
ប៉ុន្តែ	B41	but, however
ប៉ុន្មាន	B7	how much?, how many?
ប៉ុន្មានថ្ងៃហ្នឹង	B20	the past few days
ប៉ុស្តិ៍	/poh/ B27	post office
ប៉ុយរ៉ូ	B48L	office, desk
បុរាណ	E3	ancient, old, classical, old-fashioned
បូរណភាព	E7	integrity
ប៉ូលិស	B28	police

បួ	E3	lake (obsolete)
បួន	B6	four
បួនជ្រុងទ្រវែង	E4	rectangular
បួនដប់	B60	a few
បើ	B5	if
បើក	B6	to open
បើកលុយ	B6	to cash, to draw mon y, to get paid
បើកឡាន	B13	drive a car
បៀ	B5	playing cards
បេតុង	E15	concrete (French: béton)
ប៉េងប៉ោះ	B33	tomato
បេនឡាន	B17	bus station
បេសកកម្ម	/peesaka?kam/ B58	mission
បេះ	B31R	to pick, pluck
បែក	B36	to be broken; to divide
បែកចែក		to divide
បែកគុម្ព	E11	to spread (plant), to branch out
បែកប្រមាត់	E2	to think very hard, to think one's head off
បែកប្រាជ្ញា	E15	to become more intelligent, to develop new ideas
បែកភក់	E3	to get muddy
បែង	E15	to divide, to multiply (increase in number)
បែងចែក	E15	to divide
ប៉ែក	E6	a part; region
ប៉ែតសិប	B6	eighty
បែន	E11	to thresh (by foot)
បែប	B40	a kind; way; to seem
បែបបទ	E2	way, means
បែបផែន	E13	plan, system
បែរ	E1	to turn into, to turn to
បែលហ្សិក	E4	Belgium (Fr. Belgique)
បៃតង	B31	green
ប៉ៃលិន	E9	Pailin (place name)
បោក	B49L	to cheat, to fool (colloquial)
បោក	B47L	to beat; to slam down; to launder
បោកខោអាវ	B47L	to do the laundry
ប៉ោត	B58R	a metal container the size and shape of a gas-oline can
ប៉ោម	B31	apple
បោះ	B26	to throw; to drive (a nail); to pitch (a ball)
បោះចោល	B45	to throw away
បោះជំរំ	B54	to pitch camp
បោះត្រា	B26	to stamp, to seal
បោះទង	E12	to grow out
បោះផ្សាយ / បោះពុម្ពផ្សាយ		to publish
បោះពុម្ព		to print
បំណង	B51	to intend; intention
បំណាច (< បាច)	E5	liquid that is bailed
បំណាច់ (< ផ្តាច់)		a separated piece
បំណាច់តាំង	B40	since
បំណុល	E11	debt
បំបាក់ (< បាក់)		to break
បំបាក់សេះ		to break a horse

បំបាត់ (<បាត់)	E8	to cheat; to lose (something)
បំបែក	B58	to break (trans.)
បំបែកជួរ	B56	to break ranks
បំបាំង (<បាំង)	B60	to hide
បំបាំងបន្លំ	B60	to camouflage
បំបះ (<បះ)	B52	to lift one side; to incite
បំបះបំបោរ	B52	to incite, to rabblerouse
បំផុត	B36	the ...est of all (superlative marker)
បំផ្លាញ		to squander, to waste
បំផ្លាញ	B51	to destroy
បំផ្លាញ (ខ្ជះខ្ជាយ)		to lay waste to; to destroy
បំផ្លាស់ (ផ្លាស់)	B52	to change, to transfer (trans.)
បំពក់ (ពក់)		to stack wood in building a fire
បំពង	B33	to deep fry
បំពង់	B19	a tube
បំពង់ក	B19	throat
បំពាក់	B56	to put garment on someone else, to cause to wear, to decorate (with a medal)
បំពាក់សក្តិ	B56	to award a promotion (military)
បំពេញ	B27	to fill; to fulfill, to complete
បំពេញវិជ្ជា		to study (higher learning)
បំភ្លេច (<ភ្លេច)	B55R	to forget (deliberately)
បំរើ (<ប្រើ)	B41	to serve, to wait on
អ្នកបំរើ		waiter or waitress

បាំង		to hide, to obstruct, to veil
បះ		to be erected; to strike; to revolt
ប្តី	B8	husband
ប្តីប្រពន្ធ		husband and wife
ប្តូរ (ដូរ)	B50R	to change
ប្រកប (ដោយ)	B51R	to have, to be possessed of
ប្រកបរបរ	E1	to earn a living, to have a profession
ប្រកាស	E2	to announce
ប្រកួតប្រជែង	B43	to compete
ប្រកែក	B58R	to refuse, to argue, to deny, to disagree
ប្រចាំ (<ចាំ)	E5	every, ...ly, e.g. ប្រចាំខែ monthly
ប្រចាំគ្រួសារ	E13	for the family
ប្រឆាំង (នឹង)	B37L	against, opposed to
ប្រជា	E6	people
ប្រជាជន	E7	the people
ប្រជាពលរដ្ឋ	/peciapúlrót/ E13	the population, the people of a nation
ប្រជាមានិត	E6	for, of the people
ប្រជារាស្ត្រ	/peciariah/ E6	the people
ប្រជុំ	B36L	meeting; to meet
ប្រជុំភ្នំ	E9	mountain cluster
ប្រញាប់	B30	to hurry, to be in a hurry
ប្រដាប់	B44	tool, utensil, instrument; to be equipped
ប្រដាប់ដោយ	B59	equipped with

ប្រដាប់ប្រដា	B44	instruments, tools
ប្រដាប់ភ្លេង		musical instrument
ប្រដូច (<ដូច)	B35L	to compare
ប្រដៅ	B36L	to teach manners to, to give advice
ប្រណាំង	B44	to race, compete
ប្រណាំងសេះ		to race horses
ប្រតិកម្ម	/prɔteʔkam/ B50	response, reaction
ប្រតិបត្តិ	/prɔteʔbat/ B48R	to execute, to put into effect
ប្រតិបត្តិការ	/prɔteʔbat kaa/ B58	an operation
ប្រថុយ	B51	to take a chance, to risk
ប្រទេស	B43	country
ប្រទេសចិនប្រជាមានិត	E6	People's Republic of China
ប្រទះ	B41	to meet, to run across
ប្រធាន	B37	chairman, president (organization)
ប្រធានាធិបតី	/pəthianiathɨpədɛy/ B37	president (of a country)
ប្រពន្ធ	/pəpŭn/ B8	wife
ប្រពៃណី	/prɔpɛynii/ E8	tradition
ប្រព្រឹត្ត	/prɔprɨt/ E2	to do, to perform
ប្រព្រឹត្តទៅ	E2	to take place
ប្រភព	/prɔphup/ E6	source
ប្រមាញ់ (<បាញ់)	E10	hunter
ប្រមាត់	E2	bile
ប្រមុខ (<មុខ)	B55	chief, head
ប្រមុខរដ្ឋ	B55	chief of state
ប្រមូល (<មូល)	E7	to gather, collect

ប្រយ័ត្ន	/pəyat/ B20	to be careful
ប្រយុទ្ធ	/pəyut/ E5	to fight (each other)
ប្រយោជន៍	/pəyoac/ B48R	useful; purpose, usefulness, importance
ប្រវត្តិ	/prɔvŏt/ E10	history
ប្រវត្តិសាស្ត្រ	/prɔvŏttesah/ E10	history
ប្រវែង	E4	length; long e.g. how long?
ប្រសប់	E8	skillful, capable, smart
ប្រសព្វ	E6	to meet (of water ways) (literary)
ប្រសព្វគ្នា	E6	to meet in friendship
ប្រសា	B18(H)	designating an in-law of a descending generation, e.g.
កូនប្រសា		son- or daughter-in-law
ប្រសើរ	E9	very good, excellent
ប្រស្រ័យ	E14	to deal with, to have relations with
ប្រហារជីវិត	E13	to sentence to death, to execute
ប្រហុក	B33	prohok (a Cambodian fish paste)
ប្រហែល	B8	perhaps, maybe,
ប្រហែលគ្នា		about the same
ប្រហែស	B35	to neglect
ប្រឡង		to take exam
ប្រឡងជាប់		to pass (exam)
ប្រឡងធ្លាក់	B45R	to fail (exam)

ប្រឡាយ	E3	path, trail, clear path in heavily over-grown water
ប្រាក់	B45	silver, money
ប្រាក់ខែ	B41R	salary
ប្រាក់ដើម	E15	capital, principal
ប្រាកដ	B56	exact, true, sure
ប្រាជ្ញា	B59R	intelligent, clever
ប្រាប់	B8	to tell
ប្រាប់ឲ្យ	B10L	to tell (someone) to (do something)
ប្រាសាទ	E9	ruins; ancient temple, fortress, citadel
ប្រឹង	B44	to strive
ប្រឹងប្រែង	E7	to try, to make an effort
ប្រុង	B59	to be ready
ប្រុងប្រៀប	B57	to be ready
ប្រុស	B8	man, boy
ប្រើ	B32	to use
ប្រើការ	E14	to use
ប្រើប្រាស់	E8	to use
ប្រើស	B44	deer
ប្រៀប	B60	to compare
ប្រេងកាត	E9	petroleum; kerosine
ប្រែ	E11	to turn, to plow for the second time in a growing cycle
ប្រែ	B4	to translate
ប្រែក្លាយ	E2	to change
ប្រែប្រួល	E5	to change, to shift
ប្រាំ	B6	five
ប្រាំបី	B6	eight
ប្រាំបួន	B6	nine
ប្រាំពីរ	B6	seven
ប្រាំមួយ	B6	six
ប្លង់	E3	plan, map
ប្លន់	B53	to rob, to plunder
ប្លាយ	E6	more than, odd, (used with numbers), e.g. សាមសិបប្លាយ 30 odd
ប្លែក	B21	different, interesting; strange, odd, new
ប្អូន	B8	younger sibling
ប្អូនជីដូនមួយ	B18	(younger) first cousin
ប្អូនថ្លៃ	B18	younger sibling-law-law
ប្អូនពៅ		youngest sibling
ប្អូនស្រី	B18	younger sister

ផ

ផង	B6	also, too; along
ផង... ផង	B40	both...and...
ផល	B40	product, result
ផលិត	/phɔlɨt/ E3	result
ផលិតកម្ម	/phɔlɨttəkam/ E3	product
ផលប្រយោជន៍	/phɔl payaoc/ E3	advantage, interest
ផល្គុន	/phəkŭn, phɔlkŭn/ E11	name of fourth lunar month (mid February to mid March)
ផាក	B42	to fine
ផឹក	B38R	to drink (familiar)

ផុត	E5	to get free of, to get clear of
ផើម	E11	pregnant
ផែកប៉ាល់	B17	dock (port)
ផែន	B58	circular layer, something flat and circular, disc
ផែនការ	B58	a plan
ផែនទី	B49	map
ផ្កា	B45	flower
ផ្កាយ	B58	star
ផ្គង់	E13	to cause to remain (rare)
ផ្គត់	E13	to shelter (rare)
ផ្គត់ផ្គង់	E13	to give aid and comfort to, to take care of, to supply
ផ្ញើ	B21	to send; for, e.g.
ខ្ញុំយកមកផ្ញើលោក		I brought it for you
ផ្ញើជីវិត	E13	to depend on
ផ្ដល់ (< ដល់)	B39	to provide, supply
ផ្ដាសាយ	B19	respiratory illness; to have a cold, have the flu
ផ្ដិត	B27	to imprint, print
ផ្ដិតមេដៃ, ផ្ដិតស្នាមដៃ	B27	to fingerprint
ផ្ដើម (< ដើម)	E9	to begin
ផ្ដេសផ្ដាស	E4	silly, useless, pernicious
ផ្ដុំ (< ជុំ)	B55	to gather
ផ្ទាល់	E7	personal, relating to
ផ្ទាល់ខ្លួន	B35L	personal, selfish
ផ្ទុក (< ទុក)	B50	to load
ផ្ទុយទៅវិញ	B32R	on the contrary
ផ្ទុះ	B45	to explode

ផ្ទៀង	B58	to synchronize; to make something certain
ផ្ទៃ	E4	surface, area
មានផ្ទៃ		to be pregnant
ផ្ទៃក្រឡា	E4	area (measurement)
ផ្ទះ	B5	house, home
ផ្ទះសំបែង		house, home
ផ្នូរ	B60	grave, tomb
ផ្នែក	B34R	a section, a part
ផ្លាស់	B47	to change, to transfer
ផ្លាស់ផ្ទះ	B47	to move (house)
ផ្លូវ	B10	road, street, route, passage, path
ផ្លូវការ	E4	official (adj.), formal
ផ្លូវខ្វែង	B48	crossroad, intersection
ផ្លូវលំ	E6	trail
ផ្លែ	B31	outcome; fruit
ផ្លែក្ដិបៗ	E11	budding fruit
ផ្លែឈើ	B31	fruit
ផ្លែទំពាំងបាយជូរ	B	grape
ផ្លែផ្កា	E11	to flower and bear fruit
ផ្លែសន្ទូច	B44	fish hook
ផ្លុំ	B60	to blow
ផ្សាយ	E8	to broadcast, to disseminate, to spread
ផ្សារ	B15	market
ផ្សារចាស់		Old Market
ផ្សារថ្មី		New Market
ផ្សេង		different, separate

ផ្សេងៗ		various
ផ្សែង	B55	smoke
ផ្សាំង (<សាំង)	B44	to tame
ផ្តុំ (<តុំ)	B58 g	to assemble, to gather
ផ្អើល	E12	to be scared and run (usually used for animals), to be startled (animal)
ផ្អែក(លើ)	E7	to lean on
ផ្អែម	B31	sweet

ព

ពរ	E12	to carry a child on the hip
ពង	E3	to lay an egg
ពង	B33	an egg; egg-like
ពង្រីក (រីក)	E15	to expand (trans.)
ពង្រឹង (<រឹង)	B51	to harden, to stiffen, to strengthen
ព័ទ្ធ	/pót/ E3	to surround
ពន្ធ	/pún/ B53	tax
ពន្ធ	/pón/ E4	tie (n.), bond (literary)
ពន្យល់	B15	to explain
ពន្លឹក	E13	mnemonic
ពពក	B51	cloud
ពយ	E10	refers to a head that extends toward the back
ព័រ	/póa/ E10	Pear (name of a montagnard tribe)
ពណ៌	/póa/ B23	color
(ពណ៌)ក្រហម		red
(ពណ៌)ខៀវ		blue, green
(ពណ៌)ខ្មៅ		black
(ពណ៌)ត្នោត		brown
(ពណ៌)បៃតង		green
(ពណ៌)ប្រផេះ		grey
ពណ៌មេឃ		sky-blue
(ពណ៌)លឿង		yellow
(ពណ៌)ស		white
ពណ៌ស្វាយ		purple
ពណ៌នា	/póarania/ E15	to describe
ពល	/púl/ E5	force, troops
ពលទោ	B57	private (soldier)
ពលបាលត្រី	/púl baal trɛy/ B57	sergeant
ពលបាលទោ	B57	chief sergeant
ពលបាលឯក	/púl baal aɛk/ B57	sergeant major
ពលឯក	B57	private first class
ពស់	/púh/ B44	snake
ពហុ	/pehuʔ/ E4	many (literary)
ពហុកោណ	/pehuʔkaon/ E4	polygon
ពាក់	B19L	to put on any garment other than pants or a shirt; to hang up; to wear
ពាក់សក្តិ	B47	rank, e.g. ពាក់សក្តិប៉ុន្មាន what rank?
ពាក់ស៊ី		what rank?
ពាក់កណ្តាល		center, half-way; half
ពាក្យ	/piaʔ/ B6	word, utterance

ពាក្យធំៗ B36L rude words, back-talk

ពាក្យចចាមអារ៉ាម B54 rumor

ពាណិជ្ជ E1 commercial

ពាណិជ្ជកម្ម /planicekam/ E1 commerce; to do commerce

ពាន់ B6 thousand

ពាយ B44 to be extinct

ពាយព្យ /playóp/ E5 northwest (lit.)

ពាស (ពេញ) B44R to spread over, cover all over, completely covering

ពិត B54 true

ពិតជា E7 surely, certainly

ពិតមែនតែ B46 while it is true that

ពិធាន (=វិធាន) E2 a plan, a program; act

ពិធី (=វិធី) E11 method; ceremony

ពិនិត្យ B42 to examine, to observe, to inspect, to censor

ពិបាក B5 difficult, hard

ពិភពលោក /piphúp look/ E3 world

ពិសា B16L to eat (formal)

ពិសាបាយ to have a meal

ពិសាខ /pisaak/ E11 name of sixth lunar month (mid April to mid May)

ពី B4 from, past (restricted usage); about

ពីខែណា what month? (in the past)

ពីឆ្នាំណា what year? (in the past)

ពីថ្ងៃណា what day? (in the past)

ពីមុន B18 previously, before

ពីថ្ងៃណោះ B41 the other day

ពីអង្កាល់ B9 when, since

ពីងប៉ុង B43 ping pong

ពីព្រោះ B3 because

ពីរ B6 two

ពីរបី two or three

ពឹង (លើ) B38 to depend on, to ask a favor

ពឹងផ្អែក E7 to depend on

ពឹងពាក់លើ E6 to depend on

ពុក E6 father (address form)

ពុក B59 decayed, soft, dry-rotted

ពុករលួយ corrupt, rotten

ពុកមាត់ B22 moustache

ពុន E12 to carry suspended from one end of a stick over the shoulder

ពូ B18 =មា but less formal than

ពូឯង B18L you

ពូកែ B43 skillful, clever, strong, good at, smart; effective, e.g. ថ្នាំពូកែ effective drug

ពូជ E2 lineage, descent, seed, breed

អត់ពូជ E5 no breeding, bastard, s.o.b. (curse word used for both sexes)

ពូត E11 to wring out

ពួក E10 Puok (name of a montagnard tribe)

ពួក	B52	group, gang
ពួកវៀតកុង	B52	the Viet Cong
ពួកម៉ាក	B5	friend
ពួន	B53	to hide (oneself)
ពេក	B11	so, too, too much
ពេជ្រ	E9	diamond
ពេទ្យ	B8	medicine (the subject); hospital, doctor; medical
ពេញ	E3	full
ពេញដោយ	E3	full of
ពេញទីក្រុង	B38L	all over the city
ពេញចិត្ត	B32L	to be pleased, to be satisfied
ពេល	B7	time, when
ពេលណា	B14	when
ពេលមិនរវល់	B14L	spare time
ពែង	B45	cup
ពែរមីបើកឡាន	/pɛɛmii baək laan/ B42	driver's license
ពោង	B41	buoy
ពោធិ៍សាត់	/poosat/ E7	Pursat (Cambodian province)
ពោរ	E12	swollen, to have risen
ពោរពាស	E12	all, completely
ពោរពេញ	E9	filled (with)
ពោលគឺ	E15	that is to say
ពោះ	B52	stomach
ពុំ (= មិន, អត់, គ្មាន)	E1	not (literary)
ពុំសែន	B31	a kind of large mango; a kind of fragrant tree
ព្យាបាល	B55R	to take care of
ព្យាម (= ភាង)	E11	length from fingertip to fingertip if both arms are extended
ព្រម	B35	together; to agree
ព្រមទាំង	E6	together with; and
ព្រលឹម	E11	early morning, early in the morning
ព្រាត់	E13	to be separated from a loved one
ព្រាប	B60L	pigeon
ព្រឹក	B7	morning
ព្រឹកមិញ	B10	this morning (past)
ព្រឹត្តិការណ៍	/prittəkaa/ B50R	event
ព្រួញ	B44	arrow
ព្រួយ	B31	to be sad, unhappy; to worry
ព្រួស	E11	to sow, to spray saliva; to broadcast
ប្រេង	B14	oil; petroleum product
ព្រែក	B58	canal, stream
ព្រែកជីក	B58	canal
ព្រៃ	B34R	forest, jungle
ព្រៃផ្សៃ	E13	savage, fierce
ព្រៃរបោះ	E5	thin forest
ព្រៃរនាម	E3	jungle
ព្រៃវែង	E9	Prey Veng (Cambodian province)
ព្រោះ	B3	because
ព្រំ	B48	line of separation
ព្រំដែន	B48	border, frontier
ព្រំប្រទល់	E4	border, frontier
ព្រះ	E10	sacred, holy; royal; god

ព្រះសង្ឃ	/pesɔŋ, préh sɔŋ/	E13	Buddhist monk
ព្រះបាទ		E9	Preah Bat (name of a mountain cluster)
ព្រះវិហារ		E9	Preah Vihear (Cambodian province); (name of a temple near the Thai-Cambodian)

ភ

ភក់		B59	mud
ភទ្របទ	/phótrebot/	E11	name of tenth lunar month (mid August to mid September)
ភស្តុ	/phosdo?, phosto?/	E13	residence, place; thing, property
ភស្តុភារ	/phosto?phia/	E13	tribute, gift; cause, thing; place of birth
ភ័យ	/phey/	B42R	to be scared, afraid
ភាគ		B6	part; used between the numerator and denominator of a fraction, e.g. 'one third'
ភាគច្រើន		B6	majority
ភាគរយ		B6	percent, e.g. មួយភាគរយ 1%
ភាតរៈ	/phiaterė?/	E7	sibling, relation (literary)
ភាតរភាព	/phiaterė? phiap/	E7	fraternity, brotherhodd
ភាព		E1	state of, -ness, state of being
ភារៈ	/phiaré?/	E7	duty
ភារកិច្ច	/phiaré?kec/	E7	duty
ភាសា		B58	language
ភូឈួយ		B26	deputy
ភូឈួយខេត្ត		B26	lieutenant governor, deputy provincial governor
ភូត		B54	to lie
ភូត		E8	something born or created (lit.)
ភូមា		B57	Burma, Burmese
ភូមិ		B39	village
ភូមិភាគ	/phumephia?/	E5	region
ភូមិសាស្ត្រ	/phumesah/	E4	geography
ភោគ		E1	property, goods
ភោគទ្រព្យ	/phook tróp/	E8	property, resources
ភ្ជង់		B51L	to point a weapon closely at
ភ្ជួរ		B40L	to plow
ភ្ញាក់		B22	to wake up, to be surprised
ភ្ញៀវ		E11	guest
ភ្នក់		E5	a place for building a fire
ភ្នក់ភ្លើង		E5	bonfire
ភ្នង		E10	Phnong (name of a montagnard tribe); generally used to mean montagnards or savages but with derogatory meaning
ភ្នាក់ងារ		E13	agent, employee
ភ្នែក		B15	eye
ភ្នំ		B48	hill, mountain

ភ្នំគូលែន	E9	Mount Koulen (resort in Battambang Province)
ភ្នំទំពរ	E9	Mount Tumpor
ភ្នំបូកគោ	B45	Bokor Mountain
ភ្នំពេញ		Phnom Penh (capital of Cambodia)
ភ្នំឱរ៉ាល់	E9	Mount Oral (highest mountain in Cambodia)
ភ្លាម	B38R	immediately, right away, at once
ភ្លឹក	E13	to daydream
ភ្លើ	B56L	stupid
ភ្លើង	B10	fire, light, electricity
ភ្លើងក្រហម	B10	red light (traffic light)
ភ្លើងអគ្គិសនី	/phleeŋ akkisanii/ B10	electricity
ភ្លៀង	B16	the rain; to rain
ភ្លេង	B12	music
ភ្លេច	B6	to forget
ភ្លេចឈឹងទៅហើយ	B16	to completely forget

ម

ម២	E15	square meter
មក	B4	to come; to (to the speaker)
មករា	/mé?kəraa/ B30	January
ម៉ង់ដា	B27	money order
មង្គល	/mɔŋkúl/ E7	prosperity, progress, health
មច្ឆៈ	/macché?/ E3	fish (literary)
មច្ឆវប្បកម្ម	/macché? vappəkam/ E3	distribution of fish
មណ្ឌល	/mɔndul/ E8	region, area, center (formal)
មណ្ឌលគិរី	E9	Mondolkiri (Cambodian Province)
មធ្យម	/mətyum/ B55	middle, average, intermediate
មធ្យោបាយ	/məthyoobaay/ B59	measure, solution, means, tactic, way, strategy
មនុស្ស	B18L	people, person, human being
មន្ទីរ	B55	an (official) building
មន្ទីរបញ្ជាការ	B47R	headquarters
មន្ទីរពេទ្យ	B58	hospital
មរោក	E3	leaves at the bottom of a pond; slime
មរ៉ទីរ	/morcee/ B55	mortar (gun)
មហ (=មហា)	/mé?hé?/ (H) E5	great, big
មហន្តរាយ	/mehɔnteraay/ E5	catastrophe
មហា	E14(H)	big, large, great
មហាវិថី	E14	boulevard
មហាវិទ្យាល័យ	/mehaa vityialay/ B40	university
មា	B18	uncle (younger than one's parent)
មាក់ងាយ	E4	to look down on, to despise
មាឃ	/mia?/ E11	name of third lunar month (mid Januray to mid February)

មាឌ	/miat/ E10	form, shape, build, e.g.
គាត់មាឌមាំ		he is well built
មាត់	B22	mouth; edge
មាត់ទន្លេ	B48	edge of a river
មាត់រអិល	E8	loose mouth, the tongue slips easily, talk without thinking, can't keep a secret, put one's foot in one's mouth
មាត់ជ្រូក	E6	Chau Doc (Cambodian name of a province in South Vietnam that used to be part of Cambodia)
មាន	B4	there is (are); to have, to possess, to own
មានការអ្វី	B9	can I help you?, what can I do for you?
មានទាន់	E14	yet
មានទោស	B36L	to be guilty, to be punished
មានបាន	B15	past time indicator; to happen to; to have occasion to
មានប្រសាសន៍	/mian prɔsah/ B29	to say (formal)
មានផ្លូវ	E14	there's a way, there's a chance
មានរឿង	B15	to have a fight
មានសមត្ថកិច្ច	/··· semattakec/ E3	competent
មានអី!	B9	why not?, of course, O.K.
មានឯណា	E15	on the contrary (connotes overcoming an obstacle)
មានឱកាស	B46	to have an opportunity, to have a chance
មាន់	B34	chicken
មាន់ទា	B53	poultry
មាន់បារាំង		turkey
មានិត	E6	to like, to love (poetic)
មាគ៌ា	/miakia/ E2	route, way, road, approach, policy (literary)
មាស	E9	gold
ម៉ាត់	E2	mouthful, classifier for words
ម៉ាស៊ីន	B14	engine, motor, machine
ម៉ាស៊ីនថតសំឡេង	B58R	tape recorder
ម៉ាស៊ីនទឹក		water fountain
ម៉ាស៊ីនភ្លើង		generator (electricity), electrical plant
មិគសិរ	/mɨkkesee/ E11	name of first lunar month (mid November to mid December)
មិត្ត, មិត្រ	/mɨt/ B21	friend
មិត្តសំឡាញ់	B21	friend
មិថុនា	/mi?tho?naa, ···nia/ B30	June
មិន	B3	no, not
មិនខ្វះទេ	B45	plenty, a lot of, no lack
មិនគ្រាន់តែ... ទៀត	B6	not only...but...
មិនជា...ប៉ុន្មានទេ	B10	not very, not so
មិនជាងគ្នា	E2	very similar, a about the same
...មិនដល់...	B24	not as...as...
មិនដែលនិងមិន	E1	never have and never will + verb

មិនតែប៉ុណ្ណេះ	B9	not only this, that etc.
មិនតែប៉ុណ្ណោះ... ទៀត	B37	not only that, but...
មិនថាតែ...ដែរ	B45	not only...but...
មិនទាន់	B3	not yet; not on time
មិនទៀងទេ	B48	It depends, It's not certain
មិនបាច់	B9	to not have to, to not need to; not necessary
មិន...ប៉ុន្មាន	B20	not so..., not very...
មិនប៉ុន្មានទេ	E2	not much, not important
មិនកើត	E15	It's no use, there's no point to it, no result, no good
មិនយូរមិនឆាប់	B59	sooner or later
មិនលែង	E15	really, without doubt
មិនសូវ		not very..., not much, not many
មិនស្វីអី	E14	It's nothing, no problem
មិនអីទេ	B6	It's nothing you're welcome
មិនា	/mi?naa, ···nia/ B30	March
មី	B30	egg noodles
មីង	B18	aunt (younger than one's parent); 2nd or 3rd person pronoun for younger aunt, e.g. មីងទៅណា? where are you going?
មីន	B53	mine (explosive)
មីនុត	B9	minute
ម៉ឺង ឬ ហ្មឹង	E7	firm, stubborn
ម៉ឺងម៉ាត់	E7	serious, severe
ម៉ឺន ឬ ហ្មឺន	B6	ten thousand

មុខ	B33	face, front; in front
មុខ	B33	kind, variety, dish; field
មុខក្រសួង		status; function; duty
មុខងារ	B54	job, work, position
មុខរបរ	E2	occupation
មុខជា	B30	probably, undoubtedly will
មុជ ឬ មុជ្ជ	B19	to immerse, to dive, to shower,
មុជទឹក	B19	to take a shower, to go swimming
មុត	E13	sharp (edge); to be cut
មុតមាំ	E13	firm, hard, sharp and decisive
មុន	B22	before, first
មុនដំបូង	B42	first
មុនដំបូងបង្អស់	B42	first of all
មុននេះ		before this
មុនម៉ោង	B9	ahead of time
ម៉ុងហ្គោល	E10	Mongol
មូល	E4	round
មូលទ្រវែង	E4	oval (adj.)
មូលៈ	/muuléʔ/(H) E2	origin
មូលដ្ឋាន	/muulathaan/ B59	base (military philosophical and physical)
មូលធន	/muulathŭn/ E14	tycoon, capitalist
មូលហេតុ	/muulahaet/ E5	basic reason, basic cause
មូសុង	E4	monsoon

ម៉ូតូ	B11	motorbike, motorcycle
មួក	B23	hat, cap
មួយ	B6	one
មួយគំនរ	E5	a lot, a pile, plenty
មួយឆ្នាំៗ	E15	every year, each year
មួយដុំៗ	E10	various areas
មួយទល់នឹងមួយ	E10	one-to-one
មួយភ្លែត		one moment, a minute
មួយៗ	B47	each
មួយៗ	B19L	slowly
មួយវិញទៀត	B38	and another thing
មើល	B2	to look at, watch; to read
មើលកុន		a movie, to see a movie
មើលកូន		to babysit, to take care of a child
មើលងាយ	E4	to look down on, to despise
មើលដាច់	B12	to be able to read
មើលមិនដាច់	B12	to be unable to read
មើលទៅ	B13L	perhaps, maybe
មេ	E15	female animal that has given birth; poetic for woman; mother; chief, main
មេក្រមី	E2	a medium that spreads lice; figuratively: a bad influence, a bad apple
មេឃុំ	B25	town mayor, village chief
មេដឹកនាំ	B47	leader
មេដៃ	B27	thumb
មេដៃ	B57	medal
មេទាហាន		military officer
មេបញ្ជាការ	B47	commander
មេផ្ទះ	B32R	housewife
មេភូមិ	B25	hamlet chief
មេមាន់	E15	hen
មេម៉ាយ	B40R	widow, widower, divorcé, divorcée
មេរៀន	B32	lesson
មេសង្កាត់	B28	quarter chief
មេគង្គ	E4	Mekong
មេឃ	B17R	sky
មេឃងងឹត	B24	cloudy sky
មេឃបើកថ្ងៃ	B24	clear sky
មេណាម		Menaᵐ (river)
មេសា	B30	April
ម៉េច	B9	how?, why?
ម៉េចបានជា	B40	how come?
ម៉េចបានចឹង		how come?
មែន	B16	true, real; really; really?
មែន(ទេ)	B11	isn't, are they, am I, will he, can we? etc.
មែនទែន	E3	really, in fact
មែនឬអី ?	B30	really?!, is that so!
ម៉ែ	B25L	mother (address form for ម្ដាយ)
ម៉ែត្រ	E9	meter (unit of measurement))
ម៉ោង	B4	o'clock, hour, time, time of day, e.g. ម៉ោងប៉ុន្មាន? what time (is it)?

មាំ	E7	definite, strong, firm
ម្ខាង	B60	one side
ម្ខាងទៀត	B60	the other side
ម្ចាស់	B41L	owner, master, boss
ម្ចាស់ឡាន	B42	car owner
ម្ជុល	B20	needle; syringe
ម្ដង	B5	once; for a chance
ម្ដងៗ	B15	once in a while
ម្ដងម្កាល	E6	once in a while
ម្ដាយ	B8	mother
ម្ដាយក្មេក	B18	mother-in-law
ម្ដាយធំ	B18	aunt (older than one's parent)
ម្ដាយមីង	B18	aunt (younger than one's parent)
ម្ដាយចុង	B29R	stepmother
ម្នាក់	B47	a person
ម្នាក់ៗ	B30R	each (person), every one of them
ម្នាស់	B31	pineapple
ម្ភៃ	B6	twenty
ម្យ៉ាង	B49	one kind, one way, one method
ម្យ៉ាងទៀត	B49	furthermore, another thing; on the other hand, in the other words
ម្រាម	B52	digit (finger, toe)
ម្រាមជើង		toe
ម្រាមដៃ	B52	finger
ម្រះ	E12	bitter melon
ម្លប់	E15	shade
ម្ល៉េះ	B18	so, such
ម្ល៉េះហើយ	E2	therefore
ម្សិលមិញ	B11	yesterday
ម្ហូប	B15	food

យ

យក	B6	to take
យកការណ៍	B54	to spy
យកចិត្តទុកដាក់	B54	to do with care, pay attention
យកខ្យល់អាកាស	B45	to take the fresh air
យកដើមទៅរកស៊ី	E14	to invest
យកតែមែនទែន	E12	really
យកពន្ធ	B53	to collect tax
យកមុខទៅទាល (កណ្ដាលខ្មាស)	E4	to be embarrassed
យប់	B5	night time
យប់មិញ	B10	last night
យល់	B2	to understand
យ៉ាង	B13	kind, type
យ៉ាងច្រើន	B17	at the most
យ៉ាងណា	B13L	how, which way
យ៉ាងណាក៏ដោយ	B58	anyway
យ៉ាងណាមិញ	B48R	likewise (lit.)
យ៉ាងតិចណាស់	B17	at least
យ៉ាងម៉េច	B13L	how?, why?
យាម	B49	to guard
យាយ	B18	grandmother, old woman
យាយី	E13	to menace, to threaten, to be chronic (disease), to haunt
យី	B24	Gee!
យឺត	B24	slow
យឺតៗ	B24	slowly

យឺត	B24	elastic
យុត្តិ	/yutteʔ/(H)	
	E1	that which is right, proper
យុត្តិធម៌	/yuttəthóa/	
	E1	justice
យុទ្ធ	/yut/(H)	
	E5	fighting
យុទ្ធជន	/yutthəcún/	
	E13	fighter, militant
យុវៈ	/yuvéʔ/(H)	
	E14	young
យុវជន	/yuvéʔcún/	
	E14	youth, young people
យូរ	B15L	long (time)
យូរណាស់មកហើយ	B41	a very long time
យូរៗម្ដង	B21	once in a while, seldom, intermittent
យួន	B2	Vietnam, Vietnamese
យួរ	E12	to carry suspended from the hand, e.g. a purse
យើង	B3	we, us, our
យោគ	E14	to earn a living property, construction (lit.)
យោធា	E1	military (formal)
យោបល់	B58	opinion, suggestion
យំ	B44L	to cry, weep

រ

រក	B18L	to seek, search for, to earn a living
រកខុសត្រូវ	B26R	to seek out the truth, to find out the truth
រកឃើញ	B12	to find
រកស៊ី	E1	to earn a living
រកស៊ី	E14	to start up a business
រក្សា	E6	to take care of
រង	E12	a row
រង	E13	to protect
រងទុក្ខ	B56	to suffer, to undergo suffering
រងា	B24	cold, chilly (with wind)
រងាវ	E11	to crow
រង្វាន់	E12	gift, reward
រដូវ	B24	season
រដូវទឹកជំនន់ ឬ រដូវទឹកឡើង	E3	flood season
រដូវប្រាំង	B24	dry season
រដូវវស្សា	B24	wet season
រដ្ឋ	/rót/	state
រដ្ឋការ	/róttəkaa/	
	B38	government, civil service
រដ្ឋធានី	/rót thianii/	capital city
រដ្ឋមន្ត្រី	/rótthəmuntrɛy/	a cabinet minister
រដ្ឋលេខាធិការ	/rót leekhaathikaa/	secretary (lit.)
រដ្ឋប្រហារ	/rót pəhaa/	
	B53	coup d'état
រដ្ឋាភិបាល	/róttəphibaal/	
	B38	government, administration, régime
រដ្ឋាភិបាលស្រោចស្រង់ជាតិ	E2	Government of National Salvation (name of the government

		that was in power before, during, and after the overthrow of Norodom Sihanouk in 1970)
រណារ (<អារ)	E15	a saw
រត់	B35	to run
រត់កប៉ាល់		to work on a boat
រត់គយ	B54	to smuggle
រត់ចេញ	B52	to desert
រត់តាក់ស៊ី		to drive a taxi
រត់ពីជើងគេមិនរួច, រត់នឹងគេមិនរួច, រត់មិនរួចពីជើងគេ, រត់មិនរួចនឹងជើងគេ, រត់នឹងជើងគេមិនរួច	E2	to be trapped, to be cornered, to be unable to get away
រត់សំបុត្រ		to deliver mail
រត់ឡាន		to work on bus
រតនគិរី	E9	/róttena?kirii/ Rattanakiri (Cambodian province)
រថក្រោះ	B49	/rót krɔh/ tank (weapon)
រទេះ	B42	cart, vehicle
រទេះគោ	B42	ox-cart
រទេះភ្លើង		a train
រនាប (<ភាប)	E5	floor
រនាម	E3	jungle
រនាស់	E12	a harrow, rake
រនោង (=ននោង)	E12	a kind of gourd
រន្ទះ	B51	/ntéh/ thunder
របង	B55	fence
របប	E5	régime
របបទឹកភ្លៀង	E5	rainfall
របបទឹកស្រក	E9	low water level
របបទឹកឡើង	E9	high water level
របរ	E1	profession, trade
របររកស៊ី	E1	occupation
របស់	B16	of, belong to; thing
របស់របរ	E1	things
របិលរបូច	E8	bad, character, crooked, untrustworthy; naughty
របួស	B50	a wound; to be wounded
របៀប	B29	style, way, method, order
របៀបរៀបរយ	E1	order
របេង	B20	tuberculosis
រប៉ាះ	E5	scattered
រម៉ក	B42	trailer (small)
រយ	B6	hundred
រយៈ	E3	/rəyéʔ/ interval
រយៈទទឹង	E4	latitude
រយៈបណ្ដោយ	E4	longitude
រលត់	B45	to be extinguished
រលាយ	E6	to melt
រលីង	E11	completely gone, barren (restricted distribution e.g. barren soil
រលោង	E11	smooth, polished
រវល់	B14	to care about, to be busy
រវាង	B54	between, during; duration, interval
រស់	B8	to live, to be alive

រស	/rúh/ E12	essence
រសជាតិ	/rúh ciat/ E12	flavor
រសាត់	E8	to drift; to run (stocking)
រសៀល	B51L	afternoon
រហូត	B60	without intermission, through, all the way
រហែក	B41	to be torn
រអិល	B59	slippery
រ៉ (= ឃ្ល, ណា)	E1	attention-getting particle used between men or nonformal particle
រ៉ក!	E11	exclamation of surprise or disagreement
រាក់	B59	shallow
រាង	E4	shape, form
រាជ	B38	royal
រាជការ	B38	civil service, government
រាជធានី	B57	(royal) capital
រាជ្យ	/riac/ E7	period of reign of a king
រ៉ាដ្យូ	B22	radio
រាន	E1	a stand
រាប	E5	level, flat
រាប់	B33L	to count
រាប់	B43L	by the (+ number), (number) + s e.g. រាប់ពាន់ thousands, by the thousand
រាប់អាន	E10	to be friendly to, to seek out
រ៉ាប់	E13	to take responsibility
រ៉ាប់រង	E13	to assume responsibility for
រាម	E6	Ream (name of a Cambodian port)
រាយ	B56	scattered, in particle; retail; messy, e.g. លុយរាយ change; cash
លក់រាយ	E15	to sell retail
រាយការណ៍	B42	to report
រាល់	B14	every, each
រាល់ថ្ងៃ		every day
រាល់រៀងខ្លួន	E7	each one
រាស់	B40L	to rake, harrow
រាស្ត្រ	/riah/ E6	the people
រិច	E15	cropped short (grass)
រិចរិល	E15	used up
រិល	E15	dull (edge)
រិះ	E3	to think; stingy (slang), e.g. មនុស្សរិះ miser
រីក	E15	to expand, to burgeon, to bloom
រឹង ឬរឹងក្បាល	B58R	hard; stubborn
រឹងប៉ឹង	E13	hard and stiff
រឹត	B20	to rub; to tighten
រឹតតែ	B32L	increasingly
រឹតតែ...ឡើង	B34	increasingly
រឹប	B49	to squeeze; to constrict
រឹបយក	B49	to confiscate
ឫស្សី	/rɨhsɛy/ E8	bamboo
រ៉ុក្កែត	/rokket/ B50	rocket
រុក្ខ:	/rukhaʔ/ E5	vegetation (poetic)

រុក្ខជាតិ	/rukha?clat/ E5	vegetation
រុក្ខវិថី	/rukha?vithey/ E14	avenue
រុងរឿង	E5	prosperous, nice, peaceful, pleasant
រុញ	B35	to push
រុយ	B45	fly (n.)
រុស្ស៊ី	B18	Russian
រូង(ដី)	B53	tunnel, hole
រូប	B27	body, shape, figure
រូបថត	B27	picture
រូបិយ	/ruupey/ E14	concrete (opp. of abstract)
រូបិយប័ណ្ណ	/ruupeyaban/ E14	currency
រួច	B5	then
រួចហើយ	B5	then; already, just after that
រួច	B22	to finish; to be free
រួចខ្លួន	B26	to get even, to resolve things, to settle accounts, to be free from an obligation
រួចពីមាត់	B49L	to say for the heck of it; to make up a story
រួចរាល់	E11	completely finished
រួញ	E10	curly (hair); to be contracted or shrunken
រួប	E10	to join, to unite
រួបរួម	E10	to unite
រួម	E7	to join
រួមជាមួយគ្នា(នឹង)	E7	together with
រើ	E3	to move, to remove
រីរ៉ែត្រត	B60	to retire, retired
រើស	B23	to choose; to find; to pick up, e.g. ខ្ញុំរើសបានមួយដុល្លារ I found a dollar
រឿង	B6	story; matter, trouble, e.g. រករឿង to cause trouble
រឿងបុរាណ		fable
រឿងសម័យ		modern story, novel
រៀង	E7	consecutively, in order
រៀងរាល់	E11	each and every
រៀន	B2	to learn, to study
រៀប	B11	to prepare, to arrange
រៀបចំ	B13	to prepare, to arrange
រៀបចំខ្លួន	B13L	to get ready, to get dressed
រៀបចំបាយ		to prepare food
រៀបតុ		to set table
រៀបរយ	E1	order
រៀល	B18	riel (Cambodian monetary unit)
រែក	E19	to carry things suspended from both ends of a pole
រែង	E11	to sieve (in order to separate broken bits of rice from the large grains)
រ៉ែ	E9	ore, mineral
រ៉ែង (=រ៉ស្លង)	E2	you (intimate)
រៃលុយ	B53	to take up a collection, to collect money
រោគ	E15	disease, illness
រោង	B6	a shelter, a

roofed structure, a factory

រោងកុន B6 movie theater

រោងចក្រ /rooŋ caʔ/ E8 factory, plant

រោងអារឈើ E8 sawmill

រំខាន B60 to disturb, to annoy

រំពឹង (លើ) B55 to depend on

រំលោភ (លើ) B59 to violate, e.g. រំលោភលើច្បាប់ to violate the law

រាំ B5 to dance

រាំង E5 to cease, to let up (rain)

រះ E5 to rise (used of heavenly bodies)

ល

។ល។ /laʔ/ B43 etc.

លក់ B24 to fall asleep

លក់ B6 to sell

លក់ដាច់ E1 to sell (intrans.) (used of goods, e.g.-'those books aren't selling')

លក់ដូរ E1 to buy and sell, to be in business

លក្ខណៈ /léʔkanaʔ/ E6 character, aspect

លក្ខណមធ្យម E10 average characteristics

លទ្ធៈ /lətthéʔ/ E7 decision, result

លទ្ធផល /lattəphol/ E7 result, product, outcome

លទ្ធភាព E9 result

លប់ (=លុប) B12 to erase; to wash; to cover up (trace, hole),e.g. លុបមុខ to wash face

លលក B44L cuckoo

លា B1 to leave; to say good-bye; to unfold

លាក់ B51 to hide, to sneak

លាង B5 to wash

លាត E14 to unfold, to expose; to spread

លាតត្រដាង E14 to expose

លាតសន្ធឹង E9 to spread, to extend

លាន B6 million

លាយ B33L to mix

លាយឡំ E10 to mix

លាវ B13 Lao

លាស់ E5 to expand like healthy leaves full of water; figuratively, to progress, to prosper, to expand

លិខិត B49 message, letter, document, ticket (in some case)

លិច west

លិច E1 to sink; to set; to submerge, e.g. ថ្ងៃលិច the sun sets

លិចទឹក E1 to be inundated, to sink

លី E12 to carry propped up against the shoulder, e.g. a rifle

លីង B33 to fry

លីត្រ B18 liter

លីវ B8 single, bachelor (male or female)

ឮ (=លឺ) /lɨɨ/ B11 to hear

លុក	E9	to cross a forest
លុកលុយ	B53	to invade
លុយ	E9	to ford (a river)
លុយ	B4	money
លុយកាក់	E2	money
លុះ	E8	when
លុះណាតែ=លុះត្រាតែ	E8	on condition that
លុះត្រាតែ	B56	provided that, providing that, until
លូ	B39L	sewer, large pipe
លូក	E11	length from armpit to middle finger-tip
លូក	E3	to reach
លូកដល់(=លូកធុះ)	E14	to be able to afford
លូកមិនធុះ	E3	can't afford (it), too expensive
លូត	E5	to grow bigger, taller
លូតលាស់	E5	to burgeon, to bloom, to spring up, to grow, to progress
លូន	B60R	to crawl on one's belly
លួច	B37	to steal, to sneak
លួច+V	B37	to do something without letting people know; to do something on the sly, e.g. លួចចូល to sneak in
លួស	B55	wire
លួសបន្លា	B55	barbed wire
លើ	B29	on
លើក	B30R	time, instance
លើក	B30R	to raise, to lift
លើកដៃ		to raise the hand
លើកទឹកចិត្ត	B54	to encourage
លើកភ្ញៀវ	E11	to have neighbors in to help with a task
លើកលែងតែ	B31	except
លើស	E5	to exceed, to surpass, to pass
លឿង	B23	yellow
លឿន	B24	fast, speed
លៀន	B19	to stick out, protrude
លេខ	B23	a number, e.g. លេខមួយ No. 1
លេខសម្គាល់ខ្លួន	B54	serial number
លេង	B5	to play, to do something for fun
លេងធម៌ក្តៅ	B58L	to get tough, stricter
លេច	B56R	to emerge, to appear, to rise
លេចឮ	E8	to be overheard; rumor; to hear
លេប	B20	to swallow, to drink
លែង	B34	to quit, to give up; to divorce
លែងលេច	E15	to be unable to figure out
លែងលះ	B40L	to abandon, to divorce
លែងអីមិន...	E15	of course, naturally
លៃលក	E14	to manage, to arrange, to find a way
លោក	E3	world, planet
លោក	B1	you, Mister
លោកម្នាក់	B30L	a gentleman
លោកស្រី	B1	you (to woman of high social status); madam
លោកអ្នក	E15	you (plural) (formal)

លោហៈ /loohaʔ/(H)
E9 mineral

លោហធាតុ /loohaʔ thiat/
E9 ore, minerals (formal)

លំ E6 cleared just enough to permit passage

លំដាប់ E12 order, sequence

លំបាក E12 hard, difficult

លះ E6 to cut limbs from a tree; to go all the way in speaking, to say without restraint

លះបង់ E6 to abandon, to throw away

ល្ខោន B45 play, drama

ល្ង E9 sesame

ល្ងាច B19 evening

ល្បង (=លោកបង) B25 elder brother; you (respectful)

ល្បប់ E6 alluvial soil

ល្បាត B56 patrol, squad

ល្បាប់ (=ល្បប់) E9 alluvial soil

ល្បិច E8 strategem

ល្បី E10 famous, well-known

ល្បីល្បាញ E10 well-known, famous

ល្បឿន B51 speed

ល្បែង E8 game

ល្ពៅ E12 pumpkin

ល្មម B18 enough

ល្មមៗ B56R small, trivial

ល្មមតែ B50 by the time that...

ល្អ B2 good, pretty, nice

ល្អិត E11 fine, tiny

ល្អិតល្អួច E11 fine, tiny, unimportant

ល្អួច E11 fine, tiny

វ

វង់ /vŭŋ/
E10 circle; family, clique; arena

វឌ្ឍនៈ /vóttənaʔ/
E2 progress, good

វឌ្ឍនភាព /vóttənaʔ phiap/
E2 progress

វត្ត /vót/
B45 pagoda, temple

វត្តភ្នំ B45 Wat Phnom (name of a place)

វត្ថុ B45R object, thing

វត្ថុបំណង /vótthoʔ ···/
B45R objective, goal

វិប្បៈ /veppaʔ/(H)
E3 to distribute

វិប្បកម្ម /veppəkam/
E3 distribution

វរ E5 to be in trouble

វរៗ E5 if you don't watch out...

វរៈ /vooréʔ/(H)
high, good

វរសេនីយ៍ត្រី /varéʔseenɛy trɛy/
B57 major (military)

វរសេនីយ៍ទោ /··· too/
B57 lieutenant colonel

វរសេនីយ៍ឯក /... aɛk/
B57 colonel

វល់វក់ E11 up-and-down, and in-and-out, thoroughly

វស្សា /vŭhsaa/
B24 rainy season

វ័យ /vey/
E14 intelligence; age

វា B12 it, he, she, they (familiar)

វ៉ា	B57	to pass (a car)
វាង	E13	to avoid; to go out of the way
វាច (=វី)	E11	to spread thin
វាយ	/vay/ B36	to hit
វាយគ្នា	B53	to fight each other
វាយសម្រុក	B58	to assault
វារ	E12	to crawl
វាល	B17	plain, clearing; field
វាលយន្តហោះ	/vial yũn hɔh/ B17	airfield
វាលល្បប់	E6	alluvial terrain
វាលរេញ	E10	place name in Kampot Province
វាល់	E9	to measure (vol.)
វាល់ព្រឹកវាល់ល្ងាច	E9	all day
វ៉ាលិស	/vaalih/ B13	suitcase
វាស់	B58	to measure (length)
វិះ	/vih/ B52	almost
វិះតែ	B52	almost
វិច្ឆិកា	/viccəkaa/ B30	November
វិជ្ជា	/viccia/ B47R	subject, study, field of learning
វិញ	B5	instead, back again
វិថី	E14	street, road
វិទ្យា (=វិជ្ជា)	/vithyia/ E3	knowledge ·
វិទ្យាល័យ	/vithyialay/ B60R	secondary school, lycée
វិទ្យាសាស្ត្រ	/vithyia sah/ E3	science
វិទ្យុ	/vithyuʔ/ B43L	radio
វិទ្យុទូរទស្សន៍	/··· tuorətuoh/ B43L	television
វិធាន	E2	a plan, a program; act
វិធានការ	E2	measures, steps, action taken to solve a problem
វិធី	E11	method
វិន័យ	/viney/ B48R	discipline
វិនិ	/viniʔ/(H) E14	to clothe, surround
វិនិយោគ	/viniyook/ E14	investment
វិបត្តិ	/vibat/ B50L	crisis, destructive event
វិល	E2	to turn, to spin, to return
វិលមុខ	E3	to be dizzy
វិស័យ	/visay/ E8	field of, scope, range, sector
វិស្វកម្ម	/visvaʔkam/	engineering
វិស្វករ	visvaʔkɔɔ/ B49	engineer
វិស្សមៈ	/vissəmaʔ/ E9	recess
វិស្សមកាល	/vissəmaʔkaal/ E9	vacation
វិហារ	/vihia/ E10	church, sanctuary
វី (=វាច)	E11	to spread thin
វុ៎	E4	exclamation indicating regret
វៀងច័ន្ទ	/vieŋ can/ E6	Vientiane
វៀងវៃ	E14	sharp, clever, quick-witted

វេទនា /veetənia/
B49 misery, suffering

វេន B29 turn (in line)

  ដល់វេន it's (your) turn
  ផ្លាស់វេនគ្នា
  យកវេនគ្នា to take turns

វែកចំហៀង B29 to part the hair

វែង B23 long (of things)

  វែងអន្លាយ E5 long and continuous

វ៉ែនតា E9 glasses, spectacles

វាំង B45 palace

ស

ស B23 white

សកម្ម B51R active

  សកម្មភាព /sa?kamaphiap/
  B51R activity

សក់ B5 hair (of head)

សក្ខី (= សាក្សី) /sa?khɛy/(H)
E7 witness

  សក្ខីភាព /sa?khɛy phiap/
  E7 evidence

សក្តិ /sa?/
B47 to tattoo; tattoo; rank

សង B28 to return (something), to repay, to substract

សង់ B60 to build

សង់ខ្យា B33 pudding

សង្កាត់ B28 a political division of a town or a district

សង្កេត E3 to observe

សង្គម /sɔŋkum/
B55L society

សង្គ្រាម B40 war

សង្ឃ /saŋ/
E13 member of the Sangha, a buddhist monk

សង្ឃឹម B17R to hope; hope

សង្ស័យ B50 to suspect, to be suspicious; to be fishy e.g.

មានការសង្ស័យចំពោះរឿងនោះ(គ្រោះថ្នាក់) there is something fishy about the accident

សង្ហា E10 proud, showing off

សញ្ជាតិ /sɔñciat/
E10 nationality

សញ្ញា B31L sign, symbol, signal

  សញ្ញាភ្លើង B60 flare; light signal

សណ្ដ /sɔndɔɔ/
E6 mouth (obsolescent)

សណ្ដាប់ធ្នាប់ B59 manner

សណ្ដូក (< ស្ដូក) E6 to lie, to be extended

  សណ្ដូកទៅរក E6 to lie toward

សណ្ដែក B3 bean, pea

  សណ្ដែកដី peanut
  សណ្ដែកបណ្ដុះ B33 bean sprout
  សណ្ដែកបាយ E10 a kind of bean

សណ្ឋាន /sɔnthaan/
E5 aspect, phase

សតៈ /sa?ta?/
E10 hundred (Sanskrit)

  សតវត្ស /satəvɔ́t/
  E10 century

សត្រូវ /sa?trəw/ or /satrəw/
B38L enemy

សត្វ B40 animal, being (human or animal)

  សត្វលោក E5 being (especially people)

  សត្វល្អិត E11 insects

សត្វល្អិតល្អួច		E11	insects
សត្វស្លាប		B44	bird
សន្តាន	/sɔndaan/	E15	family, breed
សន្តិ	/sɔnteʔ/	E8	peace
សន្តិភាព	/sɔntəphiap/	E8	peace
សន្តិសុខ	/sɔntəsok/	B50	security, safety
សន្តិសុខជាតិ		B50	national security
សន្ទូង (<ស្ទូង)		E11	young rice plant
សន្ធឹង		E9	to extend
សន្និដ្ឋាន	/sɔnnəthaan/	E3	to assume, to conclude
សន្និសីទ		E7	conference
សន្មត		B52	to assume
សន្លប់		B45	to have fainted, to be unconscious
សន្លឹក		B26L	sheet (of paper, leaf)
សន្សំ		E14	to save
សប្បាយ		B1	happy, pleasant, agreeable
សប្បាយចិត្ត		B30L	happy, content
សព្វ	/sɔp/	E6	all
សព្វថ្ងៃនេះ		E6	nowadays, presently
សភាព	/saʔphiap/	B59	aspect; state of being; appearance
សមៈ	/saméʔ/(H)	E7	equal, same
សមភាព	/sɔmməphiap/	E7	equality
សម	/sɔm/	B29	to be becoming, appropriate, proper
សម	/sɔɔm/	B32	fork
សមត្ថៈ	/samathaʔ/(H)	E3	capable
សមត្ថកិច្ច	/samattəkec/	E3	area of capability, area of competence
សមរភូមិ	/samɔɔrəphum/	B58	battlefield
សម័យ	/saʔmay/	B53R	time, era; modern
សមុទ្រ		B33L	sea
សម្ងាត់		B48	secret (adj.)
ការសម្ងាត់			secret (n.)
សម្ងប់			lull (n.) e.g. ភាពកំពុងស្ងប់ things are in a lull
សម្បជញ្ញៈ	/sampañcañéʔ/	E12	conscience, consciousness
សម្បត្តិ	/sambat/	E9	property, asset
សម្បុរ	/sabol/	E10	skin color, complexion
សម្បូណ៌	/sɔmboo/	E3	plentiful, abundant
សម្បូរ	/sɔmbo/	E6	Sambo (place name in Kratié Province)
សម្បើម		B24	extremely; terrible; terribly
សម្ព័ន្ធ	/sɔmpɔ́n/	E10	ally (n.)
សម្ភារៈ	/sɔmphiaréʔ/	B56	supplies
សម្រាក		B35	to relax, to rest
សម្រាន្ត		B7	to sleep (formal)
សម្រាប់		B49	for; a set
សម្រាម		B56	garbage
សម្រុក		B58	to force one's

			way in without thinking of consequences
សម្រួល (<ស្រួល)		E2	to ease, to simplify
សម្រេច (ចិត្ត)		B30R	to decide, to make a decision
សម្លាប់ (<ស្លាប់)		B37	to kill
សម្លាប់ខ្លួនឯង		B44	to commit suicide
សម្លេង ឬ សំឡេង		B33	voice, sound
សម្លេងសហរដ្ឋអាមេរិក		B33	Voice of America
សរសើរ		E14	to praise, to congratulate, e.g. សុំសរសើរ congratulations!
សរសៃ		E10	thread; vein, string, sinew
សរុប		B45R	to summarize (resumé)
សរុបទៅ		B45R	in short, in brief
សរុបសេចក្ដីទៅ		E14	in short, to make a long story short
សល់		B33R	to remain, be left over; remains
សហ	/sa?ha?/(H)	E1	united
សហករណ៍	/saha?kɔɔ/	E7	co-operative (organization)
សហគមន៍	/saha?kum/	E13	community (lit.)
សហព័ន្ធ	/saha?pón/	E4	federation
សហព័ន្ធម៉ាឡេស៊ី		E4	Malaysian Federation
សហភាព	/saha?phiap/	E1	union
សហភាពសូវៀត		E1	Soviet Union
សហរដ្ឋ	/saha?rot/	B33	united states
សហរដ្ឋអាមេរិក		B33	United States of America
សា			to bring in something exposed to the sun; to turn something over
សាក		B17	to try, to test
សាកល (=សកល)	/saakɔl/	E14	universe
សាកលលោក		E14	the whole world; universe
សាខា		E13	branch (literal and figurative); many branches (tree)
សាខាបុគ្គលិក	/saakhaa bo?kalɨk/	E13	personnel branch
សាង		E9	to build (formal)
សាច់		B15	meat, flesh; muscle
សាច់គោ		B34	beef
សាច់ចៀម		B34	lamb (meat), mutton
សាច់ជ្រូក		B34	pork
សាច់ឈើ		E8	wood
សាច់ដុំ		B43R	muscle
សាច់		B34	chicken
សាធារណ៍	/saathia/	E1	generous; in general, e.g. គាត់សាធារណ៍ណាស់ he is very generous
សាធារណៈ	/saathiarena?/	E1	public
សាធារណរដ្ឋ	/saathiarena? rot/	B35L	republic
សាន្ត	/saan/(H)	E1	calm
សាន្តត្រាណ		E7	peaceful, calm
សាប		B33L	bland, flat (taste)
សាប		E11	to sow
សាប៊ូ		B22	soap

សាមសិប B6 thirty

សារៈសំខាន់ /saaré? sɔmkhan/
B48R essence, importance

សារិកាកែវ E12 mynah bird

សារុង B23 sarong

សាលា B2 hall; school

សាលាឃុំ B25 district hall

សាលាជាន់ខ្ពស់ institution of higher learning

សាលីសាឡាត់ B20 salicylate (from salicylic acid)

សាសនា /sahsənaa/
E8 religion

សាស្ត្រ /sah/
E3 study of, science of

សាឡាត់ B33 lettuce; salad (with vegetable)

សាឡាត់ញូករេតា lettuce

សិក្សា E10 to study (formal)

សិត B22 to comb

សិន (=សីន) B1 first, for a while, for the time being

សិរីលង្កា /serɛy laŋkaa/
E4 Ceylon

សិរីសោភ័ណ /serɛysaophón/
E6 Sisophon (place name in Battambang Province)

សិប្បៈ /seppa?/
E8 skill

សិប្បកម្ម /seppəkam/
E8 craftsmanship

សិប្បករ /seppəkɔɔ/
E8 craftsman

សិស្ស /seh/
B3 pupil, student

សិស្សានុសិស្ស /sehsaanu?seh/
E14 students (collective)

សីតុណ្ហ /sɛytonəha?/(H)
E5 cold and hot

សីតុណ្ហភាព /sɛytonəha? phiap/
E5 temperature

សីហា /sɛyhaa/
B30 August

ស៊ី B14L to eat (intimate style in the city; ordinary in the country)

ស៊ីឈ្នួល B41R to go into domestic service; to take a job, usually manual

ស៊ីសាំង B31 to consume gas

ស៊ីក្លូ B13 pedicab

ស៊ីញ៉េ B25 to sign

ស៊ីម៉ង់ E9 cement

ស៊ីវិល B49 civilian

ស៊ីផ្លេ B42 horn, whistle

ស៊ឹក E5 to erode, to wear out, to be loose

សឹក B60 military

សឹង B40 almost

សឹងតែងាប់ E5 really, very (colloquial)

សឹងតែ B40 almost

សឹម B27 then, e.g.ញ៉ាំ
បាយសិនសឹមរៀន Eat first, then study

សឺរី B31 cherry

សុខ B1 to be healthy; good health, happiness

សុខចិត្ត B42 to be willing, to agree, to be satisfied

សុខសប្បាយទេ? B1 how are you?

សុខសាន្ត /sok saan/
E1 peaceful, calm

សុទ្ធ /sot/
E5 pure

សុទ្ធតែ B31 all, exclusively

សុទ្ធសាធ	E13	absolutely
សុទ្ធសឹងតែ	E6	almost all
សុភៈ	/so?phé?/ E7	good
សុភមង្គល	/so?phé?mɔŋkúl/ E7	happiness, good fortune
ស៊ូកូឡា	B23	chocolate
ស៊ុត	E15	egg
ស៊ុប	B33	soup
ស៊ូ	B40	courageous, tough; persistent
ស៊ូ...ជាជាង	B40	rather...than
សូម	B1	please; would like
សូម្បី(តែ)	B30L	including, in spite of; even
សូវ	E9	should; rather
សូវ+VERB=ស៊ូ+VERB	E9	rather + verb, better to + verb
សួន	E12	garden
សួនច្បារ	B45	garden; flower garden
សួរ	B1	to ask
សួរចម្លើយ	B54	to interrogate
សួរសុខទុក្ខ	B25L	to ask after, to ' say hello to '
សើម	E5	humid, damp
សៀត	E12	to carry in the belt
សៀម	B2	Thai
សៀមរាប	E7	Siem Reap (Cambodian province)
សៀវភៅ	B5	book
សេចក្តី	E1	matter, affair; nominalizes adjectives
សេដ្ឋៈ	/seetha?/(H) E1	property, goods
សេដ្ឋកិច្ច	/seetha?kec/ E1	economy
សេន	B31	penny, cent
សេរី	E2	free
សេរីភាព	E2	freedom
សេះ	B46	horse
សែង	E12	to carry (two or more people)
សែន	B6	hundred thousand
...សែន...	E12	very..., really...
សែសិប	B6	forty
សោភ័ណ	/saophón/ E13	good, grand, beautiful (lit.); beauty
សោភ័ណភាព	E13	goodness, high quality, beauty
សោយរាជ្យ	E2	to reign (king)
សោហ៊ុយ	E11	fee, cost, price, tuition (money) expense, fare
សោះ		to be completely out of, e.g. សោះរសជាតិអស់ it's completely out of flavor
សោះ (=មិន...សោះ)	B5	not...at all
សុំ	B9	to beg, to ask for
សុំខ្លួន	E14	to volunteer
សុំច្បាប់	B9	to ask for permission
សុំទោស	B6	excuse me, I beg your pardon
សំខាន់	B21	important
សំគាល់	B54	to recognize
សំណ	E9	lead
សំណប៉ាហាំង	E9	tin
សំណង់ (<សង់)	E9	building, construction

សំណល់	E10	something left over
សំណាក់ (<ស្នាក់)	E15	place one lives occasionally
សំណាង	B42	luck
សំណាត់	E8	something that drifts
សំណាប (<សាប)	E11	seedlings before transplanting
សំណឹក (<សឹក)	E5	erosion
សំណើម (<សើម)	E15	humidity, dampness
សំណួរ (<សួរ)	B2	question
សំបក	E11	shell, husk, rind, skin
សំបកកាត	B27	ID card form
សំបុក	E15	nest
សំបុត្រ	B11	letter; ticket
សំបុត្រកំណើត	B25	birth certificate
សំបុត្រឆ្លងដែន	B42	passport
សំបុត្រពេទ្យ		health certificate
សំបុត្រម្ចាស់ឡាន	B42	car owner certificate
សំបុត្រឡាន	B42	car certificate
សំបុត្រអាសារ៉ង់	B42	insurance certificate
សំប៉ែត	E10	flat, to become flat (said of a thin object, e.g. a disk)
សំពត់	B23	cloth, dry goods; a kind of skirt
សំរាក	B35	to rest
សំរាប់	B13	for, in order to
សំរាប់	B49	a set; for
សំរាម	B56	garbage; trash
សំរិត	E11	to refine
សំរែ	E10	Samre (name of a montagnard tribe)
សំលៀកបំពាក់	E5	clothing (formal)
សំឡាញ់	B21	something loved, a friend; to love, to be fond of
សំអាត (<ស្អាត)	B45L	to clean up
សាំង	B14	gasoline
ស៊ាំង		to be tame
ស៊ាំ	E9	to get used to
ស្ករ	B32	sugar
ស្កាត់	E8	to get off the beaten track, to lay a trap, to waylay; to change the subject; to stop; to block
ស្គម	E10	thin, skinny (used only for humans and animals)
ស្គរ	B52L	a kind of drum
ស្គាល់	B32	to be acquainted with
ស្ងួត	E5	dry
ស្ងៀម	B39R	to be quiet, silent
ស្ងោរ	B33	to boil, to make into a soup; a soup
ស្តាត	B28	stadium
ស្តាប់	B1	to listen
ស្តាប់បាន	B12	to understand
ស្តាប់ឮ	B12	to hear
ស្តាយ	B35	to regret; too bad
ស្តី		to speak, talk
ស្តីបន្ទោស	B59	to reprimand
ស្តីឲ្យ	B45R	to scold, blame
ស្តូក	E6	extended and motionless
ស្តើង	B31	thin
ស្តាំ	B10	right (side)

ស្ត្រី	B32	woman, women (formal)
ស្ថាន (= ឋាន)	/thaan/ E4	place
ស្ថានការណ៍	B58	situation
ស្ថាបនា	/sthapenaa/ E13	to build (formal)
ស្ថិតនៅ	/thet nɨw/ E1	is located (formal)
ស្ទង់	E9	to estimate, probe
ស្ទង់ទក	E9	to survey
ស្ទាក់ (ចាំយ)	B57	to ambush
ស្ទឹង	B59	small river
ស្ទឹងត្រែង	E9	Stung Treng (Cambodian province)
ស្ទូង	E11	to transplant (said of young plants)
ស្ទូច	B44	to lift (something) by pole and string
ស្ទូចត្រី	B44	to fish
ស្ទួយ	E7	to lift, to raise (by supporting from below); figurative, to spoil, to indulge
ស្ទើរតែ	B36	almost, barely
ស្ទៀង	E10	Stieng (name of a montagnard tribe)
ស្នង	E13	to represent, to be in the image of; something returned
ស្នងការ	E13	commissioner
ស្នា	B44	crossbow
ស្នាក់	E15	to live at, to dwell, to seat (office)
ស្និទ្ធ	/snet/ E15	to be accustomed to
ស្នើ	E14	to advise, to suggest, to propose
ស្នេហា	E13	to love (poetic)
ស្នេហាជាតិ	E13	patriotic (lit.)
ស្បៀងអាហារ	B51	provisions, food
ស្បែក		skin, leather
ស្បែកជើង	B16	shoe
ស្ពក	B33R	tray
ស្ព័រ	/spóa/ B43	sports
ស្ពាន	B53	bridge
ស្ពាយ	B59	to carry suspended from the shoulder
ស្ពាយកាងខ្នង	E12	to carry in a sack over the shoulder (heavy)
ស្ពៀត	E12	misshapen, deformed (bad)
ស្ពៃ ឬ ស្ពៃក្តោប	B32	cabbage
ស្ពៃស	B32	Chinese cabbage
ស្ម័គ្រ (ចិត្ត)	/sma? cet/ B50	to volunteer
ស្មា	B52	shoulder
ស្មាន	B16q	to think, believe, to guess
ស្មុគស្មាញ	E1	complicated and difficult, ' hairy '
ស្មើ	B43	to be equal, even
ស្មើញ	B43	even, equal, equivalent, alike
ស្មៀន	B26	secretary, clerk
ស្មោះត្រង់	B54	honest, straightforward
ស្មៅ	B41L	grass, weeds
ស្រក	E6	to recede; to diminish, e.g. ស្រកសាច់ to lose weight
ស្រក់	E6	to drip

ស្រង់	E2	to pick out, to extract, especially from water
ស្រប	E2	parallel, consistent with
ស្រយាល	E4	far (rare)
ស្រស់	B31	fresh; charming; handsome, pretty
ស្រឡាង	B50	ferryboat
ស្រអែម	E10	dark brown (used only of skin)
ស្រា	B4	liquor
ស្រាប់	B41	already
ស្រាប់តែ	B40	suddenly
ស្រាពណ៍	/sraap/ E11	name of ninth lunar month (mid July to mid August)
ស្រាយ	E8	to untie
ស្រាល	B52	light
ស្រាវ	E14	to haul in a rope, to roll up string
ស្រាវជ្រាវ	E14	to do research
ស្រី	B8	lady, woman, girl, female
ស្រុក	B3	district, country
ស្រុត	E6	sheer (cliff), colloquial
ស្រូវ	B34	uncooked, unmilled rice, rice
ស្រូវកន្លះ	E12	a fast growing variety of rice that gives a small yield
ស្រូវភ្នំ	E10	upland rice
ស្រូវស្រាល	E7	early maturing rice
ស្រួច	E10	sharp and pointed
ស្រួល	B5	easy, comfortable
ស្រួលខ្លួន	B19	to be well, healthy
ស្រួលបួល	B25L	right, well, comfortable
ស្រៀវស្រាញ	B19	to shiver
ស្រេច	E3	already
ស្រេចតែលើ	B32	depends on, up to
ស្រេចតែលើលោក	B32	it's up to you
ស្រែ	B24	rice field
ស្រែក	B42L	to shout
ស្រោច		to sprinkle
ស្រោចស្រង់	E2	to save, to rescue
ស្រោមជើង	B22	stocking
ស្រោមដៃ		glove
ស្រះ	E5	a small pond, a man-made pond on the grounds of a wat, an ornamental pond
ស្ល	B33	to stew
ស្លាប	B59	wing, feather
ស្លាបព្រា	B20	spoon
ស្លាប់	B8	to die
ស្លឹក(ឈើ)	B60	a leaf
ស្លៀក	B22	to put on a lower garment
ស្លៀកពាក់	B22	to get dressed, to be dressed
ស្លែ	E15	algae, slime mold
ស្វ័យប្រវត្តិ	B47	automatic
ស្វាយ	B31	mango
ស្វាយរៀង	E6	Svay Rieng (Cambodian province)
ស្វីស	E4	Switzerland
ស្អប់	B47	to hate
ស្អាត	B13	nice; beautiful; clean

ស្អី	B18	what?, what sort of thing?
ស្អុយ	B34	stinking, bad-smelling
ស្អូច	E10	Saouc (name of a montagnard tribe)
ស្អែក	B3	tomorrow

ហ

ហត្ថ	/hat/ E11	length from elbow to tip of middle finger
ហាក់ដូច(ជា)	E5	it seems
ហាង	B4	shop
ហាងបាយ	B4	restaurant
ហាងក្លិង	B4	Indian store
ហាងសេង	E2	a store that acts as a middle-man
ហាងថ្នាំ	B50	drug store
ហាត់	B43R	practice, drill, exercise
ហាន់	B33L	to slice, to cut into strips
ហាម	B44	to forbid; to warn
ហាមមិនឲ្យ	B44	to forbid to +(v.)
ហាល	E11	to expose to the sun, to dry
ហាសិប	B6	fifty
ហ៊ាន	B28	to dare
ហិកតា	E14	hectar (unit of metric land measurement, equivalent to ten acres)
ហិប	B58	suitcase, trunk
ហី	E4	to not care, e.g. ធ្វើហី he's acting unconcerned, he's pretending not to know (them)
ហិត	B34	to sniff
ហិត	B34	to smell (trans.) e.g. ហិតក្លិន to smell (intrans.)
ហឺស	E1	interjection of anger or desperation (nonformal)
ហុកសិប	B6	sixty
ហ៊ុប	E5	lumber
ហុយ		to rise like steam or smoke; to dust
ហូត	B35	to pull out
ហូរ	B39L	to flow
ហូរកាត់	B39L	flow through
ហូរចាក់		to flow into
ហូឡង់	E10	Dutch
ហួស	B57	to surpass, exceed
ហួសពេលហើយ	B42	it's too late
ហួសហេតុ	E13	beyond reason
ហើម	B19	to be swollen, to swell
ហើយ	B1	already; then; and
ហើយឬនៅ?	B8	...yet?
ហើយ!	B16L	well!, OK!
ហើរ	B44	to fly (flapping wing)
ហេតុ	B3	reason
ហេតុការណ៍	E14	problem; cause
ហេតុនេះបានជា	B41	this is why
ហេតុតែ	B41	just because
ហេតុអ្វីខ្លះបានជា	B7L	why (expects answers with several reasons)
ហេតុអ្វីបានជា	B3	why?
ហែ	E13	to accompany in a procession

ហែក B37 to tear

ហែល B41 to swim, to struggle

ហោះ B50 to fly (airplane) without flapping wings

ហៅ B32 to call, to invite, to order (food)

ហ្នឹង (=ណឹង) B2 that/this

ហ្នឹងហើយ B16 that's right; yes

ហ្នឹស E3 really (intimate)

ហ្មត់ចត់ /mɔt cɔt/ E9 careful, with attention paid

ហ្មឹង /məəŋ/ E7 firm

ហ្មឹងម៉ាត់ /məəŋ mat/ E7 serious, severe

ហ្វីលីពីន E14 Philippines

ហ្វូង /fouŋ, vouŋ/ E15 herd, school (fish)

ហ្វូសហ្វាត E9 phosphate

ហ្វ្រាំង /fraŋ/ B14 brake

ហ្អែង E15 you (intimate)

ឡ

ឡាន B7 a car, automobile

ឡានឈ្នួល B9 bus

ឡានទឹក B50 fire truck

ឡានពេទ្យ B50 ambulance

ឡូ B31 dozen

ឡើង B44 to go up, rise

(ឡើង)...ជា... E11 ...to..., ...times as much

ឡើង១ជា២ E13 more than twice as much

ឡើងប្រាក់ខែ B60 to raise a salary

ឡើងសក្តិ B52 to get a promotion

ឡប់ឡា E2 to be thrown into a panic

ឡបចាំ B52 to ambush

អ-អ

អ: /a?/(H) E1 not (like English un-, in-, a-, ana-)

អយុត្តិធម៌ /a?yutte?thóa/ E1 injustice

អសន្តិសុខ /a?sɔnte?sok/ E8 insecurity, disorder

អគ្គ: /a?kə́?/(H) E13 high, exalted; general

អគ្គស្នងការ E13 high commissioner

អក្សរ /a?sɔɔ/ B26 letter, consonant

អង្ករ B34 rice (polished, uncooked)

អង្ករសរ E11 completely milled rice

អង្ករសំរូប E11 milled but unpolished rice, brown rice

អង្កាម E11 chaff

អង្កាល់ B3 when?, when

អង្គតាសោម E6 Ang Tassom (name of a town in Takeo province)

អង្គ /aŋ/ B54 corps, group

អង្គទូត B54 diplomat

អង្គរ B2 Angkor (name of old capital)

អង្គាដី E10 in tight waves (from the name of a kind of tree with tiny leaves arranged along a stalk)

អង្គុប		B58	trap
អង្គុយ		B29	to sit down
អង់គ្លេស	/ɔŋglee/	B2	English
អង្សារ		E5	degree (of temperature)
អញ		B18L	I, me (nonformal)
អញ្ចឹង		B4	well, so, then, in that case
អញ្ជើញ		B29	to invite; please (formal)
អណ្ដាត		B19	tongue
អណ្ដូង		B39	well, mineshaft
អណ្ដូងរ៉ែ		E9	mine, mineshaft
អត់		B35	no, not
អត់(=ឥត)ប្រយោជន៍		B40	futile, useless
អត់ផ្លូវ		E6	there's no way, no chance
អត់មាន		B35	not to have, to be out of
អត់អី		E3	it's nothing
អតិ	/a?te?/(H)	E3	too much (lit.)
អតិបរមា	/a?te?pa?remaa/	E3	maximum (lit.)
អន់		E10	inferior, low, no-good
អន់ថយ		E12	inferior, no-good
អនាគត	/anakút/	E13	future
អនាគតកាល	/anakúttəkaal/	E13	future time
អនុញ្ញាត(ឲ្យ)	/anu?ñaat/	B35L	to give permission permission (n.)
អនុវត្ត	/a?nuvót/	E11	to execute, to follow, to apply
អន្តរៈ	/ɔntəra?/(H)	E1	inter-, between
អន្តរជាតិ		B55R	international
អន្តរាគមន៍	/ɔntəraakum/	E1	intervention
អន្តរាយ	/ɔntəraay/		disaster, disorder
អន្តិច(=បន្តិច)		B44	(a) little
អន្យតិរ្ថិយ៍	/kədeethɛy/ (spoken) /ɔndeerəthɛy/(read)	E7	bestial
អន្លង់		E11	hole, ditch
អន្លាយ		E5	viscously continuous
អន្លើ		E6	region, part; level
អប់រំ		B49R	to educate, discipline, bring up
អព្យា	/a?pyia/	E7	unclear (lit.)
អព្យាក្រឹត	/a?pyiakrət/	E7	neutrality
អភិ	/a?phi?/(H)	E13	very
អភិបាល		E1	governor, chief, head of an organization
អភិវឌ្ឍនៈ	/a?phi?vɔntəna?/	E13	development
អរ		B1	happy; glad
អរគុណ		B1	to thank
អរិយៈ	/ariyé?/	E10	proper, very good, orderly
អរិយធម៌	/ariyé?thóa/	E10	civilization
អលង្ការ	/a?laŋkaa/	E9	jewelry (formal)
អស់		B8	finish, run out, be out of, run down, to be used up; all of, entirely
អស់កម្លាំង		B14	tired
អស់ចិត្ត		E2	to give up (stop hoping)

អស់លោក		E7	all you gentlemen
អស់លោកអ្នក		E7	ladies and gentlemen
អស្ចារ្យ	/ɔhcaa/	E8	great, magnificent
អស្សុជ	/asoc/	E11	name of eleventh lunar month (mid September to mid October)
អ័ព្ទ (= អព្ភ្រ)	/ap/	B51	fog
អា		B12	intimate or derogatory prefix
អាប្រុស		E8	familiar address form for a male (intimate)
អាស្រី		E8	familiar address form for a female (intimate)
អាកាស		B46	air
អាកាសធាតុ	/....thiat/	E5	weather, climate
អាក្រក់	/aəkrɔʔ/	B17	unattractive, bad
អាគម	/aakum/(H)	E1	act of coming, act of entering into; interrelations
អាគុយ		B35	a battery
អាគ្នេយ៍		B57	South East (lit.)
អាង		E6	(river) basin; vat, tank
អាច		B17	to be able
អាចម៍	/ac/	E11	excrement, exudate
អាចម៍ដីកឈូស		E15	shavings
អាចម៍រណារ		E15	sawdust
អាជីវកម្ម	/aʔciivəkam/	E10	a living, subsistence
អាអ៊ីង		E3	whatchamacallit
អាណា (= អ្នកណា		E4	who (non-formal)
អាណិត		E1	to pity, to feel sorry for
អាទិត្យ		B17	week
អាទិត្យក្រោយ		B3	next week
អាទិត្យមុន		B13	last week
អាន		B7	to read
អាមេរិក		B6	America
អាយ		E5	to come, near
អាយុ		B8	age, years, time (from birth)
អាយុប៉ុន្មាន		B8	how old are you?
អាយុមធ្យមរបស់ជីវិត	/...mathyum.../	E10	average life span
អារ		E8	to saw
អារម្មណ៍	/aarom/	E8	impression
អារ្យ៉ន		E10	Aryan
អាវ		B16	coat, upper garment, shirt
អាវភ្លៀង		B16	raincoat
អាវយឺត		B23	undershirt, T-shirt
អាវសាឌី		E5	shirt
អាវកាត់	/aavəkaa/	B36L	lawyer
អាវុធ		B51	weapon
អាសន្នរោគ	/aʔsɔntərook/	B20	cholera
អាសាឍ	/aasaat/	E11	name of eighth lunar month (mid June to mid July)
អាស៊ី		B41	Asia
អាស្ពីរីន		B20	aspirin
អាស្រ័យ		E13	to depend on; to eat
អាស្រ័យហេតុនេះ		E13	for that reason
អាហារ		B32R	food

អារស៊ីយ	E2	vocative word used in addressing one with whom one is on familiar terms
ឥដ្ឋ	/ət/ E9	brick
ឥណ្ឌា	E4	India
ឥណ្ឌូចិន	B57	Indochina
ឥណ្ឌូនេស៊ី	E4	Indonesia
ឥត	B35	not
ឥតមាន	B35	not to have; to lack
ឫទ្ធិ	/ətthiʔ/(H) E5	power, progress, success, very good
ឫទ្ធិពល	/əttəpúl/ E5	influence, force
ឥស្សរៈ	/əhsəraʔ/ B51L	free; exacted
អី (= អ្វី)	B1	what?
អី	E14	used at the end of a negative answer to a question ending in ឬ
អ៊ីចុះ (= អញ្ចុះ)	E2	like that, thus
អីវ៉ាន់	B11	things, goods, merchandise, food
ឥវ៉ាន់	B11	thing, object, goods, merchandise
ឥឡូវ	B3	now
ឥឡូវនេះ	B3	now, nowadays
ឥឡូវហ្នឹង	B3	right now, now
ឦសាន	/ɛysaan/ E9	northeast (lit.)
អ៊ីចេះ (= អញ្ចេះ)	E2	like this, thus
អ៊ីញ	E5	inch
អ៊ឺ	E1	yes (very familiar)
អឺរ៉ុប	E10	Europe
អុបទិក	E9	optics

ឧត្តរ	/otdɔɔ/ E9	north (lit.)
ឧត្តរមានជ័យ	E9	Oddar Meanchey (Cambodian province)
ឧទាហរណ៍	/oʔtiahɔɔ/ B44	example
ឧបៈ	/oʔpaʔ/(H) E1	helpful, assistant, lower
ឧបករណ៍	E9	instrument, tool
ឧបភោគ	E1	non-edible useful goods
ឧស, អុស	/oh/ B56R	firewood
ឧសភា	/ohsəphia/ B30	May
ឧស្សាហៈ	E2	industrious
ឧស្សាហ៍	B35	industrious, hard working; often does, often did
ឧស្សាហកម្ម	/ohsəhaʔkam/ E2	industry
អ៊ុត	B28	to press (clothes)
អ៊ុតសក់	B28	to set or curl hair
អូតែល	B10	hotel
អូន (= ប្អូន)	E3	intimate address form for younger sibling or for one's wife
អូរជ្រៅ	E6	O Crauv (name of a town in Battambang province near the Thai border
អូស	B42L	to pull, tow, drag; repossess, to put a lien on, to take collateral in paying of a debt
អើ	E1	yes (very familiar)
V + អើយ + V		to really + verb, to (verb) a lot

អេលីកុបទ័រ	/eelilkoptɛɛ/		
	B55	helicopter	
អេស្ប៉ាញ៉ុល	E10	Spanish	
ឯ	/aɛ/		
	B2	at; as for, regarding	
ឯ	B2	where; as for	
ឯណា	B2	where?	
... ឯណា	B54	what do you mean ...?	
ឯណោះ	E5	there	
ឯទៀត	B11	other, various other	
ឯ...វិញ	B14R	as for...?	
ឯក	/aɛk/		
	E2	one (Sanskrit number)	
ឯកជន	E2	private (opposition of public)	
ឯកទេស	E9	specialist, expert (adj.)	
ឯករាជ្យ	/aɛkeriac/		
	E7	independent	
ឯកសណ្ឋាន	B49	uniform	
ឯង	E4	I, me (less formal than ខ្ញុំ but more formal than អញ)	
ឯង	E8	by onself; automatically	
ឱ	/ao/		
	E11	oh!	
ឱ្យ	B6	to allow; to give; for	
ឱ្យការ	B51	to tip off	
ឱ្យខ្ចី	B28	to lend	
ឲ្យ, ឱយ, ឲយ, ឱ្យ	B7	so that, e.g. និយាយឲ្យ ខ្លាំងបន្តិច say it a little louder	
ឲ្យតែ	B29	as long as, provided that	
ឲ្យហើយ	B27	...so that it will be finished	
ឪ	/ew/		
	B27L	father (short for ឪពុក)	
ឪពុក	B8	father	
ឪពុកក្មេក	B18	father-in-law	
ឪពុកធំ	B18	uncle (older than one's parent)	
ឪពុកមា	B18	uncle (younger than one's parent)	
ឪពុកម្ដាយ	B8	parents	
ឪឡឹក	E12	watermelon	
អុំ	B44	to row	
អុំទូក	B44	to row (boat)	
អំណាច (អណាច)	B25	power	
អំពាវ	E13	to appeal	
អំពាវនាវ	E13	to appeal, to ask	
អំពិល	E14	tamarind	
អំពី	B58	about, from, concerning	
អំពៅ	E14	sugar cane	
អ៊ំ	B18	address and intimate reference form for aunt or uncle older than parent	
អាំង	B33	to bake, broil, roast	
អ្នក	/nɛ̀ʔ/		
	B8	the one who...; person	
អ្នកកាន់លុយ	B56	treasurer, casheer	
អ្នកចំការ	B34R	farmer (not rice)	
អ្នកគ្រូ	B1	woman teacher	
អ្នកជំងឺ	B19	patient, sick person	
អ្នកជិតខាង	B14L	neighbor	
អ្នកណា	B2	who?	

អ្នកទូត	B54	diplomat
អ្នកទោស	B37L	convict, prisoner, criminal, guilty person
អ្នកធំ	B14L	big shot, VIP
អ្នកនេសាទ	B44	fisherman
អ្នកនាំសារ	B55	messenger
អ្នកបង	E6	you (woman) used for person of slightly higher social status or slightly greater age (urban)
អ្នកបំរើ	B30R	servant
អ្នកប្រមាញ់	E10	hunter
អ្នករត់ភៀសខ្លួន	B47	refugee
អ្នកមាន	B26L	rich person, the rich
អ្នកសង្កេតការណ៍	E3	observer, onlooker
អ្នកស្រុកដើម	E8	aboriginal population
អ្នកស្រុកស្រែ	B24	farmer, peasant, country person
អ្នកឧកញ៉ា	E12	old title for a high civil servant
អ្នកឧកញ៉ាខ្ញុំ	/né? okñaa···/ E12	I, a (high) civil servant
អ្នកឯង	B27L	you (impersonal) (non-formal)
អ្វី (= អី)	B2	what?
អ្វីក៏... ម្ល៉េះ	B18	why so...?, how...!
អែង	E15	you (intimate)

☆ U.S. GOVERNMENT PRINTING OFFICE : 1973 O—496-252

Printed in Great Britain
by Amazon

72307837R00215